日韓儒學研究叢刊

日本儒學之社會實踐

金培懿 著

目次

自序　黑暗中不忘歌唱
——向林慶彰老師致敬

　　人生半百憶及往事，彷彿天地之間，白駒過隙，至少都是以十年
作為單位，時光莫不是一束束地忽然而已。那感覺像是將生命流光裡
的層層皺摺掀開來仔細端倪，折縫中回憶點點滴滴，猶然剔透閃耀，
流光溢彩中那些始終被惦記著的昨日，像是窩藏於皮囊裡蒸餾過的生
命滴水，雖不再沸騰，卻仍殘留餘溫，滾動熨燙著每寸心靈肌理，一
不留神就滑落夢的邊緣，卻仍在黑暗中歌唱。

　　當年於擎天崗上高放風箏，遙想美好遠方的大學生；日後留學東
瀛時奮力踩踏腳下雙輪，穿梭博多街頭，一路追風，一意向前的留學
生；到今日縱使尚未成熟卻仍試圖成長的尷尬中年婦女，那些我一心
追尋過的想望，宛如彩雲在天，隨風飄逝無蹤跡的、追趕中未能翻身
一躍而上的、攫住其邊角卻因造化弄人而不得不放手的、烙印於心始
終難以忘懷的、至今仍嚮往仰望的，我的雲鄉，我的夢想，那一直是
永遠不間斷，且始終在路上的進行式。

　　大學時代，我是同學們百思不得其解的，那個一直持續學習日文
的中文人。大學畢業後，我是日文系朋友口中所謂的：幸運應屆考取
日本交流協會獎學金的中文人。順利赴日留學後，我是九州大學中國
哲學史研究室日本同學口中，那個臺灣來的「面白い金さん」（有意思
的金同學）！因為我既然來到中國哲學史研究室，卻不研究中國本家
學問，而做起了日本江戶儒者的經注研究。異類如我者，劍走偏鋒，
一路無忌，竟也走入學術江湖。到今日，人們通常定位我的學術研究
是：一位日本漢學、東亞漢學、經學研究者。行路至此，心猿雖然尚

未歸正位，六賊亦猶然常現蹤跡，但從讀書研究中我亦能反省體會：偏鋒者不可使其學正，正鋒者不可使起學偏。其中業師町田三郎教授、柴田篤教授的無私教導當然不在話下，但引導我走上日本漢學研究、經學研究，乃至在我近年開始學習韓語，展開朝鮮經學研究時仍積極給予鼓勵的，則非林慶彰老師莫屬。因此，如果說本書是我多年研究日本漢學的成果之一，我謹願以此書向林慶彰老師致敬，故本序文主要試圖向讀者介紹我所認識的林老師的學術生命風貌，以及我自己又是如何在林老師的身教、言教影響下，樂觀前進實踐想望，將夢想付諸實現，進而走上研究日本漢學、東亞漢學之路。而以下序文中那一些我始終惦記於心的昨日，仍是今日支持我一直在學術路上的初衷。

一　老師的紅辛夷：木末芙蓉花，山中發紅萼。

林老師喜歡蒔花弄草，花中尤愛辛夷。辛夷花臺灣少見，然老師府邸前院，辛夷木高聳昂揚，花開時節滿樹風華，映照一春好景；落花紛紛時還留一院殘瓣，留待主人惋惜眷顧。辛夷素有花中真君子美稱，我以為林師府邸前院種的絕非一棵普通辛夷花，它是老師內在精神的折射，是一棵自老師心中長出的理想人格之花。誠如王維〈辛夷塢〉詩中所言：

> 木末芙蓉花，山中發紅萼。
> 澗戶寂無人，紛紛開且落。

都說王維詩中有畫，然此詩花開花落，秀華轉零落，花開自是美麗吐芬芳，花落自是靜寂無聲息。說這詩如何畫，其難處不在自然風景，

而在生命意境。萬物成住壞空，有生必敗的無奈寂寞感觸，卻攔阻不了辛夷花自開自落，自滿自足，順應的是它的本性——爛漫盡嫣紅。其目的本不在求人讚賞，可貴的是即使身在亙古靜寂中，其仍不得不閃耀生命輝煌，這是空寂中自在流淌的「生」之熱情。

說老師心中自行長養出一棵不在求人欣賞，無需對人解釋的，盡其在我的辛夷花，是因為自一九八七年主編《經學研究論著目錄》以來，林老師已經編輯了無數與經學研究乃至域外漢學相關的目錄與叢書，在此實在無法一一羅列。而目錄、書目編輯不僅費時耗力，更有其一定之方法步驟，事前若無有效規畫，則難免事倍功半，絕非門外人所謂湊合羅列資料如此簡單。而其中所需專業學識和執行毅力，乃至治學效用與加惠學界之熱忱，更非目前學界視文獻目錄非學術著作之偏見所能理解。雖世態如此，然林老師為學不隨流俗轉，在今日一切學術著作「論I計點」，在多數人眼中看來是「零點」的吃虧學術工作，卻是林老師畢生的學術志業，同時也是老師對學界的布施與供養，功德無量！

一九九七年九月，老師攜全家至我留學就讀的日本九州大學中國哲學史研究室訪問研究一年，當時我是博士課程二年級的學生，老師抵日後第二個月即要求我和他共同編纂《日本儒學研究書目》，我向來是一個對老師敬而未必順的學生，面對老師的要求，我立刻提出質疑。首先我問老師：「好不容易可以休假一年且全家來日本，何不當作人生長假，好好四處遊覽一番，放鬆自己身心的同時也可好好陪伴師母與小孩。」老師的回答是：「既然是來訪問研究，就要做點事情，做出一些成果，才能對所裡(中央研究院中國文哲研究所，當時還是籌備處)與政府有所交代，也不會讓日本學者以為我們是來渡假的。」老師述說這一想法時，心志篤定，神情嚴肅，讓我生發懺悔心，但等流習氣如我者，並不就此善罷甘休。

　　我接著向老師抗議：「我自己來日本留學已數年，對研究江戶、明治時代的儒學相關文獻目錄，已有一定程度的理解與掌握，又何必在自身研究之外，且無時無刻不感受到時間壓力、分身乏術的留學生活中，做些吃力不討好的工作呢？」當時老師對我循循善誘地說到：「一個學者如果對他研究的專業領域編輯過一本書目，他就可以透過書目編輯過程，全面掌握並熟悉自己研究領域的相關文獻資料，對日後持續開發研究議題有著莫大的助益。編輯一本《日本儒學研究書目》，雖然會花掉你很多時間，可能影響你撰寫博論的進程和畢業的時間，但卻對你博士畢業後的學術研究很有幫助。而只要是我的學生，我都要帶著他們一起編輯過一本目錄或書目，這是為他們以後的學術研究鋪路。而你雖然不是我指導的學生，但既然大學時上過我的課，而且是我介紹來日本留學的，也算是我的學生，何況目前日本學界並無任何一本日本儒學研究書目，所以你現在做了就能幫助以後想研究日本儒學的學者，這是你留學日本對學界該盡的責任與義務！」就從那刻起，我完全明瞭並相信林老師的文獻目錄編輯工作是「利他」的事業，也心甘情願在老師的帶領、教導下編輯日本儒學研究書目，除了是為自己日後的學術研究工作鋪路之外，也是為盡一位留日學生之責。在初入學界之際感恩有林老師教導我：一位有志學術研究之人，啟程時就該朝最後的成熟與綻放努力；學術研究不能只是自利為己，還要奉獻為人。

　　我想，應該就是從跟隨林老師編輯《日本儒學研究書目》開始，年輕的我似乎有幾分懂得布袋和尚所說的：

　　　　心地清淨方為道，退步原來是向前。

在一味趕路向前的當下，決定以一種最無求且純粹的清明心志，用看

似倒退的方式前進。此種逆向操作確實較為辛苦，但往往能帶領我們體悟人生的另一種況味，諸如生活中某種無限的、深刻的、真實的事物，那或許可稱之為生命的意義。近十年林老師為帕金森病症所苦，但仍編輯各類目錄、撰寫論文不輟，我和其他師友一樣，總要勸老師保養精力以養病，但我心裡其實懂得用功如林老師者的心情，他們真真實實樂於努力，用功並非為了換取功名的勢利，那是他們始終著眼於自身的研究學習收穫，故能活出一種被自己信仰的價值所吸引的生命態度，一生盡其在我，不斷持續前進。故而即使在這十年的病痛折磨艱難歲月中，林老師始終貫徹他對學界的責任義務感與無私奉獻心，那是老師心中的嫣紅辛夷花，在黑暗中依然如歌綻放，麗澤了老師的靈魂，同時也照亮了學界眾眼。

二　我們的白辛夷：蒼龍日暮還行雨，老樹春深更著花。

在我大學三年級修習林老師所教授的「經學史」課程之前，自幼在澎湖長大，日後生活於臺南的我，從不知世上有辛夷。不，更正確地說，一直要到我大學畢業隔年留日後的第二個春天，才終於在北國春日與白辛夷人生初相見。那一樹雅潔瑰麗，教會人領略無色的光豔絢爛，日本人稱它為木蓮。當時醉心於辛夷白華之美的我，並不知這花就是自己大四修習林老師《詩經》課時，老師所說的辛夷花。

其實，大學時期，亦有辛夷花一棵，種在我心中。因為，決心走上一條異於同儕的長路，既是自我成長的發端，也是自覺己身存在的證明。然而路遠畏日暮實屬正常，特別是青春年少尚未品嚐太多人生況味時，漫漫行路始於足下的鼓勵，抑或所謂若不能走完全程，千萬別輕易啟程的告誡警惕，仍舊不敵未知的恐懼與缺乏自信的不安，總是冷不防地造訪！在我讀大學的一九九〇年代初期，中文系的人若想

繼續深造，理當留在國內攻讀研究所，「留學」基本上是與中文人無關的生涯選項。再往前一點說，學習英語之外的第二外語，也不是中文人的熱門課外活動。但自大學二年級開始，酷暑寒冬中，每天早起趕往母校東吳大學推廣部補習學日語，是我大學二年級以後每年寒暑假的常態學習，那時總覺得語言背後有更有趣的事物在向自己招手。而其實一路走來之所以能堅持下來，憑藉的未必都是自己的毅力與韌性，更多時候那像是一種特執偏見，一意孤行，特別是當周遭有人對自己投以懷疑眼光或是揶揄口氣乃至否定言語時。當年我必須努力學習拒絕周遭的喧嘩，還要不時對抗傾巢而來的寂寞，但那樣年紀的心靈，談不上我心匪石。一直要到有一天，林老師在經學史課堂上，偶然從同學口中得知我在學日語，老師當下就在班上眾人面前大大表揚我一番，並鼓勵我以考上日本交流協會獎學金為目標，努力學好日語考上獎學金，赴日留學深造，參考借鏡日本學界研究成果，學成返國從事學術研究工作，貢獻所學。

　　老師公開的深切期許，從此讓我確信：做些和身邊人不一樣的事，特別是那些看起來耗時費力又不符合經濟效益，且又無法立竿見影即刻看到成效的事，最能讓人感覺自己像一尾透網金鱗，而不是被命運框限住的網中鮮，生命因此獲得一種相對自主的自由，如此也才覺得自己不至於流俗，同時相對可以具體感受時間的無垠性，進而體會到並非任何事都是自己有生之年就可以見證的。這樣就又相信自己在鍛鍊的是一種肉眼不可見的生命內力，人因此不會隨著肉身腐壞而一無所有，生命遂因此有機會承受時間的淬煉，人生行旅或許不至於迷途。雖然當時我亦不免警覺到：所謂的堅持做自己，有時似乎是一個人最大的迷思！然若不如此，則生命恐將無以為繼，這是我自林老師身上學到的人生觀。誠如胡適所說的：「一粒一粒的種，必有滿倉滿屋的收。成功不必在我，功力必然不會浪費。」因為林老師的期許與

教導，讓我有信心在學日語的長路上默默播種，語言帶領我飄洋過海到東瀛留學，與另一個自己相遇，還成為我心中的音，落在靈魂裡，成為一首詩。

多年後的二〇一二年初夏，因緣際會，系上委派我赴韓交換客座講學，然因顧及父親臥病在床十年，心中百般牽掛，躊躇之餘仍舊求教於林老師。老師一如往常，要我勇敢走出去，趁此機會學習韓語，涉獵朝鮮經學，才能更全面地研究經學在東亞的傳釋。未幾，蟬鳴盛夏，不料父親卻先走一步！猶記二〇一二年七月十一日，筆者在研究室內忽然接獲父親病危消息的那個夏日午後，當下隨即想起當年即將離家北上讀大學的那個殘暑夏日，父親親自委請刻印師傅為我所刻的姓名章，白色的素雅印石上，隸書體在印面鑿出我的名，印身正面刻有花葉護守住「如意」兩字，裝收印章的印盒外殼表面，刻畫著千山萬水中帆船蕩波，再刻上一句「青山隱隱，千里浪影」。也就是在憶及此事的那一刻，我彷彿又再次看見自己心中的白辛夷。父喪月餘，我再次背起行囊，在外子的諒解包容下，隻身赴韓交換講學。在北國之都首爾，我回想起大學剛畢業的自己，不顧父親反對，堅持赴日留學，帶著林慶彰老師以及王國良老師、黃文吉老師等其他師長的祝福，充分感覺自己就是一尾透網金鱗，熱愛創新與不確定，追求獨立與令人暈眩的興奮感，甚至不介意暫時失去平衡。對人和人之間的一定距離感到自然且安全，認為那是可信賴的開放空間。對任何客體的依戀相對微弱，在家和人不會礙手礙腳的友善區域內，覺得無比自在，確認自己如此獨立自主，無須仰賴客體。且清楚覺察物理狀態的孤獨與心理狀態的寂寞，兩者合為一體，但自我作為一個人卻如此完整。而世界是由安全的距離與視野所形構出來的，我須要觀看他者，離家周遊，重新學習些什麼，才能甘心回返居所。從華美錦繡的舒適安逸中出走，迷路也為花開，這是林老師對我的啟蒙。

　　赴韓交換講學一年期間，人生難得大段「無事」時光，可以再次複製學生時代的外語學習模式，炳燭之明，機不可失！遂利用寒暑假期間，自費在交換學校韓國外國語大學的「語學堂」修習韓語，也因此成為班上年紀最長的老學生。班上那些來自各國的小同學們紛紛問說：「金教授您已經是教授了，您又不必考大學，為何還要這麼辛苦地學韓語呢？」針對年輕學子們的疑問，我通常笑答：「我在韓國外國語大學這裡，要求我的韓國學生努力學中文，如果自己在韓國交換講學一年卻不學點韓語，豈非言行不一！」其實，我當下沒說的是：「我在你們這樣的年紀，心中就有一位無比敬重的老師，名為林慶彰。林老師以前去日本九州大學進行為期一年的訪問研究時，就自掏腰包請研究室的日本學生教他日語，我不敢妄求吾師之風，但求不辱師門！」

　　而為了學習韓語，我因此無法在課餘時間遊覽韓國的山川名勝，韓國的教授朋友們為我惋惜，韓國學長鄭址郁夫婦為我嘆息，面對韓國師友們的關心，我通常向他們表明：我是來韓國交換講學的，不是來渡假的，請他們寬心。這是林老師當年到九州大學中國哲學史研究室訪問研究時的自我定位，我也以之自我期許。而年長後的外語學習，終究不若年輕時輕鬆，母親問我：「學韓語有何好處？何必那麼辛苦？」我回答說：「下輩子再遇到它時，就不會這麼生疏了。」未料一向不贊同我鎮日伏案讀書研究、撰寫論文的母親，在沉默不語幾秒後居然回應說：「也對！」

　　是啊，也對！我想，持續一種追尋，或是堅持一種價值信仰，很多時候是為了確認人生並不虛妄。是啊！我們應該永遠像個孩子一樣，對這個世界充滿好奇，興致勃勃地持續往前走，旅途上看見了、經歷了什麼，相信都有其特別意義。而所有沿途風景都將成為形塑我們生命的一部分，於是我們的明日也像每個孩子的未來一樣，從不丟失其成為一幅豐饒景致的可能性。我們持續前進，生命始終有期待與

雀躍，心靈始終能感動與顫震，有期待雀躍，能顫震感動，那就好！而這是我對林老師病中仍奮發為學的新體認。顧炎武〈又酬傅處士次韻二首〉不也說：

蒼龍日暮還行雨，老樹春深更著花。

這詩句換個角度，或許也可以將之理解為就是日本人時常強調的：「毋忘初心」！我在林老師的《詩經》課堂上人生初識辛夷花，在林老師的教導鼓勵下，在父親的靜默溫暖祝福裡，在母親的理解認同中，長養自我心田自開自落，路遠何須畏日暮的超時空白辛夷一棵，試圖在九轉輪迴中，志向雲天，昂揚生命的渺小。深信縱使有朝紛紛花落去，殘瓣化做春泥還護根，只願明春或來世，待他日重爛漫，白華吐芬芳，光艷如明珠。

金培懿書於天母自宅
戊戌月夕，雲紗秋月，星光微涼

第一章　緒論
——日本儒學之社會實踐

一　前言

　　我們之所以要談儒學的社會實踐，無非希望不要執著於特定的文化或者過往的事實，而是根據時代的變遷和世態的變化，來重新創造出創意性的儒學文化，進而重新尋找或發現適切儒學實踐的現代生活場域，諸如教育、政治、日常人倫等等。而日本史上所謂的「現代」，多指二次大戰結束後至現今。而若欲談論現代日本國內有關政治、社會、經濟、教育，乃至文化思潮的任何一個面向，設若不能將其背景拉長到「近代」，亦即幕末、明治以降至終戰為止，這段日本這一國家新、舊變動，歐化主義與本國中心主義交織錯綜最呈激烈的時空，乃至是日本儒學最為興盛發展的「近世」來作探討的話，我們所能觸及到的有關現代日本的各個問題，恐怕都僅是只知其一而不知其二的某種片面理解。尤其當我們想探究儒學隨著時代發展而呈現出的多元樣相這一課題時，無論是「近代」或是「近世」之江戶時代日本，皆是吾人不可迴避之前置課題。

　　而關於日本儒學在社會實踐方面的嘗試摸索，本書試圖從各個面向而來剖析日本儒學的可能樣相，第二章藉由分析七世紀初聖德太子（574-622）所頒佈的《憲法十七條》中，究竟如何採借儒典等漢籍？如何重新涵容建構儒家道德價值？以因應日本自國內部政治治理需求。第三章藉由江戶初期「女訓書」，特別是聚焦於熊澤蕃山（1619-1691）《女子訓》一書，而來探討江戶儒者如何援引《詩經·二南》

以建構日本女德，以及〈二南〉之經旨、道德內涵如何被改易？第四章藉由豬飼敬所（1761-1845）《操觚正名》一書，探討其如何以「徵經辨誤」之法，指正江戶古文辭學者所謂「援經擬古」法之謬誤，並考察《操觚正名》撰作之動機乃在正名撥亂，而其目的乃在反徂徠學以求尊皇敬幕進而華夷變態。第五章藉由爬梳德川幕府儒臣林家私設之文廟「先聖堂」，如何發展到幕府官設之「湯島聖堂」這一沿革過程，考察出江戶前期的五個儒學實際發展樣相。第六章藉由佐賀藩多久邑於元祿（1688-1703）、寶永（1704-1710）年間興建「多久聖廟」之經過，說明地方推行儒學，不僅與幕府亦步亦趨，地方上藉由興建孔廟而來推動儒學的積極性，甚而超前於幕府當局。第七章藉由考察近代日本所提倡的「孔子教」之思想內容，探討儒學這一傳統學問在近代轉型過程中，其經由何種改造以介入國族文化敘事並參與政治發言權？結果導致儒學產生了何種意想不到的變異結果。第八章藉由爬梳明治三〇年代以還至終戰為止，近代日本中國學者對「儒」、「儒教」、「儒學」所進行的一連串反思，考察此一學術探究，凸顯出何種近代日本的儒學認識？又建構出何種近代日本的「新」漢學？以及其所造成的影響為何？而在進入上述各研究議題之前，本章作為本書之〈緒論〉，在此先概觀綜述日本儒學之社會實踐。

二　儒學東傳至王朝時期之日本儒學

即使在一般的歷史學家眼中，成書於西元七一二年的日本首部歷史文學著作《古事記》，和成書於西元七二〇年的日本首部正史《日本書紀》二書，均非信史。而且一般也以為《日本書紀》中，大約在西元五世紀末之前，亦即雄略天皇紀之前的內容，皆有必要審慎看待。但是，根據此兩部書籍之記載，中國儒家經典和漢字的傳入日本，乃

在應神天皇十六年。而根據日本學者丸山二郎（1899-1972）的考證，應神天皇十六年應是西元四〇五年[1]，而儒家文獻或思想應是於五世紀時傳入日本的這一事實，亦可從流傳至今的日本文章中得到證明。[2]

　　而儒學於五世紀時傳入日本，經飛鳥（約 593-710）、奈良時代（約 710-794），到平安時代（約 749-1192）的王朝時代為止，儒學基本上為此一時期的日本，提供了治國的政治理念。此種以儒家理念治國的代表性歷史事件，便是聖德太子於西元六〇四年四月頒布了其親自制定的《憲法十七條》[3]。而《憲法十七條》與其說是法律條文；毋寧說是日本統治當局根據中國儒家的政治理念，而來論述君、臣；君與國土、人民之關係，企圖臻至德治、仁政的一種嘗試。[4]而聖德太子的儒學治國理念，為之後的中臣鎌足（614-669）和中大兄皇子（626-671）所繼承，在「大化革新」的改革運動中，隨著唐文化的模倣，儒家的政治理念亦落實到政策層面來。例如西元六四六年頒布的改革措施中，所有的土地和人民一律收歸，使之成為天皇所有的「公地公民」。並且實施「班田收授」法和租庸調制，「王土王民」的理念已然

1　詳見丸山二郎：《日本書紀研究》（東京：吉川弘文館，1955 年），〈第二篇·第二章　紀年論の沿革〉，頁 100-265。

2　請參見王家驊：〈第一章　儒學東渡〉，《儒家思想與日本文化》（臺北：淑馨出版社，1994 年），頁 3-24，及王家驊：〈日本發現五世紀鐵劍銘文〉，《歷史研究》第 8 期（1979 年 8 月），頁 95-96。

3　《憲法十七條》全文見於《日本書紀》推古天皇十二年之條文。

4　《憲法十七條》中的第三條，指出官僚制度下的君、臣關係，是「君言臣承」。臣下並被要求必須「忠於君」、「仁於民」（第六條），而臣下具體的行為要求，則須「以禮為本」（第四條）、「明辨訴訟」（第五條）、「背私向公」（第十五條）、「使民以時」（第十五條）而君臣關係的最高準則乃是：「國非二君，民無二主，率土兆民，以王為主。」此種以天皇為中心的中央集權統治，在儒家經典中尋到了其理念依據。另外第十四條中說：「五百之乃今遇賢，千載以難待一聖。其不得賢聖，何以治國。」此說無非中國儒家所追求的德治。

具體化成為國家之制度。而聖德太子所追求的德治政治，於大化元年（645），孝德天皇（596-654）亦下詔書曰：「當遵上古聖王之跡，而治天下。」[5]儒家所稱頌的堯、舜、禹、湯、文、武、周公，亦為東海扶桑之邦之政治楷模。事實上，除「王土王民」、「仁政」等理念外，儒家的「天命」觀也影響了七世紀以後的日本統治當局。蓋孝德天皇所以將年號改為「白雉」，是因為大化六年（650）二月，有人進獻稀有白雉給孝德天皇，一些大臣順勢奉承道賀說：「陛下以清平之德，治天下之故，爰有白雉自西方出。」孝德天皇於是下詔書曰：「聖王出世，治天下時，天則應之，示其祥瑞。」[6]這段記載儼然顯示出：孝德天皇為有德之君，故天「命」祥瑞以與之相應的意涵。而上述的儒家政治理念，爾後亦可見於八世紀時所制定的律令當中，並可於《古事記》以及「六國史」[7]等史書中，找到證據。

又最能表現日本古代政治與儒學之緊密關係的，則是文武天皇（683-707）大寶元年（701），日本宮廷中開始舉行「釋奠」的祭孔儀式。「釋奠」儀式並且越來越受重視，例如元正天皇養老四年（720），天皇便命「檢校」、「造氣」二司採吉備真備之建議，改定了釋奠的祭器以及祭禮的內容、儀式。而稱德天皇（718-770）則於景雲元年（767）親臨大學釋奠之禮，從該年開始，祭儀舉行結束後還必須於殿上進行儒學經典的討論。隔年的景雲二年（768），稱德天皇因為從留唐歸國之大學寮助教膳大丘那兒，聽聞唐朝政府已經以「文宣王」這一諡號來稱呼孔子，稱德天皇遂採用膳大丘之奏議，敕號孔子為「文宣王」。

5　《日本書紀》孝德天皇大化元年之條文。

6　《日本書紀》孝德天皇白雉元年之條文。

7　所謂的「六國史」，即指日本官纂史書《日本書紀》、《續日本紀》、《日本後紀》、《續日本後紀》、《文德天皇實錄》、《三代實錄》等六部史書。

清和天皇（850-880）貞觀七年（865），始配祀顏子與閔子騫。到了醍醐天皇（885-930）延嘉十年（910），乃增加八哲為配祀，做大唐之釋奠祭儀，以大學頭為初獻；大學助為亞獻；博士為終獻，釋奠祭文並以天子之名義行之。一直到十二世紀，日本王朝時代的宮廷裏，皆定期舉行「釋奠」和「論義」。[8]由上述的事實看來，儒學於日本王朝時期，不可不謂對日本的政治實踐，產生相當程度之影響。

　　而儒學除了對王朝時期的日本政治在政策實踐上產生其作用外，也成為日本王朝時期之教育制度的主要內容。蓋自「大化革新」以後一直到十二世紀後期，日本的教育體系中，中央京城設有「大學寮」；地方政府設有「國學」，另外還有「大學寮別曹」和「私學」。而無論何者，其教學內容皆以儒家經典為主，而這些層級不一的學校，同時又是培育官僚的主要機構。若據《懷風藻》〈序文〉之說法，日本「建庠序」，當在天智天皇時（668-671）。[9]但「大學寮」一詞則始見於《日本書紀》天武天皇四年（675）之條文。而從西元七〇一年制定的《大寶律令》和西元七一八年制定的《養老律令》中皆有「學令」一事看來，古代日本由中央到地方之學校系統的完成，恐怕是在奈良時代的八世紀。而從「學令」中對學校機構的設置、教學內容和考核方法的規制，則不難看出其對唐代律令的模仿及對儒學的涵容、接受、再

8　關於日本王朝時期的釋奠祭孔儀式之發展演變，以及論義之舉行，可參閱《續日本紀》書中上述各天皇該年之條文，以及斯文會編：《日本漢學年表》（東京：大修館書館，1977 年）。

9　小島憲之校注：《懷風藻‧文華秀麗集‧本朝文粹》（收入《日本古典文學大系69》，東京：岩波書店，1964 年）〈序文〉曰：「及至淡海先帝（天智天皇）之受命也。恢開帝業，弘闡皇猷，道格乾坤，功光宇宙。既而以為：調風化俗，莫尚於文，潤德光身，孰先於學？爰則建庠序，徵茂才，定五禮，興百度，憲章法則，規模弘遠，夐古以來，未之有也。」（頁 59）

造。[10]

其實，日本的大學察，便是唐朝國子監下屬學校：國子、太學、四門、律、書、算等六學的縮小統合。大學寮最初僅設置學習儒學科的「明經道」，以及學習數學科的「算道」。而「明經道」學生的定員多達四百人；相對地「算道」學生卻只有三十名定員。後雖又增設學習詩文、史籍的「文章道」，以及學習法律的「明法道」，但其定員不過各為二十人及十人。足見，學習儒學的「明經道」學生，仍佔多數。而且日本大學寮學生學習儒學的比例，也比唐代國子監六學學生學習儒學的比例來得高。

而除了制度面之外，日本大學察「明經道」的教材，亦一律為儒家典籍，甚至連注本亦加以統一。大學寮的教材據學令規定有九經，即《周易》（鄭玄、王弼注）、《尚書》（孔安國、鄭玄注）、《周禮》、《儀禮》、《禮記》、《毛詩》（皆用鄭玄注）、《春秋左氏傳》（服虔、杜預注）、《孝經》（孔安國、鄭玄注）、《論語》（鄭玄、何晏注）。九經中，《孝經》、《論語》二經則為必修；唐國子監則以《老子》為必修，由此看來，日本大學寮似乎又更重視儒學的授受。

地方學校的國學，學習內容亦與大學寮的明經道相同，全是儒家經典。而國學基本上是地方官員養成的搖籃，或是進入大學寮學習的前行教育。大學寮別曹則是皇族、貴族的私人教育機構，亦屬大學寮的前行教育，教育的內容亦以儒學經典為主。至於地方上的私人學校，有以識別漢字為主的村邑小學；亦有知名學者開辦，以學習漢詩文或中國史籍為學習內容的私塾；還有僧侶創立的以學習佛學為主的私塾。然就數量來看，教授儒學的私塾，仍佔多數。

---

10 據曾我部靜雄：《日是中律令論》（東京：吉川弘文館，1997 年）書中的說明，《大寶律令》和《養老律令》的「學令」，內容乃模倣唐代的《永徽令》等，頁 156。

　　由上述的情形看來，在王朝時期的日本，儒學不僅是中央、地方教育制度下的主要學習內容、主流思想。儒學典籍在涵塑日本青年學子的同時，儒學也因多數人的投入學習，除了達到追求衣食榮祿這一目的之外，亦豐富、活絡了儒學本身在日本的發展。儒學於五世紀東傳日本後，到十二世紀的王朝時代為止，其社會實踐與制度化，於政治、教育、素養三方面，可謂與時俱增。

三　平安時代以還至明治時期之儒學發展

　　歷經了飛鳥、奈良時代的積極倣效中國文化，進入平安時代（794-1192）前期，約略九世紀時，日本仿唐風氣已達全盛。白居易的詩風靡此時的日本[11]，《凌雲集》、《文華秀麗集》這兩部日人所編寫成的漢詩集，和《經國集》這部日人編寫成的漢詩文集，也在嵯峨天皇（786-842）和淳和天皇（786-840）的命令下，於此時期編纂完成。另外，如《弘仁格式》、《貞觀格式》、《延熹格式》到《文德實錄》、《三代實錄》等以漢文寫成的法律書籍，亦大多完成於此時期。在此種唐文化興盛的氛圍中，大學寮亦邁入其巔峰頂盛期。

　　然昇平至極必趨衰頹，到了九世紀後半，隨著藤原氏等外戚的干政，天皇集權制度遭受破壞而失衡；考試制度也因中央權力勢微，藤原氏子弟不必入大學寮即可授官而遭破壞；「文章道」於八世紀中期設置後，較之於「明經道」，學生逐漸轉向較易授官的「文章道」，利之所趨，致使「明經道」寮生不足；復加日本本國國風文化的興起、佛教寺院不斷壯大進而侵占公田等等，由於上述各種來自政治、社會、

11　請參閱室鳩巢：《駿台雜話》，收入井上哲次郎、蟹江義丸編：《日本倫理彙編　朱子派の部（上）》第 7 卷（東京：育成會，1911 年），卷之 5，頁 275。

經濟、制度遭受破壞解體的原故，不僅「明經道」本身，就連大學寮也喪失其崇高的地位。到了七世紀末期以後，明經、文章二道的大學寮教官，又為清原、中原；菅原、大江、藤原等家族所世襲，學問更形偏狹，宛如世襲的匠人技藝。而釋奠之禮亦漸形窘迫，終於，高倉天皇（1161-1181）治承元年（1177）的一場大火，燒毀了大學寮，大學寮因此關閉停辦。大學寮尚且如此，各地國學亦相繼凋敗。

蓋東渡後的儒學，雖頻繁出現在日本古代的詔敕、法令、史籍當中；大學寮生亦日誦《論語》、《孝經》；漢詩文集亦陸續出版，但這僅是上流階層的倣唐摩登，作為一種文化素養，儒學尚未內化成日本人民的思想。作為政治理念的訴求、文化制度的倣效、升官發達的途徑、道德規範的指標等等，儒學流動於早期日本社會的上表層，尚未植根於日本社會底層，故不僅少有創新發展，亦很難抵禦另一波思潮的衝擊，衰頹自不在意外。

當以天皇為最高權力中心的集權政治，因外戚的介入和新興的武士階級之抬頭而瓦解；王民王土、公地公民的土地經濟政策，因佛教寺院的侵占而告破壞時，權力、財富亦轉移到武士和僧侶手中。儒學喪失其賴以生存發展的政經社會結構，又在尚未深化進日本民間的狀況之下，隨著貴族政治的崩潰瓦解，儒學的地位與影響力亦隨之減弱。自西元八九四年遣唐使的廢止開始，二、三百年下來，既無新思潮的引進，復加博士家固守家學，唯遵漢唐舊注，日本國內的儒學已然了無生氣。此時由榮西（1141-1215）與道元（1200-1253）於十二世紀末、十三世紀初傳入日本的禪宗，立刻受到新興武士階層的歡迎。

佛教東傳到日本以後，在奈良時代由於其任務乃在鎮國護民，因此國家佛教的色彩甚濃；平安時代的佛教則依附權貴之下，佛教遂為權貴專擅。但進入到鎌倉時代，新興教派如淨土宗、淨土真宗、日蓮

宗和禪宗等教派的興起，則獲得日本社會新興階層——武士們的青睞，其中又以禪宗最能與武士的行為模式、心理情境契合。例如禪宗主張不立文字、教外別傳；直指人性，見性成佛，以及「本心即佛」、「生死如一」之教義，由於與武士的行為模式和心理情意相當契合，遂受到此新興階層的歡迎。佛教因而取代儒學成為思想的主流，結果此時期傳到日本的宋代性理學，因其與禪宗有著相通之處，遂成為僧侶藉助講說佛學的「助道」之物。

　　禪僧雖為興禪而兼習、弘布儒學，卻也影響到宮中的天皇、公卿貴族，並為長期以來一味固守家業、唯遵漢唐舊注的博士家業之儒學，吹進一股新氣息。宮廷儒學折衷新、舊注的同時，宋代性理學已成學術風氣之先，漫延滲透開來。儒學也從王朝時期僅見於詔敕、法令、史籍當中的概念詞彙，轉而被視為一種思想學說而加以研究。

　　一四六七年發生「應仁之亂」後，日本進入到所謂的戰國時代，宋學的影響日漸擴大，五山禪僧亦有人轉而專攻儒學典籍。另外戰亂帶來的急劇變動，亦使得本來活躍於中央的五山禪僧、公卿博士家之學，隨戰爭流離各地而傳播普及開來。活躍於九州薩摩（今鹿兒島縣）、肥後（今熊本縣）地區的「薩南學派」[12]，與活躍於土佐（今高知縣）的「海南學派」[13]，以及室町時代設於關東地區的儒學教育中心

12　室町時代末期的儒者僧桂庵玄樹，於文明十年（1478）受薩摩藩（今鹿兒島）大名島津忠昌招聘，於此地建立一儒學教派，便稱作「薩南學派」。是一排斥古注遵奉新注的純粹朱子學派。創立出一種將程朱之心性說與禪宗之見性相融合，而來修養鍛鍊精神的方法。據傳桂庵玄樹以此法陶冶薩摩武士，培育風土。此學派自室町時代後期到江戶時代初期，由月渚玄得、一翁玄心、文之玄昌等加以繼承，後藉由藤原惺窩之提倡，而成為江戶時代宋學之源頭。

13　海南學派又稱南學，乃南海朱子之意，亦即南國土佐（今高知縣）之朱子學。此學派之始祖為南村梅軒，其學主實踐躬行，至谷時中時大為興盛。南村梅軒本為周防（今山口縣）吉敷郡上宇野之人，天文年間（1532-1555），漂流至土佐，成

「足利學校」[14]，都對日本戰國時代儒學之普及，產生巨大影響。前二者對宋學的推廣傳播，奠定了日後朱子學成為江戶前期儒學主流的根基；後者則使幕府守舊、流於窠臼的學問，更貼近日常實用。而這些學派和教育機構的積極活動，背後均有賴各地「大名」（地方諸侯）之支持。

　　大名們之所以支持禪僧們的儒學傳播活動，除了想藉助禪僧們的海外見聞與知識文學長才之外，更欲援用儒學以為其政治統治服務。藉由不斷地爭戰所獲得的新領土，急需穩定的力量，又持續不斷爭戰的同時，更須強大的武力與更深的智慧。而教示來世一切之佛教，儼然不適合戰國風雲中所追求的新天國之平台──治國平天下。較之於禪宗，宋學更能為此戰國俗世提供政治規範。此點早在鎌倉幕府第三代執權北條泰時（1183-1242）於貞永元年（1232）制定《貞永式目》一事，便可看出大名藉由維護「忠孝」、「貞節」等儒家道德，與穩固

為當地豪族吉良宣經之客而為之講說朱子學、仁義之道。而師事梅村的僧侶有吸江寺忍性、宗安寺信西、雪蹊寺天室。忍性、信西又為長曾我部元親、吉良親實等一族講說經書。天室則於土佐藩主山內一豐於慶長（1596-1615）、元和（1615-1624）之際入封土佐時，提倡程朱之學。天室門人真常寺之僧侶慈沖，還俗後改名為谷時中，則繼承天室之學統而集大成，後被稱為南學之祖。其門下有小倉三省、野中兼山、山崎闇齋等律才輩出，其後又有谷秦山，谷一齋、大高坂芝山等輩，成為江戶儒學之一大勢力。

14　足利學校位於下野國足利（今栃木縣足利市），自室町時代中期便享有盛名。初以學校聞名，後則以藏於文庫的書籍聞名。創設者或曰小野篁、或曰藤原秀鄉、或曰足利義兼，亦有人說是國學之遺制。學校於應永（1394-1428）年間相當興盛，其後便邁向衰途。永享（1429-1441）年間，上杉憲實成為鎌倉管領，亦管理足利庄，憂慮足利學校衰微，乃寄贈學田，廣納書籍而再興之，僧快元任庠主。後獲北條氏、武田氏之保護而保存至江戶時代。明治維新後，藩主戶田忠行再興學校教育，廢藩後歸栃木縣管理，後又歸足利市所管。足利學校之教學廣涉經史子集，特放異彩於《易》學，注釋兼採新注、古注。

其自身政權之間的微妙關連。[15]隨著社會實踐性質的增強，儒學再次成為學問主流，迎向其在日本發展的全盛時期——江戶時代。

德川家康（1542-1616）創建江戶幕府之後，藤原惺窩（1561-1619）棄僧歸儒之舉，宣告了儒學脫離禪學，其除了將己學與博士家區別開來，並大力推廣宋學。[16]藤原惺窩之高弟林羅山（1583-1657）於京都開講宋學之際，雖遭清原家抗議，但卻即刻獲得德川家康之認同，並公開表示學術宜自由發展。[17]朱子學所以得以大盛於江戶前期，乃因其與幕藩體制下的武士統治理念符合，並可以其倫理道德為依據而支配人民的日常生活，朱子學因此受到幕府的支持尊崇，並確立其為江戶官學。

成為官學的林家朱子學，在排擊佛教、基督教之後，更與日本本土宗教神道結合，除更具日本色彩之外，亦成為執政階層之武士們的基本素養。朱子學的日本本土化，使得儒學在實踐其政治、思想、教育功能之外，也具有可以理論系統來解釋日本人之心境感情、宗教信仰的特質，故能風靡一時。

成為知識主流的朱子學，日後漸形分化之外，中江藤樹（1608-1648）、熊澤蕃山（1619-1691）所倡導的陽明學，始終暗潮洶湧。揭

15　關於《貞永式目》可參閱足利衍述：《鎌倉室町時代之儒教》（復刻版，東京：有明書房，1970 年），頁 96。以及石井進等校注：《日本思想大系 21 中世政治社會思想 上》（東京：岩波書店，1972 年），頁 19、39。

16　請參閱源了圓：《近世初期實學思想の研究》（東京：創文社，1980 年），頁159。

17　「八年癸卯（1603）先生開筵聚諸生，講《論語集注》，戶外屨滿，外史清原秀賢娟疾之，奏曰：『自古講書者，皆有勅許，今則不然，請督責之。』乃啟稟于東照大神君。大君哂曰：『庸詎傷乎？各宜從其所好，何為告訴之淺卑乎？』是以事報，先生講學愈勉。」見林守勝：〈羅山林先生行狀〉，收入國書刊行會編：《續續群書類從　第三》（東京：續群書類從完成會，1970 年），頁 401。

舉著朱子學旗幟的古學者山鹿素行（1622-1685），以為學道乃為判斷
情欲之是非；伊藤仁齋（1627-1705）則主張儒學本質在人倫日用；荻
生徂徠（1666-1728）提唱安天下之道是為聖人之道、主張才勝於德。
江戶中期之儒學，堪稱百家爭鳴，儒學一片繁花似錦。儒學作為知識
主流，被充分地加以探討並從各個面向加以發揚之，不可不謂全盛。
以儒為志業的儒者知識分子之多，空前未有，並成為從中央到地方的
執政武士們的政治決策諮詢對象，而成為地方儒官或擠身中央權力核
心者，大有人在。[18]官學「昌平黌」，以及地方官學藩校，乃至各地私
人教育機構之私塾，盛況空前，榮景一片[19]，實則宣示了儒學作為各式
學校教育制度，已普及各地，並深化進入日本社會，成為主導政治社
會思想的主流學問。江戶時代的近世日本，不但是儒學的全盛期，更
是儒學於日本擔負社會實踐、完全教育制度化的極致。但隨著西洋學
問和勢力的叩關，儒學於政治、社會、道德、教育的先導指示地位，亦
步向無盡衰敗一途。隨著折衷諸學、考據文獻之純學術漸次發展的同
時，各派學者亦在幕末激變的思潮、政局中，思索儒學該有的新進路。

　　在幕末到明治初期的儒學思想變遷進程中，參與社會國家，是每
位學者不可迴避的重大課題。陽明學者山田方谷（1805-1877）面對藩
政與幕政的改革，必須使自身所學之學問可活用於決策上。朱子學者
森田節齋（1811-1868）則從現實人際關係中，察知善惡為相對之物，

18　新井白石宦海沈浮，最後仍得第八代將軍單吉宗重用。荻生徂徠仕柳澤吉保，得
　　祿五百石，不可不謂異例。而伊藤仁齋五子中，伊藤梅宇仕福山藩主阿部正福，
　　得俸祿一百五十石；伊藤介亭則仕高槻藩；伊藤竹里則仕久留米藩，得祿三十扶
　　持；五子伊藤蘭嵎則為紀州藩儒臣，得祿三十人扶持。

19　詳參本章附表（一）「江戶時代官學校設立一覽表」、附表（二）「江戶時代藩學
　　校設立一覽表」、附表（三）「江戶時代鄉校設立一覽表」、附表（四）「江戶時代
　　主要私塾一覽表」。

故乃竭力記錄標榜德川時代的文武異能及忠孝節義之士，和市井民間之孝子順孫奇人偉士，企圖有助於尊王攘夷。幕末儒者的為學立場雖異，共體時艱、力除外患、興亡圖存，則是他們學問的共同實踐課題。而當儒學不足提供此種實踐可能時，儒者們亦選擇接受西學以輔助儒學完成其社會實踐。

時入最積極倣效西歐、實施「文明開化」政策的明治初期，明治政府亦深知文化思想並無法如政權般一夕改變，遂欲重新藉助儒家政治道德倫理觀，來確立天皇制國家之威權體制。儒者中起而響應者，如傳統朱子學者阪谷朗盧（1822-1881）則主張接受西洋自然科學的「器學」／「氣學」，為的是要利用其來發揮忠孝仁義的「理」，目的在對天皇盡忠，以建構明治新國家。在阪谷朗盧而言，無論是儒學或西學，皆為成就「日本學」。[20]阪谷晚年對民選議院之問題，最為致力。顯然地，富國強兵、文明開化，進而維護皇統、確定上下一同的政治體制，此種政治命題，是明治初期傳統朱子學者的社會實踐取向。

在上述此種政治氣壓下，修習徂徠學後留學荷蘭的西周（1829-1897），在接受西學後，認為「哲學」優於程朱學；經濟制度優於王政；英、美之文物制度優於堯、舜、文、武、周、召之制。但透過康德而正式接受西洋哲學薰陶的西周，始終不否定仁義、忠信、孝悌、慈愛等儒學倫理，而是透過將儒學倫理與邊沁（J. Bentham, 1748-1832）、史賓塞（H.Spencer, 1820-1903）等功利論相折衷，試圖建立新規範，希望能以根據「天」而來的「五倫之道」，以之來對付因自然科學之絕對化後所產生的「放僻邪肆」。

而與西周同樣是留學荷蘭的津田真道（1829-1903），其雖本為陽

20　詳參阪谷朗盧：〈示家塾生心得書〉，松本三之介、山室信一校注：《學問と知識人》，收入加藤周一等編：《日本近代思想大系10》（東京：岩波書店，1988年）。

明學者，卻於萊頓大學修習自然法、國際公法、國法學、經濟學、統計學後，有系統地掌握到西洋法治思想和政治制度的理論。歸國後重返「開成所」擔任教職的津田真道，企圖藉由以德川幕府為中心所成立的新國家，而來建構文明開化之途徑，奈何事與願違。然作為一幕府遺臣，津田真道對維新時期明治政府的激進改革政策，提出了嚴厲的批判。同樣是以富國強兵為學問實踐目標的津田真道，雖以權利平均、德義公平為理想，但並非從進化立場來立論，而是強調優勝劣敗、弱肉強食的現實。這無非是在追求學問實踐的同時，亦根本否定了倫理規範。反而是政治課題，諸如海陸軍備的擴張、產業殖興和科學之進步等，成了其學問實踐的主要訴求。

然而再多理想政策、富國之術的提出，世風人心改變的速度，似乎永遠追趕不及世變的快速，無怪乎儒者們要感嘆天意難測。折衷學派學者三島中洲（1830-1919）在三十歲時參與備中松山藩藩政，面對藩政改革和幕末政局的動盪不安時，產生現實與所學相齟齬的窘境，求之山田方谷（1805-1877）。方谷答以須取「道學」而為之。三島中洲因此悔悟過往之學，而追求主張「實用」的道學，因而轉奉陽明學，但中洲不再一味競逐於西洋之末。

三島中洲以為「天道」不可知，故實際上必須從人心所聚之處求「人道」。而日本國之中，人心之所聚，無非就是孔孟所言的「仁義禮智」、「孝悌忠信」、「禮義廉恥」、「溫良恭儉」、「節操」、「正直」、「篤實」等固有道德。中洲因而主張須從孔孟之道來把握日本所應遵循的道理。中洲以為日本乃世界第一之文明國，因為其君臣之義，萬古不變；西洋諸國不過是富強之國，若能合日本之文明與西洋之富強，兼而行之，此則所謂理想之「義利合一」。

三島中洲於明治十四年（1881）被任命為東京大學教授，明治十九年（1886）自東京大學退官。明治二十九年（1896）被任命為東宮

侍講，明治四十五年（1912）則成為新天皇大正天皇的侍講。學大官大，居於學術、政治要津的三島中洲，其主張的「義利合一論」，不僅尊崇孔孟，並將儒學的倫理道德附加於日本國家、國民身上，在一九〇〇年代前後，漢學無用論、廢除漢學之呼聲沸沸揚揚、不絕於耳之際，三島中洲努力思索並提倡：儒學之於日本之意義，和儒學本身存在之價值，以及儒學所能發揮之功效。其一連串的漢學實踐論不僅將日本與西洋對等視之，更提昇了日本這一國家存在的次元，但恐怕亦刺激了激進民族國家主義思潮的蔓延。之後以東大教授、學生為中心的護教儒學集團，便藉著政治權力的護持，尊重儒學道德倫理教育，提倡日本本土儒學──孔子教，並藉之效勞天皇制民族國家。其捨棄儒學某些諸如「易姓革命」等政治理念而強調務必實踐儒學所謂「忠孝」這一道德，目的亦是在追求儒學於政治上的實踐。[21]

　　而無論是從實踐倫理的儒學，轉變為主張功利論的儒學；或是從實踐倫理的儒學，轉變為強調儒學道德的儒學，此間雖然改變了儒學的既有樣貌，甚而使儒學產生質變，但其終極目標，似乎都在追求儒學於日本國家、社會中的具體實踐。

四　傳統儒學至新漢學

　　但時勢已然頹不可挽，依然從事故往學問的保守者，竟被稱為「腐儒」、「迂儒」。傳統儒者亦被迫不得不正視自身處境與當前的現實問題。號稱江戶儒學殿軍的「昌平黌」儒官安井息軒（1799-1867）與鹽谷宕陰（1809-1867）二人，在一片儒者無用論的漫罵喧囂聲中，亦表明其生命態度，以及其面對西學衝擊時所抱持的儒者立場。在舉世

21　請參閱本書第七章〈儒學之新生抑或變異──近代日本之孔子教運動〉。

盲目崇洋之際，息軒始終以一介老儒身份，力主學問必須有為有守，
息軒也在此種堅持學問道德操守的處境中，力守儒者本分，即使在其
逝去前一年的明治八年（1875），亦即儒學衰退、啟蒙思想隆盛；國內
紛亂未能統一，反政府運動的「西南戰役」即將爆發之際，息軒仍高
唱儒者的輓歌而說道：

> 勿見小利而趨時好，勿學異端之道，固志而學我聖人之道，道
> 若行，宜助世救民；若道不行，宜獨善其身，是士之意也。[22]

　　息軒的自信來自於他對儒家經典的嫻熟。他敏銳地意識到：儒家
經典所傳遞至今的那個秩序整然的東方社會，與基督教文明支配下講
求萬人平等的西洋社會，有著迥然不同的本質，因此在文明的吸收攝
取上，東西恐怕始終無法全然融合。息軒因此主張：那麼何不返回包
含東洋社會的祖先們之智慧結晶的經典，甚或是講究實際效用的子書
也無妨，從其中斟酌現實情況，以尋求東方的出路。息軒言：

> 大抵聖人語常而不語變，而處變之法則存於常經之中，所謂反
> 經合道是也。故能熟悉經法，乃知處變之法，所恨學者拘泥，
> 而不能達觀之耳。[23]

　　顯然，對息軒而言，再如何高超的理想，若不能為社會國家提供

22　安井息軒：《睡餘漫筆（上）》，收入關儀一郎編：《日本儒林叢書 2　隨筆部第 2》
　　（東京：鳳出版，1978 年），頁 23。

23　安井息軒：《論語集說》，收入服部宇之吉編：《漢文大系》第 1 冊（臺北：新文
　　豐出版公司，1978 年），卷 6，〈子張・曾子曰吾聞諸夫子〉章，「案語」，頁
　　50。

實踐效益，則終究不過是痴人說夢話。息軒言：

> 後世儒者，高自標置，必欲為聖人，其志可尚矣。而 不能成一
> 道以供天下之用，抑亦不自知之過也。[24]

當息軒仍昂然挺立，強調各文明間存在的差異性質，而決意與西方文明對決時，息軒之同門兼同儕的鹽谷宕陰，因深怕被西洋科技文明所吞沒，遂寧願將儒學局限在只是人格教養主義的基礎學問內。出身醫家的宕陰，原非武士身分，後受水野忠邦拔擢才始得「士」人身分，故其反而持有更強烈的武士意識。其始終自稱為「士」；而非為「儒」。宕陰因此將儒學限定為是學「人」之道，是一普遍的人倫之學，如此一來也就無所謂有「儒」這一特別身份的人存在。宕陰說：

> 儒學，人道者也。人孰不為儒？上而天子諸侯，下而士農工
> 賈，皆儒也。[25]

若照宕陰的說法，儒學指的是禮、樂、射、御、書、數的六藝之道，而非《易》、《詩》、《書》、《禮》、《樂》、《春秋》等六經。宕陰並且主張文、武兼習，政教須一致。而此種原本就已存在儒家思想中的實學觀，亦不像洋學那般，只是流於「隨形器耳，道則淺矣。」[26]它還有一更崇高的理想，那就是儒學道德的實踐，且這一切都須從實踐

24　安井息軒：《論語集說》，卷3，〈子罕‧達巷黨人曰〉章，「案語」，頁19。

25　作者不詳：〈宕陰鹽谷先生行述〉，《宕陰存稿補遺》（九州大學「逍遙文庫」藏，明治五年〔1872〕手抄本，未標示頁數）。

26　鹽谷宕陰：〈六藝論五〉，《宕陰存稿補遺》。

出發才是。也就是說：如果息軒是企圖從大範圍的中國學問裡，找出足以調整或彌補儒家思想的助力，以使之適應時代需求的話；宕陰則是企圖解構舊儒家思想體系，以及在此思想體支配下所構築成的舊世界，視幕末日本國家社會的實際需要，重新詮釋儒學，並藉之重新建構一個美麗新世界。宕陰此種強調實踐日常實用的儒學觀，背後其實存在著對西方文明採取警戒、猜疑的迴避態度。又因宕陰終其一生並未能親睹明治維新的回天大業，故其亦無法像同樣是主張實用主義儒學的阪谷朗廬一樣，最後可以將儒學的社會實踐，提昇到經世濟民的層級來。

如上所述，傳統儒者在面臨時代變動時，無不努力重新詮解儒學，企圖轉儒學為日常實用之基礎學問，講究實踐效益。而此種新嘗試，進入到明治一○年代到二○年代初期的儒學復興期，則又有了更新一層的轉換。

蓋「儒學」這一語詞，終江戶一世，指的是與國學、洋學相對的學問稱呼。明治維新以來，隨著上述傳統儒者積極嘗試將一般相關的中國學問，皆納進儒學範疇來重新詮釋儒學，以求因應世局的同時，儒學亦漸被稱為「漢學」。而當年輕一輩的儒者順應此種廣義儒學解釋，並吸收西洋社會科學和清朝考證學的實證學風時，他們的學問也不再被稱為儒學，而是所謂的「漢學」。

鹽谷宕陰的高弟中村正直（1832-1891），除了承繼其師主張儒學乃天地人之間所共通的普遍原理、基本教養之外，因為其乃幕末少數具有留歐經驗、親睹西歐世界的儒者，所以著手介紹引進西洋文明之外，中村正直也有一種不局限於儒家學說的博學式為學觀，而在其廣博的知識領域中，其對西歐文明之根源的基督教，雖寄予了更多的關懷，然儒學卻始終是其一貫的中心思想，儒學更是中村正直接受漢學時的基抵。明治十六年（1883）四月十六日，東京大學設置「古典講

習科」乙部時，中村正直於開業演說中，如下說道：

> 我邦至於今日，漢學為政府所重，漢學之造就人材，漢學之裨
> 補政事，漢學之維持綱常倫理，漢學之與西洋學者基礎，漢學
> 之均戴明治維新，可知漢學之造就今日之乾坤也。[27]

　　甚至到了明治二十五年（1892）五月八日，中村正直於東京學士
會院演講時，講題也是〈漢學不可廢論〉。[28]

　　另外，傳統儒學到新漢學的進路，還有一條路線可以在明治十年
（1877）新設置的東京大學的教授重野成齋（1827-1910）、島田篁村
（1838-1898）身上看出。對重野成齋而言，儒學的本源乃根源於周
公、孔子，周孔之教則在一個「禮」字，而禮便是：「法於天道，立人
道之標準者。」且法與道德，其實皆包攝在「人生日用之事」，結果周
孔之教的儒學，遂成「不雜一毫妄誕，乃所謂道德哲學。」[29] 但是「漢
學」就非如此，漢學乃強調儒學之實證側面，是以批判宋學等思辯空
疏之學的學問之指稱。在重野成齋的理解中，儒學乃貫徹道德哲學的
人生日用之實踐；「漢學」則被限定在與「宋學」相對的「漢代經學」
及繼承漢代經學的「清代考證學」。[30] 此種觀點後來被同是東京大學「和

27　中村正直：〈古典講習乙部開業演說〉，收入木平讓編：《敬宇中村先生演說集》
　　（東京：松井忠兵衛，1888 年），頁 49。
28　中村正直：〈漢學不可廢論〉，收入木平讓編：《敬宇中村先生演說集》，頁 103-
　　130。
29　見重野成齋：〈周孔の教〉，收入薩藩史研究會編：《重野博士史學論文集》下卷
　　（東京：雄山閣，1938 年），第七編《漢學論考》，頁 337、338、380。
30　見重野成齋：〈學問は遂に考證に歸す〉，收入薩藩史研究會編：《重野博士史學
　　論文集》上卷，第一編《國史汎論》，頁 35-47。

漢文學科」[31]的教授島田篁村（1838-1898）所繼承發揚。[32]

　　發展至此，江戶以來的傳統儒學，就此分為追求安身立命、人倫日用之實踐的「儒學」，與講究考據實證的「漢學」。在明治二〇年代中期到明治三〇年代的第二次啟蒙思潮期時，前者為東大的新儒學家所繼承，成為新興儒學集團，此集團之成員，便是以「斯文學會」為核心的提倡恢復儒學（漢學）的儒者群。後者則由明治三十三（1900）年設置的京都大學中的「支那學會」之成員們所繼承。兩者至終戰為止，分庭抗禮，結果前者造成日本新儒學發展上的挫折；後者則開創出日本現代中國學研究的新進路，但卻也幾乎盡退儒者色彩。

五　祖宗訓典之儒學道德教育

　　明治初年，隨著啟蒙思潮的隆盛、文明開化熱潮的蔓延，即使傳統儒者力圖振作，儒學衰頹之狂瀾，在明治最初的十年中，勢不可挽。但隨著西化熱潮的衰退，以及「明六社」等自由民權團體的敗北，反彈福澤諭吉（1835-1901）排擊儒學的復古勢力，亦逐漸抬頭興起。元田永孚（1818-1891）的儒學復古主張，便在此種有利的時間條件下，企圖將儒學納入學令制度中，以挽救舊思想勢力。

31　明治十年（1877）東京大學創設之際，法、理、文三學部之綜理加藤弘之（1836-1916），基於繼承保存日本固有學術為目的，於九月三日向文部省提呈〈伺書〉，建議於文學部設置「和漢文學科」作為第二科。而在以洋學中心的學制內，「和漢文學科」於保護救濟舊有學術外，仍須兼修英文、西洋哲學、西洋（歐美）史，以避免自近代文明開化結果以來，舊有學術所不可避免的迂濶。然而即便如此，就當時的課程來推測，「和漢文」是日本古來學術的總稱，漢文學則是加進日本固有學藝中的一部分，故其並不具有「新中國學」之意涵。

32　請參閱町田三郎：〈島田篁村學問の一斑〉，收入町田三郎：《明治の漢學者たち》（東京：研文出版，1998年），頁100-105。

　　在此次儒學復興的過程中，儒家德育問題該如何在倫理道德教育中實踐，始終是一重要的著力點。亦即儒學之倫理道德是否能在變動的世局中，與西洋自由民權抗衡，為明治政府在整合國內思想游離、分歧，國家、社會觀念相異的社群時，提供足以使民眾信服的合理論據。而此儒學復興運動，同時又是明治新政府箝制國民思想政策中的一環。蓋自明治八年（1875）到明治十六年（1883）之間，明治政府所施行的一系列言論、集會、結社等自由的限制條例[33]，目的無非是要對應在人民與俗世社會共達於文明佳境後，所衍生出來的政府內部的新政治動向，以及掌控隨著文明進步大勢而日趨活潑，甚而失序脫軌的群眾思想和社會秩序。於是「仁義」先於「智力」的呼聲四起，儒學五常五倫的德目，再度成為執政當局青睞的對象。而為了壓制過早發生的反政府自由民權運動，以及扼止自由民權思想對教育的迅速滲透，褒揚獎勵儒學倫理道德，並使之成為教育主要內容，進而使其制度化的政策措施，遂刻不容緩。而最適任此項工作的，既非國學者，更不可能是執政當局眼中本末倒置、以西方之知識才藝為先的洋學者，「儒臣」責無旁貸地負擔起此番重責大任。

　　明治天皇的侍講元田永孚，首先傾力於「天皇之德」的完成，除了在教育天皇方面，力求復興儒學，以為人倫性情之德不能外求於西方。[34] 另外，元田永孚也在一系列的教育令制定、發布過程中，落實

33　明治八年（1875）政府發布「新聞紙條例」，以取締反政府運動。明治十三年（1880）四月則發布「集會條例」，規定集會、結社前須有警察署的許可，且前往集會現場的臨檢警察官，具有集會解散權。明治十六年（1883）四月，政府又改訂「新聞紙條例」，賦予外務卿，陸軍卿、海軍卿禁止報章刊載新聞消息的權限，擴充官員的行政處分權，言論取締更形嚴格。

34　請參閱海老原治善：〈帝王之師〉，收入橋川文三、後藤總一郎編：《明治の群像——4・權力の素顏》（東京：三一書房，1970 年），頁 25。

了儒學倫常道德的教育制度化，以求全日本之教育皆可實踐忠君愛國。針對明治政府的此種以儒學德育為主的教育政策，福澤諭吉批評道：

> 專獎勵古流之道德，試圖使滿天下之教育，踢躕於忠君愛國之範圍內。[35]

但是，明治十一年（1878）元田永孚寫成〈教學大旨〉一文，強調：

> 物皆有本末，學問之要，先明本末。……云本末者，德育為本，知育為次，體育為末，然體育、知育皆不可離德，故德育貫三者也。[36]

元田永孚並且具體舉出其內容為：

> 祖宗惟神之道也。思誠者，人之道也。云隨神之道也。隨神之道者，主忠信，戒浮薄、輕佻、虛妄、詐欺之行為。……由國體有道，由道有教，教育者，所以養成我國人也。……養成我國人者，以何為先？日本國之精神也，氣魄也，德行也，風俗也。明我國體，獎勵忠君愛國者，所以養成精神也。重義輕利，勵武尚勇者，所以養成氣魄也。先禮讓，守廉恥，務敦

---

35 見《時事新報》一八九二年十一月三十日刊載之福澤諭吉：〈教育の方針變化の結果〉，收入《福澤諭吉全集》第13卷（東京：岩波書店，1958年），頁575。

36 轉引自山住正己：《教育勅語》（東京：朝日新聞社，1991年），頁61。

厚，行節儉者，所以養成德性也。尊老，慈幼，慎祭祀，敬神祇，正婚娶之禮，厚鄉鄰之交，所以養成風俗也。[37]

　　由此看來，儒學之倫理道德，既是日本祖宗之訓典，更是教育之大本。隔年的明治十二年（1879）八月，明治天皇亦頒賜〈教學聖旨〉，教示教學的根本精神，針對自由民權運動的高揚，企圖藉由復興儒學之道德主義，從教育著手來根本抵制自由民權思想。這是天皇首次介入公共教育，利用將教育政策導向實踐儒學倫理道德這一面向，以消除內政上存在的緊張感。

　　明治天皇和元田永孚的立場一致且鮮明，隔年的明治十三年（1880）所發布的〈教育令改正〉，便依照此種儒學道德教育的基本方針，將「修身科」置於各科之上。又兩年後的明治十五年（1882），同是成於元田永孚之手，發布於各小學的〈幼學綱要〉，則明白指出「孝行」與「忠節」是「人倫之最大義」。一八八〇年代的日本國內，雖然有伊藤博文（1841-1909）等人曾告誡明治政府，以為其介入國民道德，乃非政府所宜管制也。（〈教育議〉）然強調所謂富國，就必須強化道德教育、倫理道德以為教育當務之急，或是主張以彝倫道德為本，以制止輕躁浮薄之風氣的呼聲，漫天叫響。終於，明治二十三年（1890）〈教育勅語〉公布，元田永孚此種原來針對教育的改革，繼而擴展成為對全日本國民的訴求。元田永孚在〈教育勅語〉中解釋說：民心基於忠孝而得以結合，此不僅是教育之淵源，更是日本國體之精華，而且還可以扶翼天壤無窮之皇運。翌年的明治二十四年（1891），東京大學教授井上哲次郎（1855-1944）便寫成《勅語衍義》，其如下說道：

37　轉引自山住正己：《教育勅語》，頁 60。

勅語之主義，修孝悌忠信之德行，固國家之基礎，培養共同愛
國之義心，備於不虞之變。[38]

井上哲次郎不僅從國家主義立場來解讀〈教育勅語〉，更大開漢
學者服務政治之 風氣。

六　儒學團體「斯文學會」與儒學復興

另外，在明治十年代到二〇年代初期的儒學復興期中，除了政府
有目的地追求儒學實踐並將之教育制度化外，儒學團體的成立，亦在
復興儒學的目的外，某種程度體現了儒學的社會實踐。

明治八年（1875）前後，曾擔任樺太開拓使判官和外務省御用事
務官等職務的岡本監輔（1839-1904），因為慨嘆世風趨逐洋學，罔顧
國學、漢學[39]，遂與同鄉的森重遠（？-？）發起「思齊會」，力圖復
興儒學。然因此時日本上下正處於仿歐的興盛期，故「思齊會」雖得
到馬場辰豬（1850-1888）、福地源一郎（1841-1906）等「共存同眾社」
友人的相助，大力宣傳之餘，仍難抵時勢。後因右大臣岩倉具視
（1825-1883）的介入，「思齊會」於是得到明治政府的援助，而有機會
成立「斯文學會」。「思齊會」改名為「斯文學會」後，由岡本監輔、

38　請參閱井上哲次郎：《勅語衍義》，收入國民精神文化研究所編：《教育勅語渙發
　　資料集》第 3 卷（東京：國民精神文化研究所，1939 年），頁 231。

39　關於岡本監輔，請參閱町田三郎：〈岡本監輔及其《岡本子》〉，收入黃俊傑、町
　　田三郎、柴田篤編：《東亞文化的探索──傳統文化的發展》（臺北：正中書局，
　　1996 年），頁509-523。

中村正直等人起草了〈斯文學會規則〉[40]，並寫成了〈趣意書〉。[41] 岩倉具視則於明治十三年（1880）二月地方官會議召開時，命太政官權大書記官股野琢（1838-1921），和權少書記官廣瀨進一（1845-1904），勸導出席會議的各地方官加入「斯文學會」，並使各地方官在返回地方後，鼓吹各郡長成為「斯文學會」之會員，結果由全國各地方募集了一千五百多名會員。而宮內省更是對學會的成立不遺餘力，不僅在創會典禮和招募會員時捐贈千圓，「斯文學會」設立後十年內，更是每年贊助二千四百圓，甚至也提供了場地校舍。[42]

而〈斯文學會規則〉的第一條是：

> 本會以伸張風教，興隆文學為主旨。其事大別為三項，第一學校，第二講說，第三著撰。[43]

第七條條文為：

> 斯文學校，專修和漢之學，兼涉歐美之學，以為教育英俊子弟之所。[44]

---

40 〈斯文學會規則〉，收入斯文會：《斯文六十年史・創立五十年記念》（東京：斯文會，1929 年），頁 223。

41 即〈斯文學會開設告文〉，收入《斯文六十年史・創立五十年記念》，頁 220-221。

42 關於「思齊會」和「斯文學會」的沿革，可參閱連載於《斯文》第 8 編第 4 號到第 11 編第 1 號之〈雜錄〉的山本邦彥：〈斯文學會時代の回顧〉一～二十九。以及收錄於《斯文》第 11 編第 6 號中山邦彥：〈斯文會沿革摘錄〉，和《斯文六十年史・創立五十年記念》一書。

43 〈斯文學會規則〉，收入斯文會：《斯文六十年史・創立五十年記念》，頁 223。

44 〈斯文學會規則〉，收入斯文會：《斯文六十年史・創立五十年記念》，頁 223。

　　「斯文學會」就在此積極參與社會的目的下，於明治十三年（1880）
六月六日，假東京神田區學習院，舉行創會典禮。會上冠蓋雲集，除
太政大臣三條實美（1837-1891）、左大臣有栖川宮熾仁（1835-1895）、
右大臣岩倉具視（1825-1883），以及谷干城（1837-1911）、阪谷朗廬
等朝野公卿名人參加之外，清朝公使何如璋（1838-1891）也前來與
會，中村正直、岡本監輔等碩儒亦現身會場。而由川田甕江（1830-
1896）所草擬的〈斯文會記〉看來，不難發現「斯文學會」的立場與
明治政府一致，都對極端歐化後日本國內所產生的自由民權、基督教
信仰、民主共和政治抱持批判反對態度。無怪乎該會可以得到執政當
局的大力支援。但「斯文學會」的儒學復興，不僅僅只是基於儒學的
倫理道德仁義規範這一傳統，還意識到作為一種學問，儒學必須於教
學和研究上，開發新進路。在此且將〈斯文會記〉全文揭示如下：

　　　　斯文會何為而設也？振起斯文也，以文會友也。夫經緯天地之
　　　　謂文，道德博聞之謂文，學勤好問之謂文，慈惠愛民之謂文，
　　　　有儀可象之謂文，辨而不爭、察而不激之謂文，貴本之謂文，
　　　　道藝之謂文，法度之謂文。其書則經史子集、其藝則禮樂射御
　　　　書數，其德則知仁聖義忠和，其行則孝友睦婣任恤，其業則修
　　　　身齊家治國平天下。斯文也，亙古今，通內外，橫目兩足，戴
　　　　天而履地者，莫不資焉。但生不同其國，風氣隨異，則語言文
　　　　字，政體教法，各從其所宜，不必概而一之也。我邦文字傳自
　　　　漢土，人智由是開，倫理由是明，工藝由是興，文物制度由是
　　　　立，則其學之為必用，固不待論，而學者往往膠柱刻舟，不達
　　　　時務。是以中興以還，採用洋學，海內靡然，拾鳥跡而講蟹
　　　　文，然一利之所在，一弊隨生，道德變為功利，敦厚化為輕
　　　　浮，儉素移為華奢。語政體，則不曰立君而曰共和；語教法，

則不曰周孔而曰耶蘇；語倫理，則不曰夫唱婦從，而曰男女同權。嗚呼！彼不辨國體土俗之同異，唯新之趨，與夫迂儒泥古者，均非聖賢實學之旨也。頃者，社友相議，欲振起斯文。此唱彼和，傳播四方，不出旬月，得同志者一千五百餘人。乃卜今茲庚辰六月初六，開會於東京錦街學習院。社員更誦祝詞，又投票推擇幹事五十人。是日也，天氣晴朗，堂上揭聖跡圖，堂下合奏古樂。親王公卿，及清朝公使以下、內外眾賓、陸續來觀。聖上聞而嘉之，賜金一千圓。盛哉會也，奎運之興，可指日而待矣。抑《傳》曰：人之其所親愛而辟焉。洋學之弊如彼，講漢學者，獨無所辟乎。然則雕蟲篆刻，非斯文之謂也。索隱行怪，非斯文之謂也。孤陋寡聞，非斯文之謂也。道聽塗說，非斯文之謂也。曲學阿世，非斯文之謂也。褒古毀今，非斯文之謂也。知己不知彼，非斯文之謂也。大言少成事，非斯文之謂也。剛不敏、濫列席末，得覩盛舉，因述所見，責備於賢者云。[45]

而就如〈斯文學會規則〉說其主要事業是在學校、講說、著撰三者一樣，明治十六年（1883）開始，該會便於宮內省御用邸開設學校「斯文黌」。學科及担任教師如下：

修身科：根本通明、豐島毅。
文章學：岡本監輔。
史學：內藤恥叟。
法律學：內滕恥叟。

45　〈斯文會記〉，收入斯文會：《斯文六十年史・創立五十年記念》，頁221-222。

書學：長莢、巖谷修、日下部東作。

數學：川田朝鄰。

英學、獨逸（德）學：井上勤。

而講說的部分早從明治十四年（1881）開始便每週開講。講授內
容有：《周易》、《詩經》、《書經》、《論語》、《孟子》、《莊子》、《唐
宋八家文》、《令義解》、《中庸》、《孝經》、《周禮》、《孫子》、《韓非
子》、《文章軌範》等，亦即除了部分漢文作文規範和子書外，幾乎都
是儒學典籍。而講授的教師陣容，幾乎清一色都是東大教授，如根本
通明（1822-1906）、三島中洲、中村正直、小中村清矩（1821-1895）、
岡松甕谷、秋月胤永（1824-1900）、豐島毅（1824-1906）、佐藤楚材
（1801-1891）、內藤恥叟（1827-1903）等。至於「斯文學會」在十六
年期間的著撰作品，則刊行於《斯文一斑》、《斯文學會議義筆記》、
《斯文學會報告書》、《斯文學會雜誌》和《斯文學會講義錄》等五種
刊物中。

由「斯文學會」的活動看來，其實該會乃具有書院、學會社團、
學術研究的特性，可說在社會實踐和學術發展上皆有從事。但進入明
治二〇年代以後，由於文部省法令的變更，和儒學復興所引發的反彈
勢力等因素，曾經極為繁盛的「斯文學會」亦步向衰微。明治十六年
（1883）開設的「斯文黌」，也在四年後的明治二十年（1887）關閉。
明治二十八年（1895），因為學會必須登記其基本財產之公債證書，以
及必須登記保存其不動產，遂於該年五月改組為財團法人，並改名為
「財團法人斯文學會」。然而即便如此，盛況卻已不再。進入明治三〇
年代中期以後，學會更是屢遭祝融之厄，不僅講說因而多數中止，受
講人數亦逐漸減少。到明治四十年（1907）十一月時，長期以來的講
說更是就此停止，雪上加霜的是中村正直、三島中洲等支撐學會的碩

儒亦相繼辭世。

　　蓋明治二〇年代初期，隨著伊藤博文手下金子堅太郎（1853-1942）所策劃的《大日本帝國憲法》於明治二十二年（1889）頒布，以及元田永孚所擬定的《教育勅語》於明治二十三年（1890）發布，試圖以所謂：

> 天皇者神聖不可侵……[46]

> 朕惟我皇祖皇宗，肇國宏遠，樹德深厚。我臣民，克忠克孝，億兆一心，世濟其美，此我國體之精華，而教育之淵源亦實存乎此。[47]

　　這類與日本道德有所關連的儒學倫理道德而來復興提倡儒學時，仍有不少人抱持著齟齬之感。到了明治三十年代，即一九〇〇年代初期，漢學無用論之聲浪再度沸沸揚揚。政府有心人士越是強調儒學存在的必要意義及其對日本這一國家的作用，就越刺激民族國家主義者往激進方向前進，反而愈是排抵儒學。而遭受排擊敵視的一方，便愈感到存亡的危機感。所以當文部省於明治三十三年（1900）提出廢止漢文科的計畫時，翌年的明治三十四年（1901）當時的漢學者與相關人士，遂組成「在京者漢學者懇親會」，以發動反對氣勢。[48]結果，因

46　見《大日本帝國憲法》，〈第一章　天皇〉，第三條。蓋《大日本帝國憲法》於明治二十二年（1889）二月十一日公布，翌年的明治二十三年（1890）十一月二十九日施行。該部憲法亦稱為《帝國憲法》、《明治憲法》。又今日現行之《日本國憲法》，該部憲法則被稱為《舊憲法》。

47　文部省編：《漢英佛獨教育勅語譯纂》，東京市：ヘラルド社，1931年。

48　請參閱佐藤一樹：〈漢文におはる近代アイデンティティの模索─漢文科をめぐ

彼等大規模的國會請願活動，文部省廢止漢文科的計畫才告無疾而
終。而經歷此次經驗，漢學者更認識到團結一致與政治活動的重要
性，彼等恐怕更體認到「教學」與「社會活動」於振興漢學政策上，
舉足輕重的地位，但此種認知亦更迫使漢學者朝著以儒學服務政治的
路途邁進。

七　結合軍國主義之尊王儒學

　　而自明治二〇年代中期到三〇年代中期，可稱之為新日本的第二
啟蒙期。相對於明治初年第一啟蒙期的醉心西方資本主義和自由民
權；此時期的知識分子則將關注焦點投射在國家社會主義。明治三十
四年（1901），安部磯雄（1865-1949）、片山潛（1859-1933）、幸德秋
水（1871-1911）等人，組成日本史上第一個社會主義政黨——「社會
民主黨」，但成立當天即被禁止結社。明治三十六年（1903）年，進入
二十世紀的第三年，前年的明治三十五年（1902），英日結為同盟，而
明治三十六年這年，則是俄國帝政南下政策表現露骨無遺，日俄兩國
間風雲詭譎的一年。日本國內的社會主義運動，便是在此緊迫的外交
關係中發展出來的。也就是在此內外交迫的時局中，山路愛山（1864-
1917）於其主筆的《獨立評論》第一號中，發表了〈余は何故に帝國
主義の信者たる乎〉（余為何為帝國主義之信者）一文，山路愛山的理
由是：

　　　　余因立足於人類有其生存權利這一信念上，而成為帝國主義之

る明治、大正論議〉，《中國文化：研究と教育》第 53 號（1995 年），頁 82。

信者，若非帝國則不得生存於地上。[49]

山路愛山並且認為侵略主義乃：

是適者生存也，是受天惠之光榮也，是社會進化過程中所產生之淘汰也，若以宗教家之言而言，則是天之審判也。[50]

又山路愛山認為帝國主義之理想乃在：

由純一整頓的社會組織，向世界要求公道。[51]

愛山此番支持帝國主義論調，雖然立刻遭到反〈教育勅語〉之基督徒教師內村鑑三（1861-1930）的批評，罵其為「君子豹變」，但愛山仍繼續在《獨立評論》第二號、三號發表〈予が所謂帝國主義〉（予所謂之帝國主義）予以反駁。文中，愛山認為：在科學發展、世界縮小、種族觀念發達的時局中，由於領土的大小、人口的多寡，成了決定國家競爭優劣的要件，故充實軍備，備於不義之侵略，並且維持於武裝性和平世界中之發言權，豈非國民對外的正當要求？愛山的理論自然有其跳躍性和不合理之處，但很明顯的，愛山是在當時的現實世

49　山路愛山：〈余は何故に帝國主義の信者たる乎〉，《獨立評論》第 1 號（1903 年 1 月），收入復刻獨立評論社刊本《獨立評論》1（東京：みすず書房，2005 年），頁 95。

50　山路愛山：〈余は何故に帝國主義の信者たる乎〉，《獨立評論》第 1 號（1903 年 1 月），頁 96。

51　山路愛山：〈余は何故に帝國主義の信者たる乎〉，《獨立評論》第 1 號（1903 年 1 月），頁 96。

界中，將帝國主義的動向，特別是俄國的南侵政策，視為日本的最大危機。愛山並且主張以戰應之，認為戰爭即正義、體面，是正當的國民生活主張。[52]

山路愛山主張對帝國主義宣戰，其實恰與明治三〇年代日本國內的亞洲主義之發展相符合。蓋當明治政府早期選擇了脫亞入歐的政策後，西歐始終是日本學習追逐的益友。因此對西歐帝國主義懷抱戒懼者，只能透過謀求亞洲的共存共榮來自保，而從明治一〇年代到二〇年代的共榮或合邦主張，基本上皆立足於亞洲一體的認識基礎上，承認中國在文明上所占的優越性，這種觀點又與此時的儒學復興強調倫理道德，有其同質性。又因為此文明優越處，又恰好是日本和中國的相通之處，所以尋找同文同種的中國以抵抗西洋，是此時期興亞主義的訴求。而進入明治三〇年代初期，日本的興亞主張，雖仍強調東洋連帶關係的正統性，但卻開始注意到中國的市場價值，充滿了現實考量的成分。到了明治三〇年代後半，主張以亞洲人之亞洲概念來對抗西洋的興亞主張，取代了西洋優於一切的亞洲合邦共榮主張。從畏怯懼怕，到顯露自信、企圖利己，進而發展成東亞協同體的明治時期的興亞主義[53]，到了明治三〇年代中期，已與主戰論合流。終於，明治三十八年（1905）日俄戰爭的獲勝，日本舉國歡欣鼓舞的同時，興亞大業不僅在武力方面，就連文明方面也不再以中國為領導，日本以東亞之首自居之餘，也更合理地與軍國主義結合。

此時期的儒學復興，開始講究實踐去除了「革命放伐」毒素的日

---

52 詳參山路愛山：〈余が所謂帝國主義〉（上），《獨立評論》第 2 號（1903 年 2 月），頁 1-7；山路愛山：〈余が所謂帝國主義〉（下），《獨立評論》第 3 號（1903 年 3 月），頁 1-8。

53 關於近代日本「興亞主義」發展演變與儒學振興之間的關係，詳參本書第七章〈儒學之新生抑或變異──近代日本之孔子教運動〉。

本式儒學。而所謂日本式儒學，即在宣揚家族式的國家觀，鼓吹忠孝一致的固有國民道德。從明治三十五年（1902）〈明治民法〉被制定，明治四十一年（1908）〈戊申詔書〉頒布，到明治四十二年（1909）政府改定全國小學校之教科書，宣揚實踐此日本式儒學。亦即日本固有之國體觀的主張，確實滲透入侵到國定「修身」教科書中。政府藉由文部省主辦的講會，向各小學校、中等學校、師範學校等教師揭示修身教育之要旨，企圖使國民道德可以普及於全國。明治四○年代，日本在一片高漲的愛國情緒中，希望透過實踐改造過後的儒家君臣、君民倫理，來喚醒日本國民身為國民的自覺。而此種國民道德的催促運動，雖是藉由儒學倫理道德之實踐，而其具體內容，同時又是在保存封建體制之精神支柱的儒學道德，以及提倡尊王思想。

八　儒學社團與儒學改造

另一方面，許多新興設立的儒學社團，亦於此時期成立。首先，明治三十二年（1899）由東大「古典講習科」、「漢學科」、「哲學科」之相關人士為中心，成立了「研經會」。此學會社團正如其名稱一般，是以經學研究為主，每月舉行一次左右的演講或研討會，並公開刊出演講及研討的內容。會員有星野恒（1839-1917）、林泰輔（1854-1922）、宇野哲人（1875-1974）、安井小太郎（1858-1938）、小柳司氣太（1870-1940）、服部宇之吉（1867-1939）、高瀨武次郎（1869-1950）、蟹江義丸（1872-1904）、島田鈞一（1866-1937）、山田準（1867-1952）等人。明治三十九年（1906），掌管聖堂的東京高等師範學校的教職人員，因為有感釋奠祭禮久未舉行，乃決議廣集有志一同的人士，舉行盛大的祭孔大典。於是，翌年的明治四十年（1907）乃成立「孔子祭典會」，由井上圓了（1858-1919）、井上哲次郎、三島中

洲、澀澤榮一（1840-1931）等共二十人担任評議員；而由安井小太
郎、鹽谷溫（1878-1962）等十人任委員，其中委員長為嘉納治五郎
（1860-1938）。隔年的明治四十一年（1908）市村瓚次郎（1864-1947）
和大隈重信（1838-1922）等人則成立了「孔子教會」，以孔子為研究
中心，並舉行《論語》講義。而據山本邦彥（？-？）於〈斯文會沿
革摘錄〉中的說法，該會之宗旨為：

> 以二十世紀之思潮精神為根本，開儒教之新生面，以振肅現代
> 之風潮。[54]

　　上述三個學會社團中，除了明治三〇年代成立的「研經會」，是
著重在儒學經典之研究外，「孔子祭典會」和「孔子教會」，則是由東
大教授以及中、高學校的漢文科教師為主，組成有關修身與尊孔的儒
學研究團體。而不論修身或是尊孔，講究的是具體的身體力行實踐。
　　明治四十二年（1909）主要為東大支那哲學科出身的人士，有鑒
於儒學對日本的德育教育與文學，仍具有絕大的影響力，而且中國的
聖經賢傳幾乎皆為聖詔（〈教育勅語〉）之注腳，可資於造就人格者甚
多，故不能否定其於德育上的價值。彼等就在此種認知上，成立了
「東亞學術研究會」。星野恒為該會的評議員長，評議員則有安井小太
郎、內藤湖南（1866-1934）、服部宇之吉、宇野哲人等。該會於明治
四十三年（1910）五月所發布的〈東亞研究會設立主意書〉中，強調
該會主要目的在研究以中國學術為主的東亞諸國之文物，期可資於國
民道德之發達。[55] 該會例行活動除了於春秋兩季，舉行演講會外，明

54　山本邦彥：〈斯文會沿革摘錄〉，《斯文》第 11 編第 6 號（1929 年 6 月），頁 43。
55　詳參東亞學術研究會編：〈東亞學術研究會設立主意書〉，《漢學》第 2 編第 1 號

治四十三年（1910）五月，發行了機關誌《漢學》雜誌。明治四十四年（1911）七月《漢學》第十五號發行以後，改名為《東亞研究》，並於該年十二月發行第一號，到大正七年（1918）九月第八卷第三號終刊號為止，《東亞研究》共發行了一百號。

《漢學》與《東亞研究》兩雜誌所刊載的論文，範圍涉及文、史、哲等各方面，有些論文更直接表明應杜絕危險思想、邪惡主義，以免其破壞日本固有之美風良俗，故而必須提供日本國民以建全思想和穩健之主義。其中，小柳司氣太更主張：已然日本化的「儒教」，既無文弱弊病，亦保有喜新特質的進步主義，而且與中國不同的是完全實現「忠孝一致」的日本國體，是足以提供日本國民健全思想之憑藉。小柳司氣太說：

> 我國儒學乃採中國儒學之所長，捨其所短，已然日本化之產物。而若欲理解《教育勅語》，雖可由固有之宗教來解釋之，亦可由固有之論理說而來解釋之，然而最方便適切的，莫過於從儒學而來詮解《教育勅語》。故苟欲整頓如今思想界之亂象，賦予國民健全之思想，則不得不藉由與此《教育勅語》關係最深，最適合用來解釋《教育勅語》的儒學，亦即所謂日本式的儒學。[56]

明治四十三年（1910），牧野謙次郎（1863-1937）登高一呼，組成了「漢文學會」這個中等學校漢文科教師彼此連絡、研究的團體。

（1911 年 1 月），卷頭。

56　小柳司氣太：〈儒教と現今の思想界〉，《漢學》第 2 編第 7 號（1911 年 7 月），頁 56-57。

到了大正七年（1918），「東亞學術研究會」則與「財團法人斯文學會」和上述各儒學研究團體，重新組合成「財團法人斯文會」。並於翌年的大正八年（1919）二月一日發行機關誌《斯文》創刊號，到昭和二年（1927）九月一日第二七編七、八、九合併號刊行為止。其創會宗旨在以儒道鼓吹日本固有之道德，闡明東亞學術以資世界文明，並宣揚〈教育勅語〉，發揚日本國體之精華。[57]

《斯文》雜誌所刊載之文章亦包含各層面，但其中更多數的文章都與孔子、湯島聖堂、日本儒學有關，對提倡改造後的日本式儒學──孔子教，以服務政權一事，不遺餘力。事實上，《漢學》、《東亞研究》、《斯文》三雜誌，可說是自明治三〇年代以來，歷經大正、昭和時代到終戰為止，近代日本漢學者們試圖以儒學道德復興儒學，或是欲實踐其所學以經世致用時，甚至不惜依附政權，企圖合理化改造後的儒學理論，並將此種儒學改造加以宣揚實踐之運動，自登場至由盛而衰，終至落幕的主要言論廣場。

九　國民道德之儒學與學術研究之支那學

當以東大為中心的「斯文會」成員，用一種近似宗教的態度來頌揚禮讚膜拜孔子及儒學，並完全信任儒學經典，甚至歪曲儒學以阿附政權，藉此積極從事儒學之參與社會實踐的同時，同樣位於東京的「哲學館」（東洋大學前身）和「東京專門學校」（早稻田大學前身）的新起之秀，和以京都大學之漢學研究者為中心所組成的「支那學會」、「支那學社」成員，幾乎皆對東大和「斯文會」的儒學立場，抱持批判的態度，他們在思想和研究方法上，更具革命性和批判性地表

57　詳參〈斯文會趣意書〉，《斯文》第 1 編第 1 號（1919 年 2 月），頁 1-2。

現其對孔子、儒學、中國古典、甚至日本漢學的批判態度。「支那學社」的新進漢學者，禮讚以西洋文化為旗幟的中國新文化運動，並且寄予更多的關心於中國的現實與未來發展。

事實上，在上述研究團體發難之前，「民友社」成員，同時也是《國民新聞》記者、信濃《每日新聞》主筆、《獨立評論》發刊人的山路愛山，便先發異聲，於明治三十八年（1905）寫成《孔子論》（東京：民友社，1905 年）一書[58]，山路愛山認為：孔子並不闡說人性與天道的關係，只論人間道，只是從人的角度來研究人。兩年後，愛山在〈日漢文明異同論〉中，則區分出：對孔子有渴仰崇拜之念者，乃中國人所固有；為日本人所無。愛山並主張：在日本，孔子不過是位歷史人物。[59]愛山並且認為中國的孔子崇拜，是宗教性的；而非政治性的，故與日本國內當時所提倡的那種從政治上來統合國民的「勤王」心情是不同的。所以日本也就無須將孔子當作神來崇拜，更無須視儒學為宗教而來提倡所謂的孔子教。[60]然而即便如此，山路愛山卻積極地與井上哲次郎一同闡述孝悌等於愛國的論點。顯然，激進的國家主義湮沒了愛山客觀一致看待儒學的可能性。

愛山此種孔子不過是位中國古人的聖人否定論，之後在東大文科大學哲學科出身，井上哲次郎之弟子的遠藤隆吉（1874-1946）身上，也得到回響。遠藤隆吉明顯地與東大集團採取不同的立場。在明治四

58　關於明治年間所出版的孔子、孔教專書，詳見林慶彰、連清吉、金培懿編：〈第四編·近代，壹總論，二漢學、儒學史，5 孔子教研究〉，《日本儒學研究書目（下）》（臺北：臺灣學生書局，1998 年），頁 623-628。

59　山路愛山：〈皇室論 四〉，收入萬里閣書房編：《山路愛山選集》第 3 卷（東京：萬里閣書房，1928 年）。

60　有關山路愛山的儒學論點，請參閱三浦叶：〈第六章 明治の文士·評論家の漢學觀〉，《明治の漢學》（東京：汲古書院，1998），頁 180-191。

十三年（1910）出版的《孔子傳》中，遠藤隆吉（1874-1946）主張孔子並非神，而只是一位中國古人，並且主張其教不合日本之風俗習慣。他並且明白指出《論語》所重視的是「孝」，而非「忠」，故與當時日本所須的倫理道德不相符合。但即使如此，孔子仍是一有血有肉，值得崇敬的偉人。遠藤隆吉並且認同〈教育勅語〉正是日本人的倫理道德指標，但並不以為其必須借用儒學來讚揚之。[61]

　　與將儒學之倫理道德，視為國民道德、義務，而加以宣揚並要求力行實踐之，以佐皇國之風潮反其道而行的，最主要的另一個集團，亦即京都大學的「支那學社」。在京都大學之前，日本研究中國學問的代表，時代較近的當推早京都大學二十多年成立的東京大學；時代離的稍遠的則是江戶漢學。按照溝口雄三（1932-2010）的說法，江戶幕府推崇朱子學並使之成為官學，這其實是假中國學問以建構日本自身的學問體系，是一種以自我為中心，完全日本化的漢學。[62]然若如此，則中國學問在江戶漢學者眼中，就成了一個被有目的任意取捨的對象，而非一被認真研究、認識的客體。東京大學的漢學研究者，在近代由於是依據西歐近代學術來建構其漢學研究，所以相對重視實證主義，似乎已將中國學問還原成一學術研究客體。但因其以西洋為規範、準則，在努力追趕西洋學術的過程中，中國學問這一客體，似乎又成為推崇西洋學術、文化者所批判和蔑視的對象。而在揭舉儒學之倫理道德為參與政治、社會實踐的過程中，中國學問則又再度成為一個被恣意擷取、利用改造的對象。結果無論是江戶漢學或東京學派，可以說在某種程度上，都無法理性與感性兼顧不廢地對中國學問，進

61　遠藤隆吉：〈凡例〉，《東洋倫理學》（東京：弘道館，1909 年），頁 1。
62　請參閱溝口雄三著，李甦平、龔穎、徐滔譯：《日本人視野中的中國學》（北京：中國人民大學出版社，1997 年）。

行真正客觀理性的研究。而京都支那學派，則採取了把中國作為中國來理解的為學態度，在承認中國歷史發展的主體性這一基礎上，依據中國學問、文化發展的內在理路來認識理解中國。故其在深厚的漢學基礎上，相對積極地了解中國學術界，並重視對中國的實際考察，並與中國學者多有交流。而其實證主義的治學方法，又異於東京學派那種源於德國蘭克史學的實證主義不一樣。京都學派的實證主義，注重文獻收集與考證，但更多取法清朝考證學，並將清朝考證學發展到「二重證據法」，強調要能發現與原有文獻相印證的新文獻和新文物，故其歷來重視對新史科和地下遺物的發現與利用。[63]也因為此種為學方法，京都學派主張中國哲學、中國文學、中國歷史不應分開研究，而此三位一體所構成的支那學，正相當於當時西歐學界的 Sinology。此種支那學相對於日本之前的傳統「漢學」，乃是應用儒學思想，以作為政治、倫理之實踐方法，或是以熟練學習漢詩文的作法為目的；歐洲 Sinology 的目的和京都支那學派的目的，顯然是在分析解明中國這個地域的文化現象整體。

　　蓋當 Sinology 傳到日本時，漢學仍是日本知識分子的基礎素養。到明治維新為止，日本的學問領域可分為漢學、國學、洋學，所有學問都含括在其中。洋學主要有以醫學為中心的蘭學；和興起於幕末，以兵學為主的英學。這些都是以修習技術為其目的，甚至並未注重相關技術理論或思想的部分。當時所謂的和魂洋才，洋才指涉的便是西洋技術層面的部分。

　　其實，明治十年（1877）東京大學設立，共設有法、理、文、醫四科大學。除文科之外，其他都是實學所構成，由此點正又可以看出

63　有關京都學派的學風，可參閱錢婉約：〈日本中國學京都學派芻義〉，《北京大學學報・哲學社會科學版》第 37 卷第 5 期（2000 年 9 月），頁 126-133。

明治政府西化政策落實到教育制度之一端。而此時文學部的第一科中有文學、哲學、政治學;第二科則設有「和漢文學科」。但是無論是史學或哲學,皆只有西洋而無東洋或中國;政治學也是完全借用歐洲的學術系統。換句話說,東京大學文學部的第一科,其實就是以前江戶時代的洋學;第二科則如其名「和漢」,還是以前的國學與漢學。[64]

可見,東京大學文學部乍看之下似乎是採用歐洲的學制,其實實質的內容則與江戶以來的學問概念、內容,並無太大差異。此種情形一直要到京都大學於明治三十三年(1900)成立,才各自設置了「東洋史」、「支那哲學」的講座,之前還是以漢學、洋學來作學問概念上的區別。而這正好反映出教學制度的設定,時常無法即時因應研究領域、社會情勢的改變而適度改動調整。明治十八年(1885)東京大學文學部第二科中的漢學科雖然獨立出來,但也還是「漢學科」,一直要到明治三十七年(1904)根據文科大學學科規程改正,漢學科才三分為「支那哲學」、「支那史學」、「支那文學」等專政,而此種改編還比京都大學晚了四年。

十 社會實踐儒學與學院學術儒學

或許是由於學制、為學方法、乃至看待中國或漢學的態度差異頗大。「支那學社」的京都學派中國學學者們,如青木正兒(1887-1964)就批判東京大學佐政派學者所謂的「支那哲學史」研究,不過是流於浮面式模仿西洋哲學方法的鸚鵡。[65]小島祐馬(1881-1966)則針對服

---

64 有關東京大學設置時的學科制度,請參閱東京大學百年史編集委員會編:《東京大學百年史・局部史一》(東京:財團法人東京大學出版會,1986年)。

65 青木正兒:〈胡適を中心に渦いてゐる文學革命〉,連載於《支那學》第1卷第1號(1920年9月),頁11-26;第2號(1920年10月),頁32-50;第3號(1920

部宇之吉、宇野哲人批判儒學革命思想以求實踐羽翼日本國體與天皇的言論、作為，提出孔子思想中除了革命否定論以外，亦存有革命肯定要素。[66]湯淺廉孫（1873-1941）也支持小島祐馬，提出孟子的革命論乃就孔子的主張來加以發揮。[67]

但京都支那學派此種將中國文化現象整體當作客觀研究客體的純學術作法，也引來了質疑批判。重視儒學之實踐性的竹內照夫（1910-1982），則批判支那學說：

> 支那學者並非一在宗教、或道德、或政治經濟之理念下來研究授受諸般學藝之學術大系。漫然漠然，只在意所謂有關支那之學問而已，而非具有何種明確獨特之對象手段。支那語學、文學、哲學、史學等各個領域，因為被總合性學術形式所蒙蔽，故無法徹底作為一專門科目……吾欲否認支那學之名、欲改廢支那學式之學術體系。[68]

竹內照夫的此種批判，乃在反對「支那學社」人士只研究經典文獻、文物，而無關現實社會實踐的學院式學術。另外，竹內好（1908-1977）於〈支那研究者の道〉一文中，則反對採取法式 Sinology 的研究方法，以為此種作法乃是立足於西方對亞洲的帝國主義觀點下，所

年 11 月），頁 39-59。

66　小島祐馬：〈儒家と革命思想〉，連載於《支那學》第 2 卷第 3 號（1921 年 11月），頁 40-52；第 4 號（1921 年 12 月），頁 43-52。

67　湯淺廉孫：〈儒教の內面的思想〉，《支那學》第 3 卷第 7 號（1923 年 12 月），頁16-45。

68　竹內照夫：〈支那學論〉，《斯文》第 23 編第 8 號（1941 年 8 月），頁 20-21。

採取的儒學、漢學研究法。[69]而主張徹底冷靜客觀、不帶感情地來看待、研究中國文化、學問的津田左右吉（1873-1961），則堅持日本的主體性，強調在日本思想史中，儒學並非其本質。津田主張：

> 日本民族生活的歷史性發展，與支那無關，與其完全分離而發展至今，日本與支那為個別之世界。[70]

除了因為學制、治學方法、以及對中國及其相關文化、學問所抱持的態度不同，而使得在面對學問實踐和制度化時，有所衝突、爭議，甚至產生弊端之外，整個近、現代的日本教育制度，也因為將近六十年，〈教育勅語〉長期成為學校教學之一環，故其所引發的問題與省思，仍是我們在探討將儒學思想學說加以制度化時，必須檢討的課題。

首先第一個課題是：截至終戰為止，日本幾乎都將教育委託給學校，但是當儒學結合神道、武士道進入校園，使得學校的教學活動也進一步結合了祖先、君王崇拜，甚或成為戰鬥意志的培養與集團性的從事軍事訓練；而大多數的教師也都成了軍國主義的幫手時，我們不得不重新思考學校的定位問題。第二個課題是有關〈教育勅語〉與科學教育和教科書的問題。因為明治政府所積極推動的開化政策，無非就是想習得科學技術，特別是將科學技術的觀念開發和教導，落實到初等教育體制中。但所謂天皇乃天神之子孫的說法，基本上卻與科學進化論背反。而且既然日本皇統乃萬世一系的話，又該如何解釋南北

69　竹内好：〈支那研究者の道〉，《近代の超克》（東京：筑摩書房，1983 年），頁 246-254。

70　津田左右吉：〈東洋文化とは何か〉，《シナ思想と日本》（東京：岩波書店，1972 年），頁 156。

朝時兩位天皇對峙爭鬥正統的問題。結果我們可以想像的是，教室內若不是並存著矛盾之說，便只好竄改真理、事實，而這些部分遂淪為一個不便碰觸的地帶。第三個課題則是失衡的教育政策。江戶時代，庶民町人之教育重在實用，武士教育則重在道德。但是當涵養德性以實踐人道、發揚尊王愛國志氣，成為教育最主要的目標時，道德教育儼然成了國民教育的主要訴求。因此繼而引發出來的第四個課題便是：德育教育方法的是否正確？是強迫記誦到強迫實踐，抑或認同欣然力行，教育方法攸關道德倫理是否能真正內化進人心。

　　日本在近、現代以東大、「斯文會」為中心所提倡的以實踐儒學倫理道德，而來佐翼皇國、迎合政治的行為，與京都大學「支那學社」視儒學為一純粹研究對象，不介入政治的研究態度，兩者地位的升降以及其所受到的認可，基本上以日本戰敗的昭和二十年（1945）為一分界線，其兩者所受到的待遇或處境恰為相反。蓋隨著日本戰敗，天皇制亦隨之崩解，結果「斯文會」的儒學研究也產生了根本的改變。而「支那學社」的研究路數基本上依然延續至今，甚至成為大多數日本學者所採取的中國學研究的基本研究態度和方法。

十一　因應世變的開創性儒學實踐如何可能

　　其實，戰敗所劃開的豈止是戰前兩大學術集團的前後落差。由於戰敗的挫折，我們現在似乎很難在日本發現哪一位中國學研究者是積極入世的，他們大多對政治疏離、鮮少參與社會、實踐所學。但這並不代表他們對社會人群漠不關心，然他們有意識地採取保持距離。從「學」到「實踐」所學，大部分的日本中國學研究者是將之切離開來的，我們因此也很難找到「儒者」或「儒家」人物。其實，筆者相信大多數的日本中國學研究者，並不樂意被人稱為「儒者」或「儒家」，

當然這也不是他們所追求的。就這層意義而言，日本現在的中國學研究，某種程度是選擇從豐富現實世界中給剝離開來的。他們豐富學術的同時，似乎從來也沒打算離開這片場域，所以我們也無法在日本看到新儒家集團的出現，戰敗的挫折也帶來了新儒家在日本發展的挫折。而若要問日本現還有沒有「儒者」或「儒家」人物，筆者個人以為皆享高壽的九州大學名譽教授岡田武彥先生（1908-2004），和東京大學名譽教授的宇野精一先生（1910-2008），足可為之代表。前者創辦「簡素書院」，倡導儒家精神與日本文化的融合，並將之向社會人士宣導。後者積極設立組織、學會以參與社會，並長期致力於日本國內的教科書問題與國字國語問題，而且於日台文化交流上不遺餘力。

另一方面，戰前去孔子神話性的研究路線，因戰敗的挫折，不乏一些惡儒而學儒之人，此等學者則從更嚴肅的立場，向孔子及儒學提出批判。東北大學的淺野裕一（1946-）先生，著有《孔子神話—宗教としての儒教の形成》（東京：岩波書店，1997 年），該書曾被日本學界稱為現代版之「焚書」，號稱激烈程度不亞於當年的李卓吾（1527-1602）。淺野裕一先生於該書中拋出一系列的疑問，包括孔子是否還是中國世界的守護神？儒學是否還會是東亞文化的精神上的支柱？等等。而除了中國學研究者之外，日本國內的國學研究者，也在強調日本的主體性的同時，批判中國學的研究方法和對象。因此，在現代的日本社會，儒家未必是「遊魂」，但其面臨的挑戰、批判，不見得亞於海峽兩岸三地。

然而是否因為如此，儒學在現代日本就沒有實踐動能和展開文化的可能呢？筆者個人以為這倒也未必然。因為作為一儒家書院，「斯文會」仍活躍於現代日本，每年維持開授一定數量的儒學經典等相關課程，並對體制內的漢學教育，提供改革方案。而一般文化中心或市民講座，除了語言課程之外，亦開設一些中國典籍或中國文化的課程。

亦即，於推展社區文化上，儒學並非完全沒有空間。

　　而學校教育中的儒學教育，在戰後即被大幅度的稀釋，「漢文」科被併入「國語」科中，且進入二十一世紀以來，近年所占比例逐漸遞減。目前隨著大學財團法人化後，大學經營日漸吃緊，復加新世代學子對漢文學習缺乏興趣，私立大學的招生考試開始出現廢除「漢文」科的考試，某些高中也就順理成章放棄教授「漢文」科。但是另一方面，為因應所謂的「全球化」以及經濟發展之考量，高中亦開始採納「中國語」為第二外語，並可作為大學入學考試的選擇科目。然語言若無文化理解作為基砥，其所能達到的「國際理解」，恐怕也只能流於表層。而在高等教育的大學中，相對於中國文學研究室的人聲頂沸，中國哲學研究室學生的招生困難，這在某種程度上也反應出：其與高中階段的「漢文」教育出現了同性質的問題，大多數學生皆是以語言學習為最大目的。當然，此一問題又與就業的難易度有所關連，平心而論，中國哲學於現代日本，其與社會的關連性在實質面上似乎相對較少。因此近年來，日本國內不少研究室已將中國哲學、文學合併，改為比較文化或文化環境等名稱。這除了就業考量外，還意味著在現代化的挑戰下，日本中國學界更能在「世界史」或「東亞史」的視域中，而來尋找出自己的定位。此種改變不僅試圖延續傳統，或許亦可進一步在開放的互動中，亦即在與其他區域傳統的互動中，重建接續性的新傳統。

　　最後，當我們再度思索儒學能為二十一世紀的日本社會作出何種貢獻時，我們不禁又回想起整個明治時期，儒學的兩度登場，一次在對抗資本自由民權；一次在對抗社會共產主義。那麼，儒學究竟能否不採對抗，而有可能與共產主義或民主主義對話？針對這個問題，筆者以為韓國學者柳承國先生所提供的建議，頗可資借鏡。那就是：必須在儒學的「三才」（天、地、人）觀的對話理論基礎來談，才有可

能。柳承國（1923-）先生說：民主資本主義和共產主義，一個強調天（精神）；一個強調地（物質），但都疏離了人（精神）。因此造成二十世紀的現代文明變成人間疏外、人間性喪失的時代。所以二十一世紀的文化課題，乃在回復人間性。[71]其實在今天，我們無論是基於何種主義而來發展政治、經濟、文化、教育，以推進近代化腳步，我們生活的目的並不是為了現代化；而是為了更有意義、更好地生活下去。人類生活最終的目的是為了生命的存在與生命的意義，絕非為了科學文明或任何一種宗教、主義。

其實針對《論語》〈學而〉篇的「學而時習之，不亦樂乎？……子曰：『不知命，無以為君子也；不知禮，無以立也；不知言，無以知人也。』」程子的注解，不就是知天、知地、知人。所以針對此議題和二十一世紀的文化課題，儒學或許可以提供其助益。事實上，日本商社的上班族興盛閱讀所謂的「ハウツー」（How to）讀物，這些書籍中有很大一部分是屬於儒家關係書籍，諸如「論語的智慧」、「現代菜根談」等等，可見儒學思想確實提供了某些對應現代社會問題的精神資源。

而隨著二十一世紀全球經濟一體化，以及資訊化、國際化時代的到來，全世界可謂進入了一種文明衝突的劃時代時期。世界將呈現一種多元共存的文化狀態，純粹傳統和純粹西方，當然都不可能適應任何一個區域。長期以來，日本一直都將西方當作其追逐奔競的目標，然今後隨著中國的迅速崛起，日本在注重國際理解教育的同時，勢必亦不可忽略亞洲鄰近各國的文化傳統教育，以促進其與亞洲各國的交流。而無論是理解差異以求相互尊重；或是尋找共同平台以求相互交融，儒學都將是日本以及東亞諸國，追求「共生」與「和諧律」時的

71　彭永捷、牛京輝：〈儒學的宗教化與現代化─柳承國教授訪談錄〉，《東亞文化研究》第 1 輯（2001 年 12 月），頁 148-149。

共同基礎。

> 孟子曰：伯夷，聖之清者也；伊尹，聖之任者也；柳下惠，聖
> 之和者也；孔子，聖之時者也。孔子之謂集大成。集大成也
> 者，金聲而玉振之也。[72]

　　如何識別傳統文化的長、短與優、劣，適切地選擇適合於母國文
化的外來、先進文化，損益折衷，以採取符合現實的政策，這或許就
是孔子的「時中之道」。孔子的道，是實踐生命的途徑，離開了日常生
活，道顯然就不存在。於是實踐和成就生命的美好，便成了人生重大
的課題。然人性古今一同的「不變之道」，如何能在因時代、地域的變
化而必然發生社會制度、文化形態之變化的「變之道」中，不執著於
特定的文化或經驗事實，而是根據時變、世變來開發創造性的文化，
以使之適用於每個時空。這始終是我們在思考儒學實踐時，不可迴避
的課題。

72　〔宋〕朱熹：《四書章句集注》，收入《新編諸子集成》（北京：中華書局，1983
　　年），頁315。

附錄

附表（一）　江戶時代官學校設立一覽表

校名	設立地	設立年代
忍岡聖堂（林氏家塾）	江戶	寬永七年
湯島聖堂（昌平坂學問所）	江戶	元祿三年
和學講談所	江戶	寬政五年
醫學館	江戶	寬政三年
開成所	江戶	文化八年
醫學所	江戶	文久元年
講武所	江戶	安政二年
明倫堂	長崎	正保四年
徽典館	甲府	寬政年間
修教館	佐渡相川	文政七年
溫敬堂	伊勢山田	弘化四年
日光學問所	下野日光	萬延元年
精得館	長崎	文久二年
濟美館	長崎	文久三年
修文館	橫濱	文久三年

附表（二）　江戶時代藩學校設立一覽表

校名	藩名	設立年代
明倫堂（前身）	名古屋	藩祖時代
作人館	盛岡	寬永十三年
花畠教場	岡山	寬永十八年
立教館	桑名	寬永年間
日新館	會津	寬永年間
學校	岡山	寬文九年
五教館	大村	寬文年間
弘文館	鹿島	寬文年間
小學校	嚴原	貞享二年
好古堂	姬路	元祿四年
有備館	岩出山	元祿五年
造士館	三田	元祿七年
遷喬館	芝村	元祿九年
興讓館	米澤	元祿十年
誠意館	庭瀨	元祿十二年
講道館	高松	元祿十五年
學校	龜山	元祿年間
崇廣館	柏原	元祿年間
智新館	岩村	元祿年間
文武教場	郡山	元祿年間
敬學館	二本松	元祿年間
修道館	廣島	元祿年間

校名	藩名	設立年代
博文館	赤穗	寶永三年
聖堂	佐賀	寶永五年
學習館	和歌山	正德三年
學習館	壬生	正德三年
進德館	綾部	正德五年
明倫堂	安志	享保三年
明倫館	山口（荻）	享保四年
文禮堂	長島	享保七年
盈科堂	古河	享保八年
修道館	岡	享保十一年
學問所	鳥山	享保十一年
講習堂	山口	享保年間
日新堂	高須	享保年間
造士館	郡山	享保年間
養賢堂	仙臺	元文元年
沼田學舍	沼田	寬保年間
有終館	高梁	延享三年
明倫堂	大洲	延享四年
成章館	蓮池	廷享元年
明倫館	宇和島	寬延元年
時習館	豐橋	寶曆二年
時習館	熊本	寶曆五年
思誠館	新見	寶曆五年
尚德館	鳥取	寶曆六年

校名	藩名	設立年代
修道館	松江	寶曆八年
思永館	小倉	寶曆八年
教授館	高知	寶曆十年
溫知館	宇土	寶曆年間
佑賢堂	平	寶曆年間
文學堂	二本松	寶曆年間
文武館	高崎	寶曆年間
養老館	守山	寶曆年間
明善館	勝山	明和元年
修道館	津山	明和二年
振德堂	篠山	明和三年
廣業館	延岡	明和五年
遊焉館	府內	明和八年
道學堂	新發田	安永元年
造士館	鹿兒島	安永二年
廣德館	富山	安永二年
弘道館	出石	安永四年
稽古館	秋月	安永四年
學習堂	伊勢崎	安永四年
四教室	佐伯	安永六年
明倫堂	高鍋	安永七年
維新館	平戶	安永八年
稽古所	福岡	天明四年
江戶學問所	福岡	天明四年

校名	藩名	設立年代
修身堂	大溝	天明五年
興讓館	德山	天明五年
弘道館	福山	天明五年
養老館	津和野	天明六年
長善館	龜田	天明六年
習教館	人吉	天明六年
崇化館	譽母	天明七年
學問所	岡	天明七年
興讓館	小城	天明七年
育英館	清末	天明七年
思文館	嚴原	天明八年
教倫舍	須坂	天明年間
講堂	郡上	天明年間
講所	三春	天明年間
明倫堂	新莊	天明年間
修身館	本壯	天明年間
學習館	杆築	天明年間
育英館	福江	天明年間
明倫館	田邊	天明年間
惇明館	福知山	天明年間
明德館	秋田	寬政元年
明倫館	龜山	寬政二年
思永館	府中	寬政三年
敬業館	府中	寬政三年

校名	藩名	設立年代
學問所	德島	寬政三年
小幡學校	小幡	寬政三年
文武場	和歌山	寬政四年
追琢舍	足守	寬政四年
明倫堂	金澤	寬政四年
成德書院	佐倉	寬政四年
稽古館	島原	寬政五年
崇敬館	松本	寬政五年
弘道館	茂木	寬政六年
文武館	吉田	寬政六年
弘道館	谷田部	寬政六年
敬學館	岡田	寬政七年
學館	久留米	寬政七年
撰秀館	佐貫	寬政八年
廣業館	三日月	寬政八年
日新館	西大路	寬政八年
誠道館	佐貫	寬政八年
進修館	中津	寬政八年
稽古館	弘前	寬政八年
學問所	琉球	寬政十年
弘道館	彥根	寬政十一年
郁文館	土浦	寬政十一年
敬業館	林田	寬政年間
克從館	村上	寬政年間

校名	藩名	設立年代
直方堂	麻田	寬政年間
學校	飯田	寬政年間
菁莪堂	高槻	寬政年間
經誼館	朝日山	享和元年
振德堂	飯肥	享和元年
漢學所	廣瀨	享和元年
德造書院	掛川	享和二年
明倫堂	小諸	享和二年
長善館	高島	享和三年
平章館	丸岡	享和四年
學習館	和歌山	文化元年
致道館	莊內	文化元年
明教館	松山	文化二年
崇德館	長岡	文化五年
明新館	上ノ山	文化六年
成章館	田原	文化七年
明倫堂	上田	文化八年
修道館	花房	文化八年
教倫堂	神戶	文化九年
惜陰堂	鯖江	文化十年
進德館	同上	文化十一年
崇德館	延岡	文化十二年
修文館	菰野	文化十三年
時習館	笠間	文化十四年

校名	藩名	設立年代
明親館	沼津	文化年間
修道館	宇都宮	文化年間
造士館	安中	文化年間
漢學所	新宮	文化年間
文武館	宮津	文政元年
正義堂	福井	文政二年
作新館	黑羽	文政三年
有造館	津	文政三年
崇廣堂	同上	文政四年
集成館	小田原	文政五年
徽典館	館	文政五年
育英館	中村	文政五年
傳習館	柳川	文政七年
修道館	白川	文政八年
博喻堂	前橋	文政十年
文武館	加納	文政年間
講學所	德島	文政年間
學校	八戶	文政年間
敬業堂	峰山	文政年間
修道館	田邊	文政年間
敬倫館	關宿	文政年間
尚志館	鳥羽	文政年間
遷喬館	岩槻	文政年間
學問所	多古	天保元年

校名	藩名	設立年代
敬學館	龍野	天保二年
日新館	村岡	天保三年
學問所	大聖寺	天保四年
稽古堂	豐岡	天保四年
稽古堂	豐岡（江戶）	天保五年
學習館	佐土原	天保六年
修身舍	森	天保六年
敬教堂	大垣	天保八年
日知館	田中	天保八年
無逸館	立石	天保八年
弘道館	水戶	天保九年
敬道館	尤山	天保十一年
歸正館	小野	天保十二年
成器堂	勝山	天保十二年
集成館	臼杵	天保十三年
三近塾	久留里	天保十三年
成器館	七日市	天保十三年
致道館	湯長谷	天保十四年
學問所	島取	天保十四年
明倫館	大野	天保十四年
經學教授所	黑石	天保年間
修來館	鶴牧	天保年間
修成館	同上	天保年間
伯太假學校	伯太	天保年間

校名	藩名	設立年代
敬修堂	沼田	天保年間
致道館	日出	天保年間
思齊館	山崎	天保年間
養老館	岩國	弘化三年
克明館	濱松	弘化三年
造士書院	館林	弘化四年
廣運館	嘉連川	弘化年間
教倫學校	高富	弘化年間
時習館	大田原	嘉永三年
講習館	岸和田	嘉永五年
汲深館	泉	嘉永五年
文武學校	松代	嘉永五年
進修黌	府中	嘉永六年
修道館	西尾	嘉永七年
簡修館	狹山	嘉永年間
尚友館	龍岡	安政元年
乾ノ館	福本	安政二年
尚志館	水戶	安政二年
長久館	德島	安政三年
長道館	飯山	安政四年
修道館	三池	安政四年
尚友館	奧	安政年間
崇文館	一宮	安政年間
日新堂	矢島	安政年間

校名	藩名	設立年代
明新館	淀	萬延元年
進德館	高遠	萬延元年
正德館	興板	萬延元年
山口明倫館	山口	萬延元年
學習館	高岡	文久二年
致道館	高知	文久二年
日新館	嚴原	元治元年
達道館	岩村田	元治元年
藩立學校	櫛羅	元治元年
樹德館	宇土	慶應元年
道學館	鶴田	慶應二年
修道館	高田	慶應二年
明允館	六浦	慶應四年

附表（三）　江戶時代鄉學校設立一覽表

校名	設立地	設立年代
閑谷學校	備前閑谷	寬文六年
習學所	備前香登西	天和年間
多久學校	肥前多久	元祿十二年
含翠堂	攝津原野	享保二年
三近堂	肥前堤	享保年間
時習館	尾張名古屋	天明年間
習學所	加賀小松	寬政六年
典學館	美作久世	寬政七年
敬業館	備中笠岡	寬政十年
遷善館	武藏久嘉	享和文化頃
故學堂	周防大河內	享和元年
鄉校	常陸延方	文化五年
上田學舍	肥前上田	文化九年
笹原學舍	肥前笹原	文化九年
五惇堂	上野伊與久	文化年間
嚮義堂	上野伊勢崎	文化年間
遜新堂	上野伊勢崎	文化年間
正誼堂	上野伊勢崎	文化年間
會輔堂	上野伊勢崎	文化年間
由學館	甲斐石和	文政七年
鄉學校	甲斐西野	天保六年
明倫堂	攝津伊丹	天保九年

校名	設立地	設立年代
教導所	肥前佐賀	天保十年
教導所	肥前伊萬里	天保十年
教諭場	美作津山	天保十二年
興讓館	甲斐谷村	天保十三年
敬業館	常陸湊	天保年間
益習館	常陸太田	天保年間
暇習館	常陸大久保	天保年間
時雍館	常陸野口	天保年間
鄉校	常陸太子	天保年間
鄉學	美濃岩村	天保年間
明倫館	備中倉敷	天保年間
興讓館	備中西江原	嘉永六年
小學校	日向佐土原	嘉永六年
村梭	備中八田	嘉永年間
鄉學校	上野安中	嘉永年間
鄉學校	上野五料	安政二年
教諭所	備中松山	安政二年
鄉校	越前粟田部	安政四年
鄉校	越前松岡	安政四年
修文館	伊勢津	安政五年
學舍	肥前志久	安政六年
誠志舍	相模粟原	文久二年
鄉校	紀伊田邊	文久三年
市學校	攝津三田	文久年間

校名	設立地	設立年代
教導所	肥前飯田	文久年間
學校	肥前川久保	文久年間
溫古堂	長門太田	慶應元年
村學校	三河田原	慶應二年
鄉村學校	丹波綾部	慶應二年
廣德舍	豐後岡	慶應三年
鄉學校	攝津志手原	慶應三年
鄉學校	攝津三輪	慶應三年
明來舍	長門萩	慶應三年
集學所	加賀金澤	慶應三年
鄉學校	備中市場	慶應年間
鄉學	日向福島	不詳
熊川舍	播磨姬路	不詳
申義堂	播磨高砂	不詳
鄉學校	播磨國包	不詳
鄉學	播磨赤穗	不詳
敬止堂	讚岐丸龜	不詳

附表（四）　江戶時代主要私塾一覽表

校名	所在地	設立年代	創立者
講習堂	京都	寬永年間	松永尺五
藤樹書院	近江青柳	慶安元年	中江藤樹
古義堂	京都	寬文二年	伊藤仁齋
懷德堂	大阪	享保十一年	中井甃庵
梅園	豐後富清	寶曆年間	三浦梅園
廉塾	備後川北	天明元明	菅茶山
咸宜園	豐後堀田	文化二年	廣瀨淡窗
洗心洞	大阪	天保元年	大鹽中齋
松下村塾	長門萩	天保十二年	玉木文之進
青谿書院	但馬宿南	弘化四年	池田草庵

※整理自城戶久：《藩學建築》（京都：養德社，1945 年）。

　　本文係筆者執行行政院國家科學委員會計畫「竹添光鴻《論語會箋》解經法之研究」（NSC92-2420-H-224-005-）之部分研究成果，初稿於二〇〇二年十一月二十九日以〈儒學的社會實踐與制度化——以日本為例〉為題，發表於雲林科技大學漢學應用研究所舉辦之「二〇〇二年漢學研究國際學術研討會」。

　　原載鄭定國主編：《二〇〇二年漢學研究國際學術研討會論文集》（斗六：國立雲林科技大學，2003 年），頁 135-184。

第二章　儒典採借與和魂形構
——以《憲法十七條》之用典、化典所作之考察

一　前言：儒典東傳與《憲法十七條》之制定

　　依據日本第一部編年體正史《日本書紀》之記載，應神天皇十五年八月百濟國王派遣使者阿直歧（？－？），攜來良馬兩匹。而因為阿直歧能閱讀中國經典，所以太子菟道稚郎子（？-312）便拜其為師。應神天皇（270-310）於是更進一步詢問阿直歧百濟有無更高明的博士？阿直歧回答道：有位名叫王仁的博士非常高明。天皇於是派人前往百濟邀請博士王仁來日。翌年的應神天皇十六年二月，王仁來朝，太子菟道稚郎子又再度拜王仁為師，學習中國典籍。[1] 而成書於西元七一二年，日本最古之史書兼文學著作《古事記》，亦有述及此事，惟《古事記》更具體指出王仁還帶來《論語》十卷與《千字文》一卷。[2]

　　而應神天皇十六年若據《日本書紀》之紀年，相當於是西元二八五年。因此有不少中、日學者以此為據，認為《論語》等儒典已於三世紀末東傳至日本，並主張從學於王仁的菟道稚郎子日後與異母兄長大鷦鷯皇子（即仁德天皇，257-399）之間互讓皇位之舉，其實是受到《論語·泰伯》中泰伯欲讓位季歷的故事所影響，意指《論語》東傳日

1　詳參〈應神天皇十五年條〉、〈應神天皇十六年條〉，《日本書紀·前篇》，收入黑板勝美編：《新訂增補國史大系》第 1 卷上（東京：吉川弘文館，2004 年），卷 10，頁 276-277。

2　詳參倉野憲司、武田祐吉校注：《古事記》，收入《日本古典文學大系》（東京：岩波書店，1993 年），中卷，頁 248。

本後的二、三十年之間，已對皇室貴族產生思想上的具體影響。[3]然《古事記》、《日本書紀》並非信史，且二書中有不少傳說神話亦不可盡信，學界一般對《日本書紀》中於五世紀末即位的雄略天皇以前之內容多抱持保留態度。因此，所謂《論語》等儒典於三世紀末傳至日本的說法亦有待商榷。據丸山二郎（1899-1972）教授將《日本書紀》與朝鮮之《三國史記》〈百濟記〉對照考察所得到的結果，認為應神天皇十六年應當是西元四〇五年[4]，若是，則儒典東傳日本之初當下推到五世紀初[5]，而太子菟道稚郎子和皇兄大鷦鷯的互讓皇位既發生於應神天皇四十年，則當是西元五二八年左右之事。

　　我們無法為菟道稚郎子與大鷦鷯互讓皇位一事找到具體證據，說明其確實受到《論語》〈泰伯〉篇所影響。然七世紀以還，儒典／儒學對日本的影響卻日漸增加，且有具體文獻以證。事隔菟道稚郎子與大鷦鷯互讓皇位近八十年，時值隋文帝、煬帝二朝之交，女皇推古天皇（554-628）十一年（603）十二月，皇子廄戶豐聰耳皇子（即聖德太子，574-622）攝政後，首先以儒家德目為準據，制定了「冠位十二階」[6]，舉凡官職升遷、能力考核、稽其功績等，無不以禮為宗，試圖

3　詳參西村天囚：〈敘論〉，《日本宋學史》（東京：梁仁堂書店，1909 年），頁 2-3、渡部正一：《日本古代・中世の思想と文化》（東京：大明堂，1980 年），頁 35。

4　詳參丸山二郎：〈紀年論の沿革〉，《日本書紀研究》（東京：吉川弘文館，1955 年），頁 100-265。

5　據《日本書紀》所載，應神天皇在位期間為西元二七〇至三一〇年，據丸山二郎〈紀年論の沿革〉一文所考察，應神天皇即位當在西元三八九年左右，該說已普遍獲得日本學界支持，如《日本年表》增補版已據丸山此說進行修訂。因此，若應神天皇十六年王仁來朝並攜來《論語》等儒典，則此年當是西元四〇五年，已是五世紀初葉。

6　「冠位十二階」以儒家德、仁、禮、信、義、智等六個德目命名，每個德目再分大、小二階，如大德、小德；大仁、小仁；大禮、小禮等以此類推。惟在此應注意的是：此六個德目中，「德」以下的五個德目乃董仲舒所謂的「五常」。換言之，

打破官位世襲舊制，打擊舊有氏姓貴族勢力，建立嶄新的官僚體系。翌年的推古十二年（604）夏四月丙寅朔戊辰，聖德太子更頒布《憲法十七條》[7]，其中多有採借儒家典籍乃至法家、道家等漢籍語句，意在

聖德太子所援引的儒學思想，並非侷限於《論語》中的「儒學」倫常觀，恐怕已包含進西漢以還的「儒術」，甚至據岡田正之研究，支撐《憲法十七條》的另一股思想源流即是法家思想（詳參岡田正之：〈憲法十七條に就いて（第二回完結）〉，《史學雜誌》第 27 編第 10 號，1916 年 10 月，頁 1095-1109。）筆者以為《憲法十七條》之內容思想資源屬性，基本上可區分為：「和」、「禮」、「信」、「公」、「忠」等道德價值，有非常強烈的儒家色彩；而為官守則的「承詔必謹」、「明辨訴訟」、「懲惡勸善」、「賞罰必當」、「明察功過」、「無偏無黨」、「背私向公」等為臣之舉止行事規範，則多採借自法家之《管子》、《韓非子》，故充滿法治色彩。

7　日本飛鳥時代所頒布的律令，最早乃西元六六八年所頒布的《近江令》（現未存），繼而有六八一年頒布的《飛鳥淨御原令》（現未存），再而有七〇一年頒布的《大寶律令》，此乃日本律令的完成，惟現未存。後有於七一八年據《大寶律令》所改定頒布的《養老律令》，其大半內容現今仍存。而《憲法十七條》雖名為「憲法」，然實非法律條文，而是對當時日本臣民的政治、道德訓誡。但就如同近代日本在一八八九年所頒布的《大日本帝國憲法》第八條和第九條中，提及天皇有權發布具有法律效力的敕令或命令，因此兩年後由明治天皇所頒布的《教育敕語》，俗稱「第二憲法」。若從這層意義而言，輔政的聖德太子親自筆作頒布的《憲法十七條》，即等同推古天皇所頒布，故其雖非近代以還所謂的法律條文，但仍具有高度權威以及不可改動性。惟在此必須注意的是：成書較《日本書紀》晚三十年，號稱日本最古之漢詩集的《懷風藻》中，僅言聖德太子「肇制禮義」，而未言及「憲法」一詞。又平安時代初期的《上宮聖德太子傳補闕記》也只說太子「制十七條政事修身事」，而平安時代末期的《上宮聖德法王帝說》中雖然言及太子制定「十七條」，卻未寫道「憲法」之稱呼，故日本學界以為「憲法」一詞或為《日本書紀》之編纂者自行附上。詳參柿村重松著，山岸德平校：《上代日本漢文學史》（東京：日本書院，1947 年），頁 52。以及松本彥次郎：〈十七條憲法の綜合的研究〉，《史潮》第 11 年第 2 號（1941 年 9 月），頁 32-48。然同樣是平安時代（794-1192）初期，成書於弘仁十年（819）的〈弘仁格式序〉（收入魚澄惣五郎編：《古記錄・古文書抄》，京都：同朋舍，1936 年）中則言：「上宮太子，親作憲法十七簡條，國家制法自茲始焉。降至天智天皇元年，制令廿二卷，世人所謂近江朝廷之令也。」（頁 13）由此看來，自《日本書紀》成書的七二

化用儒家經典語句中所含攝的倫常觀，確立道德規範，以訓誡部氏貴
族與地方豪族，其目的除了試圖維持皇權與豪族之間的勢力均衡，強
化天皇體制、保全國家一統之外，積極面更希望建立嶄新的「君」、
「臣」、「民」之間的政治倫理關係與統治原理，目的在變革社會，建
構天皇集權統治。

　　附帶說明的是，「憲法」一詞最早原見於《國語》所謂：「賞善罰
姦，國之憲法也」[8]，意指一國之法律。又前人研究中，也有人以為
《憲法十七條》應是仿照西魏宇文泰（507-556）之輔政蘇綽（489-546）
所制定之《奏行六條詔書》。因為從內容上而言，《奏行六條詔書》有
先治心、敦教化、盡地利、擢賢良、恤獄訟、均賦役等六條，學者以
為除了「盡地利」一條外，《憲法十七條》基本上都是在闡釋和補充《奏
行六條詔書》。[9]又若從發布時間而言，《奏行六條詔書》是在西魏文帝
大統十年（544）頒布，大統十年之干支為甲子，且恰好是聖德太子頒
布憲法的推古十二年（604）的六十年前的甲子年，甚至從兩者的內容
組織結構而言，兩者同樣以德治為主，兼行法治，似乎有著高度相似
性。另外，關於為何是十七條，一般以為應是受到《管子》〈五行〉
篇、《楚辭》〈天問〉篇與《淮南子》各書中，以天數為九，地數為八，
九八之數代表陰陽之極，天地之道。故以九、八相合，以期達到天地

○年到《弘仁格式》成書的八一九年約一百年間，已逐漸出現所謂聖德太子制定
《憲法十七條》的說法，所以我們可於九一七年成書的平氏撰《聖德太子傳曆》（京
都：板木屋勝兵衛，1628年）中看到所謂太子「因錄十七條憲法，并天皇國記
等，以先年進。」（頁19上）。

8　徐元浩撰，王樹民、沈長雲點校：〈晉語九〉，《國語集解》（北京：中華書局，
　2002年），頁444。

9　詳參高文漢：《中日古代文學比較研究》（濟南：山東教育出版社，1999年），頁
　84-85。

和諧、萬物昌盛之目的。[10]然筆者以為若如是，則較《奏行六條詔書》早出，由漢武帝（西元前 156-87）詔頒十三州刺史之《六條詔書》不也有可能是太子仿制的對象？故與其拘泥於《憲法十七條》究竟是受到漢代抑或受到西魏之詔書所影響，毋寧將研究視角置於探究憲法採借儒典等漢籍之方法，以及憲法如何因應日本需求，而重新涵容建構儒家道德價值內涵等問題，或許更能究明《憲法十七條》之文化思想意涵。

　　而飛鳥時代（552-710）日本對中國典籍的採借、化用情形，除聖德太子制定之「冠位十二階」中所採用的漢字與漢式道德概念，以及《憲法十七條》對中國經、史、子、集各書語句之採借外，其他如推古天皇四年（595）的伊豫道後溫泉碑文、元興寺露盤銘文等金石文中已使用漢文記事，又佛寺中之佛像背銘文中更不乏有援用儒典者，如〈法隆寺金堂釋迦佛造像記〉中即援引了《古文尚書》中的語詞。[11]足

10　詳參岡田正之：〈憲法十七條に就いて（第一回）〉，《史學雜誌》第 27 編第 6 號（1916 年 6 月），頁 645-661；岡田正之：〈憲法十七條に就いて（第二回完結）〉，《史學雜誌》第 27 編第 10 號（1916 年 10 月），頁 1095-1109。

11　據內藤湖南：《日本文化史研究（上）》（東京：講談社，1976 年）之說法，〈法隆寺金堂釋迦佛造像記〉中有文曰：「上宮法王枕病，弗悆干食。王后仍以勞疾，並著於床。時王后王子等及與諸臣，深懷愁毒，共相發願，仰依三寶，當造釋像尺寸王神，蒙此願力，轉病延壽，安住世間。若是定業以背世者，往登淨土，早昇妙果。……」其中「弗悆」一詞出自《古文尚書》，而「著床」一詞係中國古代醫書常用之語。（頁 91）蓋「弗悆」一詞見於〈周書〉〈金縢第八〉曰：「不欲人聞之，有金人參緘其口。弗豫，問王疾病瘳否。」該文中「弗豫」一詞即「弗悆」，故注曰：「陸氏曰：豫本又作忬。按：《說文》引作有疾不悆。《釋文》別本作忬，蓋即悆字也。」（詳見阮元：《尚書注疏校勘記》，《十三經注疏附校勘記》，臺北：藝文印書館，1955 年，卷 13，頁 197）。而「著床」一詞屢見於歷代醫書，如隋代巢元方：《諸病源候總論》言：「氣力不足，著床不能動搖，起居仰人食，如故是其證也。」（詳見巢元方：《諸病源候總論》，紀昀等總纂：《景印文淵閣四庫全書》，臺北：臺灣商務印書館，1984 年，卷 9，頁 15）、唐代王燾：《外臺秘

見儒家重要典籍多已傳入日本，並廣為日人所採借、援用。自七世紀至九世紀，日本國內可見之儒典、漢籍，由九世紀末，亦即西元八九一年左右成書的藤原佐世所編之《日本國見在書目錄》中所收錄之書目便可見一斑。

本章擬就《憲法十七條》這一制定於中國隋朝，堪稱日本現存最古之純漢文文獻，針對其援引、採借、化用《論語》語句之情形，首先說明吾人在稱呼其中某一語句、觀念援引、採借自何種儒典，亦即在說明其出典時，可以依據何種判準來斷定之，以免流於眾說紛紜。繼而聚焦於第一條憲法之採借情形，說明被抽離自文本上下語境脈絡的儒典文句，是如何被化用而成為日式儒學道德觀，欲提倡何種大和民族的君臣、君民政治倫理？形塑何種文化價值傳統？又日本主體的確立是以何種文化交流、調整模式進行？最後則藉由《憲法十七條》對儒典的採借、化用例證，說明儒典於日本這一異地的傳播，其「經典」權威的獲得是藉由何種途徑？同時突顯出何種日本儒學／漢文學之特質？亦即，本文藉由考究日本推古天皇（592-628）十二年（604）所頒訂之《憲法十七條》之出典，除探究其如何鎔鑄漢籍諸子百家，特別是其中對《論語》等儒典的採借、化用方法，進而試圖究明其欲形構何種和魂，一探隋唐之際，域外接受涵容儒學之樣貌。[12]

要方》言：「古今錄驗大五膈丸，療膈中遊氣，上下無常處藏，有虛冷氣迫咽喉，胸滿氣逆，脅有邪氣，食已氣滿，羸瘦著床骨立。」（詳見王燾：《外臺秘要方》，收入紀昀等總纂：《景印文淵閣四庫全書》，卷 8，頁 49）；宋代唐慎為：《證類本草》言：「床味鹹、寒、無毒，主腰脊痛，不得著床，俯仰艱難。」（唐慎為：《證類本草》，收入紀昀等總纂，《景印文淵閣四庫全書》，卷 9，頁 111）等皆是。

12 江戶時代以來，便有不少日本學者主張《憲法十七條》恐非聖德太子所制定，如狩谷掖齋於《文教溫故批考》（收入正宗敦夫編：《狩谷掖齋全集》，東京：日本古典全集刊行會，1928 年，第 8 冊，頁 124）、榊原芳野於《文藝類纂》（東京：雄松堂，1988 年，卷 4），二人就從所謂文章之文體辭氣不似推古朝文來懷疑；

近代以還主張《憲法十七條》係後人假託太子名偽作的代表性學者，首推津田左右吉。津田於《日本上代史研究》（東京：岩波書店，1977 年）及《上代日本の社會及び思想》（東京：岩波書店，1933 年）中，以所謂：一、憲法內容與太子所處時代的社會制度不合，反而較合於大化革新以後的日本社會制度；二、被視為太子御傳且最值得信賴的《法帝王說》中較古成書的部分，並未言及太子制定《憲法十七條》；三、偉人傳說中多有附會假託之事蹟；四、憲法文體不似推古朝遺文，而較似大化革新後成書的《日本書紀》文體。津田所提出的前點理由是從內容上懷疑憲法為太子所制定，第四點理由則與狩谷、榊原二人相同。

針對此種偽作說，日本學界亦有人提出反駁，如岡田正之（詳參岡田正之：《日本漢文學史》，東京：吉川弘文館，1996 年，頁 31）、瀧川政次郎（詳參瀧川政次郎：〈十七條憲法と大化改新〉，《史學雜誌》第 45 編第 8 號，1934 年 8 月，頁 76-91）持反對理由者，就文體而言，不外有同時代之文未必風格盡同，如同是飛鳥朝之遺文，見於《釋日本紀》的〈伊豫道後溫湯碑〉，與法隆寺的〈法隆寺金堂釋迦佛造像記〉二文，前者務辭藻、求對偶故文華美；後者主事實、用佛語而文質樸。以及成書於平安時代的〈弘仁格式序〉中已有言道：「上宮太子親作憲法十七簡條，國家制法，自茲開始焉。」（頁 13）或《令集解》（收入黑板勝美編：《新訂增補國史大系》第 23 卷，東京：吉川弘文館，2004 年），卷 1，〈官位令〉中亦言：「上宮太子并近江朝廷，唯制令而不制律。」（頁 7）就是江戶時代的儒者，如齋藤拙堂於《拙堂文話》（大坂：近江屋平助，1830 年）卷一亦曾言及：「憲法之成，在推古天皇十二年，實當隋文帝之末年，故其文有漢魏遺風矣。」（頁 1-2）

另外若就內容上提出反駁的話，則以諸如第十二條憲法有所謂「國司國造」一語，主張若《憲法十七條》真是大化革新以後所制定者，應該符合大化革新以後原本屬於國造的政治權能，皆已轉移至選敘自國造門閥的「郡司」，則第十二條憲法就應該寫作「國司郡司」才是，而不應該是如今見到的「國司國造」；又如第四條所謂「其治民之本，要在乎禮」一句，既然大化革新以後陸續制定了《近江令》、《飛鳥淨御原令》等律令，律令已成國家政治之要具，則該句豈不應寫成：「其治民之本，要在乎律令」；或者如第八條所謂「群卿百寮，早朝晏退」、第十六條所謂「使民以時」等內容，既然制定於大化革新以後的《養老令》，其〈宮衛令〉中已經明定百官登退時刻、〈賦役令〉中也規定了可使民之時節，則第八、第十六條憲法按理不應該再如此制定，否則豈不有疊床架屋之嫌。諸如上述，主張《憲法十七條》係偽作者，或是反對偽作之說者，基本上其所持理由多屬於情境證據而非具體證據，因此也就流於各說各話。

本文不拘泥於偽作與否這一問題，按前人之研究，《憲法十七條》或成於飛鳥時

二 《憲法十七條》之儒典採借：「語典」、「意典」、「勢典」

　　中日學界歷來對《憲法十七條》之研究，為數眾多，而無論其著重何種研究議題，皆不免觸及其深受中國儒家思想所影響，援引眾多中國典籍此點。而在關注《憲法十七條》之出典，並考究各條典故出自何書之先行研究，江戶時代的代表性研究多是《日本書紀》研究之一環，如寶曆十二年（1762）出版的谷川士清（1709-1776）《日本書紀通證》、天明五年（1785）以還問世的河村秀根（1723-1792）《書紀集解》，乃至明治三十二年（1899）出版的飯田武鄉（1828-1901）《日本書紀通釋》即是。明治以降至終戰的《憲法十七條》研究，除了是以所謂「日本漢文學」或「日本漢學」乃至「日本精神」、「日本思想」為名等專書之部分內容問世外，專書、專文之研究亦魚貫而出。而無論是從儒學、佛教、律法、訓讀等視角切入研究，或是主在解說各條憲法意涵，乃至研究其用語特色之專文，皆不免或多或少論及《憲法十七條》採借、援用儒典與佛典之情形。

　　然這些為數眾多的先行研究，雖指證歷歷說明各條憲法語出何書，但有趣的是：君子所見未必相同。關於各條憲法究竟採借、援引自何書這一問題，或有同一條憲法用語，卻被指出出處不同；或是同一條憲法，某研究者言其出自某書，另一研究者卻不如此認為；或是各學者之間，指出《憲法十七條》共有幾處出自某部儒典，但其所指

代的聖德太子之手，繼而受《日本書紀》作者所改潤，又或者是大化革新以後之儒者，乃至平安時代之儒者所偽托。無論如何，我們可以將之視為是日本飛鳥時代後期到平安時代，日本具有深厚儒學、漢籍素養的人所創作出的。又或者我們可以將之視為是自七世紀以還，日本經歷二百多年所逐漸建構出來的道德訓誡。然無論何者，我們皆可以將之視為是隋唐之際，域外儒學的某種真實樣貌。

稱的條文或其所指出的次數，彼此之間卻不一致。筆者以為所以會造成此種眾說紛紜的情形，主要在於各研究者對《憲法十七條》的用典判準並不一致。亦即，一言以蔽之的「出典」、「用典」，研究者並未提供一個確切定義，以說明其判斷某條憲法之語句出自某書的準據究竟為何。

　　有鑑於此，筆者以為若要解決此一出典判斷的分歧現象，則必須有一「出典」判斷準據，方能使《憲法十七條》對儒典等漢籍，乃至佛典的採借、援用情形，獲得更清楚之說明，以求更具說服力，同時可進一步釐清其採借諸典籍語句的方法具有何種複雜層次結構？結果形塑何種日式思維文化？展現出何種經典權威？進行了何種文化傳播與涵容？更突顯出何種日本儒學／漢文學之特質？而欲解決此等問題，近人錢鍾書（1910-1998）《談藝錄》中所論及有關王荊公用韓昌黎詩典之法，即可作為我們斷定《憲法十七條》採借漢籍之判準。

　　錢鍾書指出王荊公用韓昌黎詩典之法有三，即：「語典」、「意典」、「勢典」。[13]筆者以為錢鍾書此處所謂的「語典」者，乃詞彙之所從出也；「意典」者，乃理心之所貫通也；「勢典」者，乃句式之所仿效也。下文擬以此為準據，考察《憲法十七條》採借、援引《論語》等漢籍之情形、方法，試圖客觀說明其出典為何。唯考慮篇幅所限，無法逐一細說十七條憲法之出典性質，主要舉首條憲法詳說以證，再視需要舉他條憲法輔證。又為能詳細說明《憲法十七條》對中國經籍之採用、轉化與應用，本文主要雖在檢討其對儒典的採借與化用，但為了證明其採借、化用中國經籍方法有其普遍一致性，必要時亦將說明其採借、化用諸子書乃至史書的情形，藉以與其對儒典的採借、化用相互證成。而在舉證說明《憲法十七條》之用典情形之前，茲將《憲

13　錢鍾書：《談藝錄》（香港：中華書局香港分局，1986 年），頁 70。

法十七條》全文詳列於下，以便讀者對照閱覽。

一曰：以和為貴，無忤為宗。人皆有黨。亦少達者。是以，或不順君父。乍達于隣里。然上和下睦，諧於論事，則事理自通。何事不成。

二曰：篤敬三寶。々々者佛法僧也。則四生之終歸，萬國之禁宗。何世何人，非貴是法。人鮮尤惡。能教從之。其不歸三寶，何以直枉。

三曰：承詔必謹。君則天之。臣則地之。天覆地載。四時順行，萬氣得通。地欲覆天，則致壞耳。是以，君言臣承。上行下靡。故承詔必慎。不謹自敗。

四曰：群卿百寮，以禮為本。其治民之本，要在乎禮，上不禮，而下非齊。下無禮，以必有罪。是以，群臣有禮，位次不亂。百姓有禮，國家自治。

五曰：絕饗棄欲，明辨訴訟。其百姓之訟，一百千事。一日尚爾，況乎累歲。頃治訟者，得利為常，見賄廳讞。便有財之訟，如石投水。乏者之訴，似水投石。是以，貧民則不知所由。臣道亦於焉闕。

六曰：懲惡勸善，古之良典。是以，无匿人善，見惡必匡。其諂詐者，則為覆國家之利器，為絕人民之鋒釼。亦佞媚者，對上則好說下過，逢下則誹謗上失。其如此人，皆无忠於君，无仁於民。是大亂之本也。

七曰：人各有任。掌宜不濫。其賢哲任官，頌音則起。奸者有官，禍亂則繁。世少生知。尅念作聖。事無大少，得人必治。時無急緩，遇賢自寬。因此，國家永久，社禝勿危。故古聖王，為官以求人，為人不求官。

八曰：群卿百寮，早朝晏退。公事靡監，終日難盡。是以，遲朝不逮于急，早退必事不盡。

九曰：信是義本。每事有信。其善惡成敗，要在于信。群臣共信，何事不成。群臣无信，萬事悉敗。

十曰：絕忿棄瞋，不怒人違。人皆有心，ゝ各有執。彼是則我非，我是則彼非。我必非聖，彼必非愚。共是凡夫耳。是非之理，詎能可定。相共賢愚，如鐶无端。是以，彼人雖瞋，還恐我失。我獨雖得，從眾同舉。

十一曰：明察功過，賞罰必當。日者，賞不在功，罰不在罪。執事群卿，宜明賞罰。

十二曰：國司國造，勿斂百姓。國非二君。民無兩主。率土兆民，以王為主。所任官司，皆是王臣。何敢與公，賦斂百姓。

十三曰：諸任官者，同知職掌。或病或使，有闕於事。然得知之日，和如曾識。其以非與聞，勿防公務。

十四曰：群臣百寮，無有嫉妬。我既嫉人，ゝ亦嫉我。嫉妬之患，不知其極。所以，智勝於己則不悅，才優於己則嫉妬。是以，五百之乃今遇賢。千載以難待一聖。其不得賢聖，何以治國。

十五曰：背私向公，是臣之道矣。凡人有私必有恨，有憾必非同，非同則以私妨公。憾起則違制害法。故初章云：上下和諧，其亦是情歟。

十六曰：使民以時，古之良典。故冬月有間，以可使民。從春至秋，農桑之節，不可使民。其不農何食。不桑何服。

十七曰：夫事不可獨斷。必與眾宜論。少事是輕。不可必眾。

唯逮論大事，若疑有失。故與眾相辨，辭則得理。[14]

　　本文在此，且以憲法第一條為例，於出典語詞後標明號碼依序說明之。該條列於憲法首條，曰：

　　以和為貴 ①。無忤 ② 為宗。人皆有黨 ③。亦少達者。是以或不順君父 ④，乍違于隣里。然，上和下睦 ⑤ 諧於論事，則事理自通。何事不成 ⑥。

① 以和爲貴

　　首句的「以和為貴」，歷來研究或言出於《論語》〈學而〉，或言出於《禮記》〈儒行〉，亦有言分別見於《論語》、《禮記》者。筆者如下判斷之：和，古字龢，《說文》謂：「調也。」《國語》〈周語〉：「言惠必及和。」注云：「和，睦也。」[15]《論語》〈學而〉：「禮之用，和為貴。」[16]《正義》曰：「此章言禮樂為用，相須乃美。」又言：「和，謂樂也。樂主和同，故謂樂為和。夫禮勝則離，謂所居不和也。故禮貴用和，使不致於離也。」又，《禮記》〈儒行〉：「禮之以和為貴。」《疏》曰：「禮以體別為理，人用之當，患於貴賤有隔，尊卑不親。儒者用之，則貴賤有禮而無間隔，故云：『以和為貴』也。」[17]二者所述，一

14　家永三郎、築島裕校注：《憲法十七條》，《聖德太子集》，《日本思想大系 2》（東京：岩波書店，1975 年），頁 12-23。本文所引《憲法十七條》之文字從之，標點則依中文標點習慣，重新標點。

15　徐元誥撰，王樹民、沈長雲點校：《國語集解》（北京：中華書局，2002 年），頁88。

16　〔魏〕何晏注，〔宋〕邢昺疏、朱漢民整理：《論語注疏》，《十三經注疏整理本》第 23 冊（北京：北京大學出版社，2000 年），卷 1，頁 11。

17　〔漢〕鄭玄注，〔唐〕孔穎達正義，龔抗雲整理：《禮記正義》，收入〔清〕阮元：

云禮樂，一云貴賤。而《禮記》所錄應是紹述《論語》之旨，以和為宗。又因此條憲法後文有「上和下睦」之語，故判定其語典、意典俱從《論語》〈學而〉出。

② 無忤

忤本作㤦，逆也。《韓非子》〈難言〉：「且至言忤於耳而倒於心，非賢聖莫能聽，願大王熟察之也。」[18]漢荀悅（148-209）《前漢書》〈孝哀皇帝紀下〉：「且犯言致罪，下之所難言也；拂旨忤情，上之所難聞也。」[19]皆有違逆在上者之情意。蓋忤必相隙，則難於和也。故憲法此處所謂「無忤為宗」，當與「以和為貴」，互文為述。

③ 人皆有黨

《左傳》〈僖公九年〉：「亡人無黨，有黨必有讎。」注云：「言夷吾無黨，無黨則無讎，易出易入，以微勸秦。」[20]此條將「亡人無黨」反言為「人皆有黨」，可知語典雖有出入，但意典實與《左傳》此處相符。另據《日本書紀》所載蘇我馬子聚黨弒皇一事[21]，乃知聖德甫攝政

《十三經注疏附校勘記》第 5 冊（臺北：藝文印書館，1989 年），卷 59，頁 977。

18　陳啟天：《增訂韓非子校釋》（臺北：臺灣商務印書館，1982 年），卷 3，頁 303。

19　〔漢〕荀悅撰，〔晉〕袁宏、張烈點校：〈兩漢紀〉上，《漢紀》（北京：中華書局，2002 年），卷 29，頁 505。

20　〔周〕左丘明傳，〔晉〕杜預注，〔唐〕孔穎達正義，浦衛忠等整理：《春秋左傳正義》，《十三經注疏整理本》第 17 冊（北京：北京大學出版社，2000 年），卷 13，頁 413。

21　「五年冬十月癸酉，有獻山豬。（崇峻）天皇指豬詔曰：『何時如斷此豬之頸？斷朕所嫌之人？』」又載：「壬午。蘇我馬子宿禰，聞天皇所詔，恐嫌於己。招聚儻者，謀弒天皇。」詳參〈崇峻天皇五年條〉，《日本書紀‧後篇》，收入黑板勝美編：《新訂增補國史大系》第 1 卷下，卷 21，頁 131-132。

之際，日本貴族氏族、地方豪族權重，而皇權卻積弱不振，情形合於
《韓非子》〈姦劫弒臣〉所謂：「若以守法而不朋黨治官而求安，是猶
以足搔頂，愈不幾也。」；及其又云：「是以主孤於上而臣黨於下，此
田成之所以弒簡公者也。」[22]故對照之下可推知聖德作十七條憲法之緣
由。《禮記》〈儒行〉又云：「儒有今人與居，古人與稽；今世行之，
後世以為楷；適弗逢世，上弗援，下弗推。讒諂之民有比黨而危之
者，身可危也，而志不可奪也。」〈疏〉：「既不為君所引，又不為民
所薦，唯有『讒諂之民』，其羣黨連比共危亡己者也。」[23]由此觀之，
漢籍所述，亦可為史鑑。

④ 是以或不順君父

「**是以**」一詞，指上推原之辭，《憲法十七條》見之頻仍，凡六
處。[24]該詞先秦早見用之：《左傳》〈桓公二年〉：「吾聞國家之立也，
本大而末小，是以能固。」[25]《左傳》〈昭公二十年〉：「政寬則民慢，
慢則糾之以猛，猛則民殘，殘則施之以寬。寬以濟猛，猛以濟寬，政
是以和。」[26]《論語》〈公冶長〉：「敏而好學，不恥下問，是以謂之文
也。」[27]《韓非子》〈姦劫弒臣〉：「是以主孤於上而臣黨於下，此田成

22　陳啟天：《增訂韓非子校釋》，卷 2，頁 214。

23　〔漢〕鄭玄注，〔唐〕孔穎達疏，龔抗雲整理：《禮記正義》，卷 59，頁 977。

24　尚見於三曰「是以君言臣承」、四曰「是以群臣有禮」、五曰「是以貧民則不知所
　　由」、八曰「是以遲朝」及十曰「是以彼人雖瞋」等五例。

25　〔周〕左丘明傳，〔晉〕杜預注，〔唐〕孔穎達正義，浦衛忠等整理：《春秋左
　　傳正義》，卷 5，頁 177。

26　〔周〕左丘明傳，〔晉〕杜預注，〔唐〕孔穎達正義，浦衛忠等整理：《春秋左
　　傳正義》，卷 49，頁 1621。

27　〔宋〕朱熹：〈公冶長第五〉，《論語集註》，《四書章句集註》（北京：中華書局，
　　1983 年），頁 79。

之所以是簡公者也。」[28]

　　「**順**」者，《左傳》〈襄公三年〉：「臣聞『師眾以順為武，軍事有死無犯為敬』。君合諸侯，臣敢不敬？君師不武，執事不敬，罪莫大焉。」注曰：「順，莫敢違。」[29]《管子》〈君臣上〉〈短語四〉：「天子出令於天下，諸侯受命於天子，大夫受令於君，子受令於父母，下聽其上，弟聽其兄，此至順矣。」[30]係取其下悉聽上，莫敢違也之義。此乃合《論語》〈顏淵〉所謂：「齊景公問政於孔子，孔子對曰：『君君，臣臣，父父，子子。』」[31]各司其職，各本其份，據禮而順守貴賤尊卑等差次序，故和順諧睦之意，與本條憲法下句之「上和下睦」相呼應。

　　「**君父**」，有二義也。其一，君王之子稱其父王：《春秋穀梁傳》〈隱公元年〉：「為子受之父，為諸侯受之君。已廢天倫，而忘君父，以行小惠，曰小道也。」[32]《左傳》〈僖公五年〉：「一國三公，吾誰適從？及難，公使寺人披伐蒲。重耳曰：『君父之命不校。』乃徇曰：『校者，吾讎也。踰垣而走，披斬其袪，遂出奔翟。」[33]《左傳》〈僖公二十三年〉：「晉公子重耳之及於難也，晉人伐諸蒲城。蒲城人欲戰，重耳不可，曰：『保君父之命，而享其生祿，於是乎得人。有人而校，罪莫大焉。吾其奔也。』遂奔狄。」[34]其二，意即天子、君主。《文選》〈曹

28　陳啟天：《增訂韓非子校釋》，卷2，頁214。

29　〔周〕左丘明傳，〔晉〕杜預注，〔唐〕孔穎達正義，浦衛忠等整理：《春秋左傳正義》，卷29，頁948。

30　黎翔鳳撰，梁運華整理：《管子校注》（北京：中華書局，2004年），卷10，頁559。

31　〔宋〕朱熹：〈顏淵第十二〉，《論語集註》，頁136。

32　〔晉〕范甯集解，〔唐〕楊士勛疏，夏先培整理：《春秋穀梁傳注疏》，《十三經注疏整理本》第22冊（北京：北京大學出版社，2000年），卷1，頁3。

33　〔周〕左丘明傳，〔晉〕杜預注，〔唐〕孔穎達正義，浦衛忠等整理：《春秋左傳正義》，卷12，頁390。

34　〔周〕左丘明傳，〔晉〕杜預注，〔唐〕孔穎達正義，浦衛忠等整理：《春秋左

植〉〈求自試表〉:「昔耿弇不俟光武,亟擊張步,言不以賊遺於君父也。」[35]綜觀本條憲法上下文意,則「君父」一詞當兼有君與父二義,同時含蓋公與私二層意涵。

⑤上和下睦

《千字文》:「上和下睦,夫唱婦隨。」[36]其注云:「上,即尊貴者;下,即卑賤者。和,諧也;睦,親也。言五倫雖有貴賤尊卑上下之不同,而皆以和諧親睦為善也。」[37]另,《孝經》〈開宗明義章〉亦云:「子曰:『先王有至德要道以順天下,民用和睦,上下無怨。』」[38]注云:「言先代聖德之主,能順天下人心,行此至要之化,則上下臣人,和睦無怨。」如本文第一節所述,據《日本書紀》載,百濟博士王仁應神天皇之邀來朝,菟道稚郎太子拜其為師。此事《古事記》後補益王仁獻《論語》、《千字文》事。今所見《千字文》成書於南朝梁武帝(502-549),從時序而言,斷難與王仁俱往東瀛,日本學者或據此推斷王仁來朝或許不在應神天皇朝。然二書皆成於《憲法十七條》制定之前,聖德或皆可得見。又如後文所述,設若憲法非聖德太子所作,而是大化革新以還至平安朝初期之儒者所作,得見之實不足為奇。考本條憲法之語詞結構,則「語典」、「意典」、「勢典」皆從《千字文》出。

傳正義》,卷 15,頁 469。

35 〔梁〕蕭統編:《文選》(韓國特別市:正文社,1983 年),頁 890。

36 〔梁〕周興嗣撰,汪嘯尹纂集:《千字文釋義》(北京:中國書店,1991 年),頁 27-28。

37 〔梁〕周興嗣撰,汪嘯尹纂集:《千字文釋義》,頁 27-28。

38 〔唐〕李隆基注,〔宋〕邢昺疏,鄧洪波整理:《孝經注疏》,卷 1,《十三經注疏整理本》第 26 冊(北京:北京大學出版社,2000 年),頁 3。

⑥何事不成

「何者」云云用於句末或句首，俱為反詰之辭，且兼有感嘆之義。「何事不成」一語，尚見於第九條憲法「群臣共信，何事不成。」見諸先秦兩漢典籍，亦多有之。如《鄧析子》：「忠言於不忠，義生於不義。音而不收、謂之放；言出而不督、謂之闇。故見其象，致其形；循其理，正其名；得其端，知其情。若此，何往不復，何事不成。」[39]或若《文子》〈上仁〉：「唯神化者，物莫能勝。中欲不出謂之賴，外邪不入謂之閉，中賴外閉，何事不節，外閉中賴，何事不成。故不用之，不為之，而有用之，而有為之，不伐之言，不奪之事，循名責實，使自有司，以不知為道，以禁苛為主，如此則百官之事，各有所考。」[40]等。此外，《漢書》〈司馬遷傳〉所載〈論六家要旨〉所云：「『聖人不巧，時變是守。』虛者，道之常也；因者，君之綱也。群臣並至，使各自明也。其實中其聲者謂之端，實不中其聲者謂之窾。窾言不聽，姦乃不生，賢不肖自分，白黑乃形。在所欲用耳，何事不成？」[41]頗合憲法之旨。「語典」、「勢典」或襲用自《漢書》。

如上例之說明，以「語典」、「意典」、「勢典」判斷出典，通常「語典」、「勢典」同，則「意典」多同；而「勢典」同則「意典」、「語典」或有改易；又「意典」同則「語典」、「勢典」或有改易。唯《憲法十七條》對儒典等漢籍之採借，亦有「語典」、「勢典」同但「意典」卻有出入者，甚或「語典」、「勢典」截然相異，但「意典」符合者。諸如此類，筆者以為可將之視為「化典」。茲舉第五條憲法說明之。

---

39 〔周〕鄧析：《鄧析子（及其他兩種）》（北京：中華書局，1991年），卷1，頁4。

40 王利器：《文子疏義》（北京：中華書局，2000年），卷10，頁441。

41 〔漢〕班固撰，〔唐〕顏師古注，楊家駱主編：〈列傳・司馬遷傳第三十二〉，《新校本漢書集注并附編二種》（臺北：鼎文書局，1981年），卷62，頁2722。

五曰：絕饕棄欲 ① 明辨訴訟。其百姓之訟，一百千事。一日尚爾。況乎累歲。頃治訟者，得利為常。見賄聽讞便有財之訟如石投水。乏者之訴似水投石。是以貧民則不知所由 ②。臣道亦於焉闕。

① 絕饕棄欲

儒、釋、道三家，皆有「除慾去貪」此類之思維。如儒家言「克己復禮」，老子說「少私寡欲」，與莊子講「成心嗜欲」，而佛家則有「捨家棄欲」之行法等。但憲法此處所謂「絕」與「棄」之用字，「勢典」與《老子》第十九章：「『絕』聖『棄』智，民利百倍；『絕』仁『棄』義，民復孝慈，『絕』巧『棄』利，盜賊無有」[42]句式語法相仿似，唯宜注意處則是兩者「意典」卻有異。因〈憲法十七條〉此處所言之「絕」、「棄」，意在真正去除、捨棄，但老子所言「絕」、「棄」，卻是一種「作用義的保存」，並非「去除、捨棄」，而是「除病不除法」，故兩者「勢典」雖同，但「意典」有所出入。

② 是以貧民則不知所由

《孟子》〈離婁下〉：「吾身不能居仁由義，謂之自棄也。仁，人之安宅也；義，人之正路也。曠安宅而弗居，舍正路而不由，哀哉！」[43]而〈憲法十七條〉中，第五條所言：「是以貧民則不知所由」一句，雖「語典」、「勢典」皆不出於《孟子》，然筆者以為「意典」當出於上述

---

42 〔周〕李耳撰，〔晉〕王弼注：《老子》（臺北：臺灣中華書局，1980 年九版），頁 10。

43 〔宋〕朱熹：〈離婁章句下〉，《孟子集註》，《四書章句集註》（北京：中華書局，1983 年），頁 281。

孟子所謂「居仁由義」之「由」。理由在於：當官吏以得利與否做為斷案憑據時，則是非公義盡失。如是日久，則平民百姓乃至貧民將因官吏不公之決斷，而混淆模糊是非善惡，動搖其行事據準，終至人民將不知其所當行之路。此正是孟子所謂「居仁由義」之「由義」意涵，以「義」為當行之正路，義者，宜也。憲法此句即言：官吏唯利是圖、盡失是非公義至極，則平民百姓將不明何者為宜，何者為是，終至不知何所當行，喪失行為之價值準據，迷失生命之發展方向，後果不可謂不大。

　　如上所述，出典之判斷，有明見是而暗不合；亦有明見不是而暗合者，足見《憲法十七條》對儒典等漢籍之採借、援引，或直襲、或稼接、或翻轉、或暗自取意等等，手法不一，實不能以字面斷。若無一定準據，必流於各家自說自話，此即同樣言及《憲法十七條》共援引《論語》語句幾例，前文提及之柿村重松著、山岸德平校之《上代日本漢文學史》以為有五例[44]；然家永三郎（1913-2002）、築島裕（1925-2011）校注之《日本思想大系》本《憲法十七條》之注解則以為有八例。[45]其間差異雖難免有個人主觀判斷在內，然歸根究柢，原因當在出典之判準無所適從。今以「語典」、「意典」、「勢典」為準據，應有助於進一步說明《憲法十七條》對儒典等漢籍之採借、援引方法，更可藉之深入考察隋唐之際，儒學於古代日本之傳播、接受、涵容實況。

44　其僅指出：第一條「以和為貴」，見於《禮記》〈儒行〉篇，蓋本於《論語》〈學而〉篇「有子曰：禮之用和為貴」，同條「為宗」一詞，同〈學而〉篇「因不失其親，亦可宗也」。第二條「直枉」本於〈顏淵〉篇「能使枉者直」、第四條「非齊」本於〈為政〉篇「齊之以禮」、第七條「生知」本於〈季氏〉篇「子曰：生而知之上也」、第十六條「使民以時」本於〈學而〉篇「使民以時」。」詳參柿村重松著，山岸德平校：《上代日本漢文學史》，頁 53。

45　該書指出憲法援引自《論語》者有第一、二、三、六、七、九、十三、十六條等共八條。詳參家永三郎、築島裕校注：《聖德太子集》〈憲法十七條〉，頁 12-23。

三 《憲法十七條》之和魂形構：忠孝・公私・和魂漢才

歷來研究多言聖德太子制定《憲法十七條》之目的，不外端正朝綱、主張以德治、禮治、法治來治理國家，明辨君臣權力義務與分際，制約氏姓貴族與豪族，以施行中央集權統治。然筆者以為：《憲法十七條》中諸多乍見不覺有異的諸多儒家德目與價值，在脫離儒典文本之上下文脈與中國這一語境之後，卻產生了意涵變異，且各條憲法之間似乎存在著一種有機關聯，演變成一種日式的儒學價值觀，形構出屬於日本的和魂精神文化。以下茲就《憲法十七條》中言及「天子」與「忠」、「孝」；「背私向公」與「道」、「仁」、「禮」；以及「和魂漢才」此三個議題來考察分析。

（一）萬世一系・忠孝不二

在中國，天子與天的關係就如周王是受命（天命）於天，而獲得統治天下之合法權威的天子，故對天之譴告戒慎恐懼。蓋春秋末期之儒家接受《尚書》、《詩經》中的人格神天觀，進而將天加以道德化，如孔子言：「君子有三畏：畏天命，畏大人，畏聖人之言。」[46]、「予所否者，天厭之。」[47]孟子則言：「天將降大任於斯人也，必先苦其心志」[48]，天逐漸轉為道德人格神天。然道德人格神天觀逐漸形成的同時，作為自然理法的天觀也漸次形成，如孔子言：「天何言哉？四時行焉，百物生焉，天何言哉？」[49]孟子則言：「舜、禹、益相去久遠，其子之賢不肖，皆天也，非人之所能為也。莫之為而為者，天也；莫之

---

46 〔宋〕朱熹：〈季氏第十六〉，《論語集註》，《四書章句集註》，頁172。
47 〔宋〕朱熹：〈雍也第六〉，《論語集註》，《四書章句集註》，頁91。
48 〔宋〕朱熹：〈告子章句下〉，《孟子集註》，《四書章句集註》，頁348。
49 〔宋〕朱熹：〈陽貨第十七〉，《論語集註》，《四書章句集註》，頁180。

致而致者，命也。」[50]

　　另一方面，《荀子》〈天論〉中則不認同人格神天，而較強調自然法理之天這一層面，試圖切割人間世事務與天之運行的關聯，主張「天人之分」，否定陰陽災異說的道德天。與荀子相對的，戰國末期的墨家學派則繼承了《尚書》、《詩經》中所謂具有良善意涵的人格神天觀，並將之加以發展，如墨子言：「我為天之所欲，天亦為我所欲，然則我何欲何惡？……天欲義而惡不義」[51]，還主張：「天子為善，天能賞之，天子為暴，天能罰之。」[52]甚至今日被學界斷定屬於《墨子》書中較早材料之一的〈非攻下〉中，還言及天可決定天子的夭壽以及其王位安穩與否。此一思維形同西漢中期以還，董仲舒（西元前 179-104）將人間社會之善善惡惡，與天對人間善惡之賞罰的祥瑞災異相互結合的「天人相關」學說之原型。董仲舒的天人相關說，主張國家若離道、失政則天將降災害以譴告天子，若人君仍不知反省，則出怪異使之恐懼，若人君仍不思改善，則將滅亡其國家。董仲舒的天人相關說，基本上是結合了先秦儒家所謂具有良善意涵的道德人格神天，與墨家所謂的天可以對天子降祥瑞、災異等兩家思想而成。

　　正因中國的天子是受命於天，方才擁有君臨天下之資格與權威，所以各朝天子都有祭祀天帝的重責大任，而且此一權利、義務也是天子所獨有的。而天子的另一個重要義務就是得行善、行道，所以天子要負起「敬天保民」的職責，代天治民。而所謂「行道」的對象既然是天子這個「人」，「道」所指涉的就是「為所當為」，在個人層面就是所謂的「仁」，故天子要行「仁政」；若是在社會層面，其具體內容

50　〔宋〕朱熹：〈萬章章句上〉，《孟子集註》，《四書章句集註》，頁 308。

51　〔清〕孫詒讓：〈天志上第二十六〉，《墨子閒詁》，《漢文大系》第 14 冊（臺北：新文豐出版公司，1978 年），卷 7，頁 3。

52　〔清〕孫詒讓：〈天志中第二十七〉，《墨子閒詁》，卷 7，頁 9。

就是所謂的「禮」。此處所謂「行道」的「道」，是一種價值概念，「行道」就是實踐價值概念。落實到具體的「仁政」，則諸如「懲惡勸善」（第六條憲法）、「任人以賢」（第七條憲法）、「明察功過」（第十一條憲法）、「勿斂百姓」（第十二條憲法）、「使民以時」（第十六條憲法）等皆是。

孔子之後的孟、荀繼承孔子一以貫之的道，或言：「先王之道」[53]，或言：「禮者人道之極也」[54]，都是進一步闡明社會層面的「道」。「道」落實到社會層面時，必須展現在禮儀制度上，而「禮」就成了維持尊卑等差之階層秩序的社會規範。所謂階層秩序從親族、村落的家父長制度到君臣關係、統治階層內部秩序的維持，乃至國際外交方面，皆受到「禮」的規範。而在日常生活中，禮俗則展現在宗法、祭祀、婚、喪、喜、慶等儀節，以及人倫秩序的規範、戒律上。儒家則進一步深化「禮」觀念，如孔子將禮包攝於善之最高境界的「仁」；孟子則將之配予「仁」、「義」、「智」，視其為人之天性；荀子則將禮視為聖人之教的外在性規範、規則。而春秋時代鄭國子產（？-522B.C）則言：「其禮者，天之經、地之義、民之行。」[55]子產所謂的「禮」，是以恆常不易之天地自然秩序為其根據，故反對禮受到時世變化所左右。

然到了漢代，叔孫通（？-194B.C.）則強調：「禮因時世人情為之節文者也。故夏、殷、周之禮所因損益可知者，謂不相復也。」[56]此

53　〔宋〕朱熹：〈滕文公章句下〉，《孟子集註》，《四書章句集註》，頁261。

54　〔清〕王先謙：〈禮論〉，《荀子集解》，《漢文大系》第15冊（臺北：新文豐出版公司，1984年），頁13。

55　〔周〕左丘明傳，〔晉〕杜預注，〔唐〕孔穎達正義，浦衛忠等整理：〈昭公二十五年〉，《春秋左傳正義》，卷51，頁888。

56　〔漢〕司馬遷，〔南北朝〕裴駰集解，〔唐〕司馬貞索隱，張守節正義，楊家駱

後，「禮」觀之意涵也就包括了不變之天經與可變之節文兩個層面，而「不變之天經」乃作為政治之根本秩序原理的「禮」；「可變之節文」乃個人行儀舉止或人際關係之具體規範儀節的「禮」。而禮的施行，無非在求政治社會秩序與人際關係往來的「和」諧有序，亦即維持尊卑等差各階層之人可以和諧共處，避免貴賤有隔、尊卑不親，進而穩定維持既有的尊卑等差秩序。值此之際，「禮」形同一種道德規範，用以區別貴賤尊卑、長幼上下；「和」則宛若一種道德價值，使人各安其位、相濟相成。

　　如上所述，中國的天子乃是「受制於天」、「君權神授」的「有德之君」。故須行道、施仁政、敬天保民，方能維持其至高無上之天子地位。故孟子在此天命觀的基礎上，提出「民為貴，社稷次之，君為輕」的價值等差判斷，主張若遇無道不仁之暴君，人人皆可誅之。同時還強化孔子所謂「君待臣以禮，臣事君以忠」的君臣對等關係，主張君若視臣為草芥，則臣亦將視君為寇讎。所以孔、孟所謂：「天無二日，民無二王」[57]（第十二條憲法為「國非二君，民無兩主」）這一對臣民的要求，基本上是必須以敬天保民之有德、行道之仁君為其前提的。

　　但是，細觀《憲法十七條》，君權神授與有德者為君這兩大天子之所以為天子的思想，並未被採納進憲法中。因為根據《日本書紀》的記載，天照大神是降世諸神中的最高神祇，而首位天皇神武天皇則是天照大神的天孫之後。而《古事記》以還的天皇論述中，天皇乃是以「人」形降生於人世的天孫之後，亦即所謂的「現人神」（アラヒト

主編：〈劉敬叔孫通列傳第三十九〉，《新校本史記三家注並附編二種》（臺北：鼎文書局，2002 年），卷 99，頁 2722。

57　〔宋〕朱熹：〈萬章章句上〉，《孟子集註》，《四書章句集註》，頁 306。

カミ）。而此種擬神性的自然血源關係，是有皇室代代承繼，故天皇擁有祭、政、學、軍乃至精神層面的超越性地位，此一崇高地位受到「天孫之後」這一「神格」的保障，萬世一系永為日本國族的統治者。所以，日本天皇不是受命於天才獲致其統治日本之人民、土地的合法權利，而是天神降世，直轄日本之社稷百姓。既非受命於天，則為了永保社稷與皇位而被要求「人」／「天子」必須行道、施仁政等道德價值實踐要求，當然就不能同樣拿來要求「神」／「天皇」。換言之，天皇所以具有統轄治理日本人民與土地的權利，乃因其「天孫之後」這一「神格」，而非受命於天，故沒有所謂：「不敬厥德，乃早墜厥命」的顧慮，所以「有德者為君」的道德要求，被剔除於憲法之外，故全然未見所謂「為政以德」[58]或是「以德行仁者王」[59]此類強調為君者之德行的內容。

而且因為天皇是天孫之後降世，故其身分已經超越政治秩序從屬的貴賤尊卑，而成為宗教性的超越存在，故臣民無法、也不可能在「人」的層次上要求與天皇有某種相互的對等關係，正因為天皇「現人神」的身分屬性無法被「人」所超越、改變，所以臣民只能安守既定的貴賤尊卑等差秩序，無法也無權要求天皇必須待臣以「禮」，所以第四條憲法所謂「以禮為本」，其被要求的主詞只有「群卿百寮」，並非天皇本人。所以只有臣民對天皇絕對的臣服、盡忠，而且要將忠誠對象收束於天皇這一單一對象。又據《古事記》所載，因為日本民族又是天皇的後代，所以在血源源頭上，天皇又是所有日本人民的始祖，亦即對天皇而言，其所統轄的日本國民，既是其「子」，又是其「民」。因此，當所有日本「子民」向天皇盡忠時，其既是「盡忠」，

58　〔宋〕朱熹：〈為政第二〉，《論語集註》，《四書章句集註》，頁 53。

59　〔宋〕朱熹：〈公孫丑章句上〉，《孟子集註》，《四書章句集註》，頁 235。

同時也是「盡孝」，換言之，「盡忠」是「大孝」，「盡孝」是「小忠」，此謂「忠孝一致」、「忠孝不二」、「忠孝一體」。

　　既然「忠孝一致」，則何來易姓革命之理由，因為在天孫「血脈一本」，皇位繼承「萬世一系」的政治秩序中，天皇既是日本人民血脈的元祖，也是現世的皇父，故無革命易姓之須要，而且也迴避了忠、孝發生衝突時的抉擇難題，因而解構掉中國「孝子忠臣」此種孝乃忠之行為基礎的信仰，故《憲法十七條》專重「忠」而不言「孝」。專以「君」、「王」、「主」，或是「國家」、「國」、「社稷」等「公」對象來與個人之「私」相對，在「忠」／「公」與「孝」之間不存在衝突的情形下，僅剩個人之「私」與國家、天皇之「公」之間的抉擇。但因天皇又是日本人民血源上之父祖，所以個人是否盡忠、奉公與否，也就只是小私、大私之別而已。我們從《憲法十七條》對儒學元素的採擇、選別，似乎可以探掘出近代日本天皇制軍國主義中，天皇、國家至上的「國體」論思想之雛型。

（二）背私向公・天皇獨尊

　　憲法第十五條強調為臣守則在背「私」向「公」，強調人臣當彼此相和、無有嫉妒並盡忠於君。但卻未提及君王是否必須是愛人之「仁」君，亦不論君王是否必須以「道」、「禮」行事。首先，關於究竟是何人必須施行「仁」政，實踐此一為政道德這一問題，我們可以發現第六條所謂「無仁於民」，第十二條所謂「國司國造，勿斂百姓」，以及第十六條所謂「使民以時」等，前者被要求的對象是臣下；後兩者被要求的對象則是當時的氏姓貴族與豪族，換言之，皆非天皇本人。

　　但此種道德要求方式顯然異於《論語》、《孟子》中原本的意涵。

因為《論語》中言：「節用而愛人，使民以時」[60]，或者是《孟子》所謂：
「不違農時，穀不可勝食也。」[61]乃至《漢書》的：「使民以時，務在
勸農桑。」[62]其被勸告或被如此要求的對象，皆是執政的「君王」本人。
又《孟子》中所謂：「施仁政於民，省刑罰，薄稅斂，深耕易耨。」有
權施行「仁政」者，當然是君王本人。然而，《憲法十七條》中「使
民」、「勿斂」、「仁於民」等此類道德要求，卻都是針對臣下官吏與氏
姓貴族、豪族而來發聲的。群臣百寮儼然是天皇之股肱、人民之父
母，其所以必須行仁於百姓，主要是為了對天皇負責，他們是天皇與
百姓之間的中介橋樑。

而由第十二條憲法所謂：「國司國造，勿斂百姓。國非二君。民
無兩主。率土兆民以王為主。所任官司皆是王臣。何敢與公，賦斂百
姓」[63]看來，正因為天皇才是日本獨一無二的「君」、「王」、「主」、
「公」[64]，所以「天下」、「百姓」、「國土」等皆為天皇、國家所專屬，

60　〔宋〕朱熹：〈學而〉，《論語集註》，《四書章句集註》，頁49。

61　〔宋〕朱熹：〈梁惠王上〉，《孟子集註》，《四書章句集註》，頁203。

62　〔漢〕班固撰，〔唐〕顏師古注，楊家駱主編：〈五行志〉，《新校本漢書集注并附編二種》，頁1319。

63　家永三郎、築島裕校注：《聖德太子集》，頁19。

64　《憲法十七條》中並未使用到「皇」或「帝」來稱呼「天皇」，但卻使用了「君」這一語詞，總共有五例（第一、六、十二條各一例，第三條二例），而且也使用「王」與「主」一詞，如第十二條。另外則使用「公」這個字來表示職掌公眾事務的代表性主權的「君」、「王」、「主」，總共有四例（第八、十二條各一例，第十五條二例）；而作為藉由法制秩序所維持的制度性政治社會實體的，則以「國家」（第四、六、七條各一例）、「國」（第二、四、六、七、十四條各一例，第十二條三例）、「社稷」（第七條一例）等語彙來表示之，此時的「國家」、「社稷」、「國」，大都指稱「日本」這一國家，但是第十二條憲法的「國司」、「國造」的「國」，指的是當時日本的地方行政單位，又第二條的「萬國」的「國」基本上應是指世界人類整體。

若如上述，則《憲法十七條》中職掌公眾事務的代表性主權的「君」、「王」、「主」

因此執事群卿（第十一條）與諸任官者（第十三條）所負責的「職掌」（第十三條）、「公務」（第十三條）等，亦即一切攸關國家公共政治的大小「事」（第一、八、九、十一、十三、十七）無非都是「公務」（第十三條）。因此，設若有人膽敢使民非時、橫征暴斂、不仁於民，那就是圖謀一人、一家、一族之「私利」而危害到「公家」／天皇之權利，或者是如第十五條所說的，因為個人私怨等人際關係而違反國家法治秩序，未能「背私向公」，那就是人臣失格，背離臣道。

《憲法十七條》此處顯然翻轉了中國原先的「仁」與「忠」的先後順序。因為，「仁」作為儒學之核心思想概念，其無論是指向孔子的愛人或孟子的仁政，都應該是最高的道德原則、價值、理想與境界，都應該是最優位。但《憲法十七條》中「使民」、「勿斂」、「仁於民」的所有仁政，其所以被要求必須成立的前提，卻都是因為不可以「私」害「公」，是服從在「天皇」這一最高「公」權利之下方才成立的。換言之，「仁」必須以「忠」為其前提，繼而藉由實踐「仁」才能體現「忠」，「忠」於是凌駕於「仁」之上，翻轉了中國儒學中原先「仁」優於「忠」的次序。

另外，就如山鹿素行（1622-1685）所言，聖德太子「輔天下之政，立憲法，以禮為天下治本之本。」[65]但素行卻又強調此《憲法十七條》中用以治國之「禮」，乃日本獨特之物，而非中國禮樂之「禮」。而此日本古來獨有之「禮」究竟所指為何？素行接著說道：

就等於「公」的象徵層面，而作為藉由法制秩序所維持的制度性政治社會實體的「國家」、「國」、「社稷」就是「公」的實質層面，因此「公」也就同時指向「天皇」與「日本」。反言之，「天皇」也就代表了「公」與「日本」。

65　山鹿素行著，山鹿旗之進編：〈學問〉，《謫居童問》（東京：博文館，1913年），上，頁239。

> 本朝往古之道，天子以之修身、治人，人臣以之輔君政國，及
> 神代之遺教，正是天照太神至誠之神道也。[66]

關於素行的說法是否正確，若從《日本書紀》以下之記載看來，或許
不無道理。蓋推古天皇十五年春二月所頒布之敕令中便如下言道：

> 朕聞之，曩者我皇祖天皇等宰世也，踞天蹐地，敦禮神祇，周
> 祠山川，幽通乾坤，是以陰陽開和，造化共調，今當朕世，祭
> 祀神祇豈有怠乎？故共為竭心宣拜神祇。[67]

而結果就是聖德太子遂率同大臣百寮祭拜神祇。

　　然群卿百寮雖然被要求以「禮」行事、以「仁」施政，以表示其
盡忠向公。但必須注意的是：《憲法十七條》既不要求君王施仁、行
禮，亦未言及天皇是否應該有一與臣道相符合的君道，亦即無道、不
仁、無禮之暴君似乎未受到制約。換言之，《憲法十七條》剔除了君臣
關係中，群卿百寮亦可以「伐無道」、「誅暴君」、「視為寇讎」等此種
抵制抗衡無道、不仁、無禮之暴君的合法權。換言之，「忠」是日本臣
民在任何情況下都必須無條件接受並實踐的最高德目。

　　所以「忠」雖然仍是《憲法十七條》中所標榜的臣對君的義務關
係，但「忠」並不是在君王行「仁」、有「道」、待臣以「禮」的前提
下而成立的，而且就第一條和第四條憲法看來，「以和為貴」、「以禮
為本」所要求的對象，也是「人」、「百姓」與「群臣」，而非「現人神」

66　轉引自松本彥次郎：〈十七條憲法の綜合的研究〉，《史潮》第 11 年第 2 號（1941
　　年 9 月），頁 34。
67　〈推古天皇十五年條〉，《日本書紀‧後篇》，卷 22，頁 148。

的天皇。也就是說，禮節與和諧乃是人臣面對天皇應有的態度與關係。換言之，「天皇」這一人君／神君乃是日本臣民必須禮敬、不可冒犯、衝突的對象，所以日本臣民不僅要「絕對」忠於天皇，更不可無視禮節，以「革命易姓」而來破壞君臣、君民之和諧關係。

　　關於此種南橘北枳的儒學道德變異現象，江戶古學派儒者山鹿素行則提出了說明，素行強硬地主張道：

> 本朝有本朝之政，雖云異朝之制好，然異朝可用，而本朝難用者多。……崇敬正統，尊王代，宗廟之元祖天照大神之御苗裔，今之天子，此難比異朝之例，可謂勤王崇朝之道明也。……只可本朝據本朝之禮，斟酌異朝之禮也。[68]

素行此語無非說明了日本對儒學道德價值的採借或選別，終究是一種以日本為主體的文化斟酌。我們因此可以說，即便《憲法十七條》從文字面來看是如何的儒家式，或者說中國式，但其終究是在大和風土下，是聖德太子易其俗後所立之教，是聖德太子使孔孟出日本之朝而行的日式朝禮。故中國式儒學道德內涵已非原貌，而和魂悄然之間已穿上了中國朝服。

（三）和魂漢才・日本主體

　　以《憲法十七條》為例證，我們可以觀察出此種中、日文化交流的調整方式，並非因中、日這兩個獨立的文化體系經過長久接觸而產生的必然結果。亦即，《憲法十七條》的產生並非文化長期接觸下的盲目採借、融合作用，而是經過嚴格的文化要素篩選。甚至通過《憲法

68　山鹿素行：《謫居童問》，下，頁 274-275。

十七條》，我們可以說日本總是輸入、採借其自身文化傳統能夠容納
的部分，而排斥那些不利的成分，以保持其自身文化系統的穩定性。
所以必須對其所採借的文化元素進行改造、再解釋，然後將之編織、
融入、整合到日本的文化體系中，使之成為日本自我文化的一部分，
同時使得日本文化得到發展。

然成立於七世紀初的《憲法十七條》，又是日本在經歷了近三百
年的自願接受漢籍、漢文化的「順涵化」後，聖德太子即使也派遣「遣
隋使」赴中國，仍舊持續自願式的漢籍、漢文化之「順涵化」接受行
為，但卻同時進行有意識的對抗漢籍、漢文化之涵化的「抗涵化」作
用。例如太子派遣小野妹子（？-？）遣隋時，起草了關係對等的國
書讓使者帶往中國，又遣隋使帶回的中國詔書因為對天皇不敬，所以
太子與小野妹子等擅自修改後再上呈天皇等事，皆說明了此時太子、
小野妹子等日本人已具「獨立國」意識，不甘作為中國朝貢體系中的
「附屬國」。[69]

所以我們不宜將《憲法十七條》的中國典籍的援用、採借情形，
單純地視為只是日本文化、思想中中國文化元素「質的增加」，而是應
該注意到其中包含了「質的突變」過程。也就是說，在七世紀初的飛
鳥時代，日本國內的中國文化攝取，已從進步的中國文化累積形態，
開始朝向「凝集」的文化累積形態，也就是在一種複雜性的同一層次
上，來採借漢籍的漢文化元素，使日本原有的文化、特質元素的總合
增加，試圖藉由此種凝集的文化累積，在取代掉先前相對單純的日本
文化的同時，又能對抗向來處於強勢的漢文化，進而以此種進步、凝

---

69 有關唐使裴世清帶來之詔書中「皇帝問倭王」句中，「倭王」被修改成「倭皇」，
以及小野妹子帶往中國的國書寫道：「東天皇敬白西皇帝」等，詳參〈推古天皇
十六年條〉，《日本書紀‧後篇》，卷22，頁150-151。

集累積後的、複雜性的新文化，取代、抗衡歷來較先進的漢文化，避免日本自我文化的沒落、萎縮或喪失，維持自我文化之水平。

換言之，與其只是單純地說明《憲法十七條》採借了何本漢籍、儒典的某句話語；毋寧從文化重組（cultural reformulation）這一角度來觀察之，亦即即使聖德太子採用了漢籍、佛典等中國、印度的文化元素，試圖端正朝綱或影響、導正社會風氣習俗，但中、印文化元素不會原封不動，其勢必與日本文化產生重組，以適應日本原有文化的功能體系，故使得被採借的中、印外來文化也被迫進行某種調整，故那些被採借的漢籍中的某句話語、某個觀念其實已無法完全保有其原來意涵，當其與日本元素結合，或是被再度、重新解釋之際，其已或多或少被更動、挪移，以求與日本文化重組，值此之際，日本文化自身也將展開其文化變遷、進化，導致文化意義的變革。

所以，即便《憲法十七條》中存在許多看似採借自中國典籍的語句、觀念，然而這些被採借的中國元素，卻是在日本文化脈絡中而被加以定位、定義。諸如：「君則天之，臣則地之」（第三條）、「國非二君，民無兩主」、「所任官司，皆是王臣，何敢與公，賦斂百姓」（第十二條）、「背私向公，是臣之道」（第十五條）等。其中諸如「公」字出現於《憲法十七條》中凡五見（第八、十二、十三條；第十五兩處），字義則可作兩類解，一解作「天皇」，一解作「公眾」、「公家」，無形中模糊了「天皇」與「公眾／公家」之分，將天皇一人等同於天下公眾。因此，憲法言及之「公事」、「公務」也就連結成為「天皇之事務」。而天皇所以被如此推崇到至高地位，乃至即使當時是在佛教信仰籠罩下，敬神崇祖仍須被再三確認是日本不易之文化傳統，基本上可以說是在日本與「漢」、「唐」，以及與印度這一他者的關係中而被認識獲致的日本精神、文化，可以說是一種外部對顯下的自我理解與主體定位。簡言之，「和魂」是在對「漢才」等此類外來文化的選別

過程中，而獲致的一種「日本人之所以為日本人」的識見。而從前文的說明看來，《憲法十七條》中所突顯出的聖德太子形象，堪稱是日本「和魂漢才」之首位代表型人物。故山鹿素行曾如下推崇聖德太子說：

> 上古時，獨聖德太子不貴異朝，為本朝做本朝事。[70]

而就在素行撰成名著《中朝事實》隔年的寬文十年（1670），濃洲大慈禪寺的禪僧潮音，便撰成《十七憲法註》，潮音於該書序文中亦如下言道：

> 聖德太子十七憲法者，鑑昭國家之明鏡也。[71]

聖德太子之後，強調日本主體的「和魂漢才」之代表性人物，當推菅原道真（845-903）。傳聞菅原道真所著之《菅家遺戒》中有言道：

> 凡神國一世無窮之玄妙者，不可敢而窺知。雖學漢土三代、周、孔之聖經，革命之國風，深可加思慮也。凡國學之所要，雖欲論涉古今究天人，其自非和魂漢才，不能闢其閫奧矣。[72]

而即便《菅家遺戒》的作者確實如川口久雄（1910-1993）所考察推定

70　山鹿素行：《配所殘筆》，收入井上哲次郎、蟹江義丸編：《日本倫理彙編・古學派の部（上）》（東京：育成會，1901年），頁703。

71　道海（潮音）：《十七憲法註》，五十嵐祐宏：《憲法十七條序說》（東京：藤井書店，1943年），頁132。

72　菅原道真：《菅家遺戒》，收入黑川真道編：《日本教育文庫家訓篇》（東京：同文館，1910年），頁58。

的一樣，應該是室町時代之人所偽作。[73]然此一考證結果則無非表示對後人而言，不僅菅原道真確實是「和魂漢才」的代表型人物，同時也突顯出平安時代以還，「和魂漢才」必然以某種形態成為日本人關心討論的議題。否則《源氏物語》中不會見到所謂：

> 畢竟須以才為根本，而要能於世間活用大和魂，正須有才方能。[74]

紫式部（？-1016）此處所謂的「才」，與謝野晶子（1878-1942）將之翻譯為「學」，而平安時代的「學」，指的當然是「漢學」。而我們推敲紫式部該句話的背後意涵，恐怕「漢才」的學習只是工具手段，而活用「大和魂」於世間才是目的。而與紫式部同時代的清少納言（966-1025）也如下指出在平安時代的貴族官吏中，具備「漢才」的日人是如何恃才傲物並享有特權：

> 有才之博士，自不待言地，足為人所誇讚。雖然態度桀驁不遜、官位低下，但卻可以上達天聽。[75]

另外，中國伐不仁、誅暴君的易姓革命風氣，當時也已經深為日本「有識」之士所戒慎恐懼。

如上所述，「和魂漢才」這一概念的產生，似乎是在習得漢籍、

73　詳參菅原道真著，川口久雄校注：〈解說〉，《菅家文草》，《日本古典文學大系72》（東京：岩波書店，1966年）。

74　紫式部著，山岸德平校注：〈乙女〉，《源氏物語二》，《日本古典文學大系15》（東京：岩波書店，1961年），頁277。

75　清少納言著，池田龜鑑等校注：〈めでたきもの〉，《枕草子》，《日本古典文學大系19》（東京：岩波書店，1960年），頁137。

具備漢學素養的貴族、知識階層中，當平假名發明、普及而成為日語
表現媒介後，在漢、日對顯下被認知到的，而一般國民的文化性自覺
或政治自覺，通常較知識份子產生的晚。故「和魂漢才」雖然早存在
於聖德太子或小野妹子等人的意識中，但卻在四百年後的平安時代才
逐漸受到關注與討論。同樣的文化現象，就如崇神敬祖、尊崇天皇、
尊重國體之思維，雖已於七世紀初的飛鳥時代，從聖德太子身上見其
端倪，但卻在一千二百多年後的明治日本才成為舉國上下的「全民思
想運動」。而醞釀一千二百多年後發酵的「大和魂」，早已全然與「漢
才」合而為一，此即江戶幕末所謂「東洋道德，西洋藝術」（佐久間象
山）或是「器械藝術取於彼，仁義忠孝存於我」（橋本左內）。

亦即，當「大和魂」相當於是「和魂漢才」之總體時，「和魂漢才」
也就成為一種具有中日雙重文化結構的複雜儒學式價值意識，是近代
日本所謂的「東洋精神」。只是從歷史發展的結果而論，近代大日本帝
國即是以此「大和魂」／「東洋精神」結合「洋才」後，面對清朝的
衰敗落後，終於發現漢才／儒學的宗祖國已經成為日本的「東洋惡友」
（福澤諭吉語），心理由崇敬、景仰向侮蔑、輕視激烈翻轉後，遂以
「漢才」／「東洋精神」的文化代表國自居。而被採借繼而變異後的儒
學／「和魂洋才」，終於不得不與中國本土的儒學交鋒，「儒學」與「戰
爭」竟然合而為一，無怪乎夏目漱石對「大和魂」發出聲聲吶喊：

> 大和魂！日本人宛若得肺癆般的咳嗽。大和魂！新聞報社嘶
> 喊。大和魂！扒手嘶喊。大和魂竟然一躍渡海，在英國進行大
> 和魂演講，在德國演出大和魂戲碼……東鄉大將具有大和魂，
> 魚販的銀先生也具有大和魂，詐騙者、投機分子、殺人犯也都
> 具有大和魂。……當你問這些人大和魂為何物時，他們就一邊
> 回答「大和魂嘛」疾行而過，走過五、六間房舍後，方才聽見

　　一聲咳嗽。[76]

　　夏目漱石的吶喊，既是一種對日本的反省，也是一種對日本文化／變異儒學的批判。千年的卑劣感翻轉後，「大和魂」／變異儒學成為支撐空疏、逞強式軍國主義的口號，到處被傳誦，宛若一支變調的合唱曲。

四　結論：儒典的異地權威化與日本儒學／漢學的雙重性格

（一）儒典的異地權威化

　　在儒典東傳至日本後，經歷兩百年的傳播閱讀，這些儒家典籍顯然被視為是普遍道德或是人類價值的具體呈現，故其偉大似乎不容懷疑，且超越了評斷，具有典律地位。然而在中國文化的語境中，經典之所以為經典，其權威界定條件除了先王制度、聖人制作以及政府推動等因素之外，當然更應該思考經典本身所具備的內在超越性、原創意義之豐沛性，以及被接受涵容再創造之可能性等要素。而在經典典律地位形塑的過程中，其正統性、權威性常常須要仰賴政治權威、體制制度等外在要素，特別是執政者的介入干預，乃至政策、律法的制定施行。關於此點，就《憲法十七條》來看，此一特性在日本則有賴以階級、律法、道德、宗教為其基礎的價值體系，進一步來推動某種文化理念、政治主張，甚至以之來支持或形構大和民族、日本國族的主體認同。

76　夏目漱石：《吾輩は貓である》（東京：角川書店，1964 年），頁 245。

　　誠如前文所述，如果《憲法十七條》真如狩谷掖齋（1775-1835）、榊原芳野（1832-1881）、津田左右吉（1873-1961）等人所言，實非聖德太子所作，而是《日本書紀》作者所改潤，或是大化革新以還到平安初期的後儒所偽托聖德太子之名而有的偽作，則我們就必須問道：為何必須托假聖德太子之名？筆者以為要回答此一問題，就必須思考到既然「東海不出聖人」（荻生徂徠），東海亦無堯、舜、禹、湯等先王，則經典究竟要如何在「日本」這一異地國族取得其權威性，方能順理成章要求大和民族接受、信仰並實踐中國經典所傳達的道德價值呢？此一疑問若以《憲法十七條》作為考察對象，似乎就可獲得某種程度的解答，筆者以為這就是為何《憲法十七條》的作者所以必須是，或者說必須偽托聖德太子的主要原因。

　　因為在中國，雖然儒家經典以「聖人」或「聖人集團」，來作為經書作者假設條件以使經書具備典律資格，同時賦予經書權威性，但是在不出聖人的東海日本，這一權威是相對薄弱的，特別是當經典中的道德價值、規範、戒律要向一般日人宣示其權威性時，因此有必要透過某種「日式」的權威來確定儒家經典的權威性、正當性。而在日本，異於一般常人、凡人，而具有超越性存在意義的，首推「天孫之後降世」的「現人神」／天皇，或是「皇室集團」。所以，將《憲法十七條》之作者與聖德太子勾連，有助於經典中之道德價值獲得權威性。

　　又設若《憲法十七條》的作者確實為聖德太子，那《日本書紀》又何須添加「憲法」二字不可？筆者以為這一作為無疑地是藉由政府政策這一外在的政治力介入，藉由律令、法條的制定，使得經典的道德規範與戒律，具備合法強制性。至於《憲法十七條》藉由採借儒典等漢籍，繼而解構儒家諸多道德觀之指涉意涵，進而重構之以涵塑日本主體意識、精神與文化此點，恰恰又補強了儒典作為異地、異族日本之經典的可能性，正因為其可以為異地、異族的日本所涵容再創

造，故有效加強其為日本所涵化的接受度，恰恰又延續了經典本身持續流傳的生命力。如上所述，《憲法十七條》對中國經典看似超越評斷地信仰、採借，其實存在著多層次且高度複雜的權威性、合法性、永恆性的經典建構作業。而此種現象或許就是山鹿素行所說的：

> 問云：若周公、孔子出於本朝，（本朝）將行異朝之禮乎？答云……異國本朝水土遙異，即便聖人來此，亦將不易其俗，以立其教，此不及論也。[77]

（二）日本儒學／漢學的雙重性格

關於聖德太子的歷史評價與定位，讚否兩論。如前所述，歌功頌德者多從所謂大化革新之先驅者、外交政策上保存日本尊嚴、以儒學德治施政、振興佛教等方面立論。而批判者則從蘇我馬子弒皇，太子卻姑息之，以及太子陽儒陰佛兩大議題入手。筆者注意的則是：兩造對太子採借儒學觀點一事所作出的不同評價。批判聖德太子的聲浪，基本上發生在近世以還，特別是江戶初期的儒者。針對這一問題，可舉出水戶學者安積淡泊（1656-1733）的批評為例：

> 其制《憲法十七條》，剽竊聖經賢傳，近經世治民之術。然以篤敬三寶為宗，則其立言之旨，亦可見。至於辨覈太子之得失者，則近世之林道春之論，悉之。[78]

77　山鹿素行：《謫居童問》，下，頁 275。

78　安積淡泊：〈列傳〉，《大日本史贊藪》，收入松本三之介、小倉芳彥校注：《日本思想大系 48 近世史論集》（東京：岩波書店，1974 年），卷 2，頁 90。

安積淡泊使用「剽竊」一詞頗值得玩味。此一用詞，同時指出聖德太子制定憲法的雙重性格，亦即它既是儒學／中國的，卻又不會只是儒學／中國的。而讚許與批判的兩方雖然評價不一，但著眼點都在這「不只是儒學／中國」的。前者認為此種非百分百的改造式儒學，恰恰證明《憲法十七條》是「日式」的、「日本自己」的；但後者卻認為此種不純粹性的移植式儒學是「旁門左道」，形同「剽竊」的非正統儒學。筆者以為《憲法十七條》所以在江戶初期面臨此種兩極評價，除了突顯出江戶初期之思想界以「神儒一致」來對抗先前「儒佛一致」的風潮外，其實也反映出了日本儒學的雙重性格。亦即，日本儒學／漢文學既是日本的，但同時又是中國的這一特性。

關於日本儒學／漢文學的此種既中國又日本、既日本又中國的特性，服部宇之吉（1867-1939）在為安井小太郎（1858-1938）之《日本儒學史》一書撰作序文時即如下言道：

> 「日本儒學史」這一語彙，具有雙重意義。一是在日本儒學的歷史；另一則是日本的儒學史。儒教東漸，夙與我固有之皇道融會，渾然成一道，即日本儒教是也。德川氏偃武修文，文教鬱然而起，諸派儒學駢鑣併馳，曰南學、曰京學、曰水戶學、曰王學、曰古學、曰折衷學……（此）為日本的儒學史。[79]

亦即，「日本的儒學史」是與皇道融會後的「日本的儒學」，是「日式」的儒學，是「日本儒教」，但它也是「儒學」。不僅儒學如此，漢文學也是如此。神田喜一郎如下說道：

---

79 服部宇之吉：〈序〉，安井小太郎：《日本儒學史》（東京：精興社，1939年）。

所謂「日本的漢文學」，本質上無異地當屬於日本文學。因為
其作者乃日本人，故其內容所承載者，當然是日本人的思想感
情。但是，另一方面，吾人亦無法否定：「日本的漢文學」同
時又是中國文學這一大文學流域所歧出的支流。自中國文學開
始傳來日本以後，日本人便將之視為先進文學而崇拜之，追逐
其嶄新之發展傾向，傾其全力模仿擬作。職是之故，自然形成
所謂「日本的漢文學」。「日本的漢文學」其性質不單單只是所
謂日本人使用中國之文字，根據中國語之語法來創作這樣單純
的性質而已。其與中國文學的關係極為密切。事實上，兩者之
間無論是在文學上或歷史上，皆無法斷然畫出一條國界線。就
此點而言，「日本的漢文學」毋寧說是屬於中國文學的這一說
法，是為恰當。甚至可以說：惟有如此才終於可以理解所謂的
「日本的漢文學」。總之，「日本的漢文學」具有此種雙重性格，
而此種雙重性格正是「日本的漢文學」與生俱來的，顯著的宿
命性特質。[80]

此種日本的儒學／漢文學，其既是日本儒學、漢文學的一環，同
時又是中國儒學、文學的亞流這一異於其他地區之域外儒學／漢文學
的特色，或者說是中國地區以外東亞儒學／漢文學的共同特色，提醒
我們必須對之嚴肅以待。亦即，設若有人只願意，或者說只選擇從日
本或中國的單一立場，來看待、研究日本儒學／漢文學，則其終將失
之東隅（或者說西隅亦可）。聖德太子《憲法十七條》的歷來研究，所
以呈現出如此兩極與紛雜的價值判斷，與此種未能試圖透過一個全知

80　神田喜一郎：〈日本の漢文學〉，《墨林閒話》，《神田喜一郎全集》（東京：同朋
　　社，1984 年），第 9 卷，頁 133。

觀點來看待、研究之不無關係。而若從日本儒學／漢文學的整體研究而言，日本儒學／漢文學的此一特殊宿命屬性，使得任何日本儒學／漢文學研究，從反面來看，就在觀察中國文化整體的域外發展。

也就是說：日本漢學或者說國際漢學，讓我們在研究中國傳統文化時，注意到他者的景觀與差異發現對研究的重要性。因為，通常所謂的「中國的」、「漢文化的」等詞彙所意指的，常常並非是由中國自己所決定的，而是在與「非中國的」、「非漢文化的」國家及文化等「他者」的對話、相互作用之間產生，此點在日本亦不例外。本文藉由確立《憲法十七條》之出典準據，而嘗試從事一種相對確實的中日儒學、思想與文化「比較研究」，嘗試避免帶著先入為主、想當然爾、中國本位的儒學／文學前理解，而試圖在日本儒學／漢文學中找尋一個完全的「中國影子」，否則其終將流為某種「顧影自盼」的中日儒學、漢文學比較研究。

本文係筆者執行行政院國家科學委員會計畫「漢學者與庶民的漢籍學習指南・路徑・方法——江戶時代漢學入門書研究（I）」（NSC99-2410-H-003-090-MY3）之部分研究成果，初稿於二〇一〇年十月三十日發表於臺灣師範大學國文學系所舉辦之「儒道國際學術研討會（四）——隋唐」。

原載《成大中文學報》第 33 期（2011 年 6 月），頁 97-130。

第三章　《詩經‧二南》與日本女德
——以熊澤蕃山《女子訓》所作之考察兼論鮮儒之二南闡釋

一　前言

　　一般認識中，較之於東亞乃至世界其他國家，日本女性多給人陰柔溫順印象。然而，在日本經濟泡沫化進入第二個十年的尾端，大約自二〇〇八年以來，日本傳媒中的日本女性形象，卻多以堅毅剛強，甚或是以「女武士」的形象登場。例如日本國家電視台 NHK 的大河歷史劇中，二〇〇八年的《篤姬》、二〇一一年的《江－姬たちの戰國》、二〇一二年的《女信長》與《大奧》、二〇一三年的《八重の櫻》，以及二〇〇九年，女導演我謝京子描繪在紐約工作的日本女性之真實樣貌，披露此等女性之堅強與自我主張的電影《母の道－娘の選擇》，劇中女主角無不以堅毅勇敢、足智多謀的形象為人所稱道。

　　其實，二十一世紀伊始的二〇〇一年，山本博文《サラリーマン武士道－江戶のカネ‧女‧出世》一書，摘掉了武士所謂「飯は食わねど高楊枝」（沒吃飯也佯裝吃飽飯後剔牙）、「瘦せ我慢」（硬著頭皮忍耐、打腫臉充胖子），揭露江戶時代武士面臨為俸祿而彼此傾軋競爭的困局、被摘除職位後的武士因為陷於經濟困境，其妻被迫賣春維生、無力償還債務的武士被迫走上自殺一途，乃至轉做行政官的武士，不得不涉獵諸多權力鬥爭等等內幕，一反歷來武士英勇、正直、具羞恥心、重名節道義之形象，凸顯武士命運與權力、金錢、女人之

間的深刻關聯。[1]該書在顛覆武士正面形象的同時,更凸顯出日本女性在幕府武士時代,扮演攸關性、權力與金錢的重要角色,彷彿預言了進入經濟泡沫化第二個十年的日本社會,當男性在職場面臨競爭、解僱威脅時,女性終須走出家庭邁入職場,成為擔負家計的一份子,改變以往男主內女主外的家庭社會結構,同時瓦解男剛強女柔順的既有價值觀,女性堅毅剛強的一面漸次展露。

與此同時,令人關注的另一個有趣現象則是:二○○八年牛窪惠《草食系男子「お孃マン」が日本を変える》(草食男「娘男」改變日本)一書,指出日本年輕男子如今就如草食動物般溫和不具攻擊性,他們對工作不再有高度熱忱,但卻追求時尚打扮與標緻外貌,美感意識與性格有女性化趨勢,對女人、性事的興趣與結婚意願都不高。[2]此一現象進入日本經濟不景氣的第三個十年時更形明顯,例如二○一四年二月博報堂開始針對日本社會中的「ソロ男」(獨奏男)進行網路問卷調查。「獨奏男」指的是日本二十歲到五十九歲單身男子,其獨居工作,一個人自給自足,享受無拘無束的自由生活型態。其重視自己的興趣與自我的寶貴時間,認為與其忙碌工作以獲得高薪,還不如擁有固定例假日,有時間餘裕地悠閒生活,這一群男性不限年齡,卻皆抱持著此種重視「自由、自立、自給」的人生價值觀。博報堂進而於二○一四年八月十四日,設立「ソロ活動系男子研究プロジェクト」(獨奏活動系男子研究計畫),試圖理解正在改變中的日本男性特質。[3]

在此股日本男女性格轉變風潮中,博報堂「若者研究所」(年輕人

1　詳參山本博文:《サラリーマン武士道─江戶のカネ・女・出世》(東京:講談社現代新書,2001 年)。

2　牛窪惠:《草食系男子「お孃マン」が日本を変える》(東京:講談社現代新書,2008 年)。

3　www.hakuhodo.co.jp/archives/newsrelease/18193(2015 年 5 月 15 日閱)

研究所）的領導者原田曜平早在二〇一三年十月，便出版了一本名為
《さとり世代》（覺悟世代）的專書，書中指出覺悟世代的特徵為：無
欲、沒興趣談戀愛、不去旅行、假日泡在家中、不浪費、不與氣味不
相投的人交往、避免無謂的努力與衝突、無遠大志向與夢想等等。在
日本女性也「覺悟地」漸次走向自由、自立、自給的同時；日本男性
則從二〇〇九年的「草食男」、「便當男子」（自己做便當帶去學校、
公司）、「乙男」（像少女般的男子），二〇一〇年的「イクメン」（育
兒男），二〇一三年的「日傘男子」（撐陽傘的男子），一路朝所謂「女
子力男子」發展。[4]

　　上述日本男性的此種性格發展結果，日本女性也將其擇偶條件，
從原本的以學歷高、薪水高、身高高的「三高男」為理想交往結婚對
象，轉為尋找工作觀、金錢觀、成長環境相同的「三同男」，或是收入
平平、外貌平平、個性平平的「三平君」[5]以作為理想結婚對象。而根
據日本某電視節目的街頭調查，追求三高男的女性為百分之三十四；
追求三平君的女性則高達百分之六十六。理由是：三平君尊重女性，
不排斥做家事和帶小孩，而且穩健可靠，這是日本女性放棄奢望，正
視現實，轉向實際，追求日常生活之小確幸的新價值觀之展現。日本
女性以「三同男」為理想結婚伴侶，可以視為是女性自我意識抬頭後，
希望可以尋找到一個能理解自己工作相關問題、無論夫婦何人失業還
是可以在經濟上相互支援扶持、擁有共同認知、價值觀的生命、生活
伴侶。以「三平君」為理想對象，則是不必擔心丈夫被其他女性覬覦
甚或搶走，又比起高姿態的男性社會精英不分擔家務與育兒工作，一

4　詳參原田曜平：《女子力男子》（東京：寶島社，2015 年）。

5　詳參 EZ Japan 編輯部：《日本年度新鮮事 100 選：Nippon 所藏日語嚴選講座》（臺
　　北：EZ 叢書館出版，2014 年），頁 64-65。

位平凡卻溫柔體貼對待家人的丈夫、父親，無疑更讓人覺得溫暖與受到尊重。亦即，如今日本女性所追求的幸福家庭生活，是在平等、互助、尊重、共同承擔家庭經濟乃至一切問題的前提下而來考量的。

二　東亞儒家禮教社會中之女訓書：《詩經》〈二南〉

　　今日日本女性此種已然不再以陰柔溫順為尚的女性特質，究竟是一種時代潮流發展下的變異結果，是對日本女性既有形象或是傳統日本女德的背反，還是一種對日本原生傳統女性特質的回歸呢？又或者是日本婦女勇毅與柔順雙重性格的著重某一面向之展現？關於此一問題，我們必須回到近代日本來進行思考，新渡戶稻造（1862-1933）於一八九九年以英文寫成的名著《Bushido：the soul of Japan》中，第十四章〈婦女的教育及其地位〉便提及武士國度裡的婦女，既具備「家庭性」，同時亦具備「勇悍性」。在廚藝、打掃等日常家庭勞役外，包括音樂、和歌、舞蹈、茶道、文學、藝術的學習，都是婦女必須習得的柔性技藝，其耗費畢生精力的學習則須進一步「自我否定」地全然奉獻給家庭。除此之外，武士社會裡的日本婦女，亦須學習劍術、武藝，以求自保防身，以免受辱。[6]但新渡戶稻造書中並未提及武家女性究竟該涵養何種女德。

　　因此，為進一步思考此問題，我們就得詢問：在日本以陰柔溫順謹靜為淑德女子形象，以男尊女卑為家庭社會倫理的觀念，乃至「自我否定」的女德養成教育，究竟起於何時？何人之說？又是如何被建構而成？其實，即使進入近代，《明治憲法》依然不承認女性之政治、

6　詳參 Inazo Nitob, Bushido: the soul of Japan. Boston; Tokyo: Tuttle Pub. 2004. 張俊彥譯：《武士道》（北京：商務印書館，1992 年），頁 79-88。

經濟權利，針對此種國家有意識的男女不公平、不合理對待，明治四十四年（1911）以平塚らいてう（1886-1971，以下稱平塚雷鳥）為中心所組成的女流文學、女性主義社團「青鞜社」，因而於該年九月，慶祝該社機關誌《青鞜》發刊時，刊載了由平塚雷鳥所撰寫的〈元始女性は太陽であった〉一文，文中發出宣言說：

> 原始，女性實為太陽，是真正的人。如今，女性是月兒，是由他人所生，受他人光芒所照耀，宛如病人一般蒼白的月兒。[7]

平塚雷鳥指出：日本女性的陰柔順從，其實並非其原始狀態，其自我否定乃是一種病態。兩年後的大正二年（1913）一月，平塚雷鳥於《中央公論》發表了一篇題為〈我是新女性〉的文章，撼動社會人心。繼而《青鞜》新年號與二月號則連續刊載「青鞜社」同人以及各派名人對「新女性」的感想文。三年後的大正三年（1914），《讀賣新聞》首開婦女家庭版，同時設有「生活諮商專欄」（「身の上商談」），該專欄中松井靜代〈可悲的矛盾〉一文進而如下指出大正時代日本女性的思維變化：

> 女人開始思考是可悲的事情，以往的女人……只要犧牲自我、順從、暗地裡哭泣，就是了不起的女性。但是，那樣的時代已經結束了。[8]

7　平塚青鳥：〈元始女性は太陽であった〉，《青鞜》第 1 卷第 1 號（1911 年 9 月），頁 37。

8　轉引自鹿野正直著，許佩賢譯：《日本近代思想》（臺北：五南圖書出版公司，2008 年），第五章〈女性的疑問〉，頁 84-85。

　　顯然，日本女性自主意識的抬頭，乃是近代以還之事。然而，日本女性又是何時從「太陽般」的女性，轉成犧牲自我、順從、暗地哭泣的病態「月兒」型女性呢？

　　早在明治十八年（1885），倡導應該拋棄「東洋惡友」以脫亞入歐的近代日本著名思想家福澤諭吉（1835-1901），就曾撰寫過一本《日本婦人論》，書中對於近代以前日本以佛教、儒教思想，作為灌輸日本女子道德倫理教育的做法提出批判，其言：

> （德川時代之女子教育）跟隨儒教主義之流，又帶有佛教風味，或謂女子與小人難養、或謂女子無才便是德，或謂五障、三從、罪深之女人身，頻頻壓迫女子，強行灌輸淑德謹慎之旨，其流弊乃是其教育雖已然陷於妨礙耳目鼻口之功能，卻仍未醒悟，如此勢必妨礙女子身心之發展。[9]

　　福澤諭吉將近代以前日本女德所以被灌輸淑德謹慎，亦即成為平塚雷鳥所謂的病態「月兒」型女性，歸咎於儒教主義的女德教育。福澤諭吉不僅批判男尊女卑的儒教家庭社會倫理，其實在明治三十二年（1899），其更專對江戶儒者貝原益軒（1630-1714）所著之《女大學》一書，特別撰作《女大學評論》[10]，提出所謂日本新時代之女性倫理，已然與儒教倫理迥異的現代婦女道德觀。

　　顯然，福澤諭吉的批判是針對日本江戶時代的儒者而發的，而除了《女大學》以外，儒教主義的女德教育倫理，又是藉由何種儒家典籍？以何種論述模式來灌輸給日本女性乃至社會全體呢？主張武士時

9　福澤諭吉：《日本婦人論》（東京：時事通信社，1930 年），頁 13。
10　福澤諭吉：《女大學評論（附‧新女大學)》（東京：時事新報社，1899 年）。

代女性要以一種自我否定型態來為家庭犧牲的新渡戶稻造，在《武士道》一書中並無進一步說明，針對此一問題，基本上我們如果從日本的「女訓書」來進行考察，則可發現日本古來的女訓書，文學性的可以上溯《源氏物語》、《伊勢物語》，藉由此類男女愛情故事，既可抒發女性情感，又可培養和歌等文學素養。而江戶時代以還，儒者們則進而將中國儒典中，特別是《詩經》中的〈周南〉、〈召南〉納入此等女訓典籍中，以與日本傳統的物語文學相對，作為有助婦道、女德之涵養的聖學教育。而作為江戶初期援引《詩經》〈周南〉、〈召南〉以為女訓之代表者，當推熊澤蕃山（1619-1691）《女子訓》。[11]

　　本章擬以熊澤蕃山《女子訓》為考察對象，探討其如何援引《詩經》〈周南〉、〈召南〉以為女訓？試圖形塑何種儒家禮教觀下的女德教育？並以時代相近的朝鮮儒者李瀷（1681-1763）《詩經疾書》中對〈二南〉的解釋為比較對象，說明十七世紀中葉以還到十八世紀前葉，東亞儒者如何以「詩教」作為朝鮮、江戶時代之女教讀本，在女教與淫詩之間，彼等如何藉由「以禮注詩」而來闡釋《詩經》經義？目的在標榜何種女性形象？形塑何種女德？進而就鮮末實學大儒丁茶山（1762-1836）《詩經講義》對〈二南〉之闡釋，再次證明截至十九世紀九〇年代以前，東亞世界以「詩教」作為朝鮮，乃至明治日本在儒家禮教觀下之女教實相。最後，本章則試圖說明日本傳統理想的女性形象，究竟是儒家式的「月兒」娘？抑或是日本自古以來原始的神道式的「太陽」神？

11　熊澤蕃山：《女子訓》，收入《日本教育文庫‧女訓篇》（東京：誠進社，1978年），頁129-200。

三　熊澤蕃山之「詩教」觀及其〈二南〉女教闡釋

　　關於日本歷來的女教、女訓書，我們可以由《日本教育文庫‧女訓篇》所收資料一窺端倪。該書總共收錄了二十一種女訓書，規範對象包括未嫁處子到已婚婦女，乃至為人母者。其中時代可考之女訓書，最早可上溯到鎌倉時代中期的《乳母の文》（一名《庭訓》），內容是由侍奉順德天皇之皇后安嘉門院的阿佛尼所寫成，主要是對常常姬君的勸諫，也是寫給女紀內侍的訓戒[12]，藉由此書可窺知鎌倉時代貴族女子教育之一端。其他有關貴族女子教育的女訓書，還有作者不詳，但也是乳母所作，被推定應是足利幕府時期的《めのとのさうし》（乳母草子）[13]另有作者不詳，內容是記載日本平安時代中期將軍藤原利仁妻室輝子以下，共十位有名婦女之嘉言的《婦女嘉言》[14]，其內容主要採自《日本寶訓》。而同是足利時期的女訓書，尚有記載女子之化妝法、穿衣法與應對進退等共五十條內容的《身のかたみ》（身後物）。[15]以及為了足利將軍慈照院義政之御臺所而記載的，有關文學與政事之心得的《小夜のねざめ》（午夜夢迴）。[16]另有《北條幻庵覺書》，記載日本戰國時代女子教育樣貌，內容涉及如何侍奉姑舅丈夫以及如何稱謂、婚姻的儀式、與各色人等的應對進退、節日儀式的做法、乃至平生之嗜好等。[17]

　　由此可見，女訓書在江戶時代以前，早已存在日本社會。而除了

12　黑川真道編：《日本教育文庫‧女訓篇》，頁 4-26。

13　黑川真道編：《日本教育文庫‧女訓篇》，頁 27-50。

14　黑川真道編：《日本教育文庫‧女訓篇》，頁 1-3。

15　黑川真道編：《日本教育文庫‧女訓篇》，頁 51-76。

16　黑川真道編：《日本教育文庫‧女訓篇》，頁 77-90。

17　黑川真道編：《日本教育文庫‧女訓篇》，頁 91-97。

上述女訓書外，江戶時代以前的女教書究竟為何？據吉田松陰（1830-
1859）《女訓》的說法是：

> 蓋女教大略有三樣，首先，《源氏物語》、《伊勢物語》等俗書，
> 以淫佚之事為教，是先師之所深嘆，不足以為教。只今在貴人
> 大家或無，在平士以下甚少，但以和歌、俳諧、茶湯等遊藝為
> 娛者，間或有是，是亦其類也。又貝原氏之書，或有以心學者
> 流之書等為教，是尤正尤善，然雖有柔順幽閒、清苦儉素之
> 教，乏節烈果斷之訓。太平無事之時，是雖有餘，變故之際，
> 至於勵貞操峻節，未足。獨先師之教，云以柔順為用，以果斷
> 為制者，可云兩全。[18]

亦即，江戶以前的女教書，主要是《源氏物語》、《伊勢物語》等
關注男女私情之假名文學作品。又根據黑川真道（1866-1925）於本書
開頭所寫的〈女訓篇解題〉可知，除上述六本女訓書之外，其他女訓
書主要多成於江戶時代。其中，江戶初年較熊澤蕃山《女子訓》更早
以儒家倫常來教諭婦女的，當推藤原惺窩（1561-1619）以明德、誠、
敬、五常、五倫、神道以及儒道與佛道之交涉等道德概念、儒學議
題，而來諭示其自身母親的《千代もとぐさ》（千代本草），但本書並
非專就某部儒典立論。[19]熊澤蕃山《女子訓》〈序文〉如下說到：

> 應仁以降世風衰女學廢，官女吏婦之類，猶不知有學，偶攤書

18　吉田松陰：《女訓》，收入黑川真道編：《日本教育文庫‧女訓篇》，頁740。

19　詳參藤原惺窩：《千代もとぐさ》，收入黑川真道編：《日本教育文庫‧女訓篇》，
　　頁108-127。

典，則笑為男氣象，希教婦道，則疑為無風流，嗟女子果不可
攤書典乎？何為攤佛經法語哉！果不可受婦道乎？何為荐詣寺
聞法哉！正知人道必有可教，女子必有可學，而所以蕃山先生
有此書訓也。先生深憂世教之陵夷，著斯數卷（一周南、二召
南、三大和西銘、四或問上、五或問下、六昔物語、七鑑草，
凡七卷），名曰《女子訓》。然先生臏屯之遘，其書不全備，如
〈周南〉解，纔至〈汝墳〉章未成尾。乃令仲氏補之。於茲仲
氏竊志箕裘之業，廣貞潔之道，採先生平日所論之意，以為
〈汝墳〉之末及〈召南〉之解。先生嘗曰：如藤樹先生《鑑草》
之作，則以怪異之事跡胡談之佛性，雜說於孝悌明德，是乃世
風未識聖學，婦女啻熟佛語泥奇跡，俄爾叵令聆聖門之心法，
故專啟迪彝倫，不必折衷朱紫，其至陳人情之正，則教導婦人
之的中也。[20]

　　由此段引文可知，熊澤蕃山《女子訓》是為教導女子人道、婦道
而作。又此一著述目的，日後由仲氏接續完成〈二南〉〈汝墳〉以下詩
歌的闡釋時，更明白說出以〈二南〉為女訓教本的目的，就在「廣貞
潔之道」。

　　而江戶初期與熊澤蕃山《女子訓》時代稍有先後出入，但基本上
屬於同時代的，以儒家禮教道德或是某部儒家經典之經義而來規範女
性的女教書，除前述貝原益軒之《女大學》外，益軒更有《女論語》，
另有中江藤樹（1608-1648）之《鑑草》。惟《鑑草》一書基本上是在
儒學尚未普及於日本社會之情況下寫成，故只能將孝悌明德等儒家道
德倫常，藉怪力亂神之事來傳遞。而據學者研究，此類書堪稱是對中

20　熊澤蕃山：《女子訓》，頁129。

國女訓的直接借鑒。另有一類江戶初期的女訓書，則是對中國女訓的模仿與編譯，同時再加入神道佛教教義[21]，例如淺井了意（1612-1691）《本朝女鑑》[22]、黑澤弘忠（1622-1678）《本朝烈女傳》[23]即是。

而筆者以為，江戶初期此類直接借鑒中國女教的女訓書，其不外取法自中國儒家經典教義。其中，《詩經》所以能加入江戶時代培養女君子的書籍行列中，筆者以為原因有三：

一、江戶時代朱子學興盛，在此學術風潮中朱熹著作之一的《詩集傳》亦受到關注。

二、《詩經》的抒情性格與「假名」物語文學有其一致共通性。

三、在古代東亞的儒家經典詮釋中，《詩經》原具備涵養女德之成份要素，亦即《詩經》〈二南〉可得「性情之正」，又后妃之德實為婦德之首。

蓋相對於日後吉田松陰以《源氏物語》、《伊勢物語》為淫佚俗書，熊澤蕃山則肯定《源氏物語》等男女私情之書，恰可如《詩經》〈國風〉之詩篇，其情雖不正，然可收懲戒之效。故讀者不宜執著於此類物語文學之淫亂表象。熊澤蕃山如下說到：

> 世之學者，以《源氏物語》為淫亂不節之書，恐怕無法知曉人情之正與不正的此種《詩》之奧旨。中夏、日本、古今人情相同，故詩之有益於人道者亦不少。《源氏物語》言和國之風俗

21　詳參李卓主：《日本家訓研究》（天津：天津人民出版社，2006年），第四章〈日本女訓研究〉，頁254-274。

22　淺井了意：《本朝女鑑》，收入黑川真道編：《日本教育文庫‧孝義篇下》（東京：日本圖書センター，1977年），頁89-278。

23　黑澤弘忠：《本朝烈女傳》，收入黑川真道編：《日本教育文庫‧孝義篇下》，頁27-471。

人情，示古代質素之風，得禮樂之書也，故多攄人心之感。而好色之物語，乃源氏之皮膚也。唯知理覺事，而不通心情，道亦難行，則詩歌亦少益。故定家卿（藤原定家）言：和歌無師匠，惟心染古風，學前人之言語也。若見〈二南〉，直如逢聖代；若見《源氏物語》，如遊王代之風。[24]

蕃山此種對《詩經》以及〈二南〉的認識，顯然是立足於接受毛《序》與朱子《詩集傳》的基礎上，再揉合進日本自身風土、歷史、習俗、價值而成的。朱子說：

「人生而靜，天之性也；感於物而動，性之欲也。」夫既有欲矣，則不能無私；既有思矣，則不能無言；既有言矣，則言之所不能盡，而發於咨嗟詠嘆之餘者，必有自然之音響節奏而不能已焉。此詩之所以作也。曰：然則其所以教者何也？曰：詩者，人心之感物而形於言之餘也。心之所感有邪正，故言之所形有是非。[25]

蓋朱子認為詩歌乃是人心感物而情動後之作，而心統攝性情，性為心之體，情之發乃是心的作用，二者相須而成。情的特質就是動態，故能感物而動，亦即朱子《詩集傳·序》所說的：「感於物而動，性之欲也。」換言之，人心感物所興發的情感，無論是惻隱、羞惡、辭讓、是非等四端之道德性情感，抑或是喜、怒、哀、懼、愛、惡、

---

24 熊澤蕃山：《女子訓》，頁 198-200。

25 〔宋〕朱熹：〈詩集傳序〉，《詩集傳》，收入朱傑人等主編：《朱子全書》第 1 冊（上海：上海古籍出版社，2010 年），頁 350。

欲等七情之情緒性情感，其實都是「詩歌」產生的根源。由心情而生情思，再藉由言語、音聲、歌謠抒發表達此一情思，在朱子看來是一套自然不過的發展流程。只要情能發而中節，就無所謂不善。但因人天生氣質有清濁、昏明、深淺、厚薄，與外物相交感而被引發後，表現在音聲歌詠與歌謠傳唱上，就變成有「邪／正」、「是／非」的差異。換言之，音聲與詩歌，是邪是正，關鍵在於「氣稟」與「外物」的交感呼應。因此，邪亂的「淫詩」之所以會產生，條件就在「環境外物」，以及人們不正的「氣質稟賦」。

由此看來，朱子的「淫詩說」，雖然是與孔子所謂「鄭聲淫」有關，但基本上仍是其理學思想的產物。而鄭聲所以「淫」，關鍵就在其：

> 鄭皆為女惑男之語……鄭人幾於蕩然無復羞愧悔悟之萌。[26]

> 多是婦人戲男子，所以聖人尤惡鄭聲。[27]

而邪亂「淫詩」與合情合禮、「得性情之正」的男女相與歌詠之情詞／詩，差別何在？朱子說：

> 惟〈周南〉、〈召南〉親被文王之化以成德，而人皆有以得其性情之正，故其發於言者，樂而不過於淫，哀而不及於傷，是以二篇獨為詩之正經。自〈邶〉以下，則其國之治亂不同，人之

26　〔宋〕朱熹：《詩集傳》，卷4，頁481。
27　〔宋〕黎靖德編，王星賢點校：《朱子語類》（北京：中華書局，1986年），卷80，頁2068。

賢否亦異，其所惑而發者，有邪正是非之不齊，而所謂先王之
風者，於此焉變矣。[28]

在朱子看來，〈二南〉中的男女之詩，皆是「得其性情之正」的；
〈邶風〉以下之〈國風〉，雖然有邪亂「淫詩」在其中，但亦有「正經
之詩」在其中。換言之，「淫詩」必是邪亂的男女情愛之詩；但男女情
愛之詩卻不可以說都是邪亂之「淫詩」，如〈二南〉以及變風中的「正
經」詩就是。

而熊澤蕃山以為：「淫佚」俗書如《源氏物語》者，「淫佚」乃其
表面，其情仍可「知理覺事」，不能覺察淫佚男女之情背後之事理，則
道亦很難被人所實踐施行的這一想法，無非就是將《源氏物語》視為
「淫詩」，而且還承繼了朱子：「舉其不正者以戒之」的，所謂邪亂淫
詩亦可收懲創之效的想法，故熊澤蕃山說《源氏物語》等淫佚之書，
亦有益聖人之道。由此我們可以明白，無論《詩經》中之「正經」─
〈二南〉，或是《詩經》中之「淫詩」，熊澤蕃山顯然都是從「詩教」
立場來認識之，亦即無論是善者的〈二南〉，或是惡者的「淫詩」，前
著可收感發人善心之效；後者可收懲創人逸志之功，作用在使人得其
「情性之正」。而此種認識，其實也就是朱子對孔子所謂「思無邪」的
註解。朱子言：

> 凡詩之言，善者可以感發人之善心，惡者可以懲創人之逸志，
> 其用歸於使人得其情性之正而已。[29]

28　〔宋〕朱熹：〈詩集傳序〉，《詩集傳》，頁351。

29　〔宋〕朱熹：〈為政〉，《論語集注》，收入《四書章句集注》（北京：中華書局，
　　1983年），卷1，頁53。

　　若如上述，則在熊澤蕃山而言，邪亂的「淫詩」都可收懲創之功，何況是得其「情性之正」的「正經」——〈二南〉，因此，以〈二南〉為日本女訓之教本，堪稱再適合不過。也就是說，對朱子與熊澤蕃山而言，即使是有男女邪亂淫佚之道德性事實批判，但「淫詩」對讀者所興發的道德感發作用，卻是「思無邪」的道德實踐工夫。從這個角度而言，「思無邪」不是《詩經》中不存在「淫詩」的根據；而是「淫詩」之所以仍需被保留在《詩經》中的實踐道德感發之保證。如此一來，才能確保「詩教」的效用，《詩經》作為經書的社會教化功能性也才能持續維持。

　　以下且舉蕃山闡釋〈二南〉之實例以說明其如何以〈二南〉為女訓教本。

〈周南‧漢廣〉

南有喬木，不可休息。漢有遊女，不可求思。漢之廣矣，不可泳思。江之永矣，不可方思。

翹翹錯薪，言刈其楚。之子于歸，言秣其馬。漢之廣矣，不可泳思。江之永矣，不可方思。[30]

　　蕃山在解釋〈漢廣〉一詩時，內容基本上皆依循朱子《詩集傳》之注解，雖然朱注內容或有省略，例如叶韻說明皆被省去，又漢水、江水之水文說明亦被省去。而且朱注解詩的說明也被前後挪動。但是，蕃山解此詩時強調此詩作法乃是「興而比」，以及其在朱子所謂：「文王之化，自近而遠，先及於江漢之間，而有以變其淫亂之俗。故

30　〔漢〕毛亨傳，鄭玄箋，〔唐〕孔穎達疏：《毛詩正義》，收入〔清〕阮元：《十三經注疏附校勘記》第 2 冊（臺北：藝文印書館，1989 年），頁 42-43。

其出遊之女，人望見之，而知其端莊靜一，非復前日之可求矣。因以喬木起興，江、漢為比，而反復詠嘆也。」[31]的基礎上鋪陳解釋，一目了然地，無不是遵從朱注。但蕃山卻將所謂江漢遊女淫亂之俗，具體描繪成出遊至江漢水堤，來摘採花花草草的女子們，其行止乃是：

> 盛裝出遊，儀態嫵媚，言語嬌柔，遂招來淫夫。[32]

而在江漢一帶受到文王后妃之德所感化後，出遊婦女便不再注重衣著裝飾，言語也不再嬌柔嫵媚，變為「端莊靜一」，不若先前可以輕視之。進而強調：

> 禮義備，顯然不求婚則不得，文王后妃之德惠，如〈葛覃〉、〈卷耳〉、〈樛木〉、〈螽斯〉之詩所言，其風化由近及遠，江漢之淫風變，婦人女子不知不覺移其德於心，其體端莊靜一，則不可如前日般狎近。[33]

而後，針對本詩第二章，蕃山又再次強調：

> 初見江漢女子，起初心想可以輕易搭訕追求，然女德端莊靜一，知其不可求，終究得遵循禮義。所謂：「發乎情民之性也，止乎禮義先王之澤也」是也。[34]

31　〔宋〕朱熹：〈漢廣〉，《詩集傳》，卷1，頁409。
32　熊澤蕃山：《女子訓》，頁157。
33　熊澤蕃山：《女子訓》，頁157。
34　熊澤蕃山：《女子訓》，頁158。

　　在此我們必須注意的是，由蕃山的闡釋看來，其所以必須具體說明江漢婦女在受到文王后妃之德所感化前與感化後，其服飾、儀態、言談舉止有何改變，乃因其認為「端莊靜一」之「女德」，其前提就在必須先有「端莊靜一」之「女體」。換言之，「身體」行為言語之端正，乃是「道德」端正的具體表現。蕃山在此將「女德」奠基於婦女的外在「形體」言動。值得玩味的是：朱子「淫詩說」的內涵，從根源上而言，主要是因為「性」未能存養，故「情」遂輕易與外物交感而流蕩不羈，結果導致「心」之覺知不明而有所失誤，在此情況之下，「淫詩」因而作。正因如此，所以面對《詩經》中的淫詩，讀者如何確保其自身可以藉由「讀淫詩」而興發道德實踐意志，當然必須善用「心」的正確覺知，強化「心」的理性制約，以收「觀淫止淫」的「詩教」效果，如此也就達成了讀詩的「禮教」功效。

　　因此，以「淫詩」完遂「禮教」功效的要件，在朱子而言是在「心性」；而不在「形體」。但是，熊澤蕃山卻在遵循《詩集傳》之注詩內容以解詩的同時，將朱子的讀詩工夫，由「心法」轉向「形體」。如果說朱子的讀詩法是要讀者向「內」心下工夫的[35]；則蕃山的讀詩法就是要讀者向「外」形做工夫的。朱子認為惟有「心」能主宰情性的情況下，「心性」清明，「性情」得正，則自然可嚴守「禮教」，「道德」也就能回歸正道。換言之，讀者越是面對「淫詩」所揭露出的政治、社會、家庭，乃至男女情感之種種道德倫理問題，則讀者心中就越能警醒此種不道德性、不倫性，進而約束節制其自身行為使其合於「禮法」，因此也就達到所謂「懲創」的道德教化作用。[36]筆者以為相對於

35　朱子曰：「若只就事上無邪，未見得實如何。惟是『思無邪』，方得。思在人最深，思主心上。」見黎靖德編：《朱子語類》，卷23，頁538。

36　朱子言詩教的功用就在：「好底詩，便吟詠，興發人之善心；不好底詩，便要起人羞惡之心。」見黎靖德編：《朱子語類》，卷23，頁542。

朱子，蕃山主張從外在「形體」做工夫以成其「德」的認識，堪稱是
以「禮儀」（衣服容儀言語）來約束「心」（內在精神），強調的是「身
體」符合「禮教」。如此一來，「德」所指涉的恐怕已經不在「心」的
問題；而在「身／體」的問題。所以蕃山在闡釋〈漢廣〉第三章詩時，
詳細說明了為何江漢女子不盛裝的理由。其言：

> 女子治髮型，整衣裝，乃在家侍父母，至夫家侍夫舅姑之禮義
> 也。外出時盛裝，成為他人之觀賞物，心中惡之。外出宜著粗
> 衣，不引人注意乃婦人用心處。……出門採桑者，用心不引人
> 注目。何況若是至野外河堤，攜伴出門摘採花草，也應粗衫布
> 衣。外出散心、賞花等，若真是要賞花，就要有此用心。京城
> 花開楓紅時，男女皆有外出觀賞者，或有鄉巴佬亦於此時上
> 京，出遊婦女之形體儀態，若做造型，裝飾衣裳，則非以賞花
> 為樂，而是思考如何被人觀賞。更有甚者，身穿「賞花小袖」
> 和服裝扮美麗，其實不知此乃淫風也。蓋此時男人中僧俗相
> 混，乃藉賞花之藉口，出門觀賞女子也。從外觀之，賞花男女
> 皆無淫心，然心中可謂求色。[37]

我們在此彷彿看見了《尚書》所謂：「以禮制心」[38]，以及《禮記》
所謂：「德者，得於身也。」[39]蕃山以《詩經》為女訓教本，然其實踐

37　熊澤蕃山：《女子訓》，頁158-159。
38　〔漢〕孔安國傳，〔唐〕孔穎達疏：《尚書・商書・仲虺之誥》曰：「以義制事，
　　以禮制心。」收入〔清〕阮元《十三經注疏附校勘記》第1冊（臺北：藝文印書館，
　　1989年），頁112上。
39　〔漢〕鄭玄注，〔唐〕孔穎達疏：《禮記正義・鄉飲酒義》，收入〔清〕阮元：《十三
　　經注疏附校勘記》第5冊（臺北：藝文印書館，1989年），頁1005上。

詩教的工夫對象，已然轉為「身」，而不在朱子所謂的「心」。而且此一重視「身」的讀詩法，其中所追求標榜的禮教，卻又是對婦女身體儀態、言動行止、形貌裝扮的全面限制，並將之與家庭內的道德倫理結合，同時還以女子之外在「形貌」以斷其有無「淫心」。值此之際，「性情」之「正／邪」與否，儼然已非蕃山讀詩關心的重點。

　　而蕃山對「情」的迴避，在其闡釋〈周南・汝墳〉一詩時，更可清楚看出。

　　　〈周南・汝墳〉
　　　遵彼汝墳，伐其條枚。未見君子，惄如調飢。
　　　遵彼汝墳，伐其條肄。既見君子，不我遐棄。
　　　魴魚赬尾，王室如燬。雖則如燬，父母孔邇。[40]

　　朱子解釋該詩第一章說：「汝旁之國亦先被文王之化者，故婦人喜其君子行役而歸，因記其未歸之時思望之情如此，而追賦之也。」[41]蕃山則在朱注的基礎上，敷陳說明詩中婦人丈夫不在期間，婦人為了三餐做飯，必須自己去砍伐材薪，但因無法像男人一般勞力，所以才前往河堤折樹枝以為材薪。且此婦人還必須：

　　　奉養舅姑，養育孩兒，其等待丈夫歸來的心情，莫可奈何，宛若飢餓者一般迫切真實。其夫君未歸時，思望之情如此。[42]

40　見〔漢〕毛亨傳，鄭玄箋，〔唐〕孔穎達疏：《毛詩正義》，頁 43-44。
41　〔宋〕朱熹：〈汝墳〉，《詩集傳》，卷 1，頁 409-410。
42　熊澤蕃山：《女子訓》，頁 159。

　　較之於朱子的注解，蕃山明白說出丈夫行役不在家時，家中婦人的義務就是除了操持連婦女都勝任不了的苦力等家務之外，更須要奉養舅姑以及養育孩子。蕃山著眼點是在婦人的「家庭義務」，而由於此家庭重擔如今落在此婦人身上，故說此婦人迫切等待其丈夫歸來。亦即，朱注是說此婦人有「思望之情」，此情當然可能是「思念」的男女之情，也可能是為生活辛勞愁累的「苦情」。但是，蕃山卻將此婦人「思望之情」，完全轉向了女子為人婦、為人媳、為人母所必須善盡的倫理義務。

　　繼而朱子解釋該詩第二章說：「伐其枚而又伐其肄，則踰年矣。至是乃見其君子之歸，而喜其不遠棄我也。」[43]蕃山則在朱注「喜其不遠棄我也」的基礎上，展開所謂婦人受文王后妃之德感化的表現就是：

> 完全不在乎歸來丈夫心中做何想，只是自己一味地努力，心想如今丈夫沒有變心移情別戀回到家中，是何等難得珍貴的事啊！婦人能這麼想，就是性情之正的表現。……汝墳之女說自己去取薪，我們知道其應該是庶人之妻。但是庶人之妻能作此詩，是因為受到聖人教化，故其雖是卑賤之女，但其行動等同賢女。[44]

　　蕃山闡釋的重點在於：一個離家三年行役的丈夫能不移情別戀，回到原來家中，婦人應該感恩戴德，覺得可貴，這就是「性情之正」。而當一個女子能有此種思維，即便她是個地位低下的庶民女子，則其

43　〔宋〕朱熹：〈汝墳〉，《詩集傳》，卷 1，頁 410。
44　熊澤蕃山：《女子訓》，頁 160。

行為也就可稱之為「賢」。換言之，蕃山在此關注的並非夫婦之「情」
在相隔多年重逢後，能否融洽的問題；而是提出一個較之於情，婦女
應不過問丈夫在外情感問題，亦即不疑丈夫、不嫉他女的，所謂「賢」
明的夫婦倫理標準來要求為人婦者。蕃山繼而呼籲當時江戶日本武士
階級以上的婦女若能自我立志，質問先覺，讀聖賢經傳，則其行為將
不會荒腔走板，淪落可恥境地。故女人不可因為自己身為女人，就自
暴自棄地處於「不知不學」的狀態。由此看來，就蕃山而言，江戶婦
女所以必須讀《詩經》等儒家經典的意義，就在求自我進步，以成為
一位克盡人妻、人媳、人母職責，不疑丈夫、不嫉妒的「賢」明女子。

　　蓋朱子稱揚〈二南〉詩篇中的男女之詞，乃是「性情之正」的前
提，是朱子承認〈二南〉中的男女之詞還是在談男女之「情」的；但
蕃山闡釋重點顯然不在「情」。此點從其對〈汝墳〉第三章的闡釋更可
清楚明白。朱子注解此章說：

> 此《序》所謂：「婦人能閔其君子，猶勉之以正」者，蓋曰雖
> 其別離之久，思念之深，而其所以相告語者，獨（一作「猶」）
> 有尊君親上之意，而無情愛狎昵之私，則其德澤之深，風化之
> 美，皆可見。[45]

　　朱子所以說：「獨／猶有尊君親上之意，而無情愛狎昵之私」，是
在《毛序》的基礎上，以及〈二南〉男女之詞得「性情之正」的認識下，
因為汝地已被文王德風，故原本留守家中得「性情之正」的婦女，在
丈夫歸來後仍能理性控制其情感，不以卿卿我我之夫妻男女私情為
尚，而有國家父母大局設想之心思。或者說是此婦人雖然唯恐夫君再

45　〔宋〕朱熹：〈汝墳〉，《詩集傳》，卷 1，頁 410。

次從役，有棄我之虞，但因為此婦人得「性情之正」，故不露骨表示自
己擔憂丈夫再次棄己而去，而以父母為說詞，提醒丈夫要盡孝道。

　　蓋朱子對該章的解釋，與其所主張的〈二南〉得性情之正，故「發
於言者，樂而不過於淫」[46]之思想一致，亦即〈二南〉詩篇的男女情
思，乃是能使讀詩者興發「見賢思齊」，能感發讀者之道德心志進而實
踐之的正面作用，此即朱子以為正確的讀詩法：

> 讀詩之法，只是熟讀涵味，自然和氣從胸中流出，其妙處不可
> 得而言。……須是打疊得這心光蕩蕩地，不立一個字，只管虛
> 心讀他，少間推來推去，自然推出那個道理。所以說「以此洗
> 心」，便是以這道理盡洗出那心理物事，渾然都是道理。[47]

　　同時也是朱子「淫詩說」的核心價值。因為無論是〈二南〉中樂
而不淫，哀而不傷的「正經」，或是變風中的「淫詩」，聖人所以兩存
之於《詩經》中，正因為其具備所謂「善可勸，惡可戒」[48]的「詩教」
功用。而朱子反對刪去「淫詩」的道理也在此點，其言：

> 公纔看著便妄生去取，肆以己意，是發明得箇甚麼道理？公且
> 說，人之讀書，是要將作甚麼用？所貴乎讀書者，是要理會這
> 箇道理，以反之於身，為我之益而已。[49]

　　現姑且不論《毛序》、朱注的牽強不合理處，我們可以確認的是

46　〔宋〕朱熹：〈詩集傳序〉，《詩集傳》，頁351。
47　〔宋〕朱熹：〈詩一 論讀詩 解詩〉，《朱子語類》，卷80，頁2086。
48　〔宋〕朱熹：〈詩一 論讀詩 解詩〉，《朱子語類》，卷80，頁2092。
49　〔宋〕朱熹：〈詩一 論讀詩 解詩〉，《朱子語類》，卷80，頁2092。

朱子所以如此闡釋此章，乃是奠基於其「淫詩說」與〈二南〉男女之詞得「性情之正」的認識。所以朱子才要強調婦人在既見夫君之後，「獨有尊君親上之意」，這正是「思無邪」之「詩教」的發揮。朱子如此解釋，確保了《詩經》「勸善」的積極教化功能，同時以「尊君親上」取代了男女之愛的「狎昵之私」。亦即，朱子在此並不杜絕「男女之情」，而是強調男女私情如何轉為倫理道德層面的關懷。但是，蕃山在闡釋此章時則話鋒一轉，轉而言：

> 女子嫁至夫家，縱使侍奉舅姑甚苦，亦須思及此乃父母之命，故應堪忍辛苦，此乃以父母為重也。[50]

　　亦即，熊澤蕃山的闡釋完全不涉及男女之「情」，因此也就直接迴避了此「情」之「正／邪」與否的問題，不將此詩篇往談情說愛方面闡釋，也就完全閃避了「情」可能流於「淫」亂的「非」正常可能。蕃山直接鼓吹婦女忍苦耐勞的美德，再將此忍苦耐勞美德，乃是以女子之親身父母為重的思慮，完全將詩意往「盡孝」與「報父母恩」方面來闡釋，完善建構了一幅「柔順貞靜」、「刻苦慈惠」、「不疑不嫉」、「忍耐盡孝」之女德形象。但卻幾乎完全否定了男女之情，即使此種男女之情乃是一種合乎封建倫理道德秩序的「性情之正」。

　　熊澤蕃山以〈二南〉為日本女德教本，然誠如前述，其對〈二南〉的闡釋僅至〈汝墳〉一詩，〈汝墳〉以後的詩篇係由署名「仲氏」者，根據蕃山平日言論旨意，補足而成。[51]今筆者考察《女子訓》〈召南〉

50　熊澤蕃山：《女子訓》，頁161。

51　筆者以為此「仲氏」當是蕃山之大弟，因據《詩經》〈小雅‧何人斯〉所謂：「伯氏吹壎，仲氏吹篪。」鄭玄箋曰：「伯仲，喻兄弟也。」而蕃山乃京都浪人野尻藤兵衛一利與熊澤龜女所生六位子女中的長男，故此處所謂的「仲氏」，應是指熊

之闡釋內容，〈鵲巢〉一詩，朱注言該詩之南國女子被文王之化，而有「專靜純一之德」，相較於朱注，《女子訓》則長篇大論強調利發、利口、有才、有知之女子，容易招致大凶大禍，並列舉日本歷史中之女子為證，不斷主張女子宜「柔順專靜」、「幽閑貞靜」、「貞靜慈惠」。[52]又在闡釋〈摽有梅〉一詩時，則強調后妃之德乃「幽深閑靜」，故女子忌諱主動，更忌諱女在男前。[53]即使針對〈草蟲〉一詩，在論及「思無邪」的夫婦至情時，仍是在強調婦女的「貞正純一，無怨恨之情」的婦德。[54]

《女子訓》中此種逸離〈二南〉詩歌文本脈絡，揉合進日本歷史事實與熊澤蕃山、仲氏之個人女教道德倫理規範主張的詩歌闡釋，對江戶時代的《詩經》讀者而言，難道沒有格格不入之感嗎？《女子訓》最後記載有如下之對話：

> 問：(《女子訓》)〈二南〉之解釋中，有未見於先儒注解中者，世人以為此乃新說，恐有疑之？
> 答：雖然所見之品，千變萬化，但理則一也。聖賢之所教，學者之所學，雖其旨趣各有差別，然其為入德之助，此則一也。

澤蕃山大弟泉仲愛。泉仲愛與其兄蕃山皆是中江藤樹門下之代表性門人，亦皆效命於岡山藩主池田光政，蕃山為岡山藩創設「花畠會」，此會乃岡山藩校之前身。此後生徒日增，池田光政遂命蕃山大弟泉仲愛與津田永忠為「總奉行」，於西中山下建造藩校。兩人在學校建立後亦擔任初代奉行。既然蕃山欲藉〈二南〉以教導江戶前期女子人道、婦道，其未能完成之闡釋，由其大弟泉仲愛接續完成，此亦不難想像。

52　熊澤蕃山：《女子訓》，頁 164、165、165。
53　熊澤蕃山：《女子訓》，頁 181-184。
54　熊澤蕃山：《女子訓》，頁 172。

何必泥於一定，而排斥變通乎？[55]

　　從這一問答看來，筆者以為熊澤蕃山闡釋〈二南〉詩歌，盡除男女情思的解《詩》方式，是江戶初期朱子學傳衍下，以更形嚴格之「詩教」觀而來約制「淫詩說」的表現。正因為了維護《詩經》作為「經書」的社會教化功能，所以「詩教」的極端發展，遂演變為即便是「性情之正」的男女之詞，都不以男女私情解之。又因為目的在以「正經」〈二南〉作為女德教本，故所謂的「性情之正」就應該導向「柔順貞靜」、「刻苦慈惠」、「不疑不嫉」、「忍耐盡孝」之淑德女子形象。同時也對婦女身體儀態、言動行止、形貌裝扮要求全面限制，並將之與家庭內的道德倫理結合。此既是蕃山對於「詩教」的繼承維護，同時也是蕃山對朱子「淫詩說」的超克，更是江戶初期朱子學興盛，儒家禮教思想規範下的女德要求。

　　此種柔順、幽閑、端莊、貞靜女子形象，確實如平塚雷鳥所說的一樣，「只要犧牲自我、順從、暗地裡哭泣，就是了不起的女性」，其形象確實也是陰性的月兒。又從蕃山呼籲當時江戶日本武士階級以上的婦女若能自我立志，質問先覺，讀聖賢經傳，則其行為將不會荒腔走板，淪落可恥境地的說法，再配合仲氏所謂日本以前多有利發、利口、有才、有知之女子看來，日本在江戶以前的婦女形象，應該也與此種蕃山試圖以〈二南〉「正經」涵塑陰柔的「月兒」型女性形象迥異。藉此亦可看出「女教」在日本近世的轉型。而福澤諭吉所謂儒教主義的「妨礙女子身心之發展」的日本婦女道德倫理教育，在江戶初期熊澤蕃山《女子訓》中確實展現無疑，但此種妨礙女子身心發展的女教，恐怕在當時是「正確」且「合理」不過的「正當」女子教育，福澤諭

55　熊澤蕃山：《女子訓》，頁199。

吉的批判又可視為是十九世紀末，日本「女教」在近代轉化過程中，其再次轉型的預告。

四　李瀷與丁茶山之「詩教」觀及其〈二南〉女教闡釋

　　上述日本江戶初期熊澤蕃山在闡釋〈二南〉詩篇時，對男女私情的否定這一讀詩傾向，在朝鮮儒者李瀷與丁茶山二位儒者的〈二南〉闡釋中，更形明顯。筆者於本節中將透過朝鮮實學派中所謂「經世派」[56]的星湖李瀷《詩經疾書》，以及丁茶山答朝鮮正祖大王的《詩經講義》中對〈二南〉詩篇之闡釋，考察彼等究竟以何種「詩教觀」來超克「淫詩說」，以及彼等能否接受〈二南〉中朱子所謂「得性情之正」的男女情詞？以之作為江戶時代初期日儒讀《詩》的對照組，試圖闡明十七世紀以還至十九世紀末葉，東亞《詩經》詮解與儒家封建禮教社會下，女德教育的一個側面。

　　目前學界對李瀷《詩經疾書》的研究，已有不少成果可供借鏡。例如金興圭教授以為：李瀷說《詩》雖多有評駁朱子者，然其以義理解《詩》方式，基本上仍是朱子《詩》學的延長。[57]沈慶昊教授則採總合研究視角，不侷限於《詩經疾書》，而是從李瀷整體的《詩》學，提出李瀷反對淫詩，主張「笙詩」有辭，並從《詩經》的教化功效而來

56　據李佑成：〈韓國實學研究的現況與東北亞三國的連帶意識〉（載於《中國文化研究》秋之卷〔總第 9 期〕，1995 年 8 月，頁 20-23）與李鍾虎：〈以星湖派為中心的韓國實學思想與退溪學〉（載於《東岳論叢》第 6 期，1998 年 11 月，頁 81）研究，十八世紀的朝鮮實學派別有三：一是十八世紀上半期的「經世學派」；二是十八世紀下半期的「利用厚生派」；三是十九世紀上半期的「實事求是學派」。其中經世學派即「星湖學派」，以李瀷為代表，被推為韓國實學第一人。

57　詳參金興圭：《朝鮮後期의 詩經論과 詩意識》（首爾：高麗大學校民族文化研究所，1995 年）。

看待「思無邪」等，有關李瀷《詩》學之特色。[58]崔錫起教授則詳實考證了李瀷說《詩》，高達一百五十二篇有其獨到見解，並且指出李瀷解《詩》的特別觀點就在從「求賢治民」這一角度來闡釋詩旨。[59]白承錫也指出李瀷是把朱注當作參考，治經目的在實用於現實社會，解《詩》注意字句含義，從「思無邪」的角度看淫詩，故多得出「知即時求賢」之詩意，且李瀷以為詩語裡包含著「政刑」和「德禮」並重的經世含意。[60]白承錫教授更指出《詩經疾書》的價值在於：大膽懷疑，認真探究、遠紹漢宋，近承新風、視野開闊，全面深入、博創致用，妙契清儒、比較研究，別開一境、謙虛好學，不恥下問。[61]香港學者盧鳴東則指出李瀷解《詩》的最大特色在「以禮注詩」，而且其「讀詩正法」乃在「斷章喻取求賢之義」，又此「讀詩正法」中寄託了李瀷的政教觀。也說明李瀷的「淫詩」理解在否定朱子以「鄭聲」為「鄭詩」之誤謬。[62]金秀炅則在前述韓國學者的研究基礎上，指出李瀷治《詩》特點在於注重體驗，注重科學實踐，以先秦文獻互證《詩》義，從文學方面對《詩》進行評點，以及重視「經世致用」的治經態度。[63]

58　沈慶昊：《조선시대 漢文學과 詩經論》（首爾：一志社，1999年）。

59　崔錫起：《星湖 李瀷의 詩經學》（首爾：成均館大學博士學位論文，1993年），頁86-86。

60　詳參白承錫：〈李瀷及其《詩經疾書》〉，初載《古典文學知識》第1期（1998年），後收入李瀷著，白承錫校註：《詩經疾書校註》（南京：江蘇教育出版社，1999年），頁4-10。

61　詳參白承錫：〈論《詩經疾書》的學術文獻價值〉，《中國語文學》第58輯（2011年12月），頁5-21。

62　詳參盧鳴東：〈「詩教」與「禮教」：朝鮮李瀷《詩經疾書》中「以禮注詩」的思想內涵〉，《東洋禮學》第9輯（2002年12月），頁207-242、〈從朱熹「淫詩說」看朝鮮李瀷的「讀詩正法」〉，《東亞人文學》第5輯（2004年6月），頁127-149。

63　詳參金秀炅：《韓國朝鮮時期詩經學研究》（臺北：萬卷樓圖書，2012年），頁

關於李瀷對〈二南〉中涉及男女之詞的「正經」，其態度以及闡釋究竟如何，筆者在此想就其對〈汝墳〉與〈草蟲〉二詩的注解來加以考察。首先，對於〈汝墳〉李瀷解釋如下：

> 蓋婦人未必以薪樵為事，日望夫還，托此而往，如〈召南〉之「陟彼南山」也。「惄如調飢」，如飢之待哺也。……國之將亡，如魚禍患在後而不自知也。[64]

如前文所述，朱子是在《毛序》的基礎上，以及〈二南〉男女之詞得「性情之正」的認識下，因為汝地已被化文王德風，故原本留守家中得「性情之正」的婦女，在丈夫歸來後仍能理性控制其情感，不以卿卿我我之夫妻男女私情為尚，而有國家父母大局設想之心思，所以朱子解說：「獨／猶有尊君親上之意，而無情愛狎昵之私」。但是，李瀷的闡釋一開始似乎承認〈汝墳〉前兩章是在描寫思婦，但其主張詩中的伐條枚或是伐條肆，其實不是婦人真的前往汝河河堤砍伐柴薪，而是因為婦人思望情甚，每日盼望其行役之夫君歸還家中，故以砍伐柴薪為藉口而前往汝河河堤眺望。如果從這番解釋看來，李瀷似乎是認同〈汝墳〉一詩前兩章乃在言「男女之情詞」；但是問題在於，李瀷說〈汝墳〉詩中婦人舉止，如〈召南〉之「陟彼南山」也。

所謂〈召南〉之「陟彼南山」，即〈草蟲〉一詩第二、三章首句詩句：

> 喓喓草蟲，趯趯阜螽。未見君子，憂心忡忡。亦既見止，亦既

195-207。

64 李瀷著，白承錫校註：《詩經疾書校註》，頁 18-19。

觀止，我心則降。

陟彼南山，言採其蕨，未見君子，有心惙惙，亦既見止，亦既觀止，我心則說。

陟彼南山，言採其薇，未見君子，我心傷悲，亦既見止，亦既觀止，我心則夷。[65]

朱子對〈草蟲〉的解釋是：

南國被文王之化，諸侯大夫行役在外，其妻獨居，感時物之變而思其君子如此。亦若〈周南〉之〈卷耳〉也。……登山蓋託以望君子。[66]

原來，李瀷所謂婦人每日假託薪樵之事前往汝河河堤望夫的解釋，基本上是結合了朱子對〈汝墳〉、〈草蟲〉的解釋，但李瀷似乎無法接受德化天下的〈二南〉之詩，居然只是思婦望夫，或是留守獨居之妻樂見夫歸的「男女之情詞」，因而主張〈草蟲〉的詩旨乃是：「急賢人之義」，其言：

有視而不見者，目寓而心不覺也。有見而不觀者，心覺而意不察也。《家語》引此好善之證，而在〈采蘩〉、〈采蘋〉之間，與《左傳》、《春官》相照、亦似乎急賢人之義，此又讀詩之例也。[67]

65　〔漢〕鄭玄注，〔唐〕孔穎達疏，龔抗雲整理：《毛詩正義》，卷 1-4，頁 51-52。

66　〔宋〕朱熹：〈草蟲〉，《詩集傳》，卷 1，頁 413。

67　李瀷著，白承錫校註：《詩經疾書校註》，頁 24。

　　由此段引文看來，李瀷所以解〈汝墳〉、〈草蟲〉二詩詩義皆是「急賢人之義」，首先是依據朱子所謂此二詩皆是南國留守獨居家中的婦女思望行役夫君之思，但李瀷進一步從《孔子家語》〈五儀解〉中，針對魯哀公「吾聞君子不博，有之乎？」的疑問，孔子援引〈草蟲〉詩中所謂：「未見君子，有心惙惙，亦既見止，亦既覯止，我心則說」一句，來說明古代聖王「好善道甚也如此。」繼而李瀷根據詩篇的編排順序，以為〈草蟲〉一詩排入〈采蘩〉與〈采蘋〉二詩之間，而此二詩在言「用人之法」與「物逾賤而用可重也」，故〈草蟲〉應該也是在言急求、重用賢人之詩。李瀷復以《左傳》〈襄公二十七年〉子展賦〈草蟲〉，趙孟曰：「善哉，民之主也！」以及《周禮》〈春官・樂師〉所謂：「大夫以采蘋為節，士以采蘩為節」等例證，說明〈草蟲〉一詩確為「急賢人」之詩作。而既然〈汝墳〉同於〈草蟲〉，則〈草蟲〉詩旨也就在「急賢人之義」，而非「男女情詞」。

　　然而，朱子亦說〈草蟲〉一詩如同〈周南〉〈卷耳〉，朱子並且解〈卷耳〉說：

　　　　此亦后妃所自作，可以見其貞靜專一之至矣。豈當文王朝會征
　　　　伐之時，羑里居幽之日而作歟？[68]

　　換言之，朱子是把〈卷耳〉、〈草蟲〉、〈汝墳〉視為文王、諸侯大夫、士庶等夫君征伐、行役在外，其后妃、夫人、妻女等獨居在家，思望夫君，遂假藉登高山採卷、採蕨，或是往河堤採伐柴薪，懷人以望夫歸的懷思之作。而今李瀷如果將〈草蟲〉、〈汝墳〉皆解為「急賢人之義」，而非「男女情詞」，則其又是如何闡釋〈卷耳〉詩義的呢？

68　〔宋〕朱熹：〈卷耳〉，《詩集傳》，卷1，頁406。

李瀷解〈卷耳〉一詩，劈頭就說：

> 〈卷耳〉或謂求賢之作者近是，非后妃之作也。卷耳生於道旁，
> 宜若易求猶不能多得，況賢人在遠者耶？[69]

李瀷開頭即肯定《詩序》解〈卷耳〉為：「后妃之志也，又當輔佐君子求賢審官，知臣下之勤勞。」[70]完全否定朱子以此詩為后妃自作以懷文王的說法，並且遵循朱子以〈卷耳〉、〈汝墳〉、〈草蟲〉為詩旨相同之詩組的概念，遂將〈卷耳〉也解為「進賢求才」之詩。李瀷言：

> 卷耳生於道旁，宜若易求猶不能多得，況賢人在遠者耶？崔
> 嵬，高之極，望之愈遠，陟必愈高。大罍、小觥，皆待賓之
> 具，望遠人而不至，憂心忡忡，先酌而候遠。言姑則其望之也
> 不休。既不可得則又陟岡、陟砠，思其次也。馬病、僕痛，責
> 群下之不能進賢也。……〈卷耳〉之詩，其義遠矣。[71]

李瀷此種解詩方法，已然逸離詩語上下脈絡，因為若就卷耳、條枚與條肄、蕨菜等，實在無法聯想到「賢才君子」之形象，何況若說〈草蟲〉詩句之「陟彼南山，未見君子」乃是在位者「似乎急賢人之義」，如此一來李瀷不就形同將之前其所說的「婦人是因日望夫還，托此而往」的「婦人」，等同於「在位者」，「日望夫還」乃是「急求賢人」。顯而易見的，這是李瀷解詩的自我內部矛盾，理由恐怕就在其

69　李瀷著，白承錫校註：《詩經疾書校註》，頁 9-10。

70　〔漢〕毛亨傳，鄭玄注，〔唐〕孔穎達疏：《毛經正義》，頁 33 上。

71　李瀷著，白承錫校註：《詩經疾書校註》，頁 10。

不承認「淫詩說」，所以當然也就不認同朱子所謂隨著時物之變、道德風氣變化低下後而產生的「變風」之詞——「淫詩」。而為了杜絕此種解詩為男女之情的作法，卻極端地發展成：即使可令讀者讀之興發「思其賢」的〈二南〉「正經」，李漢也無法接受。

李漢此種立場，從其對於〈摽有梅〉的解釋也可一窺端倪。針對女子自己宣稱：「求我庶士，迨其吉兮」、「求我庶士，迨其今兮」「求我庶士，迨其謂之」的一連串求偶呼喚，朱子解為：

> 南國被文王之化，女子知以貞信自守，懼其嫁不即時，而有強暴之辱也，故言梅落而在樹者少，以見時過而太晚矣，求我之眾士，其必有及此吉日而來者手。[72]

李漢基本上也是在朱注的基礎上，承認這是《周禮·秋官》所謂：「凶荒殺禮」的現象，亦即《周禮》以仲春二月為婚期，於此時節，奔者不禁。但是男女若屆適婚年齡，卻仍未能嫁娶，則此等男女之婚期就不必侷限在仲春，只要男家卜吉便可告知女家以行納吉、問名、納徵、請期等婚禮儀節。李漢承認這是閨女懷春的注腳，並主張宜將此詩與〈召南〉另一首詩〈野有死麕〉參看；但卻說這不是朱子所說的閨女自作，而是詩人形容出來的。而詩人以此閨女懷春詩來形容甚麼呢？李漢說：

> 一說君臣相求之詞。凡人情至處，莫切於男女，故以此為喻。聖王之世，士求於國，如國之求賢，故詩人以摽梅警之曰：彼草野之君子，日望旌招之聘，慎無腕晚而失期也。人主宜知人

---

72 〔宋〕朱熹：〈摽有梅〉，《詩集傳》，卷 1，頁 416。

情之如此，及時而求賢也。[73]

　　或許也就是因為如此，所以造成李瀷明明已經承認〈汝墳〉中前往汝河河堤採伐樵薪的是留守獨居之婦女，同時李瀷也在朱注的基礎上，推敲出此婦女並非是真為了採伐樵薪而前往汝河河堤，目的是在「日望夫還」。解詩至此，看來李瀷基本上已經同意這是一首婦人思望夫君的懷思「男女之詞」，但未料其卻立刻補上一句「如召南之陟彼南山」，造成上下文意無法連貫，但也因為如此牽強附會，李瀷也就堅守住其《詩經》無淫詩之主張。至此可知，李瀷嚴防男女之詞，是包含〈二南〉得性情之正的「正經」在其中的。如此一來，李瀷也同時維持住其所主張的：朱熹所謂淫奔之詩，其實都不是淫奔者自陳其事的淫詩；而是以男女托諷君臣之關係的詩作。[74]

　　亦即，相較於朱子試圖以「見淫而思不淫」的懲創說來維持「詩教」的完整，或是試圖藉由「見賢思齊」的「正經」男女禮教涵化以維繫人倫道德；李瀷則從堅守孔子所謂「思無邪」、孔子刪詩說，與採

73　李瀷著，白承錫校註：《詩經疾書校註》，頁33。

74　《詩序》只列出六篇淫詩，至朱子《詩集傳》則以為淫詩有三十篇，而按盧鳴東：〈從朱熹「淫詩說」看朝鮮李瀷的「讀詩正法」〉一文研究，在《詩集傳》所認定為是三十篇的淫詩中，有二十四篇是以國君和賢臣為題材的詩篇；另外〈鄘風・桑中〉、〈衛風・氓〉、〈王風・大車〉、〈鄭風・將仲子〉四篇，雖然有淫穢之詞，但李瀷認為此四篇仍與申明教化或國家治道有關；李瀷只承認〈齊風・東方之日〉是齊襄公淫於魯國文姜；〈陳風・株林〉是陳靈公淫於夏姬。也就是說李瀷以為《詩經》中僅此二詩為淫詩（頁136-140）。由此亦可看出李瀷雖基於孔子刪詩說以及孔子所謂「思無邪」，而強力主張《詩經》無淫詩，但其卻又不得不承認〈東方之日〉、〈株林〉是淫詩，同時也承認〈桑中〉詩是：「淫風則已盛矣，聖人採之者，乃以其人之可戒也。」（《詩經疾書校註》，頁78），〈氓〉詩是「為垂戒而採之」（《詩經疾書校註》，頁96）。可見其國風論與《詩》無淫詩論的內在矛盾性。

詩說[75]，以及「鄭詩」非「鄭聲」的立場[76]，故而以「政教」代替男女「禮教」，試圖將「禮教之詩教」所維繫的人倫道德規範，轉向賢臣輔政、人君求賢孔急的「政教之詩教」，故以此闡釋〈二南〉男女之情詞。李瀷此種解詩取向，不僅充分展現其經世致用的實學風格，此種修正朱子淫詩說，並轉解〈二南〉「正經」或淫詩，主張此類詩篇詩旨並非男女情詞的作法，正是李瀷的「讀詩正法」。結果〈二南〉后妃之德的「女教」，在李瀷的「讀詩正法」闡釋下，無不皆成了賢人匡正扶危的「政教」，但這並不是說李瀷不重視「禮教」[77]，而在說明其如何將〈二南〉男女情詞闡釋為人君思治求賢的「政教」。而李瀷此種強解男女情詞為人主急求賢人的「解詩正法」，在闡釋「鄭聲」之淫詩〈風雨〉的淫奔之女心悅所期之人時，李瀷仍舊堅持此詩同上述諸詩一樣，「未必皆淫女之作」，乃是既見「救世之材具－君子」。李瀷不禁表白道：

> 每讀此篇，聲節殷勤激昂，不覺感嘆。[78]

李瀷此種藉由根據「思無邪」以否定朱子「淫詩」，乃至否定〈二南〉得性情之正的男女情詞的「讀詩正法」，所闡釋得出的轉解「男女

---

75 「詩之所採，不過就其間取出類美行，及尊貴婦女之失倫可戒者，而與聲不同，雖有委巷穢亂皆在所棄也。」李瀷著，白承錫校註：《詩經疾書校註》，頁121。

76 「子曰：『鄭聲淫。』聲，音也，而未曾言詩。」李瀷著，白承錫校註：《詩經疾書校註》，頁78。

77 李瀷《詩經疾書》的「禮教」思維，從注詩方式而言，基本上表現在「以禮注詩」，目的在藉由禮制以穩固國家治道，而非認同「見賢思齊」的「正經」，或是「見淫而思不淫」的「淫詩」。關於李瀷「以禮注詩」的情形，盧鳴東：〈「詩教」與「禮教」：朝鮮李瀷《詩經疾書》中「以禮注詩」的思想內涵〉一文，剖析詳盡，多可參考借鏡。

78 李瀷著，白承錫校註：《詩經疾書校註》，頁140。

之禮教」以為「急求賢才之政教」，除了說是李瀷「經世實學」的核心
精神，也是讀詩貴在「用詩」的展現。[79]同時也是其批判歷來以《詩序》
解經，卻有異於朱子「淫詩說」的「殷勤激昂」之新「詩教」－「政
教」。而李瀷此一「殷勤激昂」的新詩教，日後為鮮末的經世實學家丁
茶山繼承發展為「溫柔激切」之詩教。[80]

　　有關丁茶山之研究，學界成果豐碩，韓國學界對茶山《詩經講義》
之研究成果，較早的有金基喆《朝鮮正祖大王與丁若鏞問答詩經之研
究》，本書全面考察《詩經講義》的成書過程，以及茶山對《詩序》、
六義、二南、採詩說等看法，繼而說明茶山解詩原則、解詩類型，以
及解詩缺點。[81]而依據金秀炅教授研究，主要可歸納出兩大面向：一是
茶山《詩》學觀與其四言詩的關係；二是茶山對《詩》學主要論爭議
題的看法，如國風論、《詩序》觀、比興論等。[82]其中代表研究有崔信
浩教授〈丁茶山的文學觀〉指出茶山：「對《詩經》詩法的尊重」。[83]
金興圭教授關注茶山詩學觀與《詩經》觀之間的關聯，指出茶山《詩》
學的重點在於將《詩經》的性質定為「溫柔激切」。[84]沈慶昊教授剖析
了茶山國風論的內部矛盾，並整理出茶山詩論與新舊詩說，對國風諸

79　李瀷讀詩貴在用詩，基本上可從其解釋六義為：「凡詩之用，有六義也」、「然六
　　者皆以用、不以體。」（《詩經疾書校註》，頁 3）

80　金興圭：〈星湖 李瀷의 詩經論〉（載於《현상과 인식》第 5 卷第 1 號，2005 年，
　　頁 48-78）一文便主張：李瀷是繼承尹白湖、朴世堂，並影響丁茶山《詩經》闡
　　釋。筆者以為李瀷堪稱朝鮮經世實學派《詩經》闡釋發展史中承先啟後的關鍵人
　　物。

81　金基喆：《朝鮮正祖大王與丁若鏞問答詩經之研究》（臺北：國立臺灣師範大學國
　　文研究所博士論文，1991 年）。

82　金秀炅：《韓國朝鮮時期詩經學研究》，頁 210。

83　崔信浩：〈丁茶山의 文學觀―그의 書簡을 통해 본 思想의 斷面―〉，《韓國漢
　　文學研究》第 1 輯（1976 年 1 月），頁 119-133。

84　金興圭：《朝鮮後期의 詩經論과 詩意識》，頁213。

詩之作者與美刺論的異同情形，進而爬梳了茶山的國風論乃受到清儒毛奇齡影響。[85]金秀炅教授則探討了茶山「託寓深遠」的興觀，以及茶山興觀的演變情形[86]，並指出茶山治《詩》方法在於：一、突破朱熹，參酌眾家；二、運用考據方法解《詩》；三、注重闡發先秦引《詩》之義；四、對星湖《詩》學的繼承與發展。[87]李昤昊教授則比較了茶山與申綽之《詩經》學、《易經》學，凸顯朝鮮後期經世學者與訓詁學者的經學研究與朱子學之間的關聯、提出實學派的經學兩存著對朱子精神的正面接受以及自身獨特的經說。[88]

依據此等先行研究成果看來，茶山作為朝鮮經世實學之大家，其《詩經》學繼承了李瀷的《詩經》學研究，不再以朱子《詩集傳》為尊，其轉向博採眾家《詩》說，故茶山也根據孔子所謂「詩無邪」一語，以及「鄭聲」不同於「鄭詩」，而來否定朱子的淫詩說，並深受清儒，特別是毛奇齡《詩》說影響。而且相對於李瀷以「急求賢才」這一「解詩正法」解《詩》；茶山則強調《詩經》陳古諫今的功用，以「諷諫」觀來解詩，試圖對治時弊，批判社會矛盾，故李瀷「急求賢才」的新詩教「殷切激昂」，茶山「諷諫時局」的新詩教「溫柔激切」。

而本文之所以在李瀷《詩經疾書》後，繼以茶山《詩經講義》之〈二南〉詮解為與日本江戶時代《詩經》〈二南〉闡釋比較之對象，乃

85　詳參沈慶昊：《조선시대 漢文學과 詩經論》，頁 555-585、586-597；沈慶昊：〈丁若鏞的《詩經》論與清朝學術的關係：以繼承、批判毛奇齡學說為例〉，收入黃俊傑編：《東亞視野中的茶山學與朝鮮儒學》（臺北：臺大出版中心，2006 年），頁 115-151。

86　金秀炅：《茶山 詩經學에 있어서의 興에 대한 研究》（首爾：高麗大學國文系碩士論文，2003年）。

87　金秀炅：《韓國朝鮮時期詩經學研究》，頁 221-229。

88　李昤昊：〈茶山과 石泉의 詩經學과 易經學에 관한 일고찰〉，《東洋哲學研究》第 76 輯（2013 年 11 月），頁 38-60。

因其與李瀷《詩經疾書》的此種承繼關係之外，同時也因為《詩經講義》最早是茶山於乾隆辛亥年（1791）九月，對答朝鮮正祖大王的《詩經》條問八百餘章，一八〇九年茶山復將其條對整理為《詩經講義》二十二卷，此即現傳《詩經講義》。一八一〇年，茶山另撰成《詩經講義補遺》三卷以補講義問對間之不足，並將先秦兩漢典籍中的「逸詩」輯錄出來並分析之。而茶山卒於一八三六年，故筆者以為可將其《詩經講義》視為是十九世紀中葉以前，朝鮮《詩經》闡釋的重要代表作，同時因為茶山逝世前一年的一八三五年，福澤諭吉誕生，故我們不也可以藉由《詩經講義》，而來凸顯在進入近代的前階段，朝鮮之《詩經》〈二南〉詮解，究竟是仍舊維持著一定程度的傳統闡釋共相，還是已經出現轉變氣象？另外，從其中亦可觀察到當時朝鮮的「女教」問題與婦女的可能處境。

茶山《詩經講義》解詩的傳統共相，從其解〈國風〉諸詩，或遵《毛序》，或遵《詩集傳》一事，可窺其一斑。筆者在此擬藉由沈慶昊教授於《朝鮮時代漢文學與詩經論》〈附錄〉中，所整理出的有關茶山《詩經講義》、《詩經講義補遺》，與尹廷琦《詩經講義續集》對國風之作者與美刺，究竟與《毛序》、《詩集傳》等新舊詩說有何異同的資料，聚焦於本文前述所舉〈二南〉詩篇之例，大略考察茶山的「詩教觀」以及其對「正經」、「淫詩」與「女教」的看法，藉此觀察十九世紀中葉以前朝鮮《詩經》〈二南〉詮解的情形。

前述本文在考察熊澤蕃山與李瀷的〈二南〉詩篇闡釋時，所舉的例證基本上可分為兩組，一組是朱子《詩集傳》以為是夫君行役在外之獨居婦女的懷思詩篇，如〈汝墳〉、〈草蟲〉、〈卷耳〉；另一組是朱子《詩集傳》以為是南國被文王德化，女德端莊靜一、貞信自守或貞潔自守的詩篇，如〈漢廣〉、〈摽有梅〉、〈野有死麕〉。現依據沈慶昊教授的考察，茶山對第一組詩篇的詮解是：〈汝墳〉一詩，茶山的《詩

經講義》從《詩集傳》，但至《詩經補遺》時則改為刺貪吏。此處所謂的遵從朱注，指的是茶山否定正祖著意於所謂：婦女不當伐薪，故此詩是以此諷喻君子不當錄仕。茶山對問先舉出《韓詩外傳》「仕祿」之說，說明「惄如調飢」指的是別離之苦，再說明正祖此說與文王之化不相關[89]，故認同朱子所謂的家人安慰此獨居勞婦曰：「文王之德如父母然，望之甚近，亦可以忘其勞矣。」[90]但茶山在《詩經補遺》中則補充了詩中「魴魚赬尾」之意乃是：

> 貪官污吏縱恣橫婪亡國之象也。小民惄如調飢，談貪吏之所以肥也。[91]

而針對〈草蟲〉一詩，《詩經講義》也是遵從《詩集傳》，以為是：

> 婦人之念君子者，覽物傷心，所感親切。[92]

其於《詩經補遺》中，茶山則特意補上《左傳》〈襄公二十七年〉鄭伯享趙孟於垂隴，子展賦〈草蟲〉詩一事，說明「斷章取義」這一賦詩、引詩方法。至於茶山在對答正祖問〈卷耳〉詩中所謂后妃登高望遠一事時，如下對答曰：

89　丁茶山：《詩經講義》，收入《韓國經學資料集成》第 9 冊（首爾：成均館大學校出版部，1995 年），頁 42-43。

90　〔宋〕朱熹：〈汝墳〉，《詩集傳》，卷 1，頁 410。

91　丁茶山：《詩經講義補遺》，收入《韓國經學資料集成》第 9 冊（首爾：成均館大學校出版部，1995 年），頁 527。

92　丁茶山：《詩經講義》，頁 50。

乘馬登山，誠非婦人之事，太姒有靜淑之德，宜無是也。《序》
說之言，求賢審官，必有所據。……《小序》以〈卷耳〉為后
妃之志，古禮以〈卷耳〉為房中之樂者，謂求賢審官之義，后
妃宜知之也。若其詩則非后妃之作也。[93]

至《詩經補遺》時，茶山則舉出楊慎以「陟岡者乃文王陟之」等
說法，明言：

升菴之說亦非也，求賢審官之義不可改。[94]

從上述茶山對朱子解為婦女懷思之〈二南〉詩篇的闡釋看來，其
解〈汝墳〉、〈草蟲〉二詩表面看來確實是遵從朱子《詩集傳》，但卻
強調了朱子所未說的：「乘馬登山，誠非婦人之事，太姒有靜淑之德，
宜無是也。」蓋朱子以為此係「假託」之言，非真有后妃登高之事，
但因正祖有疑於此，茶山則慎重其事地否定之。亦即，有靜淑女德
者，豈有此騎馬登高之事，這是按古時中韓兩國之社會現實規範而
言，卻也得見在當時的禮教規範下，女子行為規範之嚴謹。

此事由正祖對〈漢廣〉詩中江、漢地區未嫁女子竟然可以出遊，
而非如朝鮮一般謹遵「女子不窺中門，婦人送迎不下堂」之禮節，故
而不解的情形其實相同。而針對正祖此一疑惑，茶山的回答並無出朱
注之外，但卻一再強調所謂女子不窺中門，婦人送迎不下堂」之禮
節，恐怕非「賤者」之禮。故詩中出遊之女當是賤女者，而賤女者亦

93　丁茶山：《詩經講義》，頁29-30。
94　丁茶山：《詩經講義補遺》，頁525。

不可犯，故足見文王德化之深。[95]我們從茶山的此番闡釋，不僅明白禮教社會中對婦女行為活動規範，存在著依據其社會地位貴賤高下而有差異，同時也可確認當時正祖以「遊」為婦女「淫」行的認識。此點相較於江戶初期日本社會，婦女可盛裝出遊，從事賞花、觀楓、看煙火等活動看來，確實有著相當大的差異，故即使兩國皆以《詩經》為女德範本或教本，闡釋自然有所不同，故蕃山重在出遊之行止；正祖與茶山則以為尊貴人家之婦女，豈有出遊之理。

在此我們要注意的是，茶山在闡釋〈汝墳〉與〈草蟲〉二詩時，雖說是遵從朱注，但其闡釋內容中，則可明顯看出其十分意識到李瀷解詩的說法。例如解〈汝墳〉詩茶山舉出了李瀷所提及的《韓詩外傳》「仕祿」之說，說明「怒如調飢」指的是別離之苦。又在解〈草蟲〉詩時，日後茶山於《詩經講義補遺》特意補上《左傳》〈襄公二十七年〉鄭伯享趙孟於垂隴，子展賦〈草蟲〉詩一事，這也是李瀷解此詩時，援引此事試圖證明此詩主旨乃在急求賢人。茶山雖不像李瀷如此闡釋此詩，但卻說明了何為「斷章取義」的賦詩法。至於〈卷耳〉一詩，雖然茶山是遵從《詩序》以為此詩是在讚美后妃能求賢審官，但卻明言此詩「非后妃之所作」，此話顯然針對朱注而言，而且茶山又在日後《詩經講義補遺》中，重申「求賢審官」之詩義不可改。此兩點申明，既是反對朱子《詩集傳》的，同時也是支持李瀷的。

而茶山對〈摽有梅〉的解釋，雖然說是遵從《魯詩》，以為此詩乃女父擇婿，求其庶士。但其在對答正祖所謂「請期六禮」的問題時，則與李瀷一樣，皆從「凶歉禮殺」來闡釋，以說明其不失禮節。至於茶山當初在答解〈野有死麕〉時，《詩經講義》原本遵從朱注的闡釋，但卻強調：

95　丁茶山：《詩經講義》，頁 41-42。

懷春則淫女也；如玉則貞女也。誘之則敗禮也；純束則致敬
也。言非禮之物，只可誘懷春之女，致敬之贊始可聘如玉之女
也。[96]

　　甚至日後在《詩經講義補遺》，茶山又再依據《左傳》鄭伯享趙
孟，子皮賦〈野有死麕〉詩最後一章，以為該詩詩旨在「惡無禮」。[97]
亦即，茶山闡釋此二詩，從表面上看來，無論其是遵從《魯詩》或是
遵從《詩集傳》，其解詩之重點顯然是在說明「禮制」，其解詩的目的
則在「不失禮」。從這個角度而言，茶山闡釋〈二南〉此等詩篇，焦點
已然不在所謂：得「性情之正」的「正經」如何能興發人「見賢思齊」
之道德意識，或是「淫詩」可使讀詩者「見淫以思不淫」的懲創效用，
而是著眼於封建王朝之禮教社會中的「禮制」規範，似乎欲藉完善之
「禮制」以維護人倫綱常與國家治道。

五　結語：近代女教──知汝自身之新女性

　　通過本文之考察可知，日本江戶時代初期，熊澤蕃山以《詩經》
為女訓教本，然其實踐詩教的工夫對象，已然轉為「身」，而不在朱子
所謂的「心」。而且此一重視「身」的讀詩法，其中所追求標榜的禮
教，卻又是對婦女身體儀態、言動行止、形貌裝扮的全面限制，並將
之與家庭內的道德倫理結合，同時還以女子之外在「形貌」以斷其有
無「淫心」。值此之際，「性情」之「正／邪」與否，儼然已非蕃山讀
詩關心的重點。大致上來說，熊澤蕃山無論是在闡釋第一組或第二

96　丁茶山：《詩經講義》，頁 66-67。
97　丁茶山：《詩經講義補遺》，頁 531。

組，皆立足於朱注，並以更形嚴格之「詩教」觀而來約制「淫詩說」的表現。正因為了維護《詩經》作為「經書」的社會教化功能，所以「詩教」的極端發展，遂演變為即便是「性情之正」的男女之詞，都不以男女私情解之。又因為目的在以「正經」〈二南〉作為女德教本，故所謂的「性情之正」就應該導向「柔順貞靜」、「刻苦慈惠」、「不疑不嫉」、「忍耐盡孝」之淑德女子形象。

而與熊澤蕃山時代相近的朝鮮儒者李瀷，其「讀詩正法」乃是根據「思無邪」以否定朱子「淫詩」，乃至否定〈二南〉得性情之正的男女情詞。李瀷所闡釋得出的轉解「男女之禮教」以為「急求賢才之政教」，除了說是李瀷「經世實學」的核心精神，也是讀詩貴在「用詩」的展現。同時也是其批判歷來以《詩序》解經，卻有異於朱子「淫詩說」的「殷勤激昂」之新「詩教」──「政教」。而李瀷此一「殷勤激昂」的新詩教，日後為鮮末的經世實學家丁茶山繼承發展為「溫柔激切」之詩教。茶山在闡釋〈二南〉詩篇時，雖說遵從朱注，但卻可明顯看出其十分意識到李瀷解詩的方法與內容，茶山甚至反對朱子《詩集傳》之說法，但卻支持李瀷的詩說。其解詩之重點是在說明「禮制」，解詩的目的則為求「不失禮」，著眼於「禮制」規範，欲藉「禮制」以維護人倫綱常、國家治道。

又經由本文之爬梳，熊澤蕃山於江戶時代初期，以《詩經》為範本或教本的女德教育，確實就是福澤諭吉所謂跟隨儒教主義之流，妨礙日本女子身心之發展的婦女教育，也是平塚雷鳥所謂將日本女子從太陽神扭曲為柔順月兒性格的女德教育，福澤諭吉與平塚雷鳥的批判與指陳，看來並非無的放矢。而此種以《詩經》〈二南〉為女德教本的教育，基本上遵從朱子的「見賢思齊」設想，但卻對朱子的「淫詩說」戒慎恐懼，更有甚者的是其以「禮教」為人倫大防之用意，較之於朱子更有過之而無不及。關於此點，朝鮮時代的「詩教」則發展得更形

極端，簡而言之就是連得性情之正的「正經」男女情詞也都不容許，並且致力以「急求賢才」之經國治道，或是「諷諫」之批判時局而來轉解詮釋，試圖抹滅男女情詞。

而此種抱持一定之「詩教」，或是藉由「斷章取義」以強解《詩經》的作法，就朝鮮儒學發展面向而言，其有：一、反對朱注而採眾家注解的趨勢；二、歷來朱子學獨大局面的轉變；三、實學漸次興盛發展等朝鮮儒學乃在發展理路。另外，此種解詩法，若從《詩經》學議題的問題性質而言，則其反映出來的有：一、《詩序》是否可信？《詩序》可否作為解詩依據？二、朱子「淫詩說」能否成立？三、孔子「刪詩」說以及孔子所謂「思無邪」，能否成為解詩的判準？四、「鄭聲」是否等同「鄭風」／「鄭詩」？五、為維持《詩經》的「經典權威性」，是否必得維持「詩教」？然則又是否有一個不變的「詩教」？六、解詩方法中，《詩經》詩篇的編次順序是否真有「微言大義」在其中？七、「斷章取意」是否為「解詩正法」？抑或先確立一個固定「詩旨」，才是解詩「正法」？等學術問題。凡此種種，皆是我們思考日本儒學／經學、朝鮮儒學／經學的重要問題意識，其基本上牽涉東亞儒學、經學、《詩經》學研究的本質性問題，乃至日韓傳統文化特性問題。

但是，上述此等研究議題，卻同時反映了儒教乃至《詩經》作為女德範本或教本時，其所牽涉德婦女教育內容、婦女道德規範、婦女行為規範，乃至婦女之情感價值評斷等問題。而我們若將福澤諭吉的儒教式女教教育批判，視為是日本女教近代轉化之先驅宣言，則福澤諭吉的批判也預告了近代日本「女教」，將朝向女性自主性發展自我生活與生涯、生命與人生的，亦即朝向「知汝自身」之「新女性」發展。[98]

98　「新女性」一詞至少具備兩種意義，一是政治性的意義；一是對既有道德體制的衝擊。例如由「新女性」所衍生出的「新婦人協會」，於大正十一年（1922）藉

關於此點，我們由日本自一八九〇年代以還，漸次出現許多異彩「奇女子」一事亦可得到證明。例如：明治三十三年（1900），二十九歲的吉岡彌生（1871-1959）與丈夫吉岡荒太設立了日本第一所女醫學校「東京女醫學校」（今「東京女子醫科大學」）。明治二十二至二十三年（1889-1990），受到總理大臣伊藤博文金錢援助的藝妓貞奴（1871-1946），熱衷騎馬、撞球、賭博等高級遊樂，穿上伊藤博文為她購買的泳衣，在神奈川縣大磯海岸展露其曼妙身材。明治三十二年（1899）開始，貞奴與丈夫川上音二郎的劇團，前往美國舊金山、芝加哥、波士頓、華盛頓、紐約；英國倫敦；法國巴黎等世界大都會公演結合歌舞妓與西方戲劇的舞台劇，成為享譽歐美的日本第一號女優。明治三十二年（1899），日後成為近代日本文壇著名戀情女詩人的與謝野晶子（1876-1942），便以本名鳳晶子，或是筆名鳳小舟，在「關西青年文學會」機關雜誌投稿浪漫新詩與短歌。翌年晶子在與未來的丈夫與謝野鐵幹認識後，因為迷戀鐵幹，接連投稿至《明星》雜誌，晶子寫下了如下戀歌：

> 用我纖纖手臂
> 輕輕纏繞
> 病床上的你的後頸
> 在你發燙的唇
> 印上我的吻[99]

由抗爭活動，將當時「治安警察法第二項條款」所謂：「女子及未成年者，不准聽議論時下政局的政壇演說會，亦不准成為政談演說會發起人」中的「女子」二字刪除。此協會同時亦為當時封閉於家庭中的女性爭取自由，顛覆既有道德體系。

99　原短歌為：病みませるうなじに纖きかひな捲きて熱にかわける御口を吸はむ。

　　一九〇一年一月，晶子與有妻兒但無婚約的與謝野鐵幹在京都私會，這一晚兩人跨越師生關係，成為男女戀人關係，次日又一起度過一晚。二月，晶子寄給鐵幹的信中附上一首情歌，內容如下：

　　　　我是（京都）栗田春
　　　　你的兩夜妻
　　　　來世邂逅前
　　　　千萬莫忘卻[100]

　　還有，明治三〇年代開始，「天一劇團」的日本魔術女王松旭齋天勝（1886-1944），便已身穿薄絲綢和服在舞台上跳起「羽衣舞」。明治三十四年（1901）七月，天勝隨著劇團前往美國舊金山表演魔術，在美國大受歡迎後，還遠征到歐洲各國巡迴演出。

　　女醫師院長、拋頭露面的女優、大膽傳情求愛的女作家、跑江湖賣藝的女魔術師，無一符合《詩經》〈二南〉女教，卻都是不折不扣的時代「新女性」，他們已經不再是柔弱的月兒。而從時間的先後順序來看，福澤諭吉對傳統儒家式女教的批判，宛若是此等女性現身的前言。同時，如果我們將福澤諭吉的批判，連結到二十一世紀今日日本女性自我意識抬頭後，其人生價值朝向自我個體自主化發展，因而在婚姻上不再追求「三高男」以作為自我人生依附對象的轉變，則此轉變基本上源頭或許可以往上追溯到一百年前的福澤諭吉，而其轉變的發動，就在其必須揚棄東亞傳統以《詩經》「詩教」為女德教育價值的傳統束縛，日本婦女方可回復其大和民族「元始」的「太陽神」特質。也就是：女性必須成為「她」自己，同時還必須肯定並實踐「她」自

---

100 原短歌為：君さらば栗田の春のふた夜妻またの世まではわすれるたまへ。

己就是其民族與國族歷史文化的創造者。[101]

　　相較於日本近代女教的轉化，截至十九世紀中葉左右，朝鮮時代以《詩經》為範本、教本的儒家式女德教育，若從本文所舉李瀷與丁茶山的例證看來，則其對「男女私情」的否定，以及對「淫詩說」的斷然拒絕，乃至不認為《詩經》詩旨乃在嚴防男女行為踰矩之禮教人倫之維持，而必定得以急求賢才、諷諫為國等國家治道，作為解詩之「微言大義」與學詩之「詩教」的話，則「女」性顯然又為男性之封建政治世界所掩蓋，故筆者猜想此等女性或恐連平塚雷鳥所謂的「受他人光芒所照耀」的機會都未必有，則其又如何能具有微弱的月兒光芒呢？那麼，此等女性又是受到何種啟蒙？以何種姿態走出禮教規範下的女德制約？又是如何展開其「知汝自身」的近代「新女性」發展旅程的呢？釐清此等問題，或許也可以說既是在研究朝鮮儒學的現代化問題，同時也是在研究《詩經》學中的女教問題。

　　明治四十四年（1911）九月，平塚雷鳥領銜創辦的主張女性主義的「青鞜社」，其機關誌《青鞜》創刊號中，平塚雷鳥於〈元始，女性是太陽〉一文中這麼說道：

---

101 二〇一四年十月，山名美和子：《乙女でたどる日本史》（東京：大和書房，2014年）一書出版，書名中的「乙女」一詞，特別標音為「ヒロイン」（女英雄），本書書帶寫的宣傳詞是：「日本の歷史は女が創っていた」（日本的歷史由女人所創造）。書中總共搜羅了日本史上，由神話時代到現代的八十位女性，試圖通過女性來傳達另一種日本歷史。本書的首章，收錄的是以王族女性為領導者，亦即創成時期之日本的代表性女英雄，其中名列第一位的，就是太陽神信仰下所誕生的日本女王「卑彌呼」。緊接著第二位收錄的就是史籍記載號稱曾經親自率兵征討三韓，並統一日本國內的「神功皇后」。繼而有日本最初的女帝「推古天皇」、建立日本律令國家之基礎的女帝「持統天皇」等等，所收錄之日本女性，一言以蔽之，就是熊澤蕃山所忌諱的利發、利口、有才、有知之女子，且多是陽剛堅毅的太陽神形象。

女性做的一切，目前只會招致嘲笑。我深知，隱藏在嘲笑背後
的某種東西。我一點也不害怕。……女性真的是令人嘔吐的存
在嗎？不，不，真正的人是──……我們真的竭盡所有心力了
嗎？啊！誰？誰會滿足呢？我在此將為女性增添更多不滿。女
性真的是如此無力的存在嗎？不，不，真正的人是──[102]

此種近代日本「新女性」的吶喊，在福澤諭吉呼籲莫以儒教主義之流
妨礙女子身心發展的批判後，約莫十年後發聲，而距今也不過百年！

　　本文係筆者共同主持之「補助邁向頂尖大學研究計畫──國立臺
灣師範大學漢學研究中心頂尖計畫第五年跨文化視域下的儒家倫常：
環境倫理子計畫：『天道』與『人道』的調和──日本農政家二宮尊
德的環境倫理思想研究」（104J1A0702）之部分研究成果，初稿於二
○一五年五月二十九日，以〈淫詩抑或女教─以熊澤蕃與李瀷、丁若
鏞之《二南》詮解為考察核心〉為題，發表於韓國高麗大學民族文化
研究院HK韓國文化研究團隊：禮教的社會文化組舉辦之「朝鮮時代之
禮教談論與禮教秩序國際學術研討會」（2015 년 고려대 HK한국문화
연구단 예교의사회문화팀 국제학술대회, 주제: 조선시대 예교 담론
과　禮制　질서）。

　　原載《민족문화연구（民族文化研究）》第 69 號（2015 年 11 月），
頁 211-267。

---

102 平塚雷鳥：〈元始女性は太陽であった〉，《青鞜》第 1 卷第 1 號（1911 年 9 月），
　　頁 37-38。

第四章　用夏變夷與華夷變態
──以豬飼敬所《操觚正名》所作之考察

一　豬飼敬所生平、學風與著述

　　有關豬飼敬所（1761-1845）之生平事蹟，基本上可參閱豬飼敬所本人口述，由其子豬飼纘彥（1816-1879）所筆記而成之《於多滿幾》[1]一書。而歷來介紹、研究豬飼敬所生平之專文、專論並不多見，除近藤春雄（1914-2014）《日本漢文學大事典》（東京：明治書院，1985年）、小川貫道（？-？）《漢學者傳記及著述集覽》（東京：關書院，1935年）等字辭典類之簡單介紹外，尚有收錄於《日本儒林叢書》第三卷《史傳書簡部》中之〈例言〉[2]，專文則主要有近藤杢（1884-1965）〈津藩に於ける豬飼敬所先生〉[3]與森銑三（1895-1985）〈豬飼敬所〉[4]二文，其他另有三、四種。[5]又一般所謂「日本儒學史」或「日本漢學史」等專書中，則多將豬飼敬所歸屬進以大田錦城（1765-1825）為代表的日本江戶考證學派，特別是其中所謂古注學派之學者。本文有鑒

1　豬飼敬所：《於多滿幾》，收入國書刊行會編：《史籍雜纂》（東京：國書刊行會，1911年），第 3 冊，頁 321-389。

2　詳見關儀一郎編：《日本儒林叢書 3 史傳書簡部》（東京：鳳出版，1978 年），頁14。

3　詳見近藤杢：〈津藩に於ける豬飼敬所先生〉，《斯文》第 15 編第 2 號（1933 年 2 月），頁 43-51。

4　詳見森銑三：〈豬飼敬所〉，收入《森銑三著作集》（東京：中央公論社，1973 年），卷 2，頁 296-351。

5　林慶彰、連清吉、金培懿編：《日本儒學研究目錄》（臺北：臺灣學生書局，1998 年），頁 444-446。

於國內學者對豬飼敬所該人或許較為陌生，以下主要就《於多滿幾》
書中所載，並輔以近藤杢、森銑三兩人之文，簡要介紹敬所之生平、
學風與著述。

　　豬飼敬所，寶曆十一年（1761）辛巳三月二十一日生於京都，弘
化二（1845）年卒。出生時命名安治郎，原名彥博，字希文，敬所為
其號。豬飼敬所之父親係江州阪本山門之公人川喜田長門之長男，名
安右衛門，母親名辻千久女。豬飼敬所之父祖輩，本為日本江戶時代
之重要書坊刊印家族，日後敬所因故過繼為豬飼金右衛門之養子，長
成後擔任京都西陣織之絲織批發商菱屋某之二掌櫃。敬所自幼即敏慧
強記，四歲時便可記誦「百人一首」，展現過人之記憶力。[6]七歲始從
鄉先生大橋自門[7]（？-？）學四書、小學，至其十三歲七月為止，七
年之間雖祁寒酷暑，亦無一日曠廢學業。其中十二歲時，敬所亦前往
手島堵庵（1718-1786）處聽聞其心學講義。十四歲時，敬所之養父已
年過五十，而敬所年紀尚輕，其養父遂將其姐之子納為養子，與女兒

6　詳見豬飼敬所：《於多滿幾》，卷 3，頁 333。敬所過人之記憶力，成人後亦無改
　　變。據聞天明二年（1782）春，敬所時年二十二，與人同遊江戶。同行者行事謹
　　慎，旅途中所支雜費一一詳記，敬所則全無記錄。然兩人抵達江戶後，敬所按記
　　憶寫出旅途各項費用，竟與同行者所記帳簿分毫不差。詳參豬飼敬所：《於多滿
　　幾》，卷 3，頁 341；森銑三：〈豬飼敬所〉，頁 305。又敬所四十七歲該年夏天，
　　赤穗之森侯村上真輔（1798-1863）寄寓位於新町的敬所家宅，某日問及星宿一
　　事，敬所偕其至堀河直接觀星說明，然此時敬所因眼力已衰，在慨嘆去年猶可清
　　楚觀星，今日則眼睛所見甚為模糊之後，遂告訴村上真輔其將就昔日所記夜空之
　　貌，向其解說星相，請村上真輔按其解說自己仔細觀察星空。村上真輔抬頭仰望
　　後，敬所即侃侃而談：銀河中有何星，該星為某星，某星之東有某星，其西有某
　　星，距其若干遠又有某某星等等，連二十八星宿之外的星星，亦瞭若指掌。村上
　　真輔驚嘆其神乎奇妙之記憶力。詳參森銑三：〈豬飼敬所〉，頁 320-321。

7　大橋自門為江戶心學者石田梅巖之高足齋藤全門之門人，大橋每日下午兩點左右
　　即集合塾生，將室鳩巢之《六諭衍義大意》編成口訣歌謠，親口傳授塾生。詳參
　　豬飼敬所：《於多滿幾》，卷 3，頁 334、森銑三：〈豬飼敬所〉，頁 300。

結為連理，以繼承家業。養父以為商人無需學問，命敬所見習絲織商買家業，日與其姐夫卯右衛門為伴，出入絲線批發商。然敬所雖生於利中而不知利，眼中不辨絲之良否，自悟不適合從商，遂斷然捨棄牙籌，決意成為儒者，然其父不允，僅准其於家業閒餘之際研學，且骨肉姻親皆阻其專修儒學。自十四、五歲至二十二歲之間，敬所結識了手島堵庵門人──心學者植村正助（？-？），常至植村宅邸請教[8]，即使其養父於敬所十八歲時辭世，敬所習儒之志仍然不改。十九歲時，遊於但馬之城崎溫泉時，結識三河老醫紀嘉民（？-？），與姬路酒井家之儒士上野左源太（？-？）等人，上野左源太精通國學，乃為敬所講授《職原鈔》。隔年春天，敬所二十歲，入宮鳳岡[9]門下，受習《詩經》、《文選》、詩賦等句讀，並習作詩。天明二年（1782），敬所時年二十二，再入薩埵薰川[10]（1738-1796）門下讀《史記》，某日讀至〈高祖本紀〉「家人不事生產作業」一句時，敬所向薩埵薰川表明其自身亦不好生產。同年，敬所遊江戶返京後，明確向薩埵薰川表明其欲以儒者立身之志。[11]

8　詳參豬飼敬所：《於多滿幾》，卷3，頁336。植村正助，名濟，字子啟，號悦齋、素恫。植村正助為京都西陣一帶之織布工匠，原名平野屋嘉兵衛，長敬所二十二歲。植村正助於自家中織布時，邊織邊讀書，而敬所則常立於其身旁請教。詳參豬飼敬所：《於多滿幾》，卷3，頁338；森銑三：〈豬飼敬所〉，頁301。

9　詳參豬飼敬所：《於多滿幾》，卷3，頁341。宮鳳岡，名重熏，字子蘭，通稱中村正助。敬所入其門時，宮鳳岡已年過六十，敬所對其學問並不太信服。

10　薩埵薰川，名之雖，人稱雄甫，三河（今愛知縣）人。其先祖曾於遠江之薩埵謁見德川家康，以來，遂改姓薩埵氏。薩埵薰川為人不偏執，好稱揚人善，門人皆服其德。敬所終身常言近世儒者，雖有服其才識之師，然無服其德性之人物，然薩埵薰川乃絕無僅有之一人。詳參豬飼敬所：《於多滿幾》，卷3，頁342；森銑三：〈豬飼敬所〉，頁304-305。

11　詳參森銑三：〈豬飼敬所〉，頁305。

翌年春，敬所二十三歲，在薩埵藁川的引介下，斷然入巖垣龍溪[12]（1741-1808）門，從其學古注學。在龍溪門下數年，學問雖大為精進[13]，然與龍溪之學未能盡合，因敬所當時雖有志於古學，然既已有朱子學之造詣，再讀伊藤仁齋（1627-1705）之說亦未必首肯仁齋有所發明。爾後六、七年間敬所獨學鑽研，天明七年（1787）敬所二十七歲，娶舅父辻安俊之女為妻。翌年春天，京都遭遇歷史上有名之「天明大火」，敬所家宅亦遭祝融之災，遂移居攝津之尼崎，兩年後的寬政二年（1790）春返京。僑居尼崎期間，敬所撰成《崇儉錄》，並結識古方家吉益東洞（1702-1773）派之醫者本島恕庵（？-？）。此時敬所也經常前往京都相國寺，拜訪以文章聞名於世之名僧大典（1719-1801），同時亦至大阪拜訪中井竹山（1730-1804）、中井履軒（1732-1817）兄弟，曾二度會見中井竹山，討論今、古文《尚書》之真偽問題。敬所自尼崎返京後，終於寬政三年（1791），三十一歲之際，於京都西陣自立門戶講學授徒。翌年寬政四年（1792），敬所三十二歲，除受二條城在番武士所召，為其講釋經書，亦為大番頭近藤石見守用和之家臣們所召，為其舉辦《儀禮》會讀。該年，敬所著手校正《文公家禮義節》，並撰著《儀禮鄭注正誤》、《深衣考》、《凶服考》、《家禮

12　豬飼敬所：《於多滿幾》，卷3，頁343。巖垣龍溪係伊藤東涯門人宮崎筠圃之門人，學宗伊藤仁齋、東涯父子之古義學。另又授業於清原博士家之後代伏原宣條（1720-1791），伏原宣條亦曾任朝廷之明經博士，有《古文孝經》、《尚書》、《毛詩鄭箋》等抄物傳世。故巖垣龍溪解經據古注。

13　敬所入巖垣龍溪門下一年後，龍溪便肯定其學殖，並向敬所言道：「從今二、三十年後，足下學問必為世間所知。」某日有人向龍溪質問三禮問題，龍溪告問者曰：「三禮問題交付豬飼，問豬飼即可。」時龍溪正在撰作《論語筆記》，乃口述其內容而使敬所筆記之，又龍溪之另一著作《論語折中》，筆記亦為敬所操筆。詳參豬飼敬所：《於多滿幾》，卷3，頁343；森銑三：〈豬飼敬所〉，頁305。

義節正誤》等書。自三十二歲至三十六歲，《荀子考》[14]、《管子通》、《管子補正》、《左逸糾謬》、《操觚正名》等書相繼撰成。其中本文擬探討之《操觚正名》一書，係成書於寬政七年（1795），時敬所三十五歲。[15]

日後，敬所縱使眼已失明，猶仍諄諄說經不倦[16]，除闡明先儒所未道破者，更毫無忌憚地批駁天下書[17]，學問所長在於三禮、天文律曆，畢生以講學為業，廣受各藩侯邀請講學，晚年受聘為津藩藩學「有造館」賓師，津藩人士將豬飼敬所與津藩之前教授於江戶藩邸的賓師朝川善庵（1781-1849），共推為當時之經學泰斗，號稱二人乃江戶、京都東西二京之雙璧，而當時與敬所同任津藩藩校儒官的，則是齋藤拙堂（1797-1865）。[18]而豬飼敬所自稱其一生交友門生幾十百人，然相知

14　日後《荀子考》欲刊刻問世時，敬所得見信濃人久保筑水之《荀子增註》出版，以該書與己說頗多暗合之處，故僅摘記其著作《荀子考》中與久保筑水之說相異者，改名《荀子補遺》後刊行。詳參豬飼敬所：《於多滿幾》，卷3，頁346。

15　據豬飼敬所：《於多滿幾》，卷3，頁347。

16　據豬飼敬所：《於多滿幾》，卷3，頁383；〈於多滿幾附錄〉，頁388。而敬所門人川喜田梅山（1822-1905）曾言：「敬所豬飼先生，為吾津藩賓師，移居津城，時顯年十七，入其門，日相親炙，先生每日盥漱畢，著袴端坐一室，讀書，引顯次室，不與他生同塾，蓋憂年少狃書生弊習也。先生每月六次，講經於藩校有造館，齡已八十，耳目漸失官，顯扶先生上講筵。」見近藤杢：〈津藩に於ける豬飼敬所先生〉，頁47。

17　齋藤拙堂（1797-1865）言：「（敬所）先生以洛下耆英來為我藩賓師，年既八十餘，猶日上筵講說，耳目俱廢。暗誦經史上口，舉古今諸儒之說，論其得失。至忠孝大節所關，則盛氣昌言，滿堂壓服。」見近藤杢：〈津藩に於ける豬飼敬所先生〉，頁45。

18　鷲津毅堂（1825-1882）言：「余弱冠負笈遊津藩，是時藩主詢蒐藤堂公銳意於文治，聘敬所豬飼先生京都，又擢拙堂齋藤先生於吏胥，授以督學之職，夫敬所先生之於經術，拙堂先生之於文章，皆一時之選也。良冶能鑑別利器，匠氏能相棟樑之材，是雖由公聰明，抑亦非躬通經術善文章，安能得其人如此手？」見近藤杢：〈津藩に於ける豬飼敬所先生〉，頁49。

者，僅植村悅齋、山本清溪（1754-1823）、堤一雲齋（？-？）、賴山陽（1781-1832）、日野資愛（1780-1846）等五人。

豬飼敬所幼學朱子學，後又習陽明學，繼而轉學古注學。其學要之不趨附詞章記誦之末，以倫常為本而主實學，其說經雖主張古學卻不墨守古義、古注學派，然排斥加味佛老之見的朱子學，但卻又不是如徂徠學派一樣徹底攻擊朱子。敬所採取融和諸說、雜採眾家、持平中正的為學態度，講經於諸侯前，涵養其德，闡述治國要道；向津藩子弟闡說忠孝大節，致力養成盡忠國家之人材。故或稱其學屬於折衷學派，為學目的以經世濟民為主。敬所則如下自我評斷道：

> 先生……生長於平安，專治經學，授徒五十年，晚賓師于津藩。……其言曰：嗚呼！余不才無能，唯能讀書，折中古今無偏執，辯妄糾謬不假借，知我罪我，世已有人，猶俟後君子。[19]

誠如上述，豬飼敬所好讀書、講述與撰作、評述，折衷為學。關於其著作，不論已刊或未刊，據《藝文》雜誌之整理[20]，計有以下諸項：

---

19 據豬飼敬所：〈於多滿幾附錄〉〈碑文〉，《於多滿幾》，頁389。該碑文係墓誌銘，且為豬飼敬所生前所自作。

20 詳見〈松崎慊堂、豬飼敬所其の他漢學派の學者に關する研究資料〉，《藝文》第15年第6號（1924年6月），頁88-90。該文對豬飼敬所著作之分類，諸如刊本、鈔本或雜類等分類，基本上標準不一，就筆者所了解，其分類主要是就戰前日本國內現存敬所之著述中，首先就敬所生前即已問世之著作，區分出其中是以刊刻印行問世，或是以鈔本形式傳世者，同時又將敬所著作中有關讀書筆記，或是糾謬批評他人之著作的筆記、札記等，另立一類為抄錄札記。至於書信、手跡等則以雜類區別之，而最後一類所謂遺書者，應是敬所逝世後才問世之著述。

《讀禮肆考》、《論孟考文》、《太史公律曆天官三書管窺》、《補修史通點煩　附竄正名家敘事　敬所先生手筆批校》、《荀子補遺》、《管子補正》、《西河折妄　敬所先生批校本》（以上著述刊本）。

《尚書顧命之圖》、《儀禮鄭注補正》、《儀禮禮節改正圖》、《春秋左氏傳考》、《左傳曆日考》、《四書標記》、《大學集疏》、《大學質疑》、《大學徵》、《管豹錄》、《論孟部》、《孝經考》、《家禮儀節正誤》、《為人後辨》、《文武受命克殷年曆考》、《律例天官書管窺圖卷》、《北辰考》、《漢初曆》、《漢初長曆》、《水經管窺》、《經史質疑》、《操觚正名》（兩種）、《崇儉錄》、《尚志齋漫筆》、《敬所先生文稿漫錄》、《於多滿幾　敬所先生手稿本》（以上著述鈔本）。

《鍊達編　藝苑編》、《敗鼓錄》、《漢籍論議文抄》、《周易大全　批校本》、《大戴禮補注批校本》、《吳蘭舟經句說糾謬》、《史通通釋補正》、《老子　手筆批校本》、《考古質疑標記》、《仁齋童子問　批校本》、《九經談　手筆批校本》、《大學原解標記》、《古文孝經私記　附古文尚書勤王師評鈔》、《論語雕題評　附書經雕題評》、《疑問錄評》、《名典二詮考》、《折妄弄丸置（質）疑》、《病餘一笑》、《逸史糾謬》、《讀扁倉傳割解》、《小雲樓稿鈔》、《文語解評》（以上抄錄札記）。

《入學三要》、《敬所先生國牘》、《敬所先生手翰集》、《敬所先生筆蹟》、《讀禮四考序　土井贄（聲）牙撰》、《古學弁疑　敬所先生校刻本》、《從學姓名錄》、《古稀詩文卷》（以上雜類）。

《詩經集說》、《四書淺釋》、《榴陰雜誌》、《講習餘唾》、《瘠囊》、《於多滿幾　與敬所先生手稿本不同鈔本敬所先生手稿本》、《彥纘隨筆》（以上豬飼彥纘遺書）。

二　聖學經義在正名撥亂：
《操觚正名》之撰作背景與動機

　　由上節所列書目可知，敬所除自身著述外，批校他書之專著亦不少。其中本文擬討論之《操觚正名》，雖非針對某人某書之批校著作，然而就如書名「正名」二字便可得知的，其性質亦在批駁、糾謬時人之誤。而據近藤枌之說法，本書係敬所開始於京都西陣授徒講學翌年，亦即其三十二歲時所作，且該書撰成後與敬所其他著作一樣，大多數都以抄本形式廣泛流傳。[21]然《於多滿幾》與森銑三、關儀一郎皆主張《操觚正名》成書於寬政七年（1795），亦即敬所三十五歲時。今就關儀一郎編《續日本儒林叢書》第二卷《解說部》所收《操觚正名》之序文中，有豬飼敬所題識之「寬政乙卯仲春朔旦」[22]，而森銑三〈豬飼敬所〉一文，據森銑三所言，主要依據敬所之著作《於多滿幾》與《豬飼敬所先生書簡集》而寫成，故筆者以為《操觚正名》應是敬所三十五歲之作。又因《續日本儒林叢書》第二卷《解說部》所收《操觚正名》，係依據日本國立國會圖書館藏本再參稽無窮會藏本後而印行，故本文在討論、徵引《操觚正名》時，係據此文本。

　　誠如上述，若《操觚正名》乃敬所三十五歲之作，則該書便是敬

21　近藤枌：〈津藩に於ける豬飼敬所先生〉，頁 49。
22　豬飼敬所：〈操觚正名序〉，《操觚正名》，收入關儀一郎編：《續日本儒林叢書 2　解說部》（東京：鳳出版，1930 年），頁 1。

所於京都西陣下帷講學第四年之作，然關於敬所在講學授徒之際，為
何須要正名？為誰辨正？針對何人而辨？以及《操觚正名》取名何義？
又所辨者何？如何辨正？所據文獻與所持理由為何？乃至其中蘊涵何
種思想等一連串問題，都有進一步釐清之必要。筆者於本節擬先說明
前四個問題。首先，我們可以看到豬飼敬所於〈操觚正名序〉中如下
說道：

> 孔子曰：「名不正則言不順，言不正則事不成。」聖人患名之不
> 正也深矣。故其作《春秋》也。筆削謹嚴，闡幽顯微。撥亂之
> 功，冠于群經，而舉其大義，亦唯正名分而已矣。蓋正名者，
> 治國之先務，聖學之要義也。古人稱聖人之道曰名教，蓋以此
> 也。近世蘐園之徒，尸祝李王為古文辭，模擬剽竊以為工。片
> 言隻辭，惟不似漢人是憂。是以國郡邑里官爵姓名，苟取諸漢
> 士，以變革其名焉。自誇曰：陶鑄鄙俚，以為雅馴，曾不顧其
> 稱謂失當，名分不正，而得罪於名教矣。豈其誦法聖人者之為
> 也哉。然而輕俊才子，眩其浮華，奉之如金科玉條。染習之
> 久，雖謹厚者，亦習而不察焉。識者或知其妄而非斥之，亦不
> 少。惜乎其說皆未精詳，故未足以發其蒙。是以操觚士，至今
> 猶受其弊。實藝苑之蠹蟊也。竊謂使世之文章，名正言順，雖
> 無關於治道，亦名教之一端也。於是不敢自揣，本諸舊聞，徵
> 諸載籍，條舉夫名稱之失當不正者，而詳辯其誤，命曰《操觚
> 正名》。[23]

首先，由此段引文可知，敬所正名之舉，主要是針對以徂徠為首的蘐

23　豬飼敬所：〈操觚正名序〉，《操觚正名》，頁1。

園學派，因其仿照明代李攀龍、王世貞之古文辭，不惜模擬漢土，剽竊古人、古書之言辭[24]，而對日本國名、地方封郡、城邑町里，乃至官爵、地名與個人姓名，私加亂改，以為如此改易乃是陶鑄日本原有鄙俚的一切稱謂，使其化為雅馴的「用夏變夷」之舉。

　　然被批評為「剽竊」的古文辭法，在徂徠看來宛若必要之「惡」，其相信並主張學者藉由「仿效」，或者說是「剽竊模擬」，乃是學漢詩文者「以身措於詩書禮樂之中，陶冶造鑄。」[25]而且「仿效」實為學習之正途，故徂徠又言：

> 學之道，倣傚為本。……故方其始學也，謂之剽竊摸擬，亦可耳。久而化之，習慣如天性，雖自外來，與我為一。故子思曰：合內外之道也。故病摸擬者，不知學之道者也。吾邦之學華文，假使學韓歐，非摸擬而何？其必惡摸擬乎？[26]

亦即，在徂徠而言，倣唐、擬古乃在使日本學者藉由全身、全神貫注於「漢」文語境中，以脫卻其「和習」的重要學習方法。而所謂學習李、王二子之古文辭的方法，則是在學習六經、《論語》、《左傳》、《國語》、《史記》、《漢書》等，載諸先秦至兩漢典籍中之「古文辭」。徂

24　嚴厲批判徂徠學派的詩文創作係「剽竊」之舉的代表人物，當推山本北山（1752-1812）。北山主張詩應是詩人不受格律所羈絆，真情流露、展現個性之創作，故終生提倡袁中郎之清新詩風，抨擊李、王七子之模擬剽竊唐詩，而徂徠、南郭又剽竊明詩，故北山亦糾彈徂徠學者之剽竊行為。詳參山本北山：《作詩志彀》，收入池田四郎次郎編：《日本詩話叢書》（東京：文會堂書店，1922 年），卷 8。

25　荻生徂徠：《護園隨筆・五筆》，《荻生徂徠全集》（東京：みすず書房，1973 年），卷 17，頁 746。

26　荻生徂徠：〈答屈景山〉，《徂徠集》，卷 27，收入平石直昭編輯、解說：《近世儒家文集集成》（東京：ぺりかん社，1985 年），卷 3，頁 297。

徠言：

> 明李、王二公倡古文辭，亦取法於古。其謂之古文辭者，尚辭
> 也。主敘事，不喜議論，亦矯宋弊也。……夫學問之道，本古
> 焉。六經、《論語》、《左》、《國》、《史》、《漢》，古書也。人
> 孰不讀，然人苦其難通，古今言之殊也。故必須傳注以通之。
> 猶之假倭訓以讀華文邪，尚隔一層髣髴已矣。且傳注之作，出
> 於後世，古今言之殊，彼亦猶我也。彼且以理求諸心，而不求
> 諸事與辭。故其紕謬不可勝道。……不佞從幼守宋儒傳注，崇
> 奉有年，積習所錮，亦不自覺其非矣。藉天之寵靈，暨中年，
> 得二公之業以讀之，其初亦苦難入焉。蓋二公之文，資諸古
> 辭，故不熟古書者，不能以讀之。古書之辭，傳注不能解者，
> 二公發諸行文之際渙如也，不復須訓詁。蓋古文辭之學，豈徒
> 讀已邪，亦必求出諸其手指焉。能出諸其手指，而古書猶吾之
> 口自出焉。夫然後直與古人相揖於一堂上，不用紹介焉。豈如
> 鄉者徘徊乎門牆之外，仰人鼻息以進退者邪，豈不喻快哉。且
> 二公之文主敘事，而于鱗則援古辭以證今事。故不諳明事制
> 者，雖熟古書，亦不能讀焉。夫六經，皆事也，皆辭也。苟嫻
> 辭與事，古今其如視諸掌乎。於是回首以讀後世之書，萬卷雖
> 夥乎，如破竹然。……世人乃擇其易者讀之，習以為常，古書
> 則束之高閣。[27]

另外，徂徠又認為研究中國要先識得「華文」為先，而其所謂「華
文」就是載於六經與漢代之「古文辭」其言：

27　荻生徂徠：〈答屈景山〉，頁295-296

不佞少小時，已覺宋儒之說，於六經有不合者，然已業儒，非此則無以施時。故任口任意，左支右吾，中宵自省，心甚不安焉。於《隨筆》所云，乃其左支右吾之言，何足論哉！何足論哉！中年得李于鱗、王元美集以讀之，率多古語，不可得而讀之。於是發憤以讀古書，其誓目不涉東漢以下，亦如于鱗氏之教者，蓋有年矣。始自六經，終于西漢，終而復始，循環無端，久而熟之，不啻若自其口出，其文意互相發，而不復須注解，然後二家集，甘如嗽蔗。於是迴首以觀諸儒之解，紕謬悉見。只李、王心在良史，而不遑及六經，不佞乃用諸六經，為有異爾。[28]

如上所述，徂徠自述其思想轉變過程，他發現宋儒學說與六經不合，後受明代後七子「復古運動」所啟發，因此領悟到援經擬古（藉古文辭擬古），乃日儒學習聖人之「文」與「道」的不二法門，遂決心讀古書、學古言，故所讀皆「不涉東漢以下」，「始自六經，終於西漢」。簡言之，徂徠相信透過「援經」，亦即模擬、仿效乃至剽竊六經與兩漢典籍之「古文辭」，將自我身心全然置於「古漢」語境，亦即通過完全的「擬古」，則「倭習」／「和習」自可渙然冰釋。值此之際，「華文」宛若和人之母語，「華人」之性宛若和人之天性，模擬、仿效既久，化「外」與「我」合一，達成「用夏變夷」之效。徂徠此番古文辭學法，不僅其門徒起而傚尤，在其辭世之後，天下士子猶奉為圭臬。

豬飼敬所則以為徂徠學派所謂「援經擬古」作法，不僅其所援引之文辭不合中國經書古義與日本朝制，其私改稱謂，企圖陶鑄「和習」

28　荻生徂徠：〈復安澹泊〉，《徂徠集》，卷 28，頁 302。

之鄙俚，以馴化為「漢雅」的「用夏變夷」之作法，結果卻造成名稱失當、紊亂，不僅名分不正，而且名實不符，堪稱得罪於名教，而此舉豈是所謂誦讀經書、師法聖人之徒應有的作為？故敬所明言其批駁、糾謬之主要對象就是蘐園學派，亦即荻生徂徠所創之古文辭學派。

然敬所所謂胡亂改易日本原有之稱謂的古文辭學，卻在徂徠於享保十三年（1728）歿後，由其門下弟子開枝散葉，蔚為風潮，學者趨之若鶩，據傳當時蘐園學派之學者，佔天下學者之半。[29]想必敬所即使在京都講學，亦目睹此怪現象，所以才說：「輕俊才子，眩其浮華，奉之如金科玉條。染習之久，雖謹厚者，亦習而不察焉。」顯然，以仿漢為貴、以擬古為雅，儼然已成為當時操觚者之金科玉律，而文人沉溺其中卻無法覺察其問題之所在。

因此，敬所於《操觚正名》中舉出遭誤用之條目以辨正時，多不諱言此類誤用稱謂之人就是蘐園學派，亦即古文辭學派之人。故《操觚正名》本文中頻繁可見敬所直呼其所欲糾謬之人，乃是「蘐園之徒」（頁1、3、4、5、11）、「蘐園社中」（頁19）、「蘐園」（頁11）、「本邦古文辭家」（頁23）、「徠翁」（頁2、12、22）、「徂徠」（頁5、17）、「茂卿」（頁22）、「徠門」（頁7）、「徂徠南郭」（頁4）、「太宰春臺（德夫）」（頁13）等徂徠學派人士。另外，敬所亦直指其所導正之對象乃江戶之儒者、文士、文人全體，故於《操觚正名》中屢屢言及所謂：「本邦儒者」（頁5）、「近世儒者」（頁7、12、13、17）、「近世儒士」（頁11）、「近世諸儒」（頁2）、「今世儒者」（頁7）、「今時

29　那波魯堂對江戶享保年間（1716-1736）徂徠學之興隆景況說明道：「世人喜其說，信習如狂。」詳參那波魯堂：《學問源流》，收入《少年必讀日本文庫》（東京：博文館，1891年），編6，頁13。

儒者」（頁 15）、「今之儒者」（頁 19）、「本邦近世諸儒」（頁 21）、「近
世藩國儒臣」（頁 18）、「本邦文士」（頁 6）、「本邦文人」（頁 7）、「近
世文人」（頁 4、13、14、16、17、20）、「今之文人」（頁 22）、「今
時文人」（頁 23）、「世之文人」（頁 8、19）、「近世詩文」（頁 11）。
敬所甚至跳脫時代侷限，並將其論述之有效空間拓展至日本整體，故
在糾謬時總稱其針砭之對象為：「我邦之人」（頁 3）、「輕俊才子」（頁
5）、「操觚士」（頁 3、6、23）、「學者」（頁 18）、「儒者」（頁 2、9、
17、20）、「儒士」（頁 16）、「世儒」（頁 16、17、22）、「文人儒士」（頁
7、15）、「儒生文士」（頁 12）、「俗人」（頁 7）、「近世」（頁 17）。
由此可知，《操觚正名》一書不僅指陳古文辭學派之謬誤，更欲導正當
時日本全國習染古文辭學風之儒者、文士全體。

　　然敬所認為的所謂徂徠學派等近世儒士，彼等擅改日本自國諸多
稱謂的結果，究竟衍生出何種問題呢？針對此一問題，誠如前引〈操
觚正名序〉文中所言，敬所以為一位真正試圖透過「經書」而來習得
其中之「微言大義」，亦即聖人之「道」者，當知曉經旨「大義」就在
「正名」。換言之，「正名」係「治國之先務，聖學之要義」，《春秋》
正因其筆削闡微之效，因而能成其「正名」以「撥亂」之功，故敬所
以為其尊貴乃群經之冠。何況孔子聖人也深患「名不正」。蓋「正名」
一詞見於《論語》中孔子與子路對話。其言曰：

　　　子路曰：「衛君待子而為政，子將奚先？」子曰：「必也正名
　　　乎。」子路曰：「有是哉？子之迂也，奚其正？」子曰：「野哉，
　　　由也。君子於其所不知，蓋闕如也。名不正則言不順，言不順
　　　則事不成，事不成則禮樂不興，禮樂不興則刑罰不中，刑罰不
　　　中則民無所措手足。故君子名之必可言也，言之必可行也。君

子於其言，無所苟而已矣。」[30]

孔子認為為政之道在使民得以「措手足」，而要達成使百姓得以安心生活這一目的，端視於「興禮樂」、「中刑罰」兩項，然而興禮樂、中刑罰之主要關鍵則在「名正」、「言順」。孔子所以有此言，乃因為當時諸侯僭越「禮制」，天下紛亂遂起。敬所以為孔子等聖人所以重視名分之正，乃因名教乃聖人之道，是名分上、道德上、人倫上之教，既在端正君臣父子之分，亦在確立仁義禮智之名目，故名教宛如儒教之別名。換言之，《操觚正名》書名之「正名」二字，顯然是將對名號的審察辨別，視為治理天下之端。因為在身分地位等級森嚴的禮制社會中，名號堪稱是禮治的核心依據，其原本就是西周禮制社會的重要特徵，司馬遷就指出：

三王之建天下，名號顯美，功業長久。[31]

而不同的名分便具有不同的道德規範與禮制規定，此即《漢書·藝文志》所謂的：

名家者流，蓋出於禮官。古者名位不同，禮亦異數。[32]

30　〔宋〕朱熹：〈子路第十三〉，《論語集註》，《四書章句集註》（北京：中華書局，1983 年），頁 142。

31　〔漢〕司馬遷撰，〔南北朝〕裴駰集解，〔唐〕司馬貞索隱，張守節正義，楊家駱主編：〈秦始皇本紀第六〉，《新校本史記三家注並附編二種》（臺北：鼎文書局，2002 年），頁 283。

32　〔漢〕班固撰，〔唐〕顏師古注，楊家駱編：〈藝文志第十〉，《新校本漢書集注並附編二種》（臺北：鼎文書局，1981 年），卷 30，頁 1737。

而《商君書》亦有言曰：

> 古者未有君臣上下之時，民亂而不治，是以聖人列貴賤，制爵
> 位，立名號，以別君臣上下之義。[33]

亦即，禮制秩序的起源，就在名號，名號確立則可制定各身分階級之
義理，上下義理有所區別，則可以相互施行各別之禮制，故說禮制就
在體現政治，政治則在導正人民使其合乎禮制。此即《左傳》中晉大
夫師服所謂：

> 夫名以制義，義以出禮，禮以體政，政以正民。[34]

以及《左傳·成公二年》引仲尼語曰：

> 唯器與名，不可以假人，君之所司也。名以出信，信以守器，
> 器以藏禮，禮以行義，義以生利，利以平民，政之大節也。[35]

換言之，禮制名分對階級森嚴之古代社會秩序而言，存在著非常重要
的作用，所以中國自古以來就對事物、法則以及名號非常之重視。名

33　〔秦〕商鞅撰，〔清〕嚴萬里校：〈君臣第二十三〉，《商君書》（上海：上海古籍
　　出版社，1989 年《諸子百家叢書》本），卷 5，頁 29。

34　〔周〕左丘明撰，〔晉〕杜預注，〔唐〕孔穎達疏：〈桓公二年〉，《春秋左傳注
　　疏》，收入〔清〕阮元：《十三經注疏附校勘記》第 6 冊（臺北：藝文印書館，
　　1989 年），卷 5，頁 96 下。

35　〔周〕左丘明撰，〔晉〕杜預注，〔唐〕孔穎達疏：〈成公二年〉，《春秋左傳注
　　疏》，卷 25，頁 422 下。

號，亦即事物之名稱，乃是古人用來掌握世界之多樣性與差異性，進
而以之為自身合理／禮行為規範之判斷準據。此即所謂：

　　　天生蒸民，有物有則。[36]
　　　維號斯言，有倫有跡。[37]

　　然因周衰之故，禮廢樂壞，大小相踰，天下無道，禮樂征伐或自
諸侯出、或自大夫出，甚至由陪臣執國命，故孔子乃作《春秋》以道
名分，目的在使亂臣賊子懼。以孔子為代表的此番「正名」論，日後
儒家多有論述，如《荀子》以及號稱是稷下學者所作之《管子》，不乏
從正名而來論述其社會作用與治國理論者。[38] 足見敬所以為徂徠學派以
及當時之儒士私改稱謂，不僅紊亂日本原有之「名」，也多有僭越「禮
制」，乃至不知禮而犯上者。關於此點，將於下節再行論述。而設若
聖學經旨在以道治國，治國先務又在正名，則敬所既自稱其乃「專治
經學」之人，則當世諸「名」既亂，經學者豬飼敬所理應起而糾謬，

36　〔漢〕毛亨傳，〔漢〕鄭玄箋，〔唐〕孔穎達正義：〈大雅〉，《毛詩正義》，收入
　　〔清〕阮元：《十三經注疏附校勘記》第 1 冊（臺北：藝文印書館，1989 年），卷
　　18，頁 674 上。
37　〔漢〕毛亨傳，〔漢〕鄭玄箋，〔唐〕孔穎達正義：〈小雅〉，《毛詩正義》，卷
　　12，頁 399 上。
38　如《荀子》〈正名〉篇有言曰：「故王者之制名，名定而實辨，道行而志通，則慎
　　率民而一焉。……如是，則志無不喻之患，事無困廢之禍。」見〔清〕王先謙：
　　《荀子集解》，收入服部宇之吉編：《漢文大系》第 15 冊（臺北：新文豐出版公
　　司，1984 年），頁 4；而《管子》〈心術上〉言：「物固有形，形固有名」、「名者，
　　聖人之所以紀萬物也。」見〔日〕安井息軒：《管子纂詁》，收入服部宇之吉編：
　　《漢文大系》第 21 冊（臺北：新文豐出版公司，1984 年），卷 13，頁 2、頁 7；
　　又《管子》〈宙合〉亦言：「天不一時，地不一利，人不一事，是以著業者不得不
　　多，人之名位不能不殊」（卷 4，頁 2）。

此堪稱研經者之責，何況前雖已有不少有識者駁斥徂徠學者之謬妄[39]，然因「其說皆未精詳，故未足以發其蒙」[40]，敬所於是「本諸舊聞，徵諸載籍，條舉夫名稱之失當不正者，而詳辯其誤。」[41]亦即，敬所將以「徵經辨誤」之法，指正古文辭學者所謂「援經擬古」法之謬。因此，下文擬就豬飼敬所條舉之項目，說明其所辨正之內容有何種類？以及其所採之辨正方法為何？所據之文獻、理由何在？

三　援經擬古抑或私改、杜撰、藻飾：敬所辨正之內容、方法、思想

關於《操觚正名》之內容，《續日本儒林叢書　第二卷　解說部》為《操觚正名》所撰之〈例言〉曰：

> 本書乃慨嘆蘐園之學徒等，改我國之官職、地名等為漢土之名稱，或以中華稱支那，或紊皇室與霸府之名分，其他稱謂之失當者多，故指摘之而辨正者也。[42]

39　江戶時代反對徂徠學派而著書批駁者，據小島康敬研究至少有二十四人，除有尾藤二洲（1745-1813）、高瀨學山（1667-1749）等正統朱子學者，亦有學風自由的大阪懷德堂派朱子學者五井蘭州（1697-1762）、中井竹山（1730-1804），以及折衷學派與考證學派的細井平洲（1765-1831）、井上金峨（1732-1784）、片山兼山（1730-1782）、大田錦城（1765-1825）等，甚至徂徠門人太宰春臺與九州之徂徠學者龜井昭陽（1774-1837）亦加入批判行列，堪稱內部告發與外部多方夾擊。詳參小島康敬：〈反徂徠學の人々とその主張〉，《徂徠學と反徂徠》（東京：ぺりかん社，1994 年），頁 177-223。

40　豬飼敬所：〈操觚正名序〉，頁 1。

41　豬飼敬所：〈操觚正名序〉，頁 1。

42　關儀一郎編：〈例言〉，《續日本儒林叢書 2 解說部》，頁 9。

足見敬所糾謬、指正之內容，乃蘐園學派或時人改易日本之「官職」、「地名」以及「其他稱謂」，代以中國之名稱，甚至自稱中國為「中華」，不僅多所「失當」，也紊亂了日本皇室與德川霸府兩者之間的名分。而據筆者閱讀整理的結果，敬所於《操觚正名》中所辨正之稱謂內容，基本上可分為五大類：一、誤稱日本國名，二、私改日本各地地名，三、誤稱官職，四、稱人有誤，五、自稱有誤。而敬所在辨正此五大類謬稱時，更指出江戶儒者、文人所以會犯下此類錯誤，其實各有其理由原因與心理因素。

　　首先，古文辭學者等所以會誤稱日本國名，係導因於彼等不求經籍本義，假擬古，造成自我立場、主體性喪失。繼而，彼等所以私改日本各地地名，乃因其價值判斷是以唐為雅，諸事務求似漢土、或為唐人慮，故不惜牽強附會漢土唐名，以待他日漢土讀者。或是作詩為文之際，不惜私改地名以入詩，務求新奇、藻飾，以為附庸風雅。第三，彼等誤稱官職，乃因其無視日本古來之朝制，或不知日本舊制，反而就中國往古典制以稱今世日本之官制，堪稱只知／擬漢土之古，而不知／擬大和之古。因而導致胡亂稱呼，紊亂皇室、霸府之名分。第四、第五之自稱或稱人有誤，基本上也是導因彼等假借模擬古文辭之名，其實只是一味追求摹似漢土，既不察經籍文體，亦不解日本古制，更不知所謂不換文字而義譯等之筆法，結果導致名實不符，甚而僭越公朝。下文擬就此五大類內容，舉其實例以證，除統合地說明敬所所辨正之方法為何？理由何在？係依據何典故之外，同時亦將爬梳其間所蘊含的，有關敬所所標舉出之價值判斷。

（一）誤稱國名、私改官職與自他主客之辨、皇室幕府之爭

　　《操觚正名》開宗明義，連續辨正「日東」、「大東」、「東方」、「皇和」、「本朝」等五種稱呼日本國之專稱，說明古文辭學派等文人儒

士，誤用此類稱謂以稱呼日本自國，其曰：

> 唐詩謂我邦為日東，我邦本無此名。蓋自唐土視我邦，則在東
> 方，以其南方有日南郡，故比例而稱之。故是詩人藻飾之辭
> 也，而彼土後世，終以是為我邦異名。我邦近世詩人，專事藻
> 飾，亦又用之，猶之可以。儒者或署其姓名，稱日東某甲，此
> 甚不可。異名乃唐名之類耳，不可為正稱也。蘐園之徒，稱我
> 邦為大東，此本乎唐人日東之稱，而采乎有〈魯頌〉奄有龜蒙，
> 遂荒大東之文也，不可謂杜撰矣。或曰：大音泰，尊稱也。如
> 西洋夷國曰太西，大東豈不可乎。非也，所謂太西者，猶言遠
> 西，謂西極之國也。明人之所稱也，非西夷之本名也，豈曰尊
> 稱乎！使西洋夷人謂我為大東，猶我謂彼為太西也，不為不
> 當，本邦不合自稱大東，此自他主客之辨也。知自他主客之
> 辨，而後名可得而正矣。[43]

首先，敬所指出「日東」係唐詩中稱謂日本之用語[44]，後演變成中國稱
呼日本的「異名」，關於此點，江戶初期九州地區之朱子學者貝原益軒
（1630-1714）於《和爾雅》中亦提及：「日東，華人稱日本為日東。自
古而然。」[45]但敬所以為即使「日東」一詞儼然已成為日本國之代稱、

43　豬飼敬所：《操觚正名》，頁 1。

44　如沈頌有詩云：「君家東海東，君去因秋風。漫漫指鄉路，悠悠如夢中。煙霧積
孤島，波濤連太空。冒險當不懼，皇恩措爾躬。」該詩名題作〈送金文學還日
東〉，即以「日東」二字稱日本。據〔唐〕沈頌：〈送金文學還日東〉，收入孫通
海、王海燕責任編輯：《全唐詩》第 6 冊（北京：中華書局，1999 年），卷 202，
頁 2113。

45　貝原益軒：〈日本國異名〉，《和爾雅》，收入益軒會編：《益軒全集》第 7 卷（東
京：國書刊行會，1973 年），卷 1 上，頁 560。

另稱，然其終究是中國人稱呼日本的「異名」，既是「異名」則不應用以正式稱呼自身國名。

　　而此種援唐土異名以稱呼日本本國的作法，還見於古文辭學者在撰作詩文時，好以「大東」來自稱日本自國[46]，敬所以為使用「大東」來稱呼日本國名，就如同以「日東」這一異名稱呼日本自國一樣不妥外，進而考證「大東」一詞之典故，說明其何以不妥之理由，其言：「奄有龜蒙，遂荒大東」出於《詩經》〈魯頌〉〈閟宮〉，《箋》曰：「大東，極東。」《正義》曰：「魯境又同有龜山、蒙山，遂包有極東之地。」[47]敬所指出「大東」一詞原出於《詩經》，而且從鄭玄（127-200）與孔穎達（574-648）的注解來看，指的是中國領土之極東，亦即魯國東陲之地，並非以之稱呼日本。然蘐園學派盲目擬古，反以之稱自國日本，不僅其「援經擬古」之作法，乃不知《詩經》本義之濫用法，更自以為援引經書之「古文辭」乃是化日本鄙俚為雅的「用夏變夷」之作法。殊不知不用自國國號，反用中國自稱其領土極東的「大東」來自稱，豈不是甘心自居於中國屬地之列，自失立場與國格。故敬所稱徂徠學派不辨自／他與主／客，亦即淪為中國之附庸。更清楚表明其正名之法，就在「知自他主客之辨」。換言之，敬所直指徂徠口口聲

46　如荻生徂徠曾言：「以予觀之，大東文章，俟我以興。」見荻生徂徠：〈與縣次公書・又〉，《徂徠集拾遺》，收入《近世儒家文集集成》，卷 3，頁 407。又太宰春臺為徂徠撰寫祭文時，就說：「嗟爾夫子，生于大東，穎悟獨發，視明聽聰，俶儻瑰瑋，為英雄為。」見太宰春臺：《春臺先生紫芝園後稿》，卷 11，收入小島康敬編輯、解說：《近世儒家文集集成》（東京：ぺりかん社，1986 年），卷 6，頁 224-225。

47　〔漢〕毛亨傳，〔漢〕鄭玄箋，〔唐〕孔穎達正義：《毛詩正義》，卷 20 之 2，頁 13 上。

聲強調其「直據經文」[48]、「從事六經」[49]的古文辭法，其實昧於經書真義，是「假」擬古，不過在形式上模擬，而其真正意圖則在以漢為貴、為雅，甚至不惜屈居中國屬地，喪失日本自國之國家主體性。

　　徂徠學者的此種貴漢賤和的價值判斷，又可從其自稱日本為「東方」一事得到應證。敬所曰：

〈魯頌〉云：「保彼東方，魯邦是常」，《吳志》云：「孫策謂虞翻曰：『孤昔再至壽春，見馬日磾及中州士大夫言我東方人多才耳。卿博學洽聞，故欲令卿一詣許，交見朝士，以折中國妄語兒』」魯吳並在漢土東邊，故自稱曰東方也。小學集成朝鮮學士權近跋云：永樂元年二月春，殿下謂左右曰：「吾東方在海外，中國之書罕至。」永樂明成祖年號，殿下謂朝鮮王也。朝鮮奉漢土正朔稱東藩，故自謂其國為東方，漢土為中國，其稱謂與漢土諸侯不異，固其所也。我邦故不受漢土正朔，而徠翁謂本邦為東方，漢土為中國者，此似比我邦於漢土屬國矣，豈不辱國躰乎。《記》曰：非天子不議禮，不制度，況於國號乎。固非卑賤者所宜私立名稱也，使其當事理，猶得罪於聖人，又況於無知妄作如此之甚乎。中國之辨，詳見于下。[50]

如引文所述，敬所在辨正「東方」這一條目時，除同樣引據明確典籍直指出典、原義之外，主要則在說明日本與朝鮮不同，朝鮮因為奉漢土為正朔，故可稱為中國之「東藩」，因而可自稱其乃「東方」，而稱

48　荻生徂徠：〈復安澹泊〉，《徂徠集》，頁 303。

49　荻生徂徠：〈答東玄意問〉，《徂徠集》，卷 28，頁 311。

50　豬飼敬所：《操觚正名》，頁 2。

漢土為「中國」。今日本既非中國之封國屬地，而徂徠只以日本在中國之東，就仿照魯吳與朝鮮，稱自國為「東方」，並稱漢土為中國[51]，敬所以為徂徠此舉，首先，就自降國格為漢土屬國，實有辱「國體」。其次，徂徠也無視《禮記》所謂：「非天子不議禮，不制度」[52]的法禮，竟然還擅改「國號」，如此豈不是又再次證明徂徠其實不諳六經。其三，國號事關重大，本非卑賤之民可擅自私立，故敬所以為徂徠屢稱「先王之道」、「聖人之道」，卻不知其無知妄作已經得罪於聖人。

　　而論及日本國名，敬所以為江戶諸儒以「皇和」稱日本，亦為誤稱，其言：

　　近世諸儒，謂本邦為皇和，蓋倣皇宋、皇明之例也，此亦謬矣。何則？皇，君也。（《日本儒林叢書》本斷句句讀原作「何則皇君也？」筆者改訂之）皇宋、皇明，猶言王漢韋孟諷諫詩帝漢王延壽魯靈光殿賦之類也。西土歷代，各建國號，曰宋曰明，一代之號也。故以皇字加之者，專尊當代之稱也。非汎稱邦域之辭也。夫和者，邦域之本名也，非國號之類也，豈可以皇字

51　徂徠稱日本為「東方」，稱漢土為「中國」之典型範例，堪稱其於《學則》中所說的：「東海不出聖人，西海不出聖人，是唯詩書禮樂之為教也。……則吾東方之民又奚適？……有黃備氏出，西學於中國，作為和訓以教國人。……黃備氏之有功德東方，民至今賴之。雖然……而詩書禮樂不復為中國之言，……夫中國之所有，四海之所無，亦猶是邪。詩書禮樂，中國之言，……是迺黃備氏之詩書禮樂也，非中國之詩書禮樂也。……口耳不用，心與目謀，思之又思，神其通之，則詩書禮樂，中國之言，吾將聽之以目。則彼彼吾吾，有有無無，直道以行之，可以咸被諸橫目之民，則可以通天下之志，何唯東方？」詳見荻生徂徠：《學則‧一》，收入吉川幸次郎等校注：《荻生徂徠》，《日本思想大系 36》（東京：岩波書店，1973 年），頁 256。

52　〔漢〕鄭玄注，〔唐〕孔穎達正義：《禮記正義》，收入〔清〕阮元：《十三經注疏附校勘記》第五冊（臺北：藝文印書館，1989 年），頁 898。

加之哉。[53]

蓋以「皇和」稱日本，徂徠有詩曰：「皇和今值仁明君，百年昇平息戰氛。交鄰柔遠賴有道，不厭航海梯山勤」[54]，以及其為大圓堂醫師撰作墓誌銘時，亦曰：：「皇和享保丁酉歲三月丙申朔」。[55]另外，徂徠亦曾為中根元圭（1662-1733）所著之長曆《皇和通曆》撰作序文[56]，時人使用「皇和」一詞以稱日本者，尚有詩人梁川星巖，其詩曰：「向來嘗覲良已足，又附商舶到皇和。」[57]另如當時幕府之醫師，博物學者栗本丹洲（1756-1834），其所繪撰之日本各地之河魚、海魚圖譜書，亦名為《皇和魚譜》。[58]甚至江戶中期以還所流行的灑落本通俗小說，如平賀源內（1728-1780）以風來山人悟道軒為筆名所撰作刊行的情色小說《痿陰隱逸傳》，其書後跋文亦注明道：「皇和明和戊子春二月」。[59]故確實如敬所所言，近世諸儒，由雅到俗，似乎皆習慣以「皇和」稱日本。然敬所以為：江戶諸儒好模仿漢土，於自身朝代前加一「皇」字，卻不知中國朝代更替，所以為了區別自朝與前朝有異，並尊崇自朝之威望，故而以「皇」字冠於朝代名之前。然而，日本國則不同於中國，敬所言：

53　豬飼敬所：《操觚正名》，頁 2。

54　荻生徂徠：〈麗奴戲馬歌〉，《徂徠集》，卷 1，頁 13。

55　詳見荻生徂徠：〈故醫法眼大圓堂先生墓碑〉，《徂徠集》，卷 14，頁 137。

56　詳見荻生徂徠：〈皇和通曆序〉，《徂徠集》，卷 9，頁 86。

57　梁川星巖：〈西征集一〉〈駱駝歎〉，《星巖集》（大阪：河內屋茂兵衛，1856 年），頁 4。

58　栗本丹洲：《皇和魚譜》（金花堂須原屋佐助，1838 年）。

59　平賀源內：《痿陰隱逸傳》，收入長阪金雄編：《校訂風來六々部集》（東京：雄山閣，1940 年）。

我大日本開闢以來，神孫相承。長有大寶，到于今二百二十
世。億兆尊之如天。雖有驕橫臣子，不敢以湯武為口實，皇統
綿綿，與天地無窮。比之西土朝秦暮漢，昨唐今宋，勢威強大
者，能攘奪名位，則所謂天地懸隔者非也。[60]

亦即，日本自立國以來，天皇乃萬世一系，未曾有過改朝換代之
情形，何況「和」字所表示的，乃指日本國之國土邦域，故諸儒於
「和」字上加一「皇」字，既不符合日本萬世一系之皇統實情，亦不解
「和」字字義，卻只徒模仿漢、唐用語，以為古文辭、雅辭，其實只是
形式模仿而已。此種語詞形式上之擬古不僅無所謂用夏變夷之效，也
與事實不符。此種不知中、日兩國異俗、異制，而專事形式擬古的情
形，還表現在所謂「勝國」一詞之使用，敬所曰：

西土之君，以征伐取天下者，謂前代為勝國。勝國者，言所勝
之國也。如本邦開闢以還，皇統一系，前無所勝之國，則此二
字固無所用矣。近世詩文，間用此二字，蓋指豐臣大閤之時
也。然自古將家之霸乎天下也，未曾有如西土諸侯別建封國
者。今試問其所勝之國為何國，則將何以對之？此亦昧於名實
者也。[61]

誠如敬所所言，「勝國」一詞意指亡國，見於《周禮》。[62]而敬所

60　豬飼敬所：《操觚正名》，頁 9-10。
61　豬飼敬所：《操觚正名》，頁 11。
62　《周禮》〈地官〉〈媒氏〉：「凡男女之陰訟，聽之于勝國之社。」〈注〉：「勝國，
　　亡國也。」〈疏〉：「此往勝得彼國將社來，謂之勝國。」據〔漢〕鄭玄注，〔唐〕
　　賈公彥疏：《周禮注疏》，收入〔清〕阮元：《十三經注疏附校勘記》第三冊（臺

此處所謂以「勝國」稱呼江戶日本的近世儒者，指的應是中井竹山。[63]
敬所質疑的是：即使對德川幕府而言，豐臣秀吉（1536-1598）、秀賴
（1593-1615）父子之政權雖屬於在其之前的滅亡政權，然豐臣氏與德
川氏一樣，皆屬於霸府，而在形式上霸府之統治權乃受命自天皇，並
非另立封國皇朝，故即使霸府執政，其所授命治理之國不變，仍是萬
世一系之皇室所統轄的大和日本，此點德川政權亦不例外。敬所此番
辨正，無異明言京都皇室乃是日本國之正主，霸府雖手握政權，然卻
只是代理神孫相承、皇統綿綿，與天地無窮之天皇來治理天下——日
本國。所以，敬所認為此一皇祚綿延不絕的日本：

> 比之西土朝秦暮漢，昨唐今宋，勢威強大者，能攘奪名位，則
> 所謂天地懸隔者非也。嗟夫！知禮義，達於君臣大倫者，孰能
> 尚焉。我大日本之稱中國也，實無愧於覆載之間，不惟合乎西
> 土之例也，狥與盛哉。然則夫中國西土而慕之者，亦所謂不好
> 真龍而好似龍者也，豈非惑之甚哉。[64]

敬所直言不妨稱日本為「中國」，因為日本萬世一系之皇統，顯
示出日本「知禮義，達於君臣大倫」，故不僅有資格，且無愧於稱「中

北：藝文印書館，1989 年），頁 218。

63　因敬所曾對中井竹山之《逸史》一書進行糾謬，撰成《逸史糾謬》。書中對《逸史》
〈題辭〉中有所謂：「室町而下，正史未修，撥亂盛業，稗官成丘，勝國之迹，記
亦紛紛。」（據中井竹山：《逸史》，《中井竹山資料集》，收入高橋章則編：《近世
儒家資料集成》，東京：ぺりかん社，1989 年，卷 3，頁 35）提出辨正，敬所言：
「勝國之迹本邦開國以來，百世一統，無如漢土有勝國。若謂豐臣氏曰勝國，則
所勝之國名號云何？」詳參豬飼敬所：《逸史糾謬》，收入關儀一郎編：《日本儒
林叢書 4　論弁部》，頁 1。

64　豬飼敬所：《操觚正名》，頁 10。

國」。而既然日本可稱為「中國」，則天皇當然可稱為「皇帝」，敬所
言：

> 《大寶賦役令》曰：「凡邊遠國，有夷人雜類之所。應輸調役
> 者，隨事斟量，不加華夏。」《義解》云：「華夏謂中國也。」
> 又曰：「凡以公使外蕃還者，免一年課役。其唐國者，免三年
> 課役。」〈儀制令〉曰：「皇帝，華夷所稱。」此本邦亦自稱曰
> 中國、曰華夏。海外諸國三韓之屬曰夷狄、曰外蕃，亦尊內之
> 辭也。但漢土以文物之所資焉，故獨不夷之，又不華之，別稱
> 其號曰唐國也。《日本紀》孝德天皇詔曰：「朕聞西土之君，戒
> 其民曰：『古之葬者，因高為墓，不封不樹。』」西土者漢土也，
> 在本邦之西故也，亦猶彼謂我為東夷也。聖德太子稱隋為日沒
> 處，亦此意已。且漢土歷代，各建國號，故無一定之名。蓋西
> 土者，通古今之正稱也。又，自古稱西土曰漢土、曰唐土，蓋
> 自彼此通問，漢唐二代，歷年殊久，故本邦人習而稱之，因以
> 是為古今之通稱也。今時彼土亦猶有漢文、唐山等語，其意正
> 同。然則西土、漢土、唐土三稱者，皆不夷不華之辭也，可謂
> 得其宜矣。[65]

在此段引文中，敬所先舉出七〇一年制訂頒布的《大寶令》中〈賦役
令〉與〈儀制令〉的說明[66]，再舉出史籍《日本書紀》中孝德天皇稱漢

65　豬飼敬所：《操觚正名》，頁 8-9。
66　《大寶令》〈賦役令〉與〈儀制令〉之說，詳見《令集解》前編，據黑板勝美編：
　　《新訂增補國史大系》（東京：吉川弘文館，2004 年），卷 23，頁 403-404；《令集
　　解》後編，《新訂增補國史大系》，卷 24，頁 701。

土為「西土」的用例[67]，而來證明日本亦自稱「中國」、「華夏」。又，當時三韓等國即日本之屬國，此類諸國則稱為「夷狄」、「外藩」；而因為漢土之文物足以資助日本，故天皇既不視其為「夷狄」，也不視其為「中華」。換言之，敬所不滿的是徂徠等近世文人稱漢土為「中國」，無疑就是自貶為「東夷」。且稱漢土為「中華」之舉，既不符合日本國史書、律令所載日本自古以來朝廷的自我定位，亦違背漢土強調尊內之義理。故前述所謂徂徠一味稱漢土為「中國」或「中華」，其又稱漢土之人為「華人」[68]，稱漢土之語言為「華音」[69]，凡事關漢土者，無不稱其為「華」，敬所以為此種作法皆是：

> 華彼即夷我也，中彼即蕃我也。嗚呼其不學無識，非惟昧於本朝制令之文，實不達乎西土尊內之義也。凡為此言者，豈但得罪於本朝爾哉，亦名教之所不然容也。神道者流，切齒於儒者，不亦宜乎。今試使三尺童子，華外國而夷本邦，則必唾而

67　〈孝德天皇二年條〉，《日本書紀‧後篇》，收入黑板勝美編：《新訂增補國史大系》卷1下（東京：吉川弘文館，2004年），卷25，頁233。

68　例如徂徠言：「措華之孩於倭亦然。迨其長也，見華人則亦唾而罵之曰化外。今人之不能為古人，亦猶華倭邪？」詳見荻生徂徠：〈答屈景山‧又〉，《徂徠集》，卷27，頁299。

69　徂徠每每以「華音」、「華言」、「華語」、「華文」稱漢土之語文，如「高僧快士四五箇，華音倭語善戲謔，唐詩梵偈巧唱和。」據荻生徂徠：〈麗奴戲馬歌〉，頁13；「夫華言之可譯者，意耳。意之可言者，理耳。其文采粲然者，不可得而譯矣。」據荻生徂徠：〈答屈景山〉，頁296；「不佞嘗與諸善華語者，石鼎菴、鞍蘇山及所偕岡生相識。」據荻生徂徠：〈與香國禪師〉，《徂徠集》，卷29，頁320；「況吾邦之學華文，假使學韓、歐，非模擬而何？」據荻生徂徠：〈答屈景山〉，頁297。然徂徠雖屢以「華」稱漢土之事，但其也曾以「唐山」稱漢土，例如「殊不知假使商賈無知筆，在唐山作此等文章，萬一發覺，必坐以叛國之罪。」據荻生徂徠：〈與悅峯和尚〉，《徂徠集》，卷29，頁318。

罵之，不但不肯而已。然而諸老先生甘為之者，謂之何哉？[70]

　　敬所在此，不僅斥責徂徠等無視日本古來制令之文，且徒從漢土之文辭卻不知漢土亦有尊內之義，而其糾謬辨正之法，則是以日本之國史、典籍為其理據，並以之而來取代六經，堪稱以「大和」之古文辭來代替「大漢」之古文辭，提出內／和尊於外／漢。而上述所謂江戶諸儒不知日本朝之制，因而紊亂稱謂的情形，同樣也出現在對官職的誤稱上，例如對「諸侯」一詞之稱呼即是。敬所言：

> 周制五等封君，總謂之諸侯。諸侯者，世君封國，專主臣民之號也，故戰國七王、西漢藩王，亦謂之諸侯。本邦今之諸大名，皆世君封土，專主臣民，實周代之諸侯也，非唐季藩鎮之比也。世儒稱為諸侯者，故當矣。然其名不出乎朝廷，則此亦唐名也。本朝古者以郡縣之制而御天下，戰國以後，既為封建之治，而官爵之制，仍用郡縣故事，未有封爵之典。亦猶西土後世既為郡縣之治，而猶以五等封號，虛加於朝臣也，固非我輩所得而議也。龍溪先生曰：「近世儒者，稱列國封君，以封國若城邑，若受領國名配侯字，曰某甲侯。今時以為藝苑恆式，然覺不穩貼。夫列國之君，有諸侯之實而無諸侯之爵，固是朝廷之制也。若儒者所稱，恐嫌於以其筆端私立侯爵之號矣。余則雖違眾，不用此稱也。世說，周顗稱周侯，殷浩稱殷侯，宜從此例，稱源侯藤侯，此與立名號不同，然亦唐名之類也。紀實之文，宜稱源君藤君矣。」先生此說亦可謂卓識矣。[71]

70　豬飼敬所：《操觚正名》，頁9。

71　豬飼敬所：《操觚正名》，頁17。

　　敬所以為世儒稱江戶時代之「大名」等地方政府為「諸侯」，雖
然實質相當，但既然皇室朝廷不封以「諸侯」之名，且即使日本在戰
國時代以還便採用封建制，但官爵仍襲古來之郡縣制，未有封爵，則
儒者借用唐名，自稱「大名」等地方政府為「諸侯」，不僅是僭越私
改，亦不解日本朝之古制。同時敬所更佐以其師巖垣龍溪之說，以辨
正世人之誤，強調官職之「名」必須出自朝廷，而非私人可任意擬作。
其中，敬所特別舉其師批駁徂徠學者之喜稱「某甲侯」[72]的說法，頗有
闡揚師說以對抗古文辭學之意味。

　　其他如「刺史」、「大守」之稱謂，近世文人亦喜以漢朝之「部刺
史」稱日本之「轉運使」，另又以漢朝之「大守」稱日本之「知州」；
或是不以日本仿傚秦官所制訂之朝制，於各地方國設置「守」；仿傚漢
官而於上野、常陸、下總三地方國設置「太守」，卻以「御史太守」來
稱呼日本各地國守。諸如此類，除同樣是有違日本朝制之外，其以唐
名為「雅」；和名為「俗」的想法，其實是不察或無視日本有別於漢
土，王制自備一格之事實。敬所言：

> 本朝損益唐制，斟酌時宜，新建官爵之制，更撰官名，以符職
> 掌。故八省諸寮，悉皆名實相稱，如以尚書省為太政官，御史
> 臺為彈正臺之類。比之於漢唐因襲之陋，奚翅天壤。苟使西土
> 君子讀職員令，必將稱歎曰東海之外，森然別備一王之制矣。[73]

同時，敬所又主張在撰作誌人記事的碑、志、行狀等記實文類時，若

72　如徂徠常以「某甲侯」的形式稱呼地方國封君，如「狩蘭侯」即是其中代表。見
　　荻生徂徠：〈題狩蘭侯畫〉，《徂徠集》，卷1，頁14-15。其他尚有「下館侯」。據
　　荻生徂徠：〈與下旅侯〉，《徂徠集》，卷20，頁212。
73　豬飼敬所：《操觚正名》，頁16-17。

私自改稱官職，徒求附庸風雅，則將無以見其實而導致名不符實，何況其為求諸事類漢土之「古」，而擅自改易以從「漢雅言」，不僅是魯莽誤己之舉，同時亦可能無視「國體」，禍及君上，故敬所曰：

> 夫於紀實之文，稱唐名者，是擅棄本朝之制，而私稱異邦之官也。稽諸禮儀，揆諸人情，皆殊不安，且夫唐名為善乎。古者聖皇賢相，直用唐名而已。何以更制官名之為，不思焉耳。抑亦古人有言，曰寧為雞口，無為牛後。假令本朝官名不美，稍有丈夫志氣者，不甘稱異邦之官矣，況不必然乎。余嘗聞之某大夫，一名公曰，今時儒者，多出乎卑賤，故雖博識者，率昧大躰矣，豈謂是之類耶。[74]

敬所強調職役之名，尤宜用心，此乃歷來對仕官藩國者在撰作文章時的要求，因為「職役之名，出於其君，豈可私改之乎。」[75]但有鑒於諸藩法令各異，外人縱使聽聞其官職亦不可曉，故敬所建議：

> 當譯漢語以明其實，而譯職役之法，必不可用唐土官名，又當不似官名，……皆唯譯其義耳，與私撰職名者大異。……元代上州置達魯火赤，達魯火赤夷語也。後世只聞其名，能曉其職乎？然當時既為官名，故修《元史》者，直書其名，不換文字以譯其義也。紀實之法也，況武家官稱，以字義推之，不必無其謂。……且舉其本稱，而於其下覆說其義，則可謂之譯矣。今不舉本稱，直書譯名，則此亦改其稱也，不見其與私撰官名

74　豬飼敬所：《操觚正名》，頁 15。

75　豬飼敬所：《操觚正名》，頁 19。

者異矣。龍溪先生曰:「凡文章記武家官名,宜直書本稱,必
不可以唐土官名。及義譯文字而換之矣。世儒或云:『若用其
本稱,唐人讀之,不得可解其職。』是真可笑之甚也。夫儒者
文章,固非為唐人而做也。遠慮彼之不解,而近失我之事實,
豈禮也哉?若有唐人讀之,患其難解,則臨其時乃為注義議
耳,何必預為彼作通事乎?」先生此說,著實明快,足以破後
學之惑矣。[76]

敬所針對近世儒者、文人喜於私改職役的風氣,從其師說,進一步提
出其所謂「以義譯代私改」的改善之道,且其所謂「譯法」,又可分按
照其意義而譯為漢文;另一譯法則是按照《元史》作法,以漢字直接
音譯其蒙元官職之名「達魯火赤」[77],但於保留其原音之語辭下翻譯其
義。我們必須注意的是,敬所在此舉元代「夷語」亦保留其原名,而
以義譯說明的作法,筆者以為其或恐有所謂:即使明儒所撰之《元
史》,亦仍保留異族王朝之「夷狄語言」,則日本儒者、文人,又豈有
自棄其和名之理由。何況諸儒、文士撰作文章,本非為唐人而作,卻
為了憂慮唐人不解日本官職,而選擇無以達意之唐名來稱呼本土官
職,以待他日之漢土讀者,此舉不但有違事實,而且流於捨本逐末。
何況如撰寫《元史》之明代史家,亦不會因憂慮後人不解而擅改元朝

76　豬飼敬所:《操觚正名》,頁 19-20。

77　敬所此處所謂《元史》中「達魯火赤」一語,即「達魯花赤」。如「月魯不花,
　　字明彥,蒙古遜都思氏。生而容貌魁偉,咸以令器期之。……遂登元統元年進士
　　第,授將仕郎、台州路錄事司達魯花赤。」見〔明〕宋濂等:〈列傳第三二〉,《元
　　史》(北京:中華書局,1976 年),卷 145,頁 3448-3449。另如「杭州地大,委
　　寄非輕,阿合馬溺私愛,乃以不肖子抹速忽充達魯花赤。」見〈列傳第九二・奸
　　臣〉,《元史》,卷 205,頁 4561。

官名，故由此可知日本近世文人之私改官名，恰恰反映出彼等昧於漢土載籍之弊病。

（二）私改地名／人名、自稱／稱人有誤與私撰擬漢、藻飾亂章、附會僭越

前述敬所揭舉師說以抗衡徂徠的作法，除見於其對官職之辨正外，在《操觚正名》中，敬所援引巖垣龍溪之說以糾謬，多見於其對自稱、稱人等稱謂之辨正，關於此點，容後再述。筆者在此擬先討論敬所辨正私改地名之情形，例如敬所指出徂徠學派稱江戶為「東都」之謬，在於：

> 都者，王者之所居也。周謂鎬京為西都，洛邑為東都。東漢謂長安為西都，洛陽為東都，隋唐亦然。元謂開平為上都，燕京為大都，是皆帝王之常居。及別都舊都也，不係帝王之居，而稱之都者，未曾聞也。故本邦亦謂寧樂為南都，平安為北都，未嘗有謂鎌倉為東都，大阪為南都者矣。蘐園之徒，謂京師為西都，夫京師者闔國之中也，何以謂之西乎。蓋對所謂東都而言，亦一人之私稱耳。其稱西京西畿之誤，亦皆倣此。[78]

蓋江戶城係德川氏於此開幕後而開始發展的新城市，宛若鎌倉幕府開幕於鎌倉地區，室町幕府開幕於京都地區，皆是幕府政權所在。而幕府將軍並非日本帝王，所以江戶時代之前的鎌倉、京都等幕府政權所在地，既然皆未曾稱「都」，則當時江戶豈有因其地處關東，與關西京都相對而可稱呼「東都」之理？何況所謂皇室所在之「京師」，就日本

78　豬飼敬所：《操觚正名》，頁 4-5。

全國地理位置而言，相對地處中心地區，豈是國西之地。然徂徠等學者卻屢以「東都」稱江戶[79]，敬所以為彼等所以稱京都為「西都」、「西京」，皆是立足於德川幕府之所在地江戶而有的稱謂。敬所此番指摘，無非是說徂徠等古文辭學者，號稱擬古，其實皆不諳古制。並且其將幕府將軍與皇室天皇等同而視，亦屬僭越名分之舉。

另外，有關誤稱、改稱地名之例，尚有無關乎政治立場者，純粹是因為以唐為雅，務求似漢，或是喜新奇、事藻飾、好戲作，甚至流於牽強附會而強改、私改、亂改地名。例如：

> 蘐園之徒，詩文每借漢土以改本邦地名，改牛込為牛門，武藏為武昌，和泉為酒泉郡，加賀為賀蘭州之類，皆以一字相同也。甚者音訓相雜，展轉遷就以改之，如目黑為驪山是也。輕俊才子，靡然傚之。海內地名，更革幾徧，如私制唐名然。摸漢賽唐，雖平日言語，亦復用之。以為文運方闡，用夏變夷。殊不知其輕薄妄作，取笑大方，何以言之？和漢地名，一字相同，音訓相似者，不可勝數。苟以是假借，則彼此混亂，不可分別矣。況夫郡國邑里之名，國家之所定也，豈得私紛亂之乎。近世文人，惡地名之不似唐土，改易文字，以為巧制。如篠筈為不忍，栗津為不遇之類，是也。[80]

79　例如徂徠於本文前引〈答屈景山〉一文開頭便云：「東都物茂卿，謹復西京屈君足下。」據荻生徂徠：〈答屈景山〉，頁293；另於〈送岡仲錫徙常序〉一文中，亦言：「日本雖小，東都雖偏，其斯天下大都會非邪？」據荻生徂徠：〈送岡仲錫徙常序〉，《徂徠集》，卷11，頁113；又徂徠弟子太宰春臺之門生，在輯錄刊刻《春臺先生紫芝園前稿》與《春臺先生紫芝園後稿》時，於二書每卷開頭，皆署名為「門人　東都　稻垣長章稚明　堤有節仲文　輯」。

80　豬飼敬所：《操觚正名》，頁5。

從此類地名之改易，可以看出江戶中期以還，文士撰作詩文除務求其文辭類於漢土本地詩人之用語，試圖藉此去除所謂「和臭」、「和習」之外，亦相當程度反映出隨著十八世紀中葉以還，「戲作」文學的發達[81]，士人撰作詩文時亦不免有遊戲之舉。故若為求務去「和臭」、「和習」，則日本地名中有一字同漢土之地名者，則改之以增加「漢味」、「漢風」，所以改「牛込」為「牛門」、「武藏」為「武昌」；又，字雖有異，然音、訓二讀法互轉為同者，亦可勉強牽就，改之為漢土地名，如改「目黑」為「驪山」等。另外，若字形以及音、訓二讀皆不同於漢土地名，則從日本本地地名之日文讀音，是否同於漢土地名之日文讀音著手，巧妙置換，加以改易，如改「篠筈」（日文讀作「sinobazu」）為「不忍」（因不忍二字之訓讀亦讀作「sinobazu」），改「栗津」（日文讀作「awazu」）為「不遇」（因不遇二字之訓讀亦讀作「awazu」）等即是。

　　如此改易法，堪稱無所不用其極，或只求模漢賽唐，或流於輕薄戲作，卻誤以為如此可用夏變夷。敬所以為彼等不僅不自知其已經貽笑大方，何況郡國邑里之名稱乃國家所定，近世文人則胡亂改易以致紛亂不清。如此，不僅僭份踰矩，不知非天子不制作，其撰作詩文時，卻又徒事文辭藻麗而不惜附會，然文章巧拙實不係此。[82]其他還

81　自一七七〇年至一七九〇年之間，原本流行於上方，日後逐漸流傳、流行至江戶的灑落本，使得嚴肅小說漸次往「戲作」小說過渡發展，繼而屬於「戲作」文學的各式小說陸續出現，蔚為文學風潮。詳參中村幸彥：《戲作論》（東京：角川書店，1966 年），頁 27；ドナルドキン（Donald Keene）著，德岡孝夫譯：《日本文學史 近世篇三》（東京：中央公論新社，2011 年），〈一七戲作〉頁 46-110。

82　江戶儒士主張為文巧拙，其實不在字字必華語、華文，亦非如徂徠所謂：「學者先務，唯要其就華人言語，識其本來面目。」據荻生徂徠：〈譯文筌蹄題言十則〉，《徂徠集》，卷 19，頁 193。於敬所《操觚正名》之前有深谷公幹《駁斥非》，公幹此書主在批駁太宰春臺《斥非》，其中針對春臺提及所謂當世詩人：「足未嘗履

有一味援引漢土筆法，卻誤解、或說雖知曉而強用之的情形，例如強用「陽」一例即是。敬所曰：

> 唐土地名，洛陽、岳陽之屬。古人釋之云：山南水北曰陽，其義本自明白。而本邦文人，惡地名之不似唐，省略本名，而以陽字配之。謂攝津為攝陽，長崎為崎陽之類是也。前輩業已明辨其非者多矣，然至今猶見用此稱者，故言及之。[83]

引文中改「長崎」為「崎陽」的代表人物，首推荻生徂徠，其文集中頻繁可見「崎陽」二字，最經典之用例，則是其稱當時長崎翻譯官唐通事之「譯學」為「崎陽之學」。[84]而此種牽強改易日本本土地名之作

其地，目未嘗睹其勝，而徒搆虛詞，以應求塞責為之。景故不勝，己未嘗一寓目於其間，則焉所措詞哉。」（據太宰春臺：《斥非》，收入關儀一郎編：《日本儒林叢書 4 論弁部》，頁 8）的此一說法，公幹雖認為未嘗不可，但因春臺另於〈病餘間語〉一文中提及：「在吾諸友，天門上人，老於詩者也。高野子式，專於詩者也。」（據太宰春臺：〈病餘間語〉，《斥非·附錄春臺先生雜文九首》，頁 38。）故公幹認為子式此人既是盲人，則其豈非春臺所謂「目未嘗睹其勝，而徒搆虛詞」之人，於是質疑春臺難道也是「以措虛詞為專詩者耶？」足見深谷公幹亦反對作詩者專事虛詞、藻飾。詳參深谷公幹：《駁斥非》，收入關儀一郎編：《日本儒林叢書 4 論弁部》，頁 3。

而敬所之後則有中井竹山《閑距餘筆》，竹山言徂徠主張通華言乃為文第一義，而當時日本最善於操華音者，莫若雨森芳洲。而竹山父親就曾對其說道：「芳洲覽人文字，以華音朗誦，未嘗為迴轉讀，而其義輒通，可謂孰矣。」但竹山卻舉出諸多雨森芳洲文中不免「和習」之處，因而主張「作文別自有準則，不關華音也。切戒世之有志於文者，慎勿溺於夫似是而非之說，枉費工夫，以貽終身之惑矣。」詳見中井竹山：〈華音〉，《閑距餘筆》，收入關儀一郎編：《日本儒林叢書 4 論弁部》，頁 9-11。

83　豬飼敬所：《操觚正名》，頁 7。

84　徂徠曰：「予嘗為蒙生定學問之法，先為崎陽之學。教以俗語，頌以華音，譯以此方俚語，絕不作和訓迴環之讀。」見荻生徂徠：〈譯文筌蹄題言十則〉，頁

法，在敬所眼中看來荒謬至極，形同杜撰，敬所恐怕也不解徂徠何以擬漢、仿唐至此地步。而若說古文辭學者是為了追求為文必知華音、華文以及漢土經書之「古」文辭，則此舉當是貴古賤今之結果。但對敬所而言，問題在於徂徠學派等學者卻又不尊重日本朝古制，似乎徒在文辭、形式上仿古、貴古。所以才導致如前文所述，或昧於日本古代史籍之記載，或有違日本朝古來之禮制，但卻又喜以日本古地名稱呼某些日本地方與城市。敬所指出：「本邦近世文人，未近江為淡海，大坂為浪華之屬，蓋不尠矣，此亦姑蘇之類也。凡古名者非正稱也，志傳實錄之文，必不可用矣。」[85]亦即在敬所看來，古名非正稱，因為古者未必佳，實無須一味擬古，導致文昧於實，失卻真實世界之本來面目。敬所評斷此類儒士為：

> 然則夫中國西土而慕之者，亦所謂不好真龍而好似龍者也，豈非惑之甚哉。[86]

　　敬所此番譬喻，頗有妙意於其中。因為此段引文原見於前引所謂：「我大日本之稱中國也，實無愧於覆載之間」句後，若如其所喻，則徂徠學派等近世儒者，就是葉公，而其所好之中國僅是「似龍」；而彼等所以為鄙俚的日本，則為「真龍」。而誠如眾所周知的，「龍」這一圖騰符碼，乃代表九五至尊的「皇帝」，而且「龍」也是中華民族或

195。

85　豬飼敬所：《操觚正名》，頁 6。例如：太宰春臺就有〈浪華〉詩，收入《春臺先生紫芝園前稿》，《近世儒家文集集成》（東京：ぺりかん社，1986 年），卷 2，頁 35。另，春臺亦以京都之舊名「平安」稱京都，見其詩〈平安因幡堂安藥師佛處也戲題〉，收入《春臺先生紫芝園前稿》，卷 2，頁 39。

86　豬飼敬所：《操觚正名》，頁 10。

中國之象徵，故敬所此番中國為「似龍」，日本為「真龍」之喻，堪稱「華夷變態」之說，同時也意味著徂徠等藉由模漢賽唐而試圖達成「用夏變夷」的想法、主張，是一「以假幻真」的狂妄輕薄之想。相對於此，敬所則試圖藉由辨正諸名，以求還其實情、崇其正名，尊其天皇／日本這一「真龍」。

而關於自稱有誤者，一般士人最為敬所詬病的，就是仿唐人姓名，改省複姓為單姓之舉，且敬所往昔也曾犯此錯誤，其言：

> 近世文人，惡姓氏之不似唐，或省複姓為單姓，省服部為服，省井上為井。或假同音改文字，改宇為于，改源為阮。此亦皮膚之見耳，唐人之所不為也。太宰德夫既已非之，余少時亦化陋習，改姓為豬。龍溪先生論余曰：姓冒豬者非一，有豬股、有豬子，若皆省為豬，則何以見其別。余於此復舊。[87]

其實古文辭學者等省複姓為單姓的作法，非常普遍。誠如敬所所批駁的，徂徠稱其門下弟子服部南郭（1683-1759）為「服南郭」、「服子遷」，如：

> 平安服子遷，從予遊，數歲而業成，成則非予佞所敢當也。[88]

又稱山縣周南（1687-1752）為「縣次公」、安藤東野（1683-1719）為「藤東壁」、太宰春臺為「太宰純」、平野金華（1688-1732）為「平子

87　豬飼敬所：《操觚正名》，頁 20。
88　荻生徂徠：〈南郭初稿序〉，《徂徠集》，卷 9，頁 87。

和」[89]，以及稱雨森芳洲（1668-1755）為「雨伯陽」，如：

> 對府書記雨君伯陽，以辛壬歲，從其府公，儐韓使東來。[90]

然稱雨森芳洲為「雨伯陽」的，並非徂徠一人。誠如前述，中井竹山、深谷公幹亦皆如是稱芳洲。而即使抨擊徂徠學者不遺餘力的江村北海（1713-1788），其於《日本詩史》中亦同樣稱服部南郭為「服子虔」、平野金華為「平子和」、山縣周南為「縣次公」等。由此可證時儒對省改複姓，習以為常，無怪乎敬所慨嘆道：

> 余謂世之文人，記本邦之事，惡其鄙俗，易姓名，改地名。一欲其事之似漢土，故文成之日，本來面目，十不得一二，亦復何益乎？[91]

而敬所以為徂徠最荒謬的是，其不斷重申自身受李、王二人所啟迪，但竟然盡信李、王，不辨其謬誤，而自稱「不佞」。敬所指出：

> 徠翁每自稱曰予不佞，又曰不佞，茂卿蓋倣明儒也。按《左傳》范文子曰：「君幼諸臣不佞，何以及此」（成十六年）。《周語》襄王曰：「余一人僅亦守府，又不佞以勤叔父。」《魯語》展禽曰：「寡君不佞，不能事疆場之司。」杜、韋並曰：「佞，才也。」可見不佞只是謙辭，猶云不敏不德，非自稱之辭也。而王世貞

89　荻生徂徠：〈與縣次公書・又〉，《徂徠集》，頁 407。

90　荻生徂徠：〈贈對書記雨伯陽序〉，《徂徠集》，卷 10，頁 103。

91　豬飼敬所：《操觚正名》，頁 19。

《左逸長短》，以不佞為自稱之辭，蓋誤看《左傳》亡人不佞昭二十年。《晉語》曰：「我不佞雖不識義，亦不阿惑。」《史記》寡人不佞孝文本記之類也。《左逸長短》，徒事模擬剽竊，故字法不安，辭理不串。猶本邦古文辭家之文也。豈特畫虎類狗者哉。余嘗著《左逸糾謬》辨之詳矣。徠翁之溺于王李，真所謂醉生夢死者也，其以不佞為自稱，固不足異。今之文人，或歸朱學，或立私見。不肯從徠翁，而仍襲其誤，又以不佞為自稱，雖好讀《左》、《國》，而不能發明之，此乃不可曉者也。[92]

從徂徠既言「我不佞」，則可知其應知曉「不佞」係一自謙之詞。然《徂徠集》中確實如敬所所言，徂徠以「不佞」一詞自稱者，比比皆是，不勝枚舉。故敬所援引《左傳》、《國語》等經籍來加以辨正，也形同顛覆了徂徠自言其「言必稱六經」、「學必古」、「目不涉東漢以下」等古文辭之主張與宣言。

　　亦即，當徂徠學派之詩文，經由敬所考察其出典、追溯其原意，逐一考索破解後，每個所謂擬漢、擬古的語詞，卻被證明幾乎皆非出自權威性經書，或是語詞、字義已遭轉換、嫁接、改易，甚或杜撰。故設若古文辭確實為「古」，則其所援之「古辭」，恐不在六經，而在李、王。或縱使其「辭」出自經籍，其「意」恐亦不復原貌，甚而流於誤用。敬所批評徂徠乃至其古文辭法，過分「溺于王李，真所謂醉生夢死者」的這一評斷，若從本文所檢討之諸多例證看來，自有其相當之說服力。然筆者以為其中關涉徂徠之漢文、漢籍認識與學習法主張等複雜層面，又是另一個必須深入爬梳的問題，本文限於篇幅，此一問題容待日後撰文再議。以下將從學問問題與思想內涵，扼要說明

92　豬飼敬所：《操觚正名》，頁 22-23。

敬所立足護持日本主體性之立場，其「正名」之說究竟與中國儒家的
「正名」論有何異同與新發明之處，以及其內涵特質為何？以為本文作
結。

四　結論：反徂徠學、尊皇敬幕、華夷變態之統合

　　江戶時代九州地區，與豬飼敬所生逢同時的龜井昭陽，其父龜井
南冥（1743-1814）之師永富獨嘯庵（1732-1766），乃徂徠門人山縣周
南（1687-1752）之弟子，一般言及江戶時代九州地區之徂徠學者，多
舉龜井父子為代表，然昭陽與敬所一樣，既不拘泥於徂徠古文辭學或
仁齋古義學，同時還可看出其折衷諸說，過渡至古注、考證學的色彩
相當濃厚，正因如此，故二人為學皆必「折衷先師而後可」[93]，昭陽並
不諱言徂徠之古文辭問題多多，其言：

> 以古言證古義，物氏得之。然其所徵，多鹵莽、多牽合固滯、
> 多誣。[94]
> 今之學者，當以識古文為要，此物子格言。而物子之於古言，
> 黯劣支離。[95]

　　甚至明言其厭惡古文辭至極，其言：

> 余生來惡古文辭三言，讀書每逆此字，吾伊之聲跙躓，胸中為

93　龜井昭陽：《讀辨道》，收入關儀一郎編：《日本儒林叢書 4　論弁部》，頁 12。
94　龜井昭陽：《家學小言》，收入關儀一郎編：《日本儒林叢書 6　解說部第 2》，頁
　　6。
95　龜井昭陽：《讀辨道》，頁 18。

惡。[96]

關於徂徠以古文辭徵古義，然所引其辭、所徵其義未必為古，亦即古文辭實無其法的這一問題，徂徠弟子太宰春臺早有認識，其言：

> 行古辭以今法者有之矣。其病在好用古人成語。古人成語，必有所以出之，今修辭家但用古人成語，而不問其所以。故辭雖典雅，而文理不屬。[97]
> 予觀今之為古文辭者，務剽竊古人之成語。雖云擇之特舍東漢以後，而取西漢以上耳。苟語出先秦西漢者，不問所出之家，不審其所專與其與眾共，而隨得混用，甚至於取《詩》、《書》之文以為己語、何其妄也。[98]

如以上引文所述，因為古文辭有如是等問題，故春臺稱其所撰作之文，猶如「糞雜衣」[99]，聯綴羅綺雜帛，精粗美惡斑駁不一。當時朱子學者更是群起批物、非徂，或言「古文辭者不足定古義，……經傳所謂文者，非下筆摛藻之謂也。」[100]或言徂徠援經擬古以修辭，然其模擬剽竊之斧鑿奇澀文辭，即便如李、王之古文辭，卻未必可得古訓、通古義，僅如「孩兒之論」。[101]

96　龜井昭陽：《讀辨道》，頁 2。

97　太宰春臺：〈文論五〉，《春臺先生紫芝園後稿》，卷 7，頁 173。

98　太宰春臺：〈文論三〉，《春臺先生紫芝園後稿》，卷 7，頁 171。

99　太宰春臺：〈文論二〉，《春臺先生紫芝園後稿》，卷 7，頁 170。

100　平瑜：《非物氏》，收入關儀一郎編：《日本儒林叢書 4　論弁部》，頁 6。

101　蟹養齋：《非徂徠學》，收入關儀一郎編：《日本儒林叢書 4　論弁部》（東京：鳳出版，1978 年），頁 11-12。

　　上述古文辭學者與朱子學者的批判聲浪，皆可見於《操觚正名》，而敬所對古文辭學者乃至時儒之糾謬批駁，動機則出自其有鑒於當時誤稱、改名之舉眾，儒士徒援漢土古文辭，專事藻飾，而不顧文理古義、不知日本朝舊制、史籍；一味擬漢模唐乃至剽竊杜撰，欲藉之用夏變夷，遂致紊亂名實或僭越名分；又混用稱謂，不顧尊卑，昧於皇室、幕府有別而得罪名教；或時人皆以唐為雅、務求似漢，因而不辨自他內外主客之分。敬所因而藉由逐一詳舉語詞條目，精審辨正其誤謬，欲藉之導正風氣，正名撥亂，故撰成《操觚正名》一書。而敬所辨駁徂徠者，基本上不出小島康敬書中所謂享保以還，江戶學界反徂徠之四種主張：

　　一、針對徂來學的學問傾向，特別是其輕視修身此點加以批判。

　　二、激烈抨擊徂徠學在文獻學上的實證性與客觀性不足。

　　三、批判徂徠學的中華主義思維。

　　四、對徂徠學說進行思想性批判。[102]

　　而據本文上述之檢討，《操觚正名》堪稱具備前三面向。換言之，其辨正批駁徂徠學之舉動，就性質上而言，前有辨正者，後有承繼者，敬所並非唯一；然其所採之方法則更為精審，主要是逐一拆解徂徠學詩文之「古文辭」，考證其典據，回復其文理而界定其「古義」，或徵諸中日兩國各代朝制以定其節儀，堪稱是所言有據、具體可查的「援經」以解析徂徠學之「擬古」實相。且其所徵引之經籍，亦不侷限於中國古代經籍，更涉獵日本古籍，以國史代六經；考其名物制度時，亦徵諸日本損益唐制後的古制，主要是以徵經考證法以破古文辭法，已見江戶古注學派之折衷考證學風，堪稱幕末考證學之先河。

　　而敬所撰作《操觚正名》之目的，除折衷群經、批駁古文辭、撥

102　小島康敬：《徂徠學と反徂徠》，頁 203-204。

亂以正文風與習俗，同時闡揚師說之外，敬所於書中所標舉之價值主
張與思想內容，主要有以下五點：

一、主張崇正尚實，故唐名雖可用，然畢竟屬異名，故不可紀
實，凡碑誌行狀，宜用正名。至於牽強附會、私改杜撰稱謂者，則屬
僭越。因為非天子不議禮、不制度。

二、稱謂務求合名分禮儀節度，譯語則需名實相符。故建議日本
名物制度可按其「義」而譯／代以漢字，或不換文字，保留其「音」
讀而譯以日文義，主張以譯義代私撰。

三、徒事擬漢賽唐、附庸風雅、擬古藻飾，不稽古而妄擬古，實
非為文、為學之正途。

四、皇室王「道」與幕府霸「位」，不可相混，故宜尊皇敬幕，
然皇室名分絕不容僭越。

五、因古今、和漢、事勢有異，故一味以唐為貴、以漢為雅、自
居中國屬國，係妄為不智至極。實不知日本亦為中華，且自開闢以來
神孫相承，皇統萬世一系，君臣大倫明如日月，無有行湯武口實以革
命者，故此「國體」乃萬國所未能及之「真龍」。

綜合上述，筆者以為《操觚正名》一書，就學問問題而言，主在
指出徂徠學派援經擬古之乖實，與其稱謂、議論之失當者，其所採整
徵經辨正之法，堪稱有憑有據，不僅追溯語彙名詞之所出，亦能從文
本語境脈絡，還原語彙概念之義理。就此點而言，敬所與孔子一樣認
識到：「名」是優於一切而存在的，是世界所有秩序的始源。然若就思
想問題而言，則其所欲傳達之思想內涵，堪稱是反徂徠學、尊皇敬幕
與華夷變態之統合。其中，敬所辨正與撰書之主要目的與核心精神，
亦即其所謂正名，則在尊內、尊皇，主張以「和」為主／內，以「漢」
為客／外，以及日本乃真正之「中國」。而尊內之法就在名當、禮正，
名當、禮正後則足以辨位、辨道；而不夷、不華則可尊內、尊皇。惟

能如此，才不致喪失日本萬世一系、足稱「中國」之「國體」主體性。

　　蓋敬所排斥霸道而重視王道，天皇被視為至高無上之存在，而將軍霸府之權力乃一時權勢之展現，故皇室被理解為是江戶封建社會中君臣位階的絕對上位，敬所所強調的霸府之統治權乃受命自天皇，是代理萬世一系之天皇來治理未曾產生過易姓革命、皇祚綿延不絕的日本國，故幕府亦須尊王，因皇室乃社會階層道德中最高的階層。相對於中國之名分觀中，從形式上而言，按照名分來確定社會各階層之相互關係的形式，就是所謂的禮，故無論是宗教性的祭祀之禮，或是體現人間倫理之差序的道德之禮，在具體實踐過程中都必須依照既定之名分來施行。因此，禮樂制度也就是一種名分制度，而且強調有等差的名分制度乃立國之基礎，故《資治通鑑》開篇即言：

　　　　天子之職莫大於禮，禮莫大於分，分莫大於名。[103]

亦即，將政治權威與宗法權威相互關聯，並以之為立國根本、執政首務的認識，無論是在何種時代，乃各家派之共通主張，即便在現實社會中作為一種實然的存在，禮與名未必吻合；但作為一種應然的價值，它卻是眾家殊途同歸的價值選擇。而前述中國此種將名號來源歸於聖人制作的思維，到了董仲舒《春秋繁露》，則宣稱此種名號乃源於天意，其言：

　　　　名之為言，鳴與命也，號之為言，謞而效也。古之聖人，謞而效天地謂之號，鳴而命施謂之名。……名號異聲而同本，皆鳴

---

103 〔宋〕司馬光：〈周紀一〉，《資治通鑑》（臺北：臺灣中華書局，1965 年《四部備要》本），卷 1，頁 1 下。

號而達天意者也。天不言，使人發其意；弗為，使人行其中。
名則聖人所發天意，不可不深觀也。[104]

且因名號乃聖人達於天意、符合真實的制作，故也就成為是非判斷的
權威判準，其言：

名生於真。非其真，弗以為名。名者，聖人之所以真物
也。……欲審曲直，莫如引繩；欲審是非，莫如引名，名之審
於是非也，猶繩之審於曲直也。[105]

而此種源於天意，經由聖人發制的名號，其目的乃在治理天下，落實
到具體的禮制社會中，則要求各階層的人都必須一如其名且恰如其
分。其言：

受命之君，天意之所予也。故號為天子者，宜事天如父，事天
以孝道。號為諸侯者，宜謹視所候奉之天子也。[106]

然而，與中國此種所謂天子承天命而職掌名分大禮的認識相異
的，敬所雖然也承認實質政治權力已由武家掌握，但其宣稱幕府這一
「霸府」的統治權乃受命自天皇，且其代理統治並非「易姓革命」，所
以無礙天皇萬世一系的永續性皇統之存在，故幕府理當尊崇天皇，且
從幕府的尊皇作為中恰可驗證其為臣的道德性立場。因此，徂徠學派

---

104 〔漢〕董仲舒：〈深察名號第三十五篇〉，《春秋繁露》（上海：上海古籍出版社，
　　1989 年《諸子百家叢書》本），卷 10，頁 59。

105 〔漢〕董仲舒：〈深察名號第三十五篇〉，《春秋繁露》，卷 10，頁 60。

106 〔漢〕董仲舒：〈深察名號第三十五篇〉，《春秋繁露》，卷 10，頁 59。

擅自妄稱日本為「皇和」；稱豐臣幕府乃「勝國」；改稱地方政府之「大名」稱謂為「諸侯」的作法，基本上皆是無視所謂日本無易姓革命，皇統一系綿延，日本國內從無所勝之國，認識不清的有違事實、大逆不道之舉。而且在敬所看來，日本皇室神孫相承、寶祚無窮，自古以來日本億兆百姓皆尊天皇如「天」，幕府不僅只是攝政，其還必須藉由尊崇皇室而來證明其自身存在的道德合理性，所以幕府雖有治理國家之實，但並不足以稱「王」，其終究只是「霸府」。既然幕府都不是天皇、帝王，則其政權所在地的江戶，豈可稱其為「東都」以與西方之「京都」對照，或是立足於東邊江戶城之立場而稱京都為「西都」，這無非都是無視皇室為絕對崇高之政治權威存在的僭越舉動。換言之，在敬所看來，日本天皇不同於中國只是承命而已的「天子」；天皇本身即為「天」／「天命」，故天皇之尊貴，宇內無二，這是沒有任何權威可以超越的「皇統一姓」，故說「億兆尊之如天」。

　　敬所此種「名分」觀，堪稱是在中國儒家的原有的禮樂名分基礎上，加入日本自身的國族意識，試圖在尊皇的主張中體現人倫大義的「大義名分」論。又因此種「大義名分」是一超越皇統之上的，等同「天」／宇宙的普遍道德秩序，其不僅具有絕對性的身分規制作用，又因其根基於天皇乃萬世一系的君王神話說，故同時也難免帶有政治神學性質。因此其對內在強調天皇絕對崇高，以及絕對服從天皇的主張時，基於日本國族的此種特質，對外必然也派生出所謂強調種族一脈相承、無有易姓革命這一特殊歷史認識與優越國族政治文化的「華化」化身，繼而以之為對抗中華自「文化」立言的華夷判準。正因日本自古以來，在「名分」上的統治者始終都是天皇，日本因此取得其作為「中華」，而且優於「中華」的「華化」政治身分，故日本亦自稱「中國」、「華夏」，以與中華匹敵相對。足見敬所所以批判徂徠學者甘心援漢土異名以自稱日本自國，以及不認同彼等稱呼漢土為「中華」的

主張，其實皆是包含著某種日本國族之自我中心主義在內的「華夷思想」。故敬所「正名」論的尊王賤霸之「大義名分」論，與強調萬世一系之「華夷變態」華化政治身分，雖說是源於孔子的「正名」思想，然卻包藏著儒家「名分」論無法範限的異質倫理邏輯，故當其藉由「正名」而試圖塑造日本皇室的正統性的同時，也藉由所謂國體相異、國法相異、日本皇制自備一格等等之殊異性，使得日本與中國的歷史事實得以相互辯證，各正其名，各展其分，互為文化、政治主體。

據本文之考察，我們或許可以說：敬所於《操觚正名》中所採的徵經求義此種辨正古文辭學之方法，乃因其相信經書有其古典文獻學意義上的「原義」，此一「原義」基本上可通過經籍文本之上下文脈絡來確立之。又或者經書作者當初未說出，但後代學者可憑藉與之同時代之典籍中，相同語彙之共同意指而來確定此一原作者未說出之經典「本義」。然敬所提出所謂日本乃真正之「中國」的主張，則是其立足於日本本位立場，作為一位日本儒者，「應該」說出的「正義」。惟其「正義」卻已遠離中國經籍之「原義」，並與經書作者之「本義」相去甚遠，但卻十足具有日本文化主體性與政治正確性。

本文係筆者執行行政院國家科學委員會計畫「漢學者與庶民的漢籍學習指南・路徑・方法——江戶時代漢學入門書研究（I）」（NSC99-2410-H-003-090-MY3）之部分研究成果，初稿於二〇一一年三月十八日以〈援經擬古・用夏變夷・正名尊內——豬飼敬所《操觚正名》析論〉為題，發表於臺灣大學文學院與中央研究院中國文哲研究所合辦之「第四屆中國經學國際學術研討會」。

原載《國文學報》第50期（2011年12月），頁81-116。

第五章　孔廟設置與儒學發展
——由「湯島聖堂」之沿革談江戶前期儒學之實相

一　前言

　　江戶時代初期，日本在落實、普及朱子學，以及考議聖像章服、釋菜儀節等方面皆有長足之發展。與伊藤仁齋（1627-1705）分庭抗禮於京都的中村惕齋（1629-1702）於元祿六年（1692）十月，為佐賀藩豪商武富咸量所興建之「大寶聖堂」[1]作記時，如下說道：

> 伏惟夫子之德教，名並日月，功侔造化。凡極海宇、達古今，人紀世綱之楷範，莫不取諸此。實天下萬世所永賴也。本邦崇儒之典，自經籍入來，則置博士生徒，其學術則大學寮及諸家學院庶州官校，一以孔氏為宗矣。其釋禮則昉於文、武帝之時，遂為諸州通祀。尊儀講論，學生雖士庶亦與焉。中葉王化寖微，佛教孔般而其禮廢墜。正保皇帝登極，尚儒術、興舊典，釋奠禮樂亦既備，惜乎其未及行也。昔時廟像之設，亦皆烏有。野州足利郡學之聖睿，雖尚獨存，而今禪徒所管。往歲東都侍儒羅林老，造聖祠於東間，而修二仲之祀，然亦繫一家之私。方今大君殿下，英斷由衷，挺然以興儒為急務，乃肇基於城北，建至聖之殿，置日講之堂，而與臣民公之。春秋釋

1　有關「大寶聖堂」與佐賀藩多久邑孔廟之關係，詳參本書第六章〈孔廟設置與儒學振興——由「多久聖廟」之興設談江戶地方儒學之推動〉。

儀，臺駕一臨，宿齋精禋，蓋為恆規也。禮畢嘉宴便殿，其不
親臨，則使朝臣諸侯群拜，亦就賜宴。又於大殿中，屢御講
筵，侯伯守令，凡居民上者，皆許拜聽，為之親解說經義，因
命守國治民，要文武兼備。嗚呼！啟千古之蒙蔽，警兆民之憤
耗，可謂宇宙間一盛會矣。然今既數歲，自國侯郡牧以下，未
聞一有贊襄德意者，何也？直得非以異教蠱人心之久故乎。[2]

誠如中村惕齋所言，蓋據《本朝文粹》記載，日本信史上皇朝學
校之創建乃在大化之世（645-649）。孝德天皇（596-654）即位始以僧
旻（？-653）及高向玄理（？-654）為國博士，在此之前，則常向三
韓徵求博士。大化五年（649），孝德天皇又命僧旻及高向玄理為博
士，並首置八省百官，然仍未立庠序。又據《續日本記》之記載，天
智天皇（626-671）承五經之學，創設學校，拔擢百濟之歸化僧詠
（？-？）為大學頭，至天武天皇（？-686）時，始置大學於京師；諸
國則置國學，而其制度之整備，實有待文武天皇（683-707）大寶之世
（701-703）。蓋大寶元年（701）二月始祭孔子，文武天皇親臨祭祀，
行釋奠之禮。而據《大寶令》〈釋奠〉條項，爾後每年春秋二仲皆行釋
奠。又大學寮屬於式部省，掌管簡試學生及釋奠之事。而無論是大學
寮或國學，皆為施行儒學教予以培養官吏之機構，大學所培養的是中
央律令官員；國學培養的則是地方官吏。至於孔廟，則是大學和國學
的附屬設施。但到了平安時代（794-1185）末期，上述機構設施全被
廢棄，甚至到了戰國時代（約 1467-1567），春秋二仲之釋奠亦遭廢

2　該文收入《惕齋文集》卷 10，及《惕齋筆錄》中，本文所援用者，係柴田篤、邊
　土名朝邦：《中村惕齋・室鳩巢》（東京：明德出版社，1983 年）一書末尾所附原
　文資料，頁 279。

絕。

　　至德川家康（1543-1616）於慶長八年（1603）創建江戶幕府以來（詳見本章末附錄附表（二）德川幕府將軍一覽表），文教再興，釋奠之禮才又再度施行。本文以下將從寬永九年（1632），林羅山（1583-1657）於忍岡家宅邸內設置孔廟「先聖堂」開始，到五代將軍綱吉（1646-1709）之世改建為「湯島聖堂」為止的百年間，探討林家孔廟聖堂之發展，反映出江戶前期儒學發展的何種樣貌。下文將分三節，首先論述林家私設之孔廟，如何由創建、漸興、到隆盛[3]，以及由此發展沿革過程中，得以窺知何種江戶前期儒學發展過程中所醞釀的課題或顯現的實相。

二　林家「先聖堂」之創建

　　慶長年間（1596-1614），林羅山獲得德川家康允許而欲興建學校於京都，然因大阪之役[4]，建校宿願未果，爾後虛度十餘年而未有任何進展，寬永七年（1630），三代將軍德川家光（1604-1651）乃將忍岡之地五千三百五十三坪，賜與羅山設置別宅。[5]另賜二百兩以營建學

3　下文有關「先聖堂」與「湯島聖堂」之發展沿革，主要係參考犬家遜：《昌平志》（收入黑川真道編：《日本教育文庫 學校篇》，東京：同文館，1911 年）、《聖堂略志》（收入斯文會編：《諸名家の孔子觀》，東京：博文館，1910 年）以及鈴木三八男：《日本の孔子廟と孔子像》（東京：斯文會，1989 年）、《聖堂物語》（東京：斯文會，1989 年）、《聖堂夜話》（東京：斯文會，1989 年）三書。

4　豐臣秀吉之子豐臣秀賴，於再度興建的方廣寺的鐘銘文中，竟有詛咒德川家康之文，家康遂以之為藉口，於慶長十九年（1614）及元和元年（1615）兩度發起「大阪冬之陣」和「大阪夏之陣」戰役，藉此殲滅了豐臣氏殘留於大阪的舊勢力。

5　忍岡一地在今上野公園內，原為藤堂高虎等二、三大名舊宅邸之所在地。寬永二年（1625），高僧正天海為興建東叡山寬永寺，遂將忍岡一帶收為寺地。惟當時依藤堂高虎之願，於寬永寺內，為東照大權現，亦即德川家康建廟紀念，此即現

寮、塾舍、書庫。兩年後的寬永九年（1632）冬，尾張藩大納言，亦即德川家康第九子德川義直（1600-1650），協助林羅山於忍岡宅邸內興建孔廟，除捐贈孔子聖像、顏回、曾子、子思、孟子四哲相和祭器等，另外還親自書寫「先聖堂」三字之匾額，以為該孔廟之名。[6]若據《昌平志》卷二中所記載，「先聖堂」中的孔子與四哲之木像皆為德川義直所捐贈，另外還捐贈了祭器和聖賢畫像二十一幅[7]，然若據〈羅山先生年譜〉或〈羅山先生行狀〉之記載，則此二十一幅聖賢畫像乃林羅山本人所訂做，畫出自狩野山雪之筆。另據〈聖賢像軸〉所記，寬永十三年（1636）朝鮮通訊大夫金世濂（1593-1646）來日聘扣時，受羅山之託，曾為此二十一幅畫像題贊。[8]

尾張藩大納言之德川義直之所以協助羅山建孔廟，除因其好學尊儒、而大興文教之外，其自身亦於名古屋城內建一孔廟，內置孔子及堯、舜、禹、湯、周公等像外，還置有籩、豆、俎、瑚、璉等祭器。羅山早在寬永六年（1629）十二月六日赴東武時，便順道前往德川義直私設的孔廟參訪。[9]而德川義直的興建孔廟或恐與其於寬永十五年

今之東照宮。而幕府頒予林家的土地，則由現今清水觀音堂周圍到西鄉隆盛銅像附近一帶。

6　先聖堂乃於林家宅邸內畫出一區，建堂於中央，面向於西，正門介於塾舍與書庫中間，舊址於今彰義隊碑附近。德川義直耗資數百金建造之，然規模不大，就僅先聖堂一間。相關記載可參閱犬冢遜：〈廟圖志〉〈寬永壬申創置忍岡〉，《昌平志》，第 1 卷，頁 30。

7　見犬冢遜：〈事實誌〉，《昌平志》，第 2 卷，頁 51。又二十一幅畫像除了周敦頤、張載、程頤、程皓、劭雍以外，尚有伏義、神農、皇帝、堯、舜、禹、湯、文王武王、周公、孔子、顏子、曾子、子思、孟子。前六宋儒之像今藏於筑波大學；後十五聖賢像則藏於東京國立博物館。

8　詳參京都史蹟會編纂：〈雜著九〉，《林羅山文集》（東京：ぺりかん社，1979 年），卷 64，頁 766。

9　詳參京都史蹟會編纂：〈雜著九〉，《林羅山文集》，卷 64，頁 766。

（1638），招聘歸化人陳元贇（1587-1671）為尾張藩儒官不無關係。此由今被名古屋市指定為重要文化財的定光寺，乃陳元贇為尾張藩主敬公所設計建築的儒學式廟宇一事便可窺知一二。事實上，陳元贇於江戶初期社會所立下的功績，除建築方面之設計提案外，亦致力於四書五經、教授唐音，以及中文會話和習作漢詩文、並教授「元贇燒」之製陶、趙子昂流之大楷書法、水墨畫和茶道。也就是說江戶初期，陳元贇可說是發揮了傳播中國文化、儒家文化之先驅人士，是一親臨江戶日本現場指導的儒家文化傳播者，而孔廟的設計建設亦為此儒家文化傳播之一環。[10]而若將上述朝鮮通訊大夫金世濂為林家二十一聖哲畫題贊，與陳元贇為尾張藩設計建設孔廟二事合而考慮，則吾人可以說江戶初期日本孔廟之興建，中國、朝鮮之知識份子乃實際直接、間接參與其中。

「先聖堂」竣工後，寬永十年（1633）二月十日，羅山首次舉行釋奠之禮。四月十七日，三代將軍德川家光於參拜上野東照宮後的歸途中[11]，順道親臨「先聖堂」參拜孔子等諸像，並命羅山講解《尚書》〈堯典〉，此乃將軍首次拜謁孔廟。寬永十二年（1635）二月，羅山於「先聖堂」舉行釋奠之禮時，講釋《論語》首章，此乃初次於「先聖堂」釋奠儀式中講授經書。此後羅山幾乎每年皆舉行丁祭。惟家光首次拜謁孔廟後，將軍拜謁孔廟之舉一度中絕，要到五代將軍綱吉時，將軍才又重新拜謁孔廟。明曆三年（1675）正月十八、十九兩天，江戶城內發生了嚴重的「明曆大火」，林羅山位於神田的個人家宅被大火燒盡之外，明曆元年（1655）受賜於幕府的銅瓦書庫和數萬冊珍貴典籍，

10　關於陳元贇之研究，詳參小松原濤：《陳元贇の研究》（京都：雄山閣，1962 年）。

11　四月十七日為德川家康之祭日，江戶幕府將軍，按例每年該日須前往東照宮祭拜。

亦全都付之一炬，然羅山位於忍岡之別宅和慶安四年（1651）剛修建
之文廟，以及學舍，則倖免於難。慨嘆多年心力盡毀於一時，羅山遂
臥病不起，遂於明曆三年（1657）正月二十三日辭世。

三　林家「先聖堂」之漸興

　　明曆三年（1657）正月林羅山歿後，其三子林鵝峰（1618-1680）
繼承家業[12]，隔年的萬治元年（1658）三月，幕府憐憫林家書庫罹災而
重新贈與府庫之書六十部，另贈五百兩使其購買新書。萬治二年
（1659）二月及八月，鵝峰於「先聖堂」行釋奠之禮，訂定每年春秋仲
月上丁之日皆舉行釋奠。萬治三年（1660）幕府更賜與林鵝峰五百兩
使其修造「先聖堂」，因自慶安四年（1651）修築以來雖未經數年，然
因規模狹小出入不便，故幕府當局特准其修改之。寬文元年（1666）
六月修築竣工，較之舊廟多有擴張增設，文廟規制終至完備，又方正
門「杏壇門」，外門「入德門」，兩匾額皆成於鵝峰門人樋口榮清之
手。[13]

　　除規制完備之外，釋奠樂舞亦漸趨整備。寬文四年（1664）正月，

12　羅山之長男、次男相繼早夭，顧家業由三男鵝峰繼承。鵝峰初名又三郎春聖，又
　　稱恕，號鵝峰，元和四年（1618）生於京都。寬永十一年（1634）鵝峰十七歲方
　　來江戶，削髮為僧稱春齋，使謁將軍。寬永十八年（1641）以還，以文學仕幕府
　　參與大議。明曆三年（1657）繼承家業時，家祿九百二十石。安慶四年（1651），
　　四代將軍家綱繼承將軍職時僅十一歲，鵝峰輔導之，繼羅山之後成為將軍家綱之
　　侍讀。寬文元年（1661）敘治部法印，寬文三年（1663）幕府更授與鵝峰「弘文
　　院學士」之號。有關林家大學頭世系詳參本章末附錄附表（一）林家（大學頭）
　　系統表。

13　有關新廟規模，詳參犬冢遜：〈廟圖誌〉〈寬文辛丑重修孔廟〉，《昌平志》，第 1
　　卷，頁 31-32。

京都伶人正四位下行伯耆守狛朝臣因公務至江戶，鵝峰乃招之至文廟，使其於二月丁祭時率伶人之輩合奏箏、笙、笛、箎，此舉可視為「先聖堂」釋奠奏樂之始，鵝峰視之為據周代古制所復興之禮樂。寬文五年（1665）五月，近元在參加完日光東照宮之祭典返回江戶時，鵝峰再度招之於「先聖堂」前演奏舞樂，同時並舉辦臨時祭典。寬文十年（1670）釋奠儀節大為整備，首設伶人座於東廡，自此以還，規定舉行釋奠時必奏古樂。

　　文廟規制儀節完備之同時，林家學寮更形發展。蓋林羅山晚年曾授命編《本朝編年錄》，雖於慶安三年（1650）業已完成神武天皇至宇多天皇之部分四十卷，但因史料不全而中途被迫停頓。寬文二年（1662）十月，幕府再命鵝峰續修延喜（901-922）以後之國史，其時鵝峰正在為將軍德川家綱（1641-1680）講授五經，翌年的寬文三年（1663）該講義結束，十二月時幕府准許林家私塾改稱「弘文院」。寬文四年（1664）續修《本朝編年錄》之作業正式開始，幕府在八月時於「弘文院」中設長寮以為編輯所，又置附屬文庫以收藏史料，林家私塾「弘文院」遂修建成為修史館、史料館，此「弘文院」理所當然成為公家設施，鵝峰等修史人員亦享領幕府俸祿。故雖然「先聖堂」與「弘文院」仍是林家之私廟和私塾，然已具「準公家」之性質，所以當寬文十年（1670）《本朝編年錄》全三百一十卷完成，改名《本朝通鑑》後，同年八月，「先聖堂」之釋奠便與修史成功之奉告儀典合併舉行。林家享領之俸祿亦增加兩百石，並將修史時賜與的給書生月俸九十五人扶持，原原本本轉與林家作為學生之學糧。此舉無非是等同於在林家私塾「弘文院」中設置官費生。幕府更於寬文十二年（1672）春，賜與建材協助林家增設塾舍，延寶二年（1674）十一月，幕府再度撥款協助林家重修「先聖堂」屋頂。延寶三年（1675）八月釋奠之禮舉行時，還特地迎請水戶藩主德川光圀（1628-1701）蒞臨席筵。由

於林家二代鵝峰致力擴建文廟、整備文廟典禮儀制，使得每年前來參拜忍岡孔廟「先聖堂」之諸侯士庶與日俱增，「先聖堂」之名亦日漸興隆。

在此值得注意的是：誠如前文在「先聖堂」初見時期有陳元贇和金世濂的共襄盛舉，「先聖堂」在整備文廟典禮儀制的過程中，吾人亦不可忽略背後朱舜水（1600-1682）的影響。蓋延寶三年（1675）八月的釋奠之禮之所以特地迎來水戶光圀，除了說早在鵝峰續修《本國通鑑》前，水戶藩已開始編纂《大日本史》，故據《國史館目錄》的記載，《本朝通鑑》自著手之初便與水戶義公德川光圀詳細研商，進行編纂的七年間，雙方還曾數度會面交換意見。[14]而朱舜水於寬文五年（1665）至江戶後，亦負責指導日本史編纂的方向和諮詢，此由「彰考館」前六任總裁皆由朱舜水門人擔任，便可見一斑。事實上，為彰顯「正閏皇統」的修史原則[15]，德川光圀曾為楠木正成（1294-1336）修建紀念碑於湊川，迎來舜水之前已撰文表彰楠木正成，後又為此紀念碑撰像贊，此或可視為光圀與舜水兩人史觀契合之佐證。[16]而除修史外，

14　相關研究詳參平野彥次郎：〈林羅山と本朝通鑑〉，收入德川公繼宗七十年祝賀記念會編：《德川公繼宗七十年祝賀記念 近世日本の儒學》（東京：岩波書店，1939年），頁279-296。

15　德川光圀於〈梅里先生碑並銘〉（收入《水戶義公・烈公集》，東京：日東書院，1933年）文中曾言：「自蚤有志於編史，然史書可微，爰搜爰購，求之得之，微遯以稗官小說，撫實闕疑，正閏皇統，是非人臣，輯成一家之言。」（頁47）

16　日本在鎌倉時代（1192-1333）中期，後嵯峨天皇讓位後，天皇世系便二分為持明院統和大覺寺統兩皇統。文保元年（1317）幕府當局提出所謂「兩統迭立」的兩皇統交替繼承皇位，此即「文保和談」。然大覺寺統在後宇多天皇於元亨元年（1321）讓位後，其子後醍醐天皇試圖恢復天皇親政，乃登用吉田定房、日野資朝、日野俊基、北畠親房等新進人材，但因貴族政治之恢復計畫未果，天皇與日野資朝等近臣乃在學習宋學之大義名分論後，意志轉為倒幕。

然雖經歷「正中之變」與「元弘之變」兩次倒幕策劃，卻皆告失敗，後醍醐天皇

關於孔廟規制與釋奠儀節等，朱舜水亦同樣發揮了親臨江戶日本現場指導的作用。

如寬文九年（1669），朱舜水「作〈諸侯五廟圖說〉，博采重說，通會經史，旁考古今，以理折衷。識者皆謂不朽之盛典。」[17]寬文十年（1670），舜水奉命作〈學宮圖說〉，「商榷古今，剖微索隱，覽者若燭照而數計焉。上公乃使梓人依其圖而以木模焉，大居其三十分之一。棟梁枅桷，莫不悉備。而殿堂結構之法，梓人所不能通曉者，先生親指授之，及度量分寸，湊離機巧，教喻縝密，經歲而畢。文廟、啟聖宮、明倫堂、尊經閣、進賢樓、廊廡、射圃、門樓、牆垣等，皆極精巧。」[18]而此學宮之設計，「湯島聖堂」日後於寬政十年（1798）三月

遭幕府逮捕後，遂被流放到隱岐，於是畿內與各地反幕府、反莊園領主之有力武士，乃舉兵起義以響應天皇和護良親王。其中楠木正成繼赤坂城之後，再佔據千早城以力抗幕府；護良天皇則以吉野為依據地，而播磨（今兵庫縣）的赤松則村；伊予（今愛媛縣）的土居通益、得能通綱；肥後（今熊本縣）的菊池武池、阿蘇惟直等則起而反叛幕府，鐮倉幕府於是逐漸被孤立。

一般日本漢學史方面之著作，皆言後醍醐天皇召天台僧人玄惠為侍讀，首次於宮中講《四書集註》，時楠木正成、源親房等亦皆從而學之（見牧野謙次郎：《日本漢學史》，東京：世界堂書店，1938 年，頁 87）。文化評論家司馬遼太郎亦主張：造成日本南北朝時代混亂的導因，乃在後醍醐天皇及其近臣們成為宋學意識形態的思想俘虜（見司馬遼太郎：《この国の形》一，東京：文藝春秋，1993 年，頁 29）。

然而水戶藩德川光圀於《大日本史》中，雖將盡忠於後醍醐天皇的楠木正成視為正閏皇統之忠臣，但就如同和島芳男所言：「玄惠確實為天臺宗出身之詩僧文人，然所謂玄惠精通於宋學、為所唱宋學者一事，則無一確實證據。」（見和島芳男：《中世の儒學》，東京：吉川弘文館，1996 年，新裝版，頁 142）今姑且不論楠木正成之反幕是否為忠臣義舉，但其行為果真受宋學大義名分所影響，或恐仍有待商榷。

17　見朱謙之整理：〈附錄一──傳記〉，《朱舜水集》（北京：中華書局，1981 年），下冊，頁 619。

18　見朱謙之整理：〈附錄一──傳記〉，《朱舜水集》，下冊，頁 619。

改建時，便大致依此模型為準據而改建之。另外，寬文十三年
（1672），朱舜水更奉上公之命，「率儒生習釋奠禮，改定儀注，詳明
禮節，學者通其梗概。明年癸丑（延寶元年，1673），復於別莊權裝學
宮，使再習之，於是學者皆精究其理。甲寅（延寶二年，1674），先是
上公使先生製明室衣冠，至是而成，朝服、角帶、野服、道服、明道
巾、紗帽、樸頭之類也。」[19]由上述資料看來，就時間順序來看，延寶
三年（1675）德川光圀之所以被林鵝峰迎請來參加整建後的「先聖堂」
之釋奠禮，可謂指教意味濃厚，而此事或許亦可視為朱舜水之間接指
導。

　　相對於萬治二年（1659）才歸化日本的朱舜水在「先聖堂」漸興
期的江戶日本，發揮了對朱子學、乃至孔廟興建、釋奠祭儀等制度面
的指導功效；陳元贇則於該年與詩僧元政上人意氣相投，共同提倡授
明袁宏道等之「性靈派」文學，四年後刊行了兩人酬答應和之詩集《元
元唱和集》，促使當時江戶漢詩藉由形式擬古派轉為奔放的性靈派，
此可謂陳元贇於漢學界立下的大功績。另外，其所著的《老子經通考》
二卷，雖仍有諸多尚待商榷之問題，例如：其以《老子河上公注》為
正確解釋老子思想者、以及確信老子為孔子所問禮者等等；然書中多
引宋林希逸《老子口義》和明焦竑《老子翼》之注而加以批判，隱然
可窺知此乃對幕府儒官林羅山之批評。

　　同是來自中國的歸化人，朱舜水以提倡朱子學為主，力主建學宮
以培養人才，為國所用，進而改變階級制度[20]，積極向日人推崇孔子，
以為孔子之道若能施行，則百姓自可安居樂業。其先後著有〈孔子贊〉

19　見朱謙之整理：〈附錄一──傳記〉，《朱舜水集》，下冊，頁 620。

20　見朱謙之整理：〈書簡六〉〈答小宅生順、野傳論建聖廟書〉，《朱舜水集》，上冊，
　　卷 9，頁 323。

三首、〈聖像贊〉五首。[21]其於〈聖像贊　五〉中說道：

> 仲尼之道，大則則天，明則並日。有心以援弱，無位而憂時。
> 表章六經，丕承七聖，覆冒八荒，焜煌九有。豈形容彷彿之可
> 肖，語言文字之可盡，支流小道之可擬哉！然在中國，帝王之
> 治或有盛衰，則仲尼之道固有明晦。況在日本，故好禮義而未
> 知禮義之本，重廉恥而不循廉恥之初。一旦有人焉，以孔子之
> 道教之，行且民皆堯、舜，比屋可封，寧止八教之朝鮮而已
> 哉！[22]

　　相對於此，陳元贇則試圖以《老子》中所闡述的道，向江戶初期
的日本學界力主所謂「治國治身」這一實理實用之學的必要，希望實
現社會和平（治國安寧）與個人身心之安寧康健（治身全性）。

　　另外「先聖堂」之漸興期間，隨著林家私塾「弘文院」為修纂《本
朝通鑑》而成立修史館、史料館，林家作為一日本學者的文化身分主
體性亦遭受檢驗。此即有關林家於《本朝通鑑》中如何處理所謂日本
乃吳太伯之後裔這一問題。若據內藤恥叟（1827-1903）《江戶文學志
略》、安藤年山（1659-1716）《年山打聞》和湯淺常山（1708-1781）《文
會雜記》三書之記載，皆言《本朝通鑑》承認日本乃吳太伯之後裔，
結果受到水戶德川光圀等諸老或京都公家眾卿之非議。[23]然江戶儒壇的
此項流傳果真屬實？蓋《本朝通鑑》中〈神代紀〉三卷，乃原原本本

21　見朱謙之整理：〈贊〉，《朱舜水集》，下冊，卷 19，頁 557-560。
22　見朱謙之整理：〈贊〉，《朱舜水集》，下冊，卷 19，頁 560。
23　有關該方面之研究，詳參平野彥次郎：〈林羅山と本朝通鑑〉，收入德川繼宗七十
　　年祝賀記念會編：《德川公繼宗七十年祝賀記念　近世日本の儒學》，頁 279-296。

抄自《日本書紀》，林鵝峰在該書後之跋文中亦言：

> 本朝通鑑前三卷，以日本書紀為正，而參校舊世記古事記，辯
> 同異、削繁冗，以低書之，粗加倭姬世紀，古語拾遺，元元集
> 於其間，聊傚劉氏外紀，金氏前編之例，而附神武紀之首，以
> 尋神國之宗源，崇皇胤之正統，若夫少康泰伯之事，則異域之
> 所傳稱，今不取焉。[24]

而林羅山於〈太伯〉一文中亦如下說道：

> 聞太伯可謂至德，則仲尼之語也。後世執簡者，以本邦為其苗
> 裔，俗所稱東海姬氏國之類，何奇誕哉？本邦元氏靈神之國
> 也，何故妄取彼為祖乎？嘗有一沙門修日本紀以太伯為我祖神
> 者，時天子怒其背朝儀，遂火其書，實乎？否乎？至若伊勢內
> 宮揭三讓以為額，亦是誰所為歟。[25]

蓋太伯乃日人始祖一說，為日本南北朝（1336-1392）時東山僧侶圓月
所倡，故德川時代初期仍有不少學者相信其說。羅山雖有共鳴，但亦
半信半疑。而在面對公家的修史事業，則仍強調「夫本朝者神國
也」[26]，另外在〈神祇寶典序　代義直卿〉一文中則說：

> 夫本朝者，神靈之所挺而棲舍也。故推稱神國。其實號神器，

24　轉引自平野彥次郎：〈林羅山と本朝通鑑〉，收入德川繼宗七十年祝賀記念會編：
　　《德川公繼宗七十年祝賀記念　近世日本の儒學》，頁291。

25　京都史蹟會編纂：《林羅山文集》，卷36，頁408。

26　京都史蹟會編纂：《林羅山文集》，卷48，頁562。

守其大寶，則曰神皇，其征伐則曰神兵，其所由行，則曰神
道。[27]

既然如此，江戶儒界何以誣賴林家？筆者以為此舉乃在凸顯初期
水戶學之尊崇日本國體這一精神，以開顯日本皇道，促進國民自覺，
而其學問方法則在《春秋》、宋學之正名主張。以萬世一系之天皇統治
為根據，強調日本傳統的特殊與優越性。爾後，當十八世紀後半以
還，外國勢力威脅到江戶日本的鎖國外交政策時，隨著國族意識的高
揚，日本中世的神國思想、近世日本儒者或神道家身上所具有的日本
固有道德，遂集中於所謂「國體」這一獨特的國家概念。又將此國體
思想加以理論體系化的，則是後期的水戶學者，如會澤安於《新論》、
藤田東湖於《弘道館記》中，皆在闡發「國體」之「尊嚴」。「國體」
可謂後期水戶學的核心概念，是國家所以統合民心、對抗外敵的政治
思想依據。就這層意義而言，「國體」乃水戶學基於其歷史認識而建構
出的一種國家概念。明治日本為了對抗西洋近代國家，再以「國體」
這一觀念支持天皇制國家，於〈教育勅語〉中使之重生，用以支撐明
治憲法體制，進而結合軍國侵略主義。[28]

四　隆盛期：「先聖堂」到「湯島聖堂」

五代將軍德川綱吉就職時，正值林鳳岡（1644-1732）承繼家業，
故鳳岡立即成為綱吉之侍讀。元祿元年（1688）鳳岡首次將釋奠之胙

27　京都史蹟會編纂：《林羅山文集》，卷 48，頁 558。

28　有關明治日本如何運用「國體」這一概念，來支持天皇制國家往軍國侵略主義發
　　展，詳參本書第七章〈儒學之新生抑或變異──幕末儒學界的重大課題：尊攘之
　　間與國體辯論〉。

獻與將軍綱吉，同年九月綱吉召見鳳岡，讚賞林家自建孔廟於忍岡以來，行春秋之釋奠不絕，故綱吉下令欲倣效寬永年中三代將軍謁拜文廟之例，欲親謁文廟，並定孔子誕生的十一月二十一日為將軍參謁文廟之日。當天，由老中阿部豐後守正武陪同，綱吉盛裝前往謁廟，繼而蒞臨鳳岡之書院「弘文院」，又倣效三代將軍之例，使鳳岡講義《尚書》〈堯典〉。翌年的元祿二年（1689）春以還，綱吉再三參謁文廟並親臨「弘文院」。

綱吉以一將軍之「公」職身分，屢次參訪一儒臣的「私」設文廟，本有失尊卑儀節。復加「先聖堂」本為尾張藩大納言德川義直所協助建造，代代將軍雖尊崇之，然終非幕府營造之物。何況規模狹小，不足以滿足綱吉之豪邁性格。再加上「先聖堂」位於佛寺寬永寺附近，寺方對文廟有所顧忌。基於上述諸多因素，使得朝中產生遷移、擴建孔廟之議。幕府於是卜中江戶城北相生橋，即今昌平橋西北，神田神社坐落的高田臺高地一角，以時任右京亮的高崎藩主松平輝貞（1665-1747）為總奉行，蜂須賀飛彈守隆重（1634-1707）為輔佐，大興土木，時為元祿三年（1690）七月。同年十一月二十一日，綱吉親書黑漆金字「大成殿」之匾額，元祿四年（1691）正月新孔廟落成，形式全倣仿「先聖堂」，惟規模較之舊廟，宏大雄壯。新孔廟以其附近有坡道，名「昌平坂」，故稱「昌平坂聖堂」，又因其所在地位於湯島，故又稱「湯島聖堂」。新廟落成時，幕府命諸大名貢獻祭器、圖書，今幾已全部亡佚，惟蜂須賀隆喜（1643-1698）所獻之銅製花瓶，仍被保存至今。

「湯島聖堂」開基完工後，幕府將之視為與寺院同格，命大藏卿法印鳳岡蓄髮還俗，敘爵任官為從五位下大學頭，且准其子孫世代相承大學頭一職，並擔任聖堂之主祀。從此祭孔成為林家之公職，與先前忍岡「先聖堂」之私祭有所區隔。至於林家自羅山以來，任將軍侍讀、掌外國事務，起草法制等公職，仍持續從事。元祿四年（1691）

仲春二月七日，由總奉行松平輝貞指揮，將忍岡「先聖堂」的聖像及四哲像置於神輿中，以「目付」（檢察官）以下為先導，沿途禁止一般人通行，並令町家大門緊閉，在如此慎重行事之情況下，將之移置新廟「湯島聖堂」，由老中大久保加賀守忠朝（1632-1712）等人迎於杏壇門，安置聖像於大成殿，舉行遷座奉告儀式。

　　元祿四年（1691）二月，首次於新廟舉行釋奠，該日綱吉著正式服裝前往新廟，鳳岡恭迎其登上大成殿，綱吉奉納神劍後，親自燒香禮拜，繼而退於杏壇門內的臨時小屋內，觀賞釋奠之禮。此次釋奠乃湯島聖堂之首次釋奠，亦是將軍首次觀賞釋奠之禮。鳳岡亦一改歷來僧人裝扮，著緋色五位袍，其他諸員則著六位布衣，於伶人奏樂中進行祭儀。釋奠禮成後，綱吉召來鳳岡頒賜一千石，作為今後永久祭祀及看守聖堂之費用，之前頒賜的學糧如舊，並且為防火災，命諸侯派人擔任聖堂救火員。繼而綱吉自講經書，使諸老臣以下儒員聽之。此日綱吉所奉納之神劍乃葵下坂康繼所鑄，長一尺六吋，靶、鞘皆用金銀裝飾。此日以還，每逢釋奠必置於聖像左側，今藏於東京上野博物館。

　　元祿四年（1691）林鳳岡於仰高門講釋經書，聽者多達三百餘人，而今由「聖堂繪圖」看來，仰高門之講經時而有之。元祿五年（1692）二月，綱吉再度前往湯島聖堂謁拜聖像、觀釋奠，於御成御殿講《論語‧學而》後，再聆聽鳳岡進講經書。元祿六年（1693）二月，再度蒞臨釋奠，自講經書後，接著使鳳岡之子林榴岡（1681-1758）講釋經書。由於將軍出席釋奠時，諸大名中尊崇儒學者不能陪同觀禮，故自元祿六年（1693）以後，春祭之釋奠仍由將軍蒞臨觀禮；秋祭之釋奠則允許諸大名參觀。元祿七年（1694）二月，綱吉照往例親臨聖堂釋奠；九月釋奠時又同其生母桂昌院尼一起參謁聖堂觀釋奠。元祿十一年（1698）九月六日，江戶新橋南郭町竄出火苗，受南風吹煽，夜裡

已蔓延到東叡山，此乃所謂「敕額大火」，忍岡之林家舊廟與別宅全部付之一炬。由於此處本屬寬永寺之屬地，故幕府乃將牛迁山伏町二千餘坪之地贈予林家，並將羅山以下林家先祖之墓遷至此處。而忍岡林家燒卻後，反而促使湯島聖堂的「公」家性質更形顯著。

「敕額大火」之後，元祿十二年（1698），綱吉雖未前往參謁聖堂，然翌年的元祿十三年（1699）到元祿十六年（1703）則每年持續參拜聖堂。但元祿十六年（1703）十一月二十二日發生關東大地震，餘震連日不絕，二十九日時火苗由烈風中的小石川之水戶藩邸竄出，由本鄉、神田、下谷、淺草一帶一路延燒到深川。湯島聖堂未能倖免於祝融之難，大成殿、御成御殿、學寮等設施皆遭燒毀。聖像、四哲像、十哲木主及將軍綱吉手寫之「大成殿」匾額被保護在聖堂消防員前田飛彈守利直家中而移置淺草駒形。翌年的寶永元年（1704）二月，幕府下令再建聖堂，五月興工，十一月上樑，十二月竣工。規制、位置皆依元祿舊制，惟遭罹惡火以來，幕府下令諸事宜儉約，故大成殿較先前舊廟低三尺，御成御殿未再重建。新置的杏壇、入德、仰高諸門之匾額，則命林家門人佐佐木玄龍（1650-1723）寫成。十一月二十五日舉行聖像遷座儀式，綱吉遣畠山民部大輔基玄代為參加。此次重建被命為輔佐的伊豫宇和島藩主伊達宗贇（1665-1711），徵人夫五十萬人，並於聖堂境內新植五百株樹木。

寶永二年（1705）三月二十五日將軍綱吉首謁重建後的新廟，此乃綱吉最後一次參謁文廟，一生共計謁拜文廟十六次。翌年的寶永三年（1706），以聖堂常有將軍等貴人出入，杏壇、入德、仰高等三門卻為無官無位之林家門人佐佐木玄龍所寫成，故幕府當局乃委請當時以書道聞名的前參議政三位藤元基輔執筆，重新製作三門之匾額。

在「先聖堂」發展到「湯島聖堂」的隆盛期，無論是所謂將軍綱吉不宜以將軍之身分親臨儒臣私設之文廟；或是「先聖堂」終究為尾

張藩大納言所建，而非幕府所營造；甚至是將軍、大名不能同時觀釋奠禮；或是將軍、大名等貴人不宜出入一無官無位的林家門人所寫的匾額之門等等。這些除了反映出德川幕府封建階級秩序的嚴明區分之外，同時亦指涉了「公」、「私」之分，以及「公」的概念於政治上被重視之程度。此一「公」領域概念，既是一「場域」概念，而且其亦無法超越這一「場域」本身。蓋相對於個人的「私」，每一個「公」領域之上，又有一更上層，更大的「公」領域，而在古代日本，天皇個人及其所代表的共同體這一首長身分，更是最至極、最高位的「公」。

反過來說，既然最高位的「公」乃是國家朝廷或天皇，則國家朝廷和天皇乃最終極、最高之「公」領域，故無法超越之。因此林鳳岡雖為儒臣，且身兼「公職」，但不能超越其上的將軍之「公」；尾張為「三親藩」之一，德川義直為德川家康第九子且身為大納言要職，但亦不能超越或等同其上的將軍之「公」；無怪乎大名不可同將軍一同觀釋奠儀，因為這是兩個無法重疊的「公」領域，若置於同一場域，則無法區分兩種「公」之上下。至於將軍、大明等貴人從一無位無官的林家門人所寫成的匾額「下」經過，則「私」置於「公」上，豈不是一錯置的場域。然「公」的優越性，隨著明治國家的成立，呼應所謂以自國富強化為第一要義的國家主義，「各藩之情實」與「國民之私情」的「私」，也獲得了某種合法權，足以與「公」相抗衡。[29]

接著關於「先聖堂」鄰近寬永寺而遭寺方忌憚，然新廟建地卻卜中神田神社座落的神田高地一隅一事。由此事除可看出佛教於飛鳥時代（592-710）自中國經朝鮮傳入日本以後，在奈良時代經聖武天皇（701-756）的大力扶植，廣建寺院與鑄造佛像，佛教信仰之風因而興

29　詳參福澤諭吉：〈第十章　自國の獨立を論ず〉，《文明論之概略》（東京：岩波書店，1962 年），卷 6，頁 263-305。

盛。後經平安、鎌倉、室町時代之發展，各宗派蓬勃發展，特色各異。江戶時代初期，雖然德川政權致力提倡儒學，然儒學猶未普及，儒者甚至仍亦留有削髮披袈裟之風。朱舜水初至江戶時，見此佛聖儒衰之現象即如下感嘆道：

> 東武戶口百萬，而名儒者僅七八十人，加以婦女則二萬中一儒也。而其人又未必不佛。就此七八十人中，又自分門別戶，互相妒忌，互相標榜，欲望儒教之興；不幾龜毛兔腳乎？乃欲以此鬪佛，是以蚊撼山也。[30]

為了扭轉儒釋相互攻訐之歪風[31]，德川光圀立足於儒學立場，不僅大規模改革佛寺，清理淫祠，共計毀壞三〇八八座淫祠。次年再毀新建寺院九九七座，令破戒僧侶三四四人蓄髮為編氓。[32]德川光圀之外，儒者林羅山亦激烈抨擊佛教，其在批判倡佛的聖德太子時說道：

> 太子無獻王好古之心，而有蕭衍講經之質。若令太子好神如好佛，則費多少之財，立若干之寺哉。奉儒奉釋，則何謂篤信三

---

30 見朱謙之整理：〈書簡一〉〈答釋獨立書三首三〉，《朱舜水集》，上冊，卷4，頁58。

31 朱舜水於〈答釋斷崖元初書〉文中說道：「至若儒釋紛紜之議，舌敝耳聾，不得肯綮，何足復道！彼以削髮披緇者為僧，峨冠廣褒者為儒，互相攻擊，專在此輩。樸謂究其大罪，什七乃在儒者，呫嗶剿襲，嘲風詠月，儼然自命為儒，是豈謂之儒哉？若非叛儒入佛，便思以儒攻佛，遂使佛者撫為口實，亦不自量之甚矣！不知儒教不明，佛不可攻；儒教既明，佛不必攻。何為徒爾紛紛哉！」詳參朱謙之整理：〈書簡一〉，《朱舜水集》，上冊，卷4，頁63。

32 詳參水戶彰考館員纂集：〈義公行實〉，《朱舜水記事纂錄》（東京：吉川弘文館，1914年），頁3。

實哉。只佛為根本，神儒為枝葉，蓋太子之意也。吁！以寺院為學校，而佛事為祭祀，教之以孝弟，券之以忠誠，神道人道豈二哉。惜乎太子不如此也。[33]

其實在羅山之前，其師藤原惺窩（1561-1619）亦於〈千代もと草〉一文中表明其排斥佛教之弊害的立場。

日本之神道亦在正我心、憫萬民、以施慈悲為其蘊奧，堯舜之道亦以此為蘊奧。其在唐稱儒道；在日本稱神道，名異而心一也。自神武天皇以還至三十代之欽明天皇時，天竺之佛法傳至日本，以闡說怪奇神變之事，民心遂傾心於此，以是，神道遂衰。釋迦佛乃天竺之人也。天竺國之人，其心不正，其國不治……以是，佛應其諸人等之氣而為諸說，欲正其心，治其國、安萬民，佛陀之心亦為寶貴。然今世之出家眾，以闡說佛法為謀生之工具，皆以蠱惑人心也。……蠱惑人心之事，亦非佛陀之本意，更非神道之心，妨礙人世者乃出家之道也。[34]

蓋隨著德川初期儒學之提倡，排佛似乎是江戶前期儒學界的主流趨勢。

相對於對佛教的排詆，江戶前期的儒者們多將神道與宋學結合，提倡神儒一致。羅山便言：「我朝神國也。神道乃王道也。一自佛法興

33　德川公繼宗七十年祝賀記念會編：《本朝神社考》，轉引自《德川公繼宗七十年祝賀記念　近世日本の儒學》，頁 580。

34　收入井上哲次郎、蟹江義丸編：《日本倫理彙編 朱子學派の部（上）》（東京：育成會，1901 年），頁 40-41。

行後，王道、神道都擺卻去。」[35]又言，「王道一變至於神道，神道一變至於道。道，吾所謂儒道也，非所謂外道也。外道也者，佛道也。」[36]山崎闇齋亦云：「胡佛入來，神道愈廢，王道愈弛。……嗚呼！神垂以祈禱為先，冥加以正直為本。君臣上下無黑心，以丹心奉大神，則胡佛無所立，而觀常世之神風。」[37]另外熊澤蕃山於《大學或問》中曾言：「中夏之聖人，日本之神人，其德一也，其道不二。」[38]

蓋江戶初期的朱子學者或是陽明學者，多立於神儒一致之立場，以儒學、特別是朱子學來解釋神道，可將之稱作儒家神道或儒學神道。其中立足於儒學、終至形成其自身之神道教說的代表儒者，即為林羅山與山崎闇齋。其中，羅山晚年倡導其自創的「理當心地神道」，以排佛及神儒一致為其基本立場，進而批判中世之神道，主張神道即王道，以及所謂實踐儒家德治主義即為神道。並以三種神器象徵智、仁、勇三德，以作為支持神道即王道論之中心，主張君臣關係與親子關係同為自然之理，實踐忠孝之道，正是對神靈誠摯的信仰實踐。當吾人理解到林羅山等人此種神儒一致之主張，與江戶前期儒學界主張儒佛不相容之現象，便可理解何以幕府當局對「先聖堂」設置於寬永寺旁會有所顧忌，但卻無畏於將新孔廟建置於神社旁。

最後，吾人由羅山、鵝峰、鳳岡林家三代，其家職乃在將軍侍讀、外國事務之掌管以及起草法制等慣例一事，便應當考慮到江戶前期「儒者」的職份這一問題。蓋在戰國時代這一中世日本的社會混亂

35　京都史蹟會編纂：〈隨筆二〉，《林羅山文集》，卷66，頁804。

36　京都史蹟會編纂：〈隨筆二〉，《林羅山文集》，卷66，頁804-805。

37　日本古典學會編：〈垂家草地伊勢太神宮儀式〉，《新編山崎闇齋全集》（東京：ぺりかん社，1978年），第1卷，頁68。

38　熊澤蕃山：《大學或問》，收入正宗敦夫編：《蕃山全集》（東京：蕃山全集刊行會，1940年），第3冊，頁36。

時期，儒學也是隨同其他知識，由中央向地方傳播，但逐鹿沙場的戰國大名們，顯然不可能在政治執行上實踐儒學之諸多主張，儒學得以在日本社會全面性實踐開來，實有待江戶幕府確立、近世日本社會恢復其秩序後，方有其可能性。但是德川政權的確立，並不意味著儒學就直接可獲得其實踐的場域，江戶初期儒學的確立與發展，是由儒者個人分擔起各自責任，各自發展，各自發揮以呈現儒學多樣化的特性。而在沒有科舉制度，且幕府直轄之教育體制尚未確立的江戶初期，既非官僚、武士；亦非地主的「日本儒者」，又該以何種職份立足於近世日本社會？

若由上述觀點來思考林家三代的家職，則其為侍讀，特別是起草政治、外交往來文書，其職份並非因其儒學理念被採用作幕府體制教學而獲得；而是其取代了日本自中世以來僧侶所從事的職份。蓋幕府制乃是一因應戰時社會的軍事政治體制，故其所重視的乃是自中世以來，行之有年的武家社會慣例，在此一既定的慣例下，武士即便不具儒學知識亦可獲得其社會職份。但是，儒者則與之前的僧侶一樣，並不屬於武士集團的成員，是處於支配體制階層外，即便其仕宦於支配階層。故林家三代所從事的諸如侍讀、外國事務、起草法制文書等職務，可謂在江戶前期的儒學界，確立落實了上述事務乃「日本儒者」之職份的這一慣例，同時也使得具備儒學知識本身，獲得其具體的社會性意義。

五　小結

綜合前文之論述，吾人可以得知：設置於林家忍岡別宅邸內的孔廟「先聖堂」，經歷了創建、漸興、到隆盛三時期，由於受到德川家康到德川綱吉等五代將軍的推崇儒學、孔廟，自三代將軍家光開始，已

由武斷政治轉為文治政治，社會、政治的客觀環境有利於儒學的推廣，林家三代羅山、鵝峰、鳳岡又奮力圖治，不僅修葺擴建孔廟規模，以考求典章制度，使得釋奠儀節逐漸完備，在諸多努力下，終於使得一宇私人孔廟的「先聖堂」，於將軍綱吉時代，成為幕府公家之機構「湯島聖堂」，由林家私塾門生的崇敬中心，一躍成為江戶日本全國儒者精神象徵。

在上述發展沿革過程中，吾人可以窺知江戶前期儒學的幾點內在實相，即一、江戶前期儒學的發展傳播，中國流亡日本的歸化人陳元贇、朱舜水之親臨現場指導效用，功不可沒。二、由於羅山、鵝峰父子纂修《本朝通鑑》，江戶初期儒壇圍繞太伯說所展開的論爭，凸顯了「國體」觀為日本儒學中的一重要精神元素。三、「公」、「私」之分，以及層層而上的，各種層級分明之「公」領域，使得天皇、國家、朝廷這一代表集團共同體或集團首長的最高「公」領域凌駕一切之上，儒學於江戶前期的發展，亦受到其牽制。四、排佛毀釋，主張儒釋有違、神儒一致，是眾多江戶前期日本儒學者在提倡儒學時的操作路線。五、林家三代所從事的諸如侍讀、外國事務、法制起草等家職，確立落實了日本儒者於江戶前期日本社會中的職份。

「湯島聖堂」在五代將軍綱吉的大力振興後，盛極而衰，邁向了其衰頹期，後雖經老中松平定信及「寬政三博士」的力圖振作，然終究於明治四年（1871）七月廢校。至明治四十年（1907）四月二十八日，才又重新在大成殿舉行釋奠祭典，迎向其光明的恢復期。二次大戰時雖遭戰火波及，然戰後受文化保護財產法保障，至今仍可說是日本國內最大的書院。[39]今日，「湯島聖堂」內古木蓊鬱，大成殿肅穆不

39　有關「湯島聖堂」於現今日本民間所從事的漢學教育事業，詳參本書第一章〈緒論──日本儒學之社會實踐〉。

語，幾經滄桑，朱舜水攜來的孔像，仍妥善保存於堂內，象徵扶桑之
地，斯文長存。

附錄

附表（一）　林家（大學頭）系統表

羅山（信勝）── 鵝峰（春勝）── 鳳岡（信篤）── 鳳岡（信篤）── 鳳谷（信言）── 鳳潭（信徵）

學齋（昇）── 復齋（熿）── 壯軒（健）── 檉宇（銚）── 述齋（衡）── 錦峰（信敬）

附表（二）　　德川幕府將軍一覽表

德川家康　慶長八年二月　一慶長十年四月　　（1603-1605）

德川秀忠　慶長十年四月　一元和九年七月　　（1605-1623）

德川家光　元和九年七月　一慶安四年四月　　（1623-1651）

德川家綱　慶安四年八月　一延寶八年五月　　（1651-1680）

德川綱吉　延寶八年七月　一寶永六年一月　　（1680-1709）

德川家宣　寶永六年五月　一正德二年十月　　（1709-1712）

德川家繼　正德三年四月　一正德六年四月　　（1713-1716）

德川吉宗　享保元年八月　一延享二年九月　　（1716-1745）

德川家重　延享二年十一月一寶曆十年五月　　（1745-1760）

德川家治　寶曆十年九月　一天明六年九月　　（1760-1786）

德川家齊　天明七年四月　一天保八年四月　　（1787-1837）

德川家慶　天保八年九月　一嘉永六年六月　　（1837-1853）

德川家定　嘉永六年十月　一安政五年七月　　（1853-1858）

德川家茂　安政五年十月　一慶應二年八月　　（1858-1866）

德川慶喜　慶應二年十二月一慶應三年十二月　（1866-1867）

本文初稿於二〇〇四年五月二十一日發表於韓國成均館大學主辦之「第二屆東亞地域孔廟與儒學國際學術研討會」。

原載井上義彥教授退官記念論集編輯委員會編：《井上義彥教授退官記念論集——東西文化會通》（臺北：臺灣學生書局，2006 年），頁 193-210。

第六章　孔廟設置與儒學振興
——由「多久聖廟」之興設談江戶地方儒學之推動

一　前言

　　日本鎌倉時代、足利時代以來，因王室衰微武家興起之故，人才多埋首於武事，學問遂由僧侶維持從事之，又僧侶所從事之學問乃以朱子學為主。德川家康（1543-1616）創建德川幕府開啟江戶時代後，既無法抵擋此學術態勢，更在權衡考量朱子學之利弊後，尊從之以為官學之教旨。而自慶長（1596-1614）至元祿（1688-1703）的百餘年間所謂江戶儒學的第一期創始時代[1]，提倡朱子學者除了致力將儒學從佛教中區隔獨立出來的藤原惺窩（1561-1619）之外，主要有「藤門四天王」的林羅山（1583-1657）、松永尺五（1592-1657）、堀杏庵（1585-1643）、那波活所（1595-1648）等，其中尤以林羅山受德川家康、秀忠（1579-1632）、家光（1604-1651）三代將軍所重用而影響深遠。與羅山相對照的則是講學於京都的松永尺五，松永尺五除數度出入皇室進講，門下生徒亦人才輩出。除了日後培養出「木門十哲」[2]的

木下順庵（1621-1699）之外，亦有當時以評著書籍聞名的宇都宮遯庵
（1633-1707），以及日後於九州地區致力推廣朱子學的貝原益軒
（1630-1714）和安東省庵（1622-1701）。而當時同樣活躍於京都的另
一派朱子學者，則是以山崎闇齋（1618-1682）為代表的南學朱子學。[3]

　蓋江戶前期朱子學於日本社會的成立和普及，基本上可將之看作
是中世日本往近世日本過渡時，社會思潮由佛教優勢的重視來世，轉
為儒學優勢的重視現世的一種改變。[4]而在江戶前期的朱子學者試圖將
朱子學式的儒學理念由佛教式理念中獨立出來的過程中，日本學者衣
笠安喜（1930-2001）以為：乃是傳統思想和生活經驗觀念兩者的近世
化過程，而且諸如藤原惺窩和林羅山以朱子學之「天理」來替代既有
之「天」、「天道」等諸多觀念的做法一樣，在彼等思想形成的過程中，
並未含括進大部分「天道」這一概念所未包括在內的生活經驗性的思
維與觀念。[5]也就是說：德川幕府欲援用江戶前期之日本朱子學說以統
治維持封建的江戶社會的這一作法，在前三代將軍重用林羅山積極普
及儒學於全國各地的同時，此「日本儒學」其實便潛藏著一種所謂試
圖以儒學來說明江戶社會全體的特異性，或者毋寧說是儒學與江戶日

3　南學即南海朱子學之意。亦即發源於南國土佐（今高知縣）之朱子學。其始祖為
　南村梅軒，其學主實踐躬行，梅軒為土佐豪族吉良宣經講說朱子學時，主講仁義
　之道。梅軒門下有吸江寺忍性、宗安寺信西、雪蹊寺天室等三位僧侶門生，前兩
　人皆為吉良一族講說經書；後者則在土佐藩祖山內一豐入封土佐藩主的慶長、元
　和（1615-1624）年間提倡朱子學。天室門下有真常寺僧侶慈冲，後還俗名為谷時
　中，繼承天室之學統而集其大成，人稱南學之祖。谷時中門下有小倉三省、野中
　兼山、山崎闇齋等偉才，實為江戶儒學之一大勢力。
4　有關近世日本的社會思潮如何由佛教式思維轉為儒學式思維，可詳參芳賀幸四
　郎：《中世禪林の學問および文學に關する研究》（東京：日本學術振興會，1956
　年），第 1 編第 5 章。
5　見衣笠安喜：〈序章 近世思想史の諸階段〉，《近世儒學思想史の研究》（東京：
　法政大學出版局，1976 年），頁 3。

本的扞格性。

　　本文擬以江戶中期佐賀藩多久邑興建孔廟的經緯為中心，以探討江戶中期以還幕府當局和地方政府的興儒措施如何相互影響？又孔廟建設如何作為興儒政策之一環而被施行？以及透過興建孔廟之具體措施，儒學如何與地方區域的傳統結合而內化成為當地特有的人文精神。此外，亦希冀經由本研究，瞭解孔廟之興設在日本儒學發展史上所具有之意義。

二　三將軍振興儒學之措施

　　江戶元祿（1688-1703）至亨保（1716-1735）年間，亦即由第五代將軍綱吉（1646-1709）到第八代將軍吉宗（1684-1751）之間的儒學思想，若照衣笠安喜的說法，是有二大特色。

> 一是社會各領域全體有自覺的、客觀的否定儒學規範；一是在此否定儒學規範的過程中，思想基調遂分往二大方向發展：一是往實證主義、經驗主義式的方向開拓。另一方面則是與前者對抗，固守朱子學之思想，強調儒學倫理的優越性。[6]

衣笠安喜接著說在此社會思潮的背景下，產生了所謂：

> 儒學規範只適用在政治社會和日常生活中的某些層面的危機狀況。於是新思想之展開，便出現了所謂在政治經濟論方面，有立足於對應幕藩政治之商業資本，亦即組織性掌握商品流通之

6　見衣笠安喜：〈序章 近世思想史の諸階段〉，《近世儒學思想史の研究》，頁15。

政策的邏輯思想；在道德論方面，則出現了再次建構儒學規範原理的理論，試圖有助於強化身分制秩序和身分制的道德。而這些思想的出現，從幕藩制支配面來看，亦是一迫切的緊要事態。[7]

或許是因德川家康所採用的朱子學之道德規範的政治統治意識形態，面臨了上述衣笠安喜所謂「社會各領域全體有自覺的、客觀的否定儒學規範」的此種重大危機，自綱吉經家宣到吉宗等三將軍，皆積極提倡儒學，其重要措施有：

第五代將軍綱吉：元祿元年（1688）舉行釋奠之禮，獻胙於將軍。翻刻明張居正之《四書直解》，獻納給伊勢、日光、山王、鶴岡、東叡、三緣兩山。並到忍岡參拜聖廟，命林羅山之孫林鳳岡（1645-1732）講〈堯典〉，爾後每年參拜聖廟。元祿三年（1690），綱吉將聖堂自忍岡移至湯島，並親自書寫「大成殿」之匾額。又親自為執政執事講授《大學》，後每月一次依序講《四書》，並下賜《御板四書》之巾箱本給每位參加此經筵者。元祿四年（1691）綱吉命林鳳岡還俗，封鳳岡為從五位下大學頭。綱吉此番禮遇儒者之舉措，影響亦波及諸藩。元祿五年（1692）綱吉開始親自為僧徒及「三親藩」（尾張藩、紀伊藩、水戶藩）講《大學》三綱領。隔年的元祿六年（1693），亦開始親自為公卿講《大學》三綱領。據說自元祿六年（1693）到元祿十三年（1700）為止，綱吉每月親講《周易》六次，共講二百四十次，拜聽者達五、六百人。而人君親講經書使臣下聽之，乃未曾有之事，綱吉可謂首例。又此講義乃在講述朱子之本義，可知拜聽者心之所向。元祿七年

7　見衣笠安喜：〈序章　近世思想史の諸階段〉，《近世儒學思想史の研究》，頁15-16。

（1694），綱吉希望水戶光圀（1628-1701）講經，水戶光圀遂講《大學》
之三綱領。[8]元祿九年（1696），綱吉親臨柳澤吉保宅邸，召柳澤吉保
之家臣荻生徂徠，使之與大學頭林鳳岡討論司馬溫公《疑孟》一書之
得失[9]，亦召見諸藩儒者賜與食祿，儒學因而極為隆盛。蓋綱吉任用木
下順庵為儒官，可謂私學興隆之由來。[10]

　　第六代將軍家宣：命林大學頭、林七三郎、林百助等進講《論語》
與經書，並命新井白石（1657-1725）進講《通鑑綱目》，家宣每親臨
聽之，嚴肅端莊，未嘗有惰容。寶永七年（1710）正月舉行講釋開始
之儀式，此時新井白石進講《詩經》、林大學頭進講《大學》。日講完
畢時，將軍便賜時服二套。[11]寶永七年四月，新井白石奉命撰《武家諸
法度》，頒布後其中第一條為：「宜修文武之道，明人倫，正風俗。」

　　第八代將軍吉宗：壯年有志於學，招林鳳岡、木下菊潭（1667-
1743，木下順庵之子）於紀伊藩邸，勉學並讀日本儒學之書，學熊澤
蕃山（1619-1691）、貝原益軒之學說。及其繼承將軍一職，乃罷黜新
井白石、間部詮房（1667-1720）等人，代以室鳩巢（1658-1734）、荻
原美雅（1669-1745）等人。林鳳岡於家宣為將軍時，意見屢與白石不
合，屢爭屢敗，吉宗即位後，林鳳岡復被幕府倚重，白石失勢。於是

8　此係水戶光圀反對當時綱吉所頒布的〈生類憐憫令〉，故意獻上狗皮予綱吉以示
　　諷刺，綱吉及柳澤吉保等大臣憤慨激昂之餘，懷疑水戶光圀有二心，遂將之召至
　　江戶欲試探之。

9　見岩橋遵成：《徂徠研究》（東京：名著刊行會，1982 年），頁 124。

10　有關第五代將軍德川綱吉振興儒學之情形，請詳參加藤虎之亮：〈綱吉と儒學〉，
　　收入德川公繼宗七十年祝賀記念會編：《德川公繼宗七十年祝賀記念 近世日本の
　　儒學》（東京：岩波書店，1939 年），頁 35-52，以及牧野謙次郎：〈三 第三期德
　　川時代〉，《日本漢學史》，頁 147-151。

11　此事見新井白石：《折たく柴の記》卷上，收入圖書刊行會編：《新井白石全集》
　　（東京：圖書刊行會，1906 年），第 3 卷，頁 40。

木下順庵弟子僅室鳩巢為將軍所重用。白石失意之餘遂隱居，作成
《折たく柴の記》。吉宗為矯正風俗而欲普及經學，享保六年（1721）
正月十四日，召木下菊潭、室鳩巢、服部南郭（1683-1759）及土肥霞
洲（1693-1757）等四人，使之講《論語》各章，自是，每召儒臣講經
而與近臣共聽之，另外又命奧坊主成島道筑（1689-1760），講義《禮
記》與《貞觀政要》。

　　而當吉宗招木下菊潭與室鳩巢，與之諮詢政事要務時，由於室鳩
巢之議論多本於經義，為徵於古今善得之要領，故易為吉宗所接受。
當時儒者之說多被將軍吉宗所用，無怪乎當時幕府要臣水野忠之
（1669-1731）雖寵遇於吉宗，仍不免憚於儒臣，大嘆道：「今世之可畏
者，儒者也。」蓋當時吉宗於各評定所設置「目安箱」[12]，徵求民間建
言，此舉即室鳩巢之建議。

　　另外，吉宗又命荻生徂徠訓點清聖祖之〈六諭〉，施以平白易懂
之解釋，是為《六諭衍義》，並上梓刊行之，教人民以道德，可謂江戶
時期國民教育之一大事。翌年的享保七年（1722），吉宗再命室鳩巢以
和文解之，官版印行，贈與「寺小屋」的師匠們，是為《六諭衍義大
意》。當時江戶「寺小屋」之師匠多達八百數十人，皆以此為習字帖，
朝夕用之。使用及影響之情況，不可不謂之廣泛。蓋《六諭衍義》之
版木，幕府亦將之借予京都、大阪之書肆，故書肆亦使人提倡之，以
致町村每家皆求之而珍重之，此乃何以今日《六諭衍義》亦存於鄉間
人家之原因。由此亦可看出此書對當時民眾教育之影響。享保八年
（1723），吉宗將林家之昌平學舍改稱「昌平坂學問所」，又將高倉的

12　所謂「目安箱」乃享保六年（1721）將軍德川吉宗應庶民之要求，依室鳩巢之建
　　議，於評定所門前放置接受不滿投書的箱子，以聽取人民意見。故「目安箱」乃
　　庶民直接投訴不滿意見的箱子，是一訴狀箱。

宅地充當學校，作為研究學問的場所，此兩處學問研究所一般皆對武家、町家公開，並下令日有餘暇者前往聽講。其中，昌平坂學問所由林家門弟出仕講經書，高倉宅地的學問所，則由室鳩巢、木下平三郎和荻生徂徠（1666-1728）之弟荻生惣七郎（1673-1754）出仕講經書。[13]

　　事實上，自十七世紀中葉開始，德川幕府的政策便有了新的轉向。由德川家康、德川秀忠、德川家光三代將軍所實施的武斷政治，到了第四代的德川家綱（1641-1680）時，已轉變為文治政治。亦即幕府對朝廷、外樣大名和浪人武士等的武斷性彈壓政治姿態，自家綱之後已漸趨緩和，除了對待大名和浪人的政策有所修正外，幕府的各項制度亦有改動，另外禮儀益趨完備，人民教化提昇，學藝亦得到重視。而文治幕政的展開，一方面意味著幕藩體制的確立；另一方面也預告了十七世紀後半，日本社會世局的安定發展。雖然商品經濟的發展，促進了幕府與各藩財政收支不平衡的窘境惡化，但江戶日本卻也進入了町人文化繁榮發展的元祿期（1688-1703），成就了代表江戶庶民文化成熟發展的「元祿文化」。隨此社會質變，江戶儒學也迎向其開展新機的時代，不僅古學派的發展成立標誌著近世日本儒學嶄新的發展，在既有的朱子學之基礎上，儒學亦於各地方蓬勃發展。

三　佐賀藩振興儒學之舉措

　　佐賀藩於江戶時代，屬於肥前國（今佐賀縣和長崎縣）之一部分。除本藩直轄地以外，另有三個支藩，再加「本藩御親類」、「御親類同

13　有關第八代將軍德川吉宗振興儒學之情形，請詳參平野彥次郎：〈吉宗と儒學〉，《德川公繼宗七十年祝賀記念　近世日本の儒學》，頁53-72。

格」等四個邑。而「多久邑」乃其中一邑，隸屬佐賀藩。[14]多久邑聖廟的興建，基本上可視為佐賀藩振興儒學舉措中之一環。佐賀藩於元祿（1688-1703）到寶永（1704-1710）年間，以興建聖堂為中心，興起一股儒教昌隆的氣運。而此興儒學建孔廟之風氣，乃由佐賀藩之豪商武富咸亮所發起。

武富咸亮（1637-1719）號廉齋，通稱市郎右衛門，乃佐賀藩屈指可數之豪商，初從佐賀鄉儒關尚樸（名定賢，1593-1692）學，十六歲時初次隨父上京，見中村惕齋（1629-1702）[15]與之學朱子學，後每年遊學京都。

雖不知武富咸亮當時是否入中村惕齋之門為其徒，然可由惕齋所謂：「武富知予舊」一語[16]，以及日後佐賀藩和多久邑孔廟之興建多諮詢中村惕齋一事，得知兩人長時間有所交流。蓋武富咸亮為人端正嚴厲，以孝聞名，雖身為商人，但終生熱衷於學問[17]，早便有志興建孔廟聖堂。元祿三年（1690）武富咸亮經佐賀藩內相原田種文，向佐賀藩主表明興建聖廟之宿願。佐賀藩當局遂向幕府傳達計畫興建聖廟之意願。或許是因該年七月，將軍德川綱吉也已將林家位於江戶近郊忍岡之私塾內的聖堂，遷移至御茶水的湯島來，十二月落成時，綱吉親手

14 有關多久邑之世系傳承，參見附表一、二。
15 中村惕齋，江戶時代京都人。名之欽，字敬甫，通稱七左衛門、仲二郎，號惕齋。師事貝原益軒，奉程朱之說，以敬誠為本。當時於京都與伊藤仁齋齊名，為德島藩之儒官，元祿十五年（1702）七月二十六日歿，年七十四。著有《四書示蒙句解》二十七卷、《近思錄示蒙句解》十四卷、《釋菜儀節考議》一卷、《聖像章服考》一卷、《白鹿洞學規講錄》一卷、《惕齋文集》十三卷等數十種。
16 見中村惕齋：〈肥州佐嘉武富氏孔子祠記〉，收入柴田篤、邊土名朝邦：《中村惕齋・室鳩巢》（東京：明德出版社，1983年），頁280。
17 中村惕齋便稱其：「少好學信道，中年任家務於嗣子，而閑休於別館，日與同伴講聖學。」中村惕齋：〈肥前佐嘉武富氏孔子祠記〉，收入柴田篤、邊土名朝邦：《中村惕齋・室鳩巢》，頁279。

寫成「大成殿」之匾額，翌年的元祿四年（1691）二月舉行釋奠典禮。
乘此機運，佐賀藩主鍋島光茂（1632-1700）先前向幕府參奏申請設置
聖堂的要求，遂獲綱吉允諾，佐賀藩主鍋島光茂乃准武富咸亮建設聖
堂。武富咸亮選定佐賀城城北的大寶村為預定地，於元祿四年（1691）
開工，興建「大寶聖堂」，翌年的元祿五年（1692）完工，堂內安置有
孔子、顏子、曾子三像。並於「大寶聖堂」旁建講堂「鳶魚齋」；又建
造家塾「依仁亭」，教育鄉里子弟。於元祿五年（1692）八月舉行釋菜
之禮。[18]大寶聖堂建成隔年的元祿六年（1692），武富咸亮之子武富英
亮（？－？）於春天前往京都，咸亮託其子英亮請京儒中村惕齋為大
寶聖堂作記，中村惕齋於該年十月寫成〈肥州佐嘉武富氏孔子祠記〉。
現將中村惕齋該文抄錄如下：

> 伏惟吾夫子之德教，明並日月，功侔造化。凡極海宇，達古
> 今，人紀世綱之楷範，莫不取諸此。實天下萬世所永賴也。本
> 邦崇儒之典，自經籍入來，則置博士授業生徒，其學術則大學
> 寮及諸家學院庶州官校，一以孔氏為宗矣。其釋禮則昉於文武
> 帝之時，遂為諸州通祀。奠儀講論，倣李唐開元禮。國庠丁祭
> 翌日，獻胙於天子，天子御紫宸，令再繹講論，謂之內議論，
> 學生雖士庶亦與焉。中葉王化寢微，佛教孔殷而其禮廢墜。正
> 保皇帝登極，尚儒術，興舊典，釋奠禮樂亦既備，惜乎其未及
> 行也。昔時廟像之設，亦皆烏有。野州足利郡學之聖睿，雖尚

---

18 據文部省御藏版《日本教育史資料》（東京：富山房，1904 年）所收錄的〈武富
　市郎右衛門咸亮傳〉的記載，佐賀藩主光茂之嗣子，亦即佐賀藩日後第三代藩主
　綱茂，因嘉賞武富咸亮講學之志，乃親自齋戒畫孔子像，同時另命他人畫顏子、
　曾子像，將之賜與武富咸亮。咸亮以之為榮，奉持三子像而有建構聖堂之願，故
　不惜家財而投身興建聖堂。

獨存，而今禪徒所管。往歲東都侍儒羅山林老，造聖祠於東間，而修二仲之祀，然亦繫一家之私。方今大君殿下，英斷由衷，挺然以興儒為急務，乃肇基於城北，建至聖之殿，置日講之堂，而與臣民公之。春秋釋儀，臺駕一臨，宿齋精禋，蓋為恆規也。禮畢，嘉宴便殿，其不親臨，則使朝臣諸侯群拜，亦就賜宴。又於大殿中，屢御講筵，侯伯守令，凡居民上者，皆許拜聽，為之親解說經義，因命守國治民，要文武兼備。嗚呼！啟千古之蒙蔽，警兆民之憒眊，可謂宇宙間之一盛會矣。然今既數歲，自國侯郡牧以下，未聞一有贊襄德意者，何也？豈得非以異教蠱人心之久故乎？西海肥之佐嘉人武富氏，名咸亮，少好學信道，中年任家務於嗣子，而閒休于別館，日與同伴講聖學。本州世子某君，嘉賞其志，為之齋潔，續畫大成像錫之。武富以為榮，乃請構祠奉安之，而亦見允。於是不惜家資，以庀其工役。舍後有老楠，兩幹對聳，可以鎮祠址。乃徙舍劃地，新架一宇，門庭式序，周以籬垣。既成而釋菜，則元祿五年歲在壬申仲秋之月也。爾後遠近士民，往反旅客，瞻拜祠像者，頻頻不絕。主人躬執掃拚，薦奠匪懈。今從位既列，祭器粗備，此一民間之一新舉也。武富知予舊。茲春因嗣子遊京師，請為之記，繼寄書懇求不已。予不得辭，記其由來如此。且告知曰：凡學館奉聖容，所以顯德報功也。然使其無補世教，則亦虛器文具而已。吾子固有講會，但其教學之法，又不可不慎焉。今觀君上立教之旨，皆以朱子經解之意為主。朱子〈白鹿洞書院學規〉，最為精要，在天下之公論。吾子斷然揭之館上，以為定則，則可以得遵守邦典於今，承奉聖謨於古，而無所誤矣。夫道之大原出於天，具於人，行於世，其旨自然也。吾邦古昔淳風，蓋達道弗遠，為佛徒雄張日熾，大道

否塞，明夷勢屈，千有餘載。國家更化，為斯道復其明，伸其
屈，天地攸順，鬼神攸善，百福來崇，必其無疆。休祥被于四
海之日，則餘澤其門，亦應不後於人。吾子其勉旃。[19]

　　中村惕齋於〈肥州佐嘉武富氏孔子祠記〉一文中，點出了在將軍
綱吉的興儒政策中，林家私人宅阯中的孔子祠堂，如何轉為幕府公家
孔廟，然就在此儒學興盛機運看似成熟，社會彷彿已徹底施行儒學教
化之際，但是足利學校之聖廟卻淪落由禪僧司管，而貴為德川幕府將
軍侍讀的朱子學者林羅山，其雖獲得德川家康第九子德川義直協助，
於忍岡自家宅邸內興建了孔廟「先聖堂」，然此「先聖堂」終究只是林
家一家之私廟。而中村惕齋所處之時代，第五代將軍德川綱吉雖然積
極推廣儒學，諸如藉由舉辦春秋二季釋奠儀節，或是將軍親臨大成殿
開授經筵講義，並且允許各級官員聽講等措施，試圖振興儒學以啟發
千餘年來長期受「異教」（佛教）蔽障之人心。惟歷時數載卻仍未見一
「贊襄德意」者！中村惕齋以為主要原因就在佛教蠱惑人心。

　　筆者以為上文所引中村惕齋記文中，惕齋除了不滿林家建置私家
孔廟「先聖堂」之作為不夠積極之外，惕齋雖未明言批判將軍綱吉，
但幕府興儒多年之所以未見一「贊襄德意」者，其原因既然是在佛教
蠱惑人心千餘年，則惕齋言下之意對於將軍綱吉似乎亦有所不滿。亦
即，將軍德川綱吉雖然在表面政策上，支持聖堂以護持推廣儒學，但
實際上卻未必一尊儒學，故而導致興儒成效不彰。

　　筆者所以如此認為，乃因第五代將軍德川綱吉在嗣子德川德松夭
折後，雖然求子祈禱頻繁，但卻未見效果，於是聽從真言宗僧侶隆光

19　該文收入《惕齋文集》卷 10，及《惕齋筆錄》中，本文所援用者，係柴田篤、邊土
　　名朝邦：《中村惕齋・室鳩巢》一書末尾所附原文資料，頁 279-280。

（1649-1724）所謂：必須禁殺生類，而且因為綱吉乃狗年出生之人，故若能愛護犬類則可消除前世罪障，獲賜麟兒之建言，綱吉遂於貞享四年（1687）發布「生類哀憐令」。此令發佈後，綱吉至死勵行不輟，其愛護犬類之措施日漸極端，元祿八年（1695）甚至於江戶中野、四谷、大久保等地建置小屋以飼養犬類，而所需費用則向江戶町民課稅。而且對於違反「生類哀憐令」者處以嚴刑峻法，屢屢令違法者切腹或將其流放。而「生類哀憐令」除了憐憫生類、愛護犬類之外，當然也救濟孤苦百姓，故可知此令是以儒佛相合的文教政策來統治民眾，但由其施行方法看來，卻也可以窺知綱吉雖然推崇儒學，但其心仍深信佛教之因果輪迴報應論。而此種情形不就是中村惕齋抨擊的所謂：由於異教蠱惑人心日久，遂導致即使將軍綱吉興儒數載，卻仍未能見一「贊襄德意」者嗎？

相對於此種陽儒陰佛的風氣，武富咸亮以一介商人儒者，傾全力興建聖堂的志向，中村惕齋給予高度評價。但是惕齋也提醒武富咸亮別只心繫設祠祭祀之形式，而要理解聖學之真精神，追求之並實踐之。而對朱子學者中村惕齋而言，儒學之真髓乃藉由朱子而得以完全之型態顯現出來，故惕齋要武富咸亮將朱子之〈白鹿洞學規〉，亦即〈白鹿洞書院揭示〉，揭示於學館上，以為定規。

蓋〈白鹿洞書院揭示〉，不僅是中國明清時期書院規範的典範，其於朝鮮時代的韓國各地書院和江戶時期日本各地的藩校，多被用來作為學問、教育的指導方針，對東亞學校教育之影響，不可謂不大。而中村惕齋便著有《學規假名直解》一書。江戶儒者中最早注意到〈白鹿洞書院揭示〉的，便是山崎闇齋，其著有《白鹿洞學規集註》。山崎闇齋於該書序文中說：

夫規之明備也如此，則宜與小大之書竝行。然隱於夫子文集之

中，知者鮮矣。嘉嘗表出揭諸齋，潛心玩索焉。近看李退溪自
省錄，論之詳矣。得是論反復之，有以知此規之所以為規者。
然後集先儒之說，註於逐條之下，與同志講習之。且嘆我国小
大之書，家傳人誦，而能明之者蓋未聞其人矣。此世邈地去之
由乎。雖然若退溪，生於朝鮮數百歲之後，而無異於同遊面
命，則我亦可感發而興起云。[20]

又說：「白鹿洞揭示，則教學之法，而《大學》以來之規也。」[21]山崎
闇齋對〈白鹿洞書院揭示〉的重視，當然也影響到其門下弟子，「崎門
三傑」之一的淺見絅齋（1652-1711）又進一步詳細解釋闇齋的《白鹿
洞學規集註》，而寫成《白鹿洞學規集註講義》一書。其實除了朱子學
者以外，陽明學派和古學派之儒者，亦有多人為〈白鹿洞書院揭示〉
作注或講義之。[22]現將《朱子文集》卷七十四中所收錄的〈白鹿洞書院
揭示〉本文和跋文揭示如下：

父子有親　君臣有義　夫婦有別　長幼有序　朋友有信
右五教之目。堯舜使契為司徒，敬敷五教，即此是也。學者學
此而已。而其所以學之之序亦有五焉。其別如左。
博學之　審問之　謹思之　明辨之　篤行之

---

20 見日本古典學會編：〈白鹿洞學規集註序〉，《垂加草》，《新編山崎闇齋全集》第
　　1卷（東京：ぺりかん社，1978年），第10卷，頁66-67。
21 見日本古典學會編：〈近思錄序〉，《垂加草》，第10卷，頁77。
22 有關〈白鹿洞書院揭示〉與日本江戶儒者的關係，可參考柴田篤：〈「白鹿洞書院
　　揭示」と江戶儒學〉，《中村璋八博士古稀紀念東洋學論集》（東京：汲古書店，
　　1996年）。而有關〈白鹿洞書院揭示〉與朝鮮儒者的關係，可參考阿部吉雄：《日
　　本朱子學と朝鮮》（東京：東京大學出版會，1965年）一書，和柴田篤：〈「白鹿
　　洞書院揭示」と李退溪〉，《哲學年報》第61輯（2002年3月），頁29-42。

右為學之序。學問思辨四者，所以窮理也。若夫篤行之事，則
自修身以至于處事接物，亦各有要。其別如左。

言忠信，行篤敬　懲忿窒慾，遷善改過

右修身之要。

正其義不謀其利　明其道不計其功

右處事之要。

己所不欲，勿施於人　行有不得，反求諸己

右接物之要。

熹竊觀古昔聖賢所以教人為學之意，莫非使之講明義理，以修
其身，然後推以及人。非徒欲其務記覽為詞章，以釣聲名取利
祿而已也。今人之為學者，則既反是矣。然聖賢所以教人之
法，具存於經。有志之士，固當熟讀深思而問辨之。苟知其理
之當然而責其身以必然，則夫規矩禁防之具，豈待他人設之，
而後有所持循哉？近世於學有規，其待學者，為已淺矣。而其
為法，又未必古人之意也。故今不復以施於此堂。而特取凡聖
賢所以教人為學之大端，條列如右，而揭之楣間。諸君其相與
講明遵守，而責之於身焉，則夫思慮云為之際，其所以戒謹而
恐懼者，必有嚴於彼者矣。其有不然，而或出於此言之所棄，
則彼所謂規者，必將取之，固不得而略也。諸君其亦念之哉。[23]

　　而除了武富咸亮這般熱衷儒學之町儒外，佐賀藩藩主亦為文雅修
學之人。佐賀藩第二代藩主鍋島光茂乃有志以和歌聞名天下者，據傳

23　岡田武彥、荒木見悟主編：《晦庵先生朱文公文集（下）》（京都：中文出版社，
　　1972 年），頁 1368。

其於臨終之際，仍由三條西實教傳與其古今傳授，並與水戶光圀相交，寄心於朱子學（有關鍋島家世系參見本章末附錄附表（一）佐賀鍋島家略系圖）。第三代藩主鍋島綱茂（1652-1707），善詩歌書畫，是一好學藩主。與林羅山之孫林鳳岡相交為詩友，並迎接林家門人平本智雄、長森以休至佐賀，另外亦聽受武富咸亮之講說儒學。據傳其曾於將軍綱吉面前輪講經書。由於藩主亦為好學之人，當武富咸亮獲准興建聖堂時，佐賀藩二代藩主光茂亦於佐賀城內二之丸興建聖堂，春秋二季舉行釋菜之禮，當時執掌釋菜之禮者乃武富咸亮之弟子實松元琳[24]，時實松元琳年五十三，除執行釋菜之禮外，亦講授《大學》三綱領，由此亦可見地方受中央將軍綱吉講授《大學》三綱領之影響。而二之丸聖堂因位於城內，出入警戒森嚴，眾人參拜不易，遂於元祿十三年（1700），移置佐賀城外鬼丸西宅阯之地。也就是在此時，藩主綱茂招聘林家平本智雄、長森以休兩門人至佐賀，並親寫「至聖堂殿」之匾額掛於聖堂正面，再親畫六君子像安置之，使實松元琳固定於每月七日，於講習堂為諸士講授經書，每次聽講生不下八十餘人，可謂景況榮盛。

四　多久邑聖廟之興建

由於藩主及豪商之儒武富咸亮之努力，佐賀藩乃能無分士庶，皆得列席講筵。元祿以來建孔廟興講堂之鼓吹儒學之措施，可謂佐賀藩儒學研究之濫觴。而此興儒風氣亦吹及其轄地。

---

24 實松元琳（1639-1726）號致齋，學於武富咸亮，後與中村惕齋、藤井懶齋、米川操軒等交遊，與伊藤仁齋相交亦親，至江戶謁湯島聖堂之大成殿，見祭酒林大學頭鳳岡，與之為詩唱和。又其為多久邑第四代邑主多久茂文之師。

多久邑第四代邑主多久茂文（1670-1711）[25]，於貞享年間（1684-
1687）便欲創設孔廟、學校。元祿十年（1697）五月，茂文向中村惕
齋求取文章，惕齋於是就茂文之齋號，為〈靜齋說〉一文[26]，惕齋於該
文中便說多久茂文：「盛年好學而志於道」[27]，其實，若我們看到記錄
水江龍造寺氏[28]之事蹟的《水江事略》中，亦有所謂：

> 茂文公，性質寬弘仁恕，厭浮薄之俗，立高明之志，無一毫聲
> 色貨財之欲。自幼好儒學，招藩士實松元琳，師事之。講學不
> 息，一生書不釋手。於邑之東，建學校，崇聖像，以川浪自安
> 為教授，專思使家臣庶民知人倫五常之道。[29]

由上述引文看來，多久茂文亦與其生父鍋島光茂和其兄鍋島綱茂一樣

---

25 多久茂文為佐賀藩第二代藩主鍋島光茂之三男，寬文九年（1699）十一月二十六
日生於佐賀城下東郭之向陽軒。幼名熊法師丸，初號出雲，後號伊豆，又改號伊
豫，自號靜齋。茂文出生前一年，多久邑第三代邑主多久茂矩之嫡男夭逝，多久
茂矩聽聞藩主侍妾懷孕之事，乃央請若生男兒，希望過繼給多久邑為養嗣子，藩
主光茂爽快允諾。故茂文九歲時，即延寶六年（1678），移居多久上屋宅邸，貞
享三年（1686）三月，十八歲時，繼承家督為多久邑第四代邑主。十年後的元祿
九年（1696），掌佐賀藩本藩國務，為請役·筆頭家老。有關多久茂文，可參閱
細川章：〈「多久聖廟」の創設者多久茂文の人間像〉，《西南地域研究》第 7 輯
（1992 年 12 月），頁 555-572。又有關多久邑邑主世系圖譜參見本章末附錄附表
（二）近世多久氏略系圖。

26 該文後收入《惕齋文集》，卷 11，本文所援用者，係柴田篤、邊土名朝邦：《中村
惕齋·室鳩巢》一書末尾所附原文資料。

27 見柴田篤、邊土名朝邦：《中村惕齋·室鳩巢》，頁 282。

28 多久邑之先祖鍋島直茂，本為水江龍造寺隆信之陪臣，當時多久邑乃水江龍造寺
隆信之弟龍造寺長信之居城。但因身為頭首的龍造寺隆信與部屬鍋島之軍隊，和
有馬之軍陣交戰於島田沖田畷，不幸戰亡，後雖由其嫡子龍造寺政家掌政，然隨
時光流逝，特別是在文祿、慶長戰役後，政治實權便落於鍋島直茂手中。

29 見多久鄉土資料館藏多久家文書〈茂文公譜〉，《水江事略》卷之 10。

性好儒學。佐賀儒士自不待言，其亦與江戶、京都之儒士往來密切。[30]

　　自貞享年間（1684-1687）有志建聖堂興學校以來，其間多久茂文已向中國訂製孔子像及四哲像。到了元祿五年（1692）則有兩大舉措。一是實現興建聖堂[31]；一是設置學問所。[32]到元祿八年（1692），選定離學問所東原庠舍約五十間房舍遠，東邊的椎原山之山麓為聖廟興建的預定地，其後便開始了所謂：「斬山斥地，碎巖塞谿」[33]的建廟工程。因為據元祿十五年（1702）繪成的〈多久御構內小路繪圖〉看來，現今東原庠舍之遺址及多久聖廟周邊的土地，本是「杠關之允」、「梶原武右衛門」、「內田左九衛」三人名下之土地，但當時三者之名字皆被以不同墨色將之消去，想必是將土地提供作為聖廟境內用地。同時建廟之工程，亦任命武富咸亮為督工。[34]

　　元祿十二年（1699）設置於河浪自安宅內的學舍「鶴山書院」（東

30　中村惕齋、武富咸亮、實松元琳等人前文已有說明。引文中的河浪自安（1635-1719）乃多久茂文最信賴之侍醫。河浪自安為一儒醫，生於佐賀八戶，入江戶吉田自庵（1644-1712，筑前人，幕府侍醫）門下習醫，同時又修朱子學，後歸返佐賀藩，仕於多久邑第三代邑主多久茂矩，與武富咸亮、實松元琳師徒相交甚深，多久邑鄉校東原庠舍建成後，奉命為初任教授。

31　多久鄉土資料館藏多久家文書《丹邱邑誌》卷五有言：「元祿五年，掛慮聖堂之建立，其孫三郎殿下（多久文純）捐款。」見深江順房撰，多久古文書的村、秀村選三、細川章校訂：〈雜識‧聖堂御建立心遺〉，《丹邱邑誌》（東京：文獻出版，1993 年），頁 267。

32　多久鄉土資料館藏多久家文書《御屋形日記》元祿五年三月十七日條有言：「已經收到信州殿（佐賀藩第三代藩主鍋島綱茂）先前允諾賜下之學問所匾額。」見大園隆三郎監修，多久市教育委員會編：《佐賀藩多久領御屋形日記》（福岡：九州大學出版會，2014 年），第 3 卷，頁 228。

33　見武富咸亮：〈寶永五年仲秋仲丁　奉祝肥州小城郡多久邑東原精舍之釋菜〉，荒木見悟：《丹邱邑誌漢文資料講解》（東京：文獻出版，1993 年），頁 103。

34　如武富咸亮於〈寶永五年仲秋仲丁　肥州小城郡多久邑東原精舍之釋菜〉中言：「茂公不措僕之拙，承當商量堂殿之準規，階壇之彫刻也。」（頁 104）可得知武富咸亮與多久孔廟之建設交涉頗深。

原庠舍之前身）完工，開設營運。[35]河浪自安（1635-1719）擔任初任
教授，教育邑中士人。而聖廟之興建則較學問所晚，實際工程的展
開，要等到寶永二年（1705）才正式開始。而多久茂文（1670-1711）
欣見東原庠舍的落成，透過河浪自安之養子河浪道義[36]，託請中村惕齋
幫助改鑄孔子像。改鑄聖像的原由是因為原來的孔子像乃大夫之姿，
多久茂文以為此實不服至聖文宣王之諡號，何況一尺二寸高的聖像顯
的單薄。中村惕齋受多久茂文之託，遂與藤景懶齋商議，考究古今聖
蹟之規範，終於設計出二尺七寸高的文宣王像和高二尺三寸六分的座
椅，命京都工匠製造之。終於，文宣王像於元祿十三年（1700）五月
鑄造完工；座椅則於同年十一月鑄成。完成的孔子像於翌年的元祿十
四年（1701）九月七日，送達肥前佐賀藩之多久邑。[37]此聖像在聖廟完
成前，被安置在東原庠舍旁的臨時房舍中。

　　自興建聖廟構想的提出，到寶永二年（1705）施工開始，寶永五
年（1708）完工，歷時十餘年，多久聖廟於焉落成。蓋封建時代的多

35　見多久鄉土資料館藏多久家文書《御屋形日記》元祿十二年正月十九日條與元祿
　　十二年十二月十二日條之記載。

36　河浪道義（1672-1734）號直齋，從武富咸亮學，後至京都，入藤井懶齋、中村惕
　　齋、伴淳齋等之門學習。歸返佐賀時，獲得中村惕齋所寫之「慎獨」二字；另外
　　亦透過長森以休、平本定雄二人，獲得大學頭林鳳岡所作之〈肥前多久邑文廟
　　記〉，以及儒官林信充、林信智所作之〈肥前多久邑八景詩〉和〈肥前多久八景
　　詩〉。以上三作，今皆收入秀村選三、細川章校訂：《丹邱邑誌》，收入深江順房：
　　《多久古文書の村》（東京：文獻出版，1993 年）一書中。

37　日本江戶時代較早建成的孔廟之一的岡山「閑谷黌」孔廟，亦效倣多久邑，委請
　　中村惕齋監製鑄造孔子像。故岡山閑谷學校孔廟的孔子像比多久聖廟的孔子像晚
　　一年，要於元祿十四年（1701）才鑄造完成，同年八月才安置於閑谷學校的孔廟
　　中。與多久聖廟的孔子像一樣，都是坐於座椅上的銅像，惟閑谷學校孔廟的聖像
　　高一百三十六公分；多久聖廟的聖像八十一點八公分。關於日本全國各地的孔子
　　像，可參閱翠川文子：〈孔子像を訪ねて〉，庄野壽人編：《江河萬里流──甦
　　る孔子と龜陽文庫》（福岡：龜陽文庫、能古博物館，1994 年）。

久邑，是一僅有八千石奉祿的小邑，邑主因代代皆擔任佐賀藩本藩的筆頭家老一職，故必須將百分之四十的稻作收成，納貢給本藩，邑之財政因而多呈緊迫狀態。可見興建聖廟時，多靠邑民犧牲奉獻，方能成此大事業。建築材料所須之木頭，由邑中神社等貢獻神木五百三十株；興建工程持續的四年間，動用邑中人丁以為役夫者達九千二百人，而當時多久邑有三千七百戶人家，約一萬二千邑民。據多久鄉土資料館所藏《定書》之記錄，為興建聖廟，邑中庶民之日常生活被極度約制。例如麵條、細麵線、蕎麥麵、饅頭、豆腐等，因是耗費五穀而作成之物，故禁止販賣。另外亦禁止食用龍蝦、鮑魚、乾海參、鱉、螃蟹、鰻魚及嬉野茶；至於一切歌舞樂曲之類，皆被禁止。就在多久邑本身財政困乏的環境中，多久聖廟在邑主茂文的執著與邑民多方節制約束生活的努力下，終於屹立於多久邑東原椎原山山麓。寶永五年（1708）八月十四日，邑主多久茂文自為獻官，舉行首次釋菜祭儀（有關多久聖廟釋菜祭儀參見本章末附錄附表（三）多久聖廟釋菜儀式之順序）。

　　地處重山包圍之鄉間的多久邑，因第四代邑主多久茂文見邑民偏屈不和，恐其不知禮儀而蒙昧無知，乃以儒學為其政治、教育方針之基礎，試圖以「敬」涵養其邑民，建聖廟使邑民效仿孔子。欲振斯道於海西偏鄙之邑，使佐賀藩與江戶幕府互為坤乾，君臣同德，共生其功，明明之德萬世常明。多久茂文之雄心，吾人今可從其於元祿十四年（1701）九月，安置京都送來之孔子像於東原庠舍旁之臨時房舍時所寫成的告文〈文廟記〉，一窺究竟。現將〈文廟記〉之全文揭示如下：

　　　　維時元祿十有四年、季秋朔初七辛卯日、前於京師所奉模之尊
　　　　像、遠途幸無佗障滯、速降鄙邑。千喜萬祥，不堪歡欣之至。

堂宇之經營，土木未落成、構仮室於塾側。暫奉安尊體。令河
浪氏自菴、釋菜行香、代敬白鄙誠。

恭惟僕雖不肖，為一家之長則嚴君之道備焉。況僕封邑雖褊
小，而君人之責在僕身，則治教之二不可偏廢也。由是效武城
牛刀之說，累年使一儒生司子游之一端。雖地僻人偏，倡而不
和，教泥而不行，人才日放失，而將去餼羊之勢。是以熟計施
為之緩急，古人曰視廟社，則思敬。此言有深意。人能執敬廟
社之心，念念不忘，事事不失，須臾不離敬，則萬善聚焉。為
賢為聖，而人道之能事畢矣。苟失恩敬之心，則為愚、為不
肖，而同趣禽獸矣。道二，敬與不敬而已。是故先儒發明之
曰：敬，一心之主宰，萬事之根本，而為萬世聖學之基本也。
此敬也，視廟社則發，不視則不發。由是觀之，先設聖廟而使
人知所敬，而後由是道之，則用力少就，效甚眾矣。

大概人之所以不好學者，信道不篤也。所以信道不篤者，未視
聖廟也。何也？自學校之政不修，以凡庸見聖人，名經典謂外
書，輕賤人倫之道，而別探玄妙之旨。雖老師宿儒，尚因循於
俗習，崇他神他佛，而於我聖人之道，瞑然不知所以宗之，況
於未學者！若夫聖廟嚴然於茲，視者訝然相謂曰：是何神也？
曰：是孔子之神也。曰：孔子者，曷力之神也？曰：孝悌忠信
之人神也。人人知孝悌忠信之神，而每視思敬，則不識不知孝
悌忠信之心油然生焉。素善良者貴之敬之，彌興勸善之心；素
不善者畏之憚之，自起懲惡之心矣。勸善必於是，懲惡必於
是，則聖廟有補於治教莫切於焉。矧子弟之受業，出入拜手，
旦夕恭敬，神則眷佑，善心日日增長。入則孝，出則悌，朋友

相勵以德，於變時庸之和，不肅成焉。夫如是，則不好學何為？此納約自牖之一術、而僕今日所以奉安尊像之旨趣也。且夫為人之父母，為人之君長，未嘗有不願子孫臣民向於善者也。實願向於善，不得不尊信聖德矣。

伏惟中國曲阜之真廟，達郡國，春秋二丁以大牢之禮祭聖廟者，一千五百六十餘處，閭里間小社不可勝計。中華文道之盛有以也。而忠義士列名於載籍者，不可枚舉矣。是無佗，聖廟充於里巷，而師儒之教誘備也哉。

我神州古昔大學寮釋奠格式，暨諸國之祠典，考之國史，其盛與中華齊，文人才士又不恥彼也。其後暨文教日衰，諸國聖廟擴地無一宇矣。處何知敬聖學道乎？人只知有子曰二字，而動為侮聖叱儒之弄言也。依是道終熄，而天下殿始於闇夜者數百年，宜亂臣賊子接踵患至掇也。承平戰、保元軍、元弘、建武、應仁之亂。皆權輿乎不知仁義之道。彼所以不知仁義之道者，又此濫觴乎學校之政不修，是其跡彰彰者也。然獨幸王之神靈，未墜於地，粵東武大樹幕下承統之肇，繼數百歲之絕迹，新作大成殿於城頭，自詣杏壇，拜於階下。賞獻官，勞書生，賜燕於列侯諸臣之來拜者。依是天下皆知不可聖德之不敬也。又開講筵，自解經義，諸侯卿大夫，下逮諸士百家之徒，各順其願容拜聽焉。依是天下皆知不可聖道之不學也。於是聖光再張，六藝就緒，而唔咿聲滿於都鄙矣。而前侮聖德叱儒者，箝口向化如威鈇鉞。抑知一宇聖廟移風俗之神速如此。向舉其要，其學智，其德量，可謂淵淵其淵，浩浩其浩。

尊大君官下繼承羽翼，就邦之初，先於事營聖殿，修大祭矣。
而邦內向化，恰起乎東武。當此之時，粗知讀書，而與事者無
幾矣。未數歲，而詩人文士滿於國。尊君俄頃之助，功化如
此。嗚呼！奇哉！偉哉！《易》曰「大哉乾元，萬物資始」云
者，東武之事貞此也。「至哉坤元，萬物資生」云者，肥陽之
事貞此也。幕下始之於東，官下成之於西。東武，乾道也。肥
陽，坤道也。乾坤定位，君臣同德，而裴生成之功，則天地自
位，萬物自育，氣無不和，四靈集郊陬，是體信達順之徵也。
夫祥于善，殃於淫者，神明功用也。東西之善如此，必也至聖
之神明洋洋乎在於其上，在於其左右，佑以百福，又何疑哉！

嗟！斯國之人，何幸生文明之世，遭文明之君，被文明之澤
哉！遭文明之君，被文明之澤者，又何以乎報之也？夫必謂不
可各以文明之道，各不使其人各被文明之澤者也。昔文翁初設
聖廟於蜀郡。可謂知吏於工之職，而能懋其勉者也。僕雖不足
萬萬齊等，然彌六合不為大，葳於密不為小。私欲學餘風於區
區之小邑。全非為美、為觀也。只恐僕尊信之誠未至，妄作事
於隘巷，使蠹邑民、瀆尊靈。惟人力之所不及，伏祈神明之佑
而已。仰冀至聖之神明永光降於此地，自僕一身至無數，自當
今至無窮，以明明之德教萬生明明。伏乞垂昭明。

於時元祿十有四年秋九月初七辛卯日　多久四代茂文百拜　敬白[38]

38　秀村選三、細川章校定：《丹邱邑誌》，收入深江順房：《多久古文書の村》（東京：
　　文獻出版，1993 年），頁 61-63。

五　多久邑與儒學

　　由〈文廟記〉之記載，多久邑主茂文對儒學重視之告白，吾人顯
而易見。〈文廟記〉第一段陳述了孔子像完成送至多久邑來，茂文歡欣
莫名的激動心情，並以此展開其對儒學的看法，以及其教育邑民之方
針。第二段中則引《論語》〈陽貨〉篇中子游治武城，主張：「君子學
道則愛人，小人學道則易使。」以武城來比喻多久邑，致力以儒學來
治多久邑。再引《論語》〈八佾〉篇中所謂：「子貢欲去告朔之餼羊」，
說明多久地處邊鄙，教化難以施行的狀況，故欲藉由建孔廟以使邑民
懷抱尊孔之念，存尊敬之心，強調朱子學所謂一心之主宰的「敬」，乃
區別人與禽獸之分的關鍵。此乃茂文非設孔廟不可之原因，並藉此明
志。第三段則引《論語》〈學而〉篇所謂：「弟子入則孝，出則悌」之
語，勉勵邑民。再引用《書經》〈堯典〉所謂：「黎民於變時雍」，和《易
經》〈習坎〉卦中的「納約自牖」之一術，相信透過引導人民可變化其
氣質，以此預設孔廟設立後當有其化育邑民，使多久邑向上發展之效
能。接著於第四段中略述中國祭孔之現狀與其成果。第五段則描述日
本尊孔崇儒之思想一度式微，但德川幕府一定天下後，孔子再度受到
尊崇，第五代將軍綱吉又造「大成殿」於湯島，親自禮拜並施之講授
經書，使天下民心一變於前。故茂文以《中庸》第三十二章的「淵淵
其淵，浩浩其天」來讚美將軍崇儒尊孔之才德。第六段則引《易經》
中乾、坤之觀念以比喻江戶德川幕府與西海肥前佐賀藩二地互為乾
坤，共唱儒道，必可使日本達到《中庸》第一章所謂：「天地位，萬物
育。」以及《禮記》中所謂：「體信達順」之境界。[39]顯然，茂文堅信

39　《禮記》〈禮運〉篇有言「先王能修禮以達義，體信以達順，故此順之實也。」（請
　　參〔漢〕鄭玄注，〔唐〕孔穎達疏：《禮記正義》收入〔清〕阮元：《十三經注疏

祭祀孔子、崇奉儒學，必會給多久，乃至日本帶來無盡的福祉。最後一段中，茂文則期許明明之德可使百姓昭明，且亙古常明。[40]

　　一般以為日本江戶時代儒學之推行，多是由地方到中央，但若就前文所述來看，實未必如此。貞享（1684-1687）以來，地方推行儒學可說與中央同步，甚至如佐賀藩之例，可謂更早於幕府。[41]然而，多久邑邑主茂文及其邑民，在財政窮乏，生活受制約的艱困生活中，興建孔廟，祭祀孔子，傚效聖人所培養出來的生活理念，其根源精神究竟為何？

　　現多久市仍保有一些俚俗諺語，適足以作為上述疑問之解答。多久諺語中有道是：「孔子の枯糞キィ」。「キィ」一詞乃多久之方言，意為「吃」，此句諺語之意為：「食孔子之枯糞」。多久人將之視為一句涵養貧者必勝之市民性的諺語，其意旨是要市民學習聖人，要能貧而不貪。雖是一句不雅之言，但卻堅定表現出多久市民追求質實、剛健之生活態度，以貧者不屈、貧者必勝為其生活指標。故多久人即使被訕笑道：「多クン者は肋骨ノ一本足らん」（亦即輕視多久人，以為多久人是有欠缺的）多久人也咬牙隱忍。彼等用來自我期許的是另一句諺語所說的：「ベチャクチャしゃベンな、根性バ持ットレ。」（別

附校勘記》第 5 冊（臺北：藝文印書館，1989 年），頁 441。

40　有關〈文廟記〉一文之講解，可參閱荒木見悟：〈文廟記〉，《丹邱邑誌漢文資料講解》，頁 13-30。

41　據飯田須賀斯的說法，多久聖廟之前，名古屋、足利、岡山、長崎等地已有孔廟，然多久聖廟雖非江戶時代孔廟建設之先趨，然多久邑向幕府請願興建孔廟，卻是促使綱吉將林家位於上野之孔廟移置湯島的動機。同時其改鑄孔子像的舉動，也影響到了岡山閑谷學校孔廟改鑄其孔子像。此事同樣亦見於《丹邱邑誌》。此即可證明地方推廣儒學，興設孔廟早於中央。請參閱飯田須賀斯：〈江戶時代の孔子廟建築〉，收入德川公繼宗七十年祝賀記念會編：《德川公繼宗七十年祝賀記念 近世日本の儒學》（東京：岩波書店，1939 年）。

有怨言，當有骨氣。）多久人剛毅木訥的性格，便在此艱苦的生活變遷中逐漸養成。而其精神支柱，或恐便是多久聖廟中所祭祀的孔子。蓋當多久茂文以仁、義、禮、智、信為生活之五常，企圖在封建體制的倫理觀下，以朱子學來涵養多久人不容一毫之私欲的道德性禁欲主義的生活文化時，孔子似乎成了多久人的學習典範。長久以來，孔子在多久聖廟被多久人所祭拜，孔子如同多久人的祖先，更是一理想人格象徵。多久甚至以「丹邱之里」來比喻自己的故里是一桃花源。蓋「邱」與「丘」同音同義，以孔子之名「丘」，故避諱而取「邱」字。「丹」表「正紅」，又引申為「正中」、「真心」之意，故「丹邱之里」，意味著：聖學晝夜常明之處。在江戶日本，多久邑民，於鄉校東原庠舍，以四書五經為中心，以聖廟中所祭祀的孔子為典範，藉由朱子學的實踐倫理，學習儒學的經世理念，以建造「丹邱之里」為其社會實踐之目標，而此「丹邱之里」的實踐，既是多久人之性格，亦是長久傳承以來之多久文化，多久的「丹邱文化」。

　　唐太宗武德九年（626），立孔子碑於國子監。同年，立碑於曲阜孔廟的碑文中有言：「致敬於茲日，合舞釋菜，無絕於終古。」多久聖廟自其於寶永五年（1708）創建，多久茂文首次自當獻官行釋菜祭儀以來，二百九十五年每年春秋二季皆行釋菜之禮。[42]聖廟建築物本身，於昭和八年（1933）被日本政府指定為國寶；昭和二十五年（1950），因政府制定〈文化財保護法〉，聖廟被指定為重要文化財。自建成以來，未罹祝融與震災，戰火亦未殃及此處。經歷明和八年（1767）、天保三年（1832）、明治四十二年（1909）、昭和三十三年（1958）等四次整修，最近則於昭和六十二年（1987）七月動工整修，平成二年（1990）十二月修復完工，斥資日幣二億二千三百五十一萬九千二百二

42　多久聖廟所舉行之釋菜儀禮之順序，詳見本文附表三。

十三円。[43]建廟當初之瓦葺亦修復整備。同時因東原庠舍與多久聖廟有
著一體不離之歷史因緣，故東原庠舍亦於平成三年（1991）復原建成。
崇敬篤信孔子，熾熱追求學問，或可說是多久獨特的文化風土。

　　多久有諺言：「多久之雀啼《論語》」（多久の雀ほ論語をさえずる）
又言：「多久農人，置鍬論道。」（多久の百姓は鍬を置いて道を說く）
相信多久人必能創造出活用於現代的孔子之學，真正屬於多久這一晝
夜常明處的「丹邱文化」。

43　請參閱多久市：《重要文化財・多久聖廟保存修理報告書》，平成三年一月三十一
　　日。

後記

　　筆者於二○○三年八月三十日上午九點三十分抵達多久聖廟時，境內有四位高中生打掃內外，一旁楷樹下則有兩位老師帶領十幾位幼稚園孩童前來參觀，相信孔子於海外一山里之多久，必得知音而無絕於終古。

　　又筆者前往多久參訪、搜集資料時，承蒙多久學問世家出身之細川章教授全程導覽指教，並款待多久名產「岸川饅頭」和先生自製之料理為午膳，銘感五內。另外多久鄉土資料館館長尾形善郎先生亦不吝賜教，詳細說明多久聖廟建築之特色；以及小野明美女士親切導覽介紹東原庠舍之設施；飯守清子女士熱心協助複印多久鄉土資料館之資料。在此一併致上筆者最高之謝意。

附錄

附表（一）　佐賀鍋島家略系圖

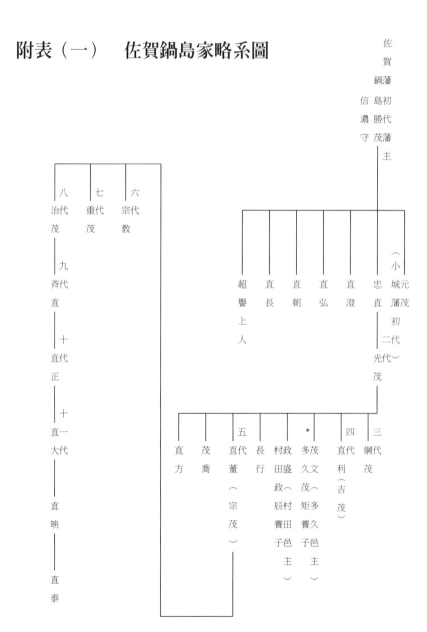

附表（二）　近世多久氏略系圖

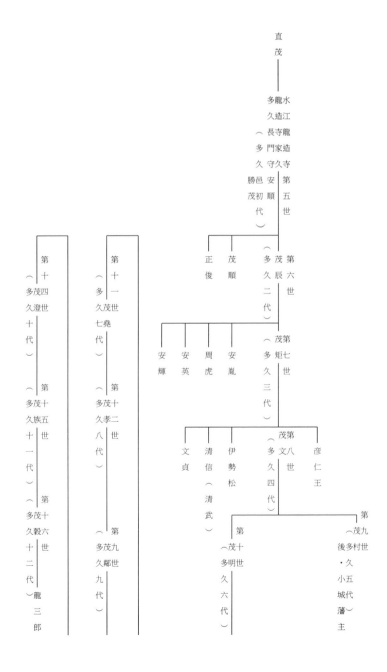

附表（三） 多久聖廟釋菜儀式之順序

1 詣廟	21 詣讀師位
2 排班	22 眾官皆跪
3 迎神	23 讀詩
4 鞠躬	24 徹饌
5 獻饌	25 排班
6 點閱	26 送神
7 詣盥洗所	27 鞠躬
8 詣香案前	28 禮畢
9 上香	
10 詣爵洗所	
11 詣酒尊所	
12 詣至聖先師文宣王神位前	
13 詣讀祝位	
14 眾官皆跪	
15 讀祝	
16 獻爵於配位詣酒尊所	
17 詣復聖顏子神位前	
詣宗聖曾子神位前	
詣述聖子思子神位前	
詣亞聖孟子神位前	
18 行亞獻禮詣酒尊所	
19 行終獻禮詣酒尊所	
20 眾官復位	

　　本文初稿於二〇〇三年十一月二十日以〈日本多久孔廟與儒學〉為題，發表於佛光大學歷史系主辦之「第一屆東亞地域孔廟與儒學國際學術研討會」。

　　原載《漢學論壇》第 3 期（2003 年 12 月），頁 165-184。

第七章　儒學之新生抑或變異
——近代日本之孔子教運動

一　幕末儒學界的重大課題：尊攘之間與國體辯論

（一）水戶的尊攘思想與國體觀

　　到了幕末日本，思想已不能只是一種桌上知識，這是一個將理論具體化的實踐知識時期。然而在付諸行動的同時，幕末同時又是一個理論、思想在付諸實現後，遭受挫折的敗北時期。關於此點，最明顯地可由幕末志士在面對西洋的壓迫時，彼等一路所提出的由鎖國攘夷到開國攘夷，尊王到倒幕，倒幕再到大政奉還，最後大政奉還再發展到王政復古的這一相續的思想曲折變化過程中看出。而在尊攘一派中，最具代表性的人物，便是水戶藩的會澤正志齋（1782-1863）、長洲藩士吉田松陰（1830-1859）、佐藤一齋門下的大橋訥庵（1816-1862）等鎖國攘夷派儒者。至於佐久間象山（1811-1864）與橫井小楠（1809-1869）則屬於佐幕的開國攘夷派儒者。

　　而幕末水戶學派尊攘思想的代表人物，首推藤田東湖（1806-1855）與會澤正志齋，但因藤田東湖死於安政二年（1855）的江戶大地震，所以會澤正志齋可說是幕末水戶學派尊攘思想的中堅人物。而他所著的《新論》與《迪彝論》二書，不僅是水戶藩校「弘道館」館生的熟讀之書，同時也為其他藩校所採用，爾後宛然成了尊攘派的「聖書」。此兩書的中心主張，都在維護日本的「國體」，而所謂的國體，就其書中的解釋看來，指的是：國家的本質與根本精神，是自開國以來就已具有而不可欠缺者，是一種整合、統合後有別於他的日本獨特性。

　　而所謂自開國以來就具有而不可欠缺者，指的便是日本歷來無易姓革命、皇統連綿一事，而這即便是中國亦不具備此卓越性，故有別於他國，而這就是日本人民整體統合才有的效果。在幕末西洋武力壓境的緊迫時局裡，會澤正志齋會特別強調這兩點，也是理所當然。至於日本優越感的宣傳，早在德川光圀時，便針對日本國號問題，提出了所謂：應該日本才是「中國」的言論，故會澤的言論也可說是其來有自。會澤要提醒日本人民的是：日本是一個重德的國家，而欲達到此倫理境界，則有靠統合全國人民的天子來祈求神明。只要人民統合在天子之下，天子又能報天恩，則政治便可由此而出發。其實會澤正志齋提倡宣導此種君臣之義的目的，無非是說明人民若能守分，則易姓革命不起，易姓革命不起，則外夷不侮。因此他以基督教為邪教，因為人人若皆可祈神，天子之分將被破壞無遺，則日本將失其統合性，舉國又豈能一致對外攘夷。

　　水戶藩的攘夷派，在安政元年（1854）「日美和親條約」締結時，雖怒不可言，但尚能保持尊王敬幕的平衡，然而到了安政五年（1858）「日美通商條約」一締結，此一均衡狀態遂告崩解。會澤正志齊在此背景下寫成的《新論》，雖說還是主張尊王敬幕，但因為對幕府已採不信任態度，所以其論述已經將比重放在尊王之上，水戶的國體論也因此產生變化，大義名分也往他途發展。加上原本屬於幕府的統御之職分，隨著擁立德川慶喜（1837-1913）一事的失敗，以及安政大獄對攘夷派的壓迫，水戶的攘夷派遂將本以為應該屬於幕府之職分的「政」，遂重新返還轉托於天皇。

　　水戶的鎖國攘夷志士們，隨著幕府不得已而被迫開國的事實，在不得不接受事實狀況的前提下，也逐漸轉向開國攘夷論的立場，而他們只好用所謂的「時勢」一語來說服自己。也就是說，這些原本主張鎖國攘夷的志士，並非因其自身思想逐漸成熟而轉為主張開國，而是

迫於西方武力之侵略，其自身理論主張遭到挫折後，而不得不向現實環境妥協。至於吉田松陰，雖然與會澤正志齋不同，始終堅持鎖國攘夷，然其國體觀念或大義名分則與之相同，都是由公武合體亦即尊王敬幕的立場，轉為尊王的主張。

　　安政（1854-1860）以後到萬延（1860-1862）、文久（1862-1864）年間，在經歷過「生麥事件」和「薩英戰爭」後，日本國內的攘夷運動達到最高峰，此時的代表人物為大橋訥庵。大橋訥庵不僅是一位激越的尊王攘夷者，他還是文久二年（1862）「坂下門外之變」的主謀者。蓋文久年間，是一朝廷、幕府相對立，諸藩同志糾紛不已，歐美諸國壓境，外交內政皆瀕臨極限的亂象四起之時代。然而到了元治年間（1864-1865）隨著與各國相戰皆敗的結果，連朝廷也放棄了攘夷政策，所以攘夷運動一進入元治年間（1864-1865）便急速衰退下去，只留下一個混亂不已的內政局面。此種殘破混亂的政治局面，幕府既無力收拾，朝廷群雄也未見有信心力挽狂瀾，在此時，尊王（天皇）乃成為國內整合思想、統合天下勢力，連結臣民的最後一張王牌。

（二）佐久間象山與橫井小楠的開國攘夷論

　　佐久間象山是信州松代藩藩士，學於佐藤一齋門下，吉田松陰即其門生。而橫井小楠是熊本藩藩士，與水戶藩的藤田東湖素有交游，至於後來成為明治天皇（1852-1912）侍講的元田永孚（1818-1891），就是橫井小楠的弟子。由此看來，佐久間與橫井兩人堪稱皆是朱子學者。而且小楠主張「講三代治道，得西洋技術，一新皇國，普及西洋」（見《沼山閑話》），象山在《省諐錄》中談到君子有五樂時則說：「東洋道德，西洋藝術，不遺精粗，表裡兼該，因以澤民物，報國恩。」這背景十分類似的兩人，雖同主開國攘夷，然著重點仍有出入。

　　主張尊大朝（幕府）即是尊天朝（朝廷）的佐久間象山，在天保

十三年（1842）所提出的《海防の八策》的第六策中，就建議要設學校於邊地，教以忠孝禮節，以正道德、高士氣、抗外敵。象山以為在與外國接觸頻繁的邊境上，若大唱儒家思想的忠孝禮節等德目，則有助於抵禦外侮。這點十足表現出象山朱子學學者的精神，但是象山也不是一位專門墨守朱子學、一成不變之人。他既從江川英龍（1801-1855）學西洋炮術，又從黑川良安（1817-1890）學蘭學，將「西洋藝術」納入他朱子學的「格物致知」、「窮理」的學問理路中，以為兩者雖不相同，但卻也不相違悖。

象山極力學習「西洋藝術」的期間，目睹西洋船炮相繼渡日，遂主張「以夷之術防夷之外無之，彼有大艦，我亦作大艦，彼有巨炮，我亦造巨炮」[1]此種以力制力的方式來攘夷。但因其深知和洋之間國力相差甚遠，故漸次傾向開國攘夷論的立場。蓋象山力主學習「西洋藝術」，以求整備國力，所以開國的主張基本上是在明白了解當下無以抗敵的情況下，退而求其次，將此視為一養精蓄銳的過渡時期。而且象山雖自負於「東洋道德」的優越性，表明在「東洋道德」中有「天地公共之道理」[2]，然而他亦深知在此外力交相侵的狀況下，在國際的政治局勢中，「力」的均衡所產生的作用，遠比「天地公共之道理」來的強。[3]而基於「力」來與西方抗衡，則需幕府朝廷相合力，所以象山

1　佐久間象山：〈小寺常之助宛 嘉永六年六月二九日〉，收入植手通有等校注：《日本思想大系 55 渡邊崋山・高野長英・佐久間象山・橫井小楠・橋本左內》（東京：岩波書店，1971 年），〈象山書簡〉，頁 346-348。

2　詳參佐久間象山：〈小寺常幕府宛上書稿 安政五年四月〉，收入植手通有等校注：《日本思想大系 55 渡邊崋山・高野長英・佐久間象山・橫井小楠・橋本左內》，〈上書〉，頁 291-298。

3　詳參佐久間象山：〈攘夷の策略に關する藩主宛答申書 文久二年一二月〉，收入植手通有等校注：《日本思想大系 55 渡邊崋山・高野長英・佐久間象山・橫井小楠・橋本左內》，〈上書〉，頁 321-324。

力主「公武合體」。

　　相對於象山的武力一邊倒之主張，橫井小楠則說：「以武一途得
人之道與心，治亂亦欲以是治國，其弊害更甚。」[4]橫井小楠認為「德」
是國力、武力的後盾，而他的開國攘夷論被視為是開明式的開國論，
他在萬延元年（1860）寫成的《國是三論》中說：「乘天地之運氣，隨
萬國之事情，以公共之道，經綸天下，萬方無礙⋯⋯」[5]，另在〈吉田
悌藏宛書簡〉中也說「應時隨勢得其宜，此道理乃真道理」。在橫井小
楠而言，「理」是會隨「時」、「勢」而有所變化，但「理」的根本性
則不會因此而改變。也就是說「天地大義」、「公共之道」[6]是恆久不變
的真理，而此真理即是儒家倫理的「仁義忠誠」，若此道理可實現，則
可求太平盛世於堯、舜、禹等聖人之世。小楠堅信儒家倫理具有不與
時俱變的恆久普遍性之性質，他相信祇要能「明堯舜孔子之道，盡西
洋器械之術，何止富國強兵，大義布於四海」。[7]

　　而幕末尊攘派的開國、鎖國或國體論中所提出的幾個論點，其實
正是後來明治到終戰為止，日本孔子教運動倡導者所高舉的口號與訴
求。亦即：

　一、排斥易姓革命，褒揚日本萬世一系之天皇。

　二、闡明國家意識形態。

　三、日本優越感的塑造。

　四、發揚東方道德，兼攝西方技術。

　五、闡發儒家道德可抵外侮、可興國勢，繼而可布此大義於四海。

4　橫井小楠：《文武一途之說》，收入橫井小楠著，橫井時雄編：《小楠遺稿》（東京：
　　民友社，1889 年），頁 11。

5　橫井小楠：《國是三論》，《小楠遺稿》，頁 49。

6　橫井小楠：《夷虜應接大意》，《小楠遺稿》，頁 15-20。

7　橫井小楠：〈送左・大二姪洋行〉，《小楠遺稿》，頁 726。

二　日本孔子教的前身：〈教育勅語〉

（一）〈教育勅語〉之所以有必要產生

　　蓋天皇這張最後的王牌，既是幕末武士階級間的政治抗爭工具，同時又是掌握維新新政權的政治人物，彼等用以統合近代日本國家的全體國民，以及重組明治新國家的最後一張王牌也說不定。因此，天皇就不得不以一種最高權威的姿態，君臨全日本國民。於是，具有絕對權威的君臨天下之理論根據的確立，遂刻不容緩。而且此種絕對權威的天皇理論根據，即便對為政者而言不過是一項政治手段而已，但是對民眾而言則不得不是一種絕對並真實的權威。

　　而且，此種天皇權威的絕對性，以及基於此種絕對性而隨之產生的君民和合、君民一體化的理論，也不能只是一種空泛的意識型態，或只是國民倫理的最高指導方針而已，因為如此並不足以維持國家的安寧秩序。故而必須將天皇絕對的權威，以及以天皇為頂點的君民和合之絕對性，當作國家的最高制度，而將之加以文明化、合理化，否則，天皇的權威充其量也不過是一種虛構的自然理法，而不是一種自然在人們的生活之中引導出來的關係法則。所以只要將之訴諸於法律上的制約力，則即便此虛構理論有朝一日被揭穿、或破綻百出，基於國民必須遵守一國之法律的規定，此理論根據仍可絕對並牢固地束縛住所有日本國民，而這點對執政者而言，乃是一必要的訴求。一八八九年制定的「大日本帝國憲法」，則是此種以天皇至上的國家觀，來強制並絕對地規制日本國民的一種訴諸法律上的表現。

　　也就是說，「大日本帝國憲法」使國民必然要對天皇敬畏並信服，而只要理論根據上可以再被確立，就可以使天皇和國民產生一體化的作用。所以在憲法頒布後的隔年，亦即明治二十三年（1890）十月三

十日，主要由元田永孚起草，明治天皇下賜的〈教育勅語〉，便是為了確立此種理論根據最直截了當的表現。

（二）〈教育勅語〉的性格

在幕末的武士社會裡，以天皇權威為防衛之盾的這股政治勢力，回流到反天皇的佐幕政治勢力方面，具有絕對的壓倒性勝利，所以吉田松陰要斥責山縣太華（1781-1866）「橫議天子，附塗武臣，老先生其喪心邪。抱忠義之心者，不堪憤恨。」[8]因為在大義名分的大帽子底下，幕府永遠居於臣屬之位。然而進入了明治時代，倒幕派的實力大臣之所以拱出天皇這張王牌，不是因為他們出自內心認為天皇是一崇高而值得尊敬的存在，更不是因為他們覺得幕府藐視天皇，罪不可赦。而是他們想確立自己所握有的實權與安定新政權，故而不得不如此做。不，更正確地說應該是：不確立天皇至高無上的地位，或恐已別無維持統一國家的一統方法。

對這些握有政治實權的勢力來說，天皇是一有名無實，類似裝飾用的統合諸勢力的一項手段，維新功臣們以一種冷酷的眼神與心態，視明治天皇為一政治機關。十四歲便即位的明治天皇（1852-1912）對岩倉具視（1825-1883）、大久保利通（1830-1878）、桂小五郎（1833-1877）等權臣而言，在某種意義上，也不過就是一裝飾擺設用的政治手段罷了。然而話雖如此，掌握政治實權的權臣，既不能只是將天皇作為維持舊有藩伐間勢力均衡的工具，同時又不能只是像舊時武士社會般，僅將天皇置於宮廷當裝飾用。因為更準確地說，在此百廢待舉

8　吉田松陰：《講孟餘話》〈附錄〉，第四附錄〈講孟箚記評語の反評〉，頁 523。收入山口縣教育會編：《吉田松陰》（東京：岩波書店，1935 年），第 2 卷，頁 523-525。

的時期，只是裝飾用的天皇已經不敷使用。所以在一八七一年以西鄉隆盛（1827-1877）為中心，對宮廷組織進行改革時，便於天皇身邊安設侍講、侍從，目的就在對明治天皇進行人格及政治等教育，元田永孚便在此時被推薦為侍講。

但是明治草創之際，身為天皇的侍講也不能像歷來的侍講一樣，只是教些人倫之道或是帝王心得便可了事，這就是元田永孚所面臨的重大課題。元田永孚既要符合西鄉的要求，又要塑造一個最高權威的天皇，而這不能只是他自己單方面的努力，同時還要看他是否能取信於明治天皇。而據海老原治善（1926-2005）在〈帝王之師〉[9]一文中的描述，元田永孚首先傾力於「天皇之德的完成」，而在教育天皇方面，元田永孚力求復興儒教，其以為人倫性情之德不能外求於西方，而他所謂的儒教，也不是後世一味埋首於解釋訓詁的繁瑣之學，而是基於堯舜孔孟之道的實學，這就是元田以為的帝王之學。

基本上，即便儒家思想有其未能與天皇主義國家意識型態相吻合的地方，然若欲捨儒家這外來、但卻深具傳統的思想，而來談日本的優越性，則所謂純粹屬於日本本身的思想根據，恐怕少得可憐。這也正是元田永孚對儒家思想執著難捨之緣故。蓋元田永孚乃江戶時代熊本藩藩校「時習館」館生出身，「時習館」在江戶中期以後，也就是在細川重賢（1720-1785）當藩主時，曾聘請徂徠學派的秋山玉山（1702-1764）為侍講，延享五年（1748）正月，藩校「時習館」開校時，秋山玉山便成了第一代教授。然而或因秋山自身乃徂徠學出身，或兼考慮到熊本的地理人情，比起著重論理議論的朱子學，玉山以為主張一就是一，二就是二的徂徠學要更適合熊本藩。藩主接受了玉山的提

9　收入橋川文三、後藤總一郎編：《明治の群像──權力の素頻》（東京：三一書房，1970 年），頁 25。

案，時習館也由此邁向徂徠學的路途。然而寬政二年（1790）年幕府斷然實施「異學之禁」以來，「時習館」在享和年間（1801-1803）亦為朱子學所統一。[10]也就是說，元田永孚所謂的儒教，其實就是朱子學，所以他所起草的〈教育勅語〉，也是朱子學。

但是朱子學雖有相當程度為專制政治體制提供統治理論的性質，但並不全然適合於明治天皇權威觀的國家體制。與元田永孚的意圖相悖反的是：儒家思想中有重視親子為中心的家族關係，也有講求忠義相對待的契約般的君臣關係，但是就沒有談到天皇與國民的關係是何等的重要。所以元田永孚才要強調：日本自開國以來，即統於萬世一系的天皇，故天下的大道始於君臣，萬般道理也都包含在此一萬世一系的君臣關係中。他同時還申明：在以天皇為首的家族制國家下，君臣之忠義與父子之親愛便合而為一，如是一來，便成就了天下的至道純理，這是堯舜未見，孔子未說的。而且此忠孝合一的路途，便是日本當行之大道。

為了要完成構築天皇制國家意識型態的任務，在不能拋脫舊學，特別是朱子學這一包袱的前提下，只好將原本不可能出現在儒家思想中的，屬於元田永孚自身的理論，經由改造儒家學說而使之產生。元田永孚所創造出的日本獨自的國家思想，便是日後近代日本國體論、家族國家論的原型。元田此種道德中心主義的主張，雖然受到了伊藤博文（1841-1909）、山縣有朋（1838-1922）、森有禮（1847-1889）等權臣的極力反對，但卻深深感動了明治天皇本人，使明治天皇由桂小五郎、大久保利通等人所謂的政治道具人偶，藉由元田永孚的教化，以及其所輸進的靈魂，成為一個具有自我判斷意識，行動取決於自我

10　請參閱拙作：〈江戶寬政年間以降學術態勢與安井息軒之學風〉，第三小節〈息軒誕生後的學界態勢〉，《國際儒學研究》第 6 輯（1998 年 11 月），頁 34-39。

的實體政治性存在。而這樣的明治天皇再也不是十四歲的小孩而已。

　　自一八七〇年代到八〇年代，隨著文明開化熱潮的消退與自由民權運動的敗北，復古主義的興起與蔓延，不足為怪。元田永孚的儒學復古主張，確實佔了時間上的優勢。元田永孚〈教育勅語〉的思想，除了可以說是明治國家中舊思想勢力再次體現的典型以外，在自由民權運動方衰，新政府卻仍感不安的時期，前有伊藤博文先聲奪人，立下「大日本帝國憲法」以抵制自由民權運動的手段，後又隨即有元田永孚提出此種道德主義式壓榨空氣，其間不可不謂之配合得天衣無縫。元田永孚〈教育勅語〉中的主張，也因為有明治天皇的支持而逐漸制度化。

三　日本的孔子教

（一）孔子教的登場

　　明治二十三年（1890）〈教育勅語〉發布後，同年十月山田喜之助（1859-1913）的《孔教論》一書，由東京博文館出版發行。一直等到明治三十一年（1898）十一月，才有福地櫻痴（1841-1906）的《孔夫子》問世，而由明治三十一年（1898）到明治四十四年（1911）間，興起了一股孔子研究熱潮。依先後出版順序，明治三十二年吉國藤吉（？-？）的《孔子》、明治三十四年互理章三郎（？-？）的《孔門之德育》、明治三十五年松村正一（？-？）《東洋倫理——孔子の學說》、明治三十七年蟹江義丸（1872-1904）《孔子研究》、明治三十八年山路愛山（1864-1917）《孔子論》、明治四十一年西脇玉峰（？-？）《孔子》、有馬佑政（1873-1931）《孔子言行錄》、明治四十三年有孔子祭典會編的《諸名家孔子觀》、白河鯉洋（1874-1919）《孔子》、遠

藤隆吉（1874-1946）《孔子傳》、明治四十四年住谷天來（1869-1944）
《孔子及孔子教》、宇野哲人（1875-1974）《孔子教》等書，魚貫而出，
陸續出版問世。[11]

　　這個現象顯示了從明治元年到二十年代，經歷了西化最熱烈的時
期，從明治二十年代開始，由政府積極倡導的儒學復興運動，在井上
哲次郎（1855-1944）於明治二十四年（1891）率先為〈教育勅語〉作
解說，寫成《勅語衍義》以來，儒學復興之聲，似乎日益壯大，朝野
都鄙，異口同聲。山形東根（？-？）於〈孔子教獎勵の聲〉中說：「截
至昨今，獎勵孔子教之聲漸高」[12]，而雜誌《漢學》第二編第一號所載
錄的〈時評──明治四十三年の東亞學術界〉中也說：「由最近一年
中諸學者所發表的研究結果看來，多是研究先秦之作，特別是有關孔
子教之研究。」[13]可見儒學在經歷了幕末到明治初期的這段低迷時期，
有了〈教育勅語〉這道催化劑，舊衣新穿之下，儼然改頭換面，以「孔
子教」之名，重出江湖。

（二）孔子教俱樂部：從《漢學》經《東亞研究》到 　　　《斯文》雜誌

　　明治四十二年（1909）十月二十三日，有鑒於支那學術（儒學）
對日本的德教、文學仍具有絕大的影響力，除了說聖賢經典本就與教
育事業有關之外，儒家聖賢經典還是聖詔（〈教育勅語〉）的注腳，可
資於造就人格，當然不可否定其在德育上的價值，也就是在此種認識

11　詳參林慶彰、連清吉、金培懿編：〈近代，壹總論，二漢學、儒學史，5 孔子教研
　　究〉，《日本儒學研究書目（下）》（臺北：臺灣學生書局，1998 年），第 4 編，頁
　　623-628。
12　經濟雜誌社編：《東京經濟雜誌》第 57 卷第 1445 號（1908 年 6 月），頁 24。
13　東亞學術研究會主編：《漢學》第 2 編第 1 號（1911 年 1 月），頁 140。

下，「東亞學術研究會」於焉成立。目的就在研究以支那學術為主的東亞諸國之文物，期有助於國民道德之發達。[14]該會除了於春、秋兩季，舉行演講會的例行事業之外，明治四十三年（1910）五月，更發行了機關誌《漢學》雜誌。《漢學》雜誌於明治四十四年（1911）七月第十五號以後，改名為《東亞研究》，由明治四十四年（1911）十二月刊行第一號，到大正七年（1918）九月第八卷第三號的終刊號為止，共發行了一百號。

《漢學》與《東亞研究》兩雜誌所刊載的論文，範圍相當廣泛，有文學、哲學、思想，也有史學方面的。但除了已開始出現為數不少的有關孔子教的文章之外，還介紹了湯島聖堂以及日本全國各地孔廟或孔教會組織的活動，例如比東京的孔子祭典會還要早一年創立的仙臺的孔子會，與其相關之活動便是常被報導的對象，再如大正三年（1914）十二月三十一日發行的《東亞研究》第四卷第十二號〈彙報〉中，便記載了該年十一月一日上午八點，由仙臺孔子會在宮城縣廳內聖廟所主辦的秋季釋菜會的情況（頁 42）。另外也介紹了清朝准許趙岐（108-201）、劉因（1247-1293）從祀文廟[15]，以及湘南瀏陽縣的黎肇義（？-？）等上書請求頒發留存祀產、保存孔廟的命令[16]，湖北民政長夏壽康（1871-1923）、徐紹楨（1861-1936）咨請內務部實行改天壇配祀孔子[17]，廣州都督龍濟先（？-？），請定孔教為國教；綏遠城

---

14 詳參〈東亞學術研究會設立主意書〉，《漢學》第 2 編第 1 號（1911 年 1 月），卷頭。

15 詳參東亞學術研究會主編：〈彙報〉，《漢學》第 2 編第 6 號（1911 年 6 月），頁 72。

16 詳參飛耳生：〈禹城春秋〉，《東亞研究》第 3 卷第 2 號（1913 年 2 月），頁 72。

17 詳參飛耳生：〈禹城春秋〉，《東亞研究》第 3 卷第 10 號（1913 年 10 月），頁 55。

將軍張紹曾（1879-1928），建言應尊孔教以為國教等消息[18]，或是德國亨利親王王子瓦德曼到曲阜謁孔陵之事。[19]當然也有韓國相關之報導，比如《東亞研究》第六卷第四號，該號〈彙報〉便記載了朝鮮文廟在精學院舉行的春季奠典儀式上，參加者有寺內總督以下宇佐美長官、關屋學務局長、秋山視學官、池邊秘書官、朝鮮貴族中樞院顧問，以及學生多人（頁72）。

此種有關日本國內各地以及中國方面之孔子教組織、祭孔典禮，或是殖民地孔廟情形的報導，到了《斯文》雜誌時，更是有增無減。在報導日本國內的祭孔典禮方面，第十八編十二號中，橫山健堂（1872-1943）撰寫了〈長岡、孔子祭典記〉（頁41-47）一文，詳細描述了於昭和十一年（1936）十月二十四日舉行的長岡祭孔典禮的全部流程。而在第十九編十二號的〈彙報〉裡，則不止是長岡的祭孔典禮，同時也記載了金澤的祭孔典禮，以及高田孔子會的情形。至於中國方面的報導，如第十六編第六號的〈彙報〉中，詳細記載了民國二十三年（1943）三月十七日廣東地區於學宮大成殿所恢復舉行的祭孔大典；第十七編第十號的〈雜錄〉中，中山久四郎除了介紹了北平、曲阜、南京以及上海、漢口、長沙、成都等地的祭孔盛典之外，還附錄了孔祥熙（1880-1967）的〈尊孔說〉一文。

至於有關殖民地的孔廟新聞報導，如第十五編第十一號的〈彙報〉裡，則記載有民國二十二年（1933）九月二十八日，滿州的金州孔子廟在日本人指導下舉行的釋奠；第十六編第一號的〈彙報〉裡，報導了滿州理地城內孔子廟在舉行秋季祭孔時，滿州執政親自執行祭孔典

18　詳參飛耳生：〈禹城春秋〉，《東亞研究》第 3 卷第 12 號（1913 年 12 月），頁 52。

19　詳參飛耳生：〈禹城春秋〉，《東亞研究》第 2 卷第 9 號（1912 年 9 月），頁 73。

禮一事。第十七編第六號《儒道大會紀念號》中，更大肆宣傳了滿洲皇帝親自駕臨東京湯島聖堂參拜之事。

而在臺灣方面，或許是因為歷史悠久的屏東書院本就有舉行釋奠的舊禮，加上屏東斯文會於昭和十三年（1937）十一月十二日創立[20]，所以《斯文》中有關臺灣方面孔廟或祭孔的報導，則多是屏東方面的消息。如第十九編第十一號的〈彙報〉裡，除了一一記載了昭和十二年（1937）十月七日上午十點在屏東書院舉行的祭孔典禮之儀式順序以外，還詳錄了當時的孔夫子祭典委員長鄭清榮的祝文，而且又從當日參加祭典者，彼等以「屏東孔子祭所感」為題所吟誦的七言絕句詩中，選出郭芷涵等人的詩佳作十首，予以刊載。

蓋大正七年（1918）時，東亞學術研究會與當時其他儒學研究團體，如斯文學會、漢文學會、研經會、孔子祭典會、孔子教會等組識重新組合，成立了斯文會。其旨趣乃在以儒道鼓吹日本固有之道德，闡明東亞學術以資世界文明，並宣揚〈教育勅語〉，發揚日本國體之精華。[21]機關誌《斯文》雜誌於大正八年（1919）年二月一日發刊，到昭和二十九年九月一日，第二十七編七、八、九合併號刊行後暫停發行為止，期間《斯文》雜誌雖也刊載不少文學、思想方面的研究論文，但更多數的文章都是與湯島聖堂或是孔子、日本儒學有關，對日本孔子教的提倡不遺餘力，所以貴族院議員內藤久寬（？-？）在〈孔子教の復興に就て〉一文中就說：「斯文會之諸公，為世為人，努力宣揚開發孔子教。」[22]而這點也成了《斯文》雜誌最主要的特色。其實誠如眾所皆知的，「斯文」一語乃見於《論語》〈子罕〉篇。由此看來，《漢

20　詳參〈彙報〉，《斯文》第 20 編第 12 號（1938 年 12 月），頁 49-78。

21　詳參〈斯文會趣意書〉，《斯文》第 1 編第 2 號（1919 年 4 月），頁 1-2。

22　內藤久寬：〈孔子教の復興に就て〉，《斯文》第 17 編第 10 號（1935 年 10 月），頁 2。

學》、《東亞研究》、《斯文》三雜誌，可說是自明治三十年代以來，歷大正、昭和，到終戰為止，日本孔子教自登場，由盛而衰，到落幕的主要言論廣場。下文主要試圖就上述三雜誌中所刊載的有關孔子教的論文，而來分析日本孔子教思想的意涵。

（三）日本孔子教思想的基本主張

由上述三雜誌中有關孔子教的論文看來，日本孔子教思想的意涵，基本上可分為以下數點。

1 孔子教並非宗教

服部宇之吉（1867-1939）在〈孔子教の特徵〉一文中說：「日本的孔子教與康有為等的孔教不一樣，日本的孔子教是立於宗教信念上成立，但卻不將之視為宗教。」[23]神谷初之助（？-？）在〈孔子と儒教〉中則強調：「孔子教就是儒教，是敬天畏命的思想，是樂天知命的思想。」[24]阪谷芳郎（1863-1941）在〈孔子祭典に就いて〉中說：「孔子教並非宗教，而是一種維持道德的力量。」[25]蓋日本提倡孔教者，多不將之視為一種宗教，但是也有像飯島忠夫（1875-1954）這樣的學者，其言：「孔子教畢竟還是宗教」。[26]

2 孔子教是日本化以後的儒教

水野鍊太郎（1868-1949）在〈孔夫子の道〉中說：「今日本以祭

23　服部宇之吉：〈孔子教の特徵〉，《斯文》第 4 編第 3 號（1922 年 6 月），頁 1-2。

24　神谷初之助：〈孔子と儒教〉，《斯文・孔子追遠紀念號》第 4 編第 5 號（1922 年 10 月），頁 67。

25　阪谷芳郎：〈孔子祭典に就いて〉，《斯文》第 10 編第 1 號（1928 年 1 月），頁3-4。

26　飯島忠夫：〈孔子の道〉，《斯文》第 12 編第 9 號（1930 年 9 月），頁 5。

神之式祭孔子，便是孔夫子之道日本化的一項證據。孔夫子既已帝國化，吾人宜有信念，該將孔夫子之道日本化，以為日本國民所有。」[27]宇田尚（1881-1968）在〈皇國の使命と新儒教精神の再建〉中說：「成就我國民思想之根幹的儒學，始終是我國的儒學，斷非支那之儒學。又因為這是依據我國獨自之民族性所精煉而成之學，故通於我國上下，可予以實行。」[28]鹽谷溫（1878-1962）則將時間更往上推，在〈日本の儒教〉一文中說：「日本從江戶以來的各個學派，都是以自主精神，研究出屬於日本儒學之物。」[29]鹽谷溫言下之意無非是說：現在的孔子教也是日本獨創之物。

3 孔子教是〈教育勅語〉的注解

鹽谷溫在〈孔夫子と我が國體〉文中說：「〈教育勅語〉之主旨與孔子教相符合，且常一致，故儒家經典不免予人一種其乃是〈教育勅語〉之注釋的感覺。」[30]飯島忠夫在〈孔子の道〉中說：「要拜頌〈教育勅語〉，發揮其意義，孔子之道是最適切的。」[31]太田兵三郎（1909-1996）在〈日本漢學の立場〉中說：「支那的聖經賢傳，幾乎都是與教育有關的聖詔〈教育勅語〉之注腳。」[32]

27　水野鍊太郎：〈孔夫子の道〉，《斯文》第 9 編第 12 號（1927 年 12 月），頁 724。

28　宇田尚：〈皇國の使命と新儒教精神の再建〉，《斯文》第 15 編第 9 號（1933 年 9 月），頁 37。

29　鹽谷溫：〈日本の儒教〉，《斯文》第 20 編第 6 號（1938 年 6 月），頁 31。

30　鹽谷溫：〈孔夫子と我が國體〉，《斯文》第 8 編第 5 號（1926 年 8 月），頁 3。

31　飯島忠夫：〈孔子の道〉，《斯文》第 12 編第 9 號（1930 年 9 月），頁 3。

32　太田兵三郎：〈日本漢學の立場〉，《斯文》第 24 編第 3 號（1942 年 3 月），頁 13。

4 孔子教是日本國民道德、精神的依據

　　服部宇之吉於〈孔子教に關する支那人の誣妄を辨ず〉中強調：即使中華民國其「民國之根據必求於孔子。民國道德之基礎，必求於孔子教。」[33]秋月胤繼（1873-1945）於〈孔子教の本領〉中則說：「孔子教的教義與我日本國體、道德、國民精神關係密切，故不可不興盛孔子教，不可不發揮擴充孔子教。」[34]而今村完道（？-？）在〈孔子の盛德に就いて〉中說：「以此孔子教增益發揮我建國之精神，涵養國民道德。」[35]內藤久寬在〈孔子教の復興に就て〉中則說：「日本自一千六百五十年前開始便多蒙孔子教的庇蔭，維新後為西洋文明所擠壓，稍有不振，最近為求復興日本精神，有識者之間乃提出孔子教，以為復興日本精神之根幹。」[36]

5　否定易姓放伐的革命思想

　　服部宇之吉在〈儒教とデモクラシ〉[37]中說：「我國天皇愛撫國民如己身之赤子，故絕無支那君主那種為己之打算。」也就是說，天皇既然愛民如子，則又哪來值得革命流血，或放伐之的君主呢？星野恒

33　服部宇之吉：〈孔子教に關する支那人の誣妄を辨ず〉，《東亞研究》第 3 卷第 10 號（1913 年 10 月），頁 2。

34　秋月胤繼：〈孔子教の本領〉，《斯文・孔子追遠紀念號》第 4 編第 5 號（1922 年 10 月），頁 108。

35　今村完道：〈孔子の盛德に就いて〉，《斯文》第 11 編第 11 號（1929 年 11 月），頁 16。

36　內藤久寬：〈孔子教の復興に就て〉，《斯文》第 17 編第 10 號（1935 年 10 月），頁 1。

37　服部宇之吉：〈儒教とデモクラシ〉，《斯文》第 1 編第 4 號（1919 年 8 月），頁 21。

甚至主張說：禪讓、放伐其實都是一種易姓革命[38]，而且還大聲疾呼要正視此種有害於萬世一系天皇制日本的思想，以求具有抵抗力和免疫力。細田謙藏（1858-1945）在其演講筆記〈孔子は天皇萬世一系主義を抱持せらるるの說〉中一再強調：孔子推崇大禹、文王，而不頌揚湯、武，便是因彼等不德，有失君臣之道。細田謙藏更主張：孔子是一極端的尊王主義者，而孔子的此種精神，若予以剖析，便可知道是要以萬世一系天皇為其主義，而孔子的此種精神正與日本憲法精神不謀而合。」[39]

6 孔子教輔益日本國體，隆盛日本國運

山形東根於〈孔子教獎勵の聲〉中說：「儒教在江戶時代，一直教育著中上流的社會階層，亦即國家有力的組成人員，其效果甚大一事，乃是一再明顯不過的事實。」[40]山形東根雖沒具體說出此效果究竟為何，然筆者以為其所指的，應是明治維新一事。關於這點，到了昭和年間，便有了明確的答案。宇田尚在〈皇國の使命と新儒教精神の再建〉中說：「想起明治維新當時，竭盡其力使之完成的人們，莫不是受儒教精神涵養而成之人。」[41]佐川市助（？-？）在〈孔子教に就て

38　詳參星野恒：〈漢土革命論〉，《東亞研究》第 2 卷第 1 號（1912 年 1 月），頁 1-14。星野恒撰作此文後，因有鑑於近世日本儒者齋藤拙堂竟然主張所謂：湯武與桀紂並非君臣，故其放伐決非不合理的這一說法，星野恒繼而再撰〈湯武の桀紂とは果して君臣に非ざる乎〉。該文收入《東亞研究》第 2 卷第 3 號（1912 年 3 月），頁 1-17。

39　詳參細田謙藏：〈孔子は天皇萬世一系主義を抱持せらるるの說〉，《斯文・孔子追遠紀念號》第 4 編第 5 號（1922 年 10 月），頁 100-101。

40　山形東根：〈孔子教獎勵の聲〉，《東京經濟雜誌》第 57 卷第 1445 號（1908 年 6 月）頁 26。

41　宇田尚：〈皇國の使命と新儒教精神の再建〉，《斯文》第 15 編第 9 號（1933 年 9 月），頁 38。

識者に諮る〉中說：「弘揚孔子教於我國，採合我國體者以設令，六經不合我國體者則避之。」[42]山田準（1867-1952）的〈孔學管窺〉中則說：「自應神天皇以來，孔教與日本之人道，《論語》與日本皇國皆密不可分，若輕忽之，將遭致不可設想的人生災難。」[43]宇野哲人於〈一貫の道〉中說：「日本天皇皇祚兩千六百年，之所以得以綿延不絕，並非偶然，而是以其能奉孔子教。」[44]

7 強調日本的優越意識

鹽谷溫在〈孔夫子と我が國體〉文中就說：「擁戴萬世一系皇室的我國，才是孔子理想中的國家。」[45]重野成齋（1827-1910）於〈孔夫子と我大日本と〉更是一廂情願的表示：「孔子所說的『乘桴浮於海』或『子欲居九夷』的『海』、『九夷』，都是指日本。」[46]

8 孔子教具有時間上的恆常性與空間上的普遍性

大正三年（1914）十月三十一日，在仙臺第二高等學校內所舉行的「東洋道德講演會」上，服部宇之吉以〈理想主義と孔子教〉為題所發表的演說中，提出所謂：「晚近歐洲學者所倡導的理想主義之理想所在，恰是孔子教的理想之所在，亦即與孔子所說的仁，符合相同。……今東西洋的倫理思想，不期而相接近而相融會。」[47]其實，早

42　佐川市助：〈孔子教に就て識者に諮る〉，《漢學》第 1 編第 8 號（1910 年 12 月）。

43　山田準：〈孔學管窺〉，《斯文·孔子追遠紀念號》第 4 編第 5 號（1922 年 10 月），頁 95。

44　宇野哲人：〈一貫の道〉，《斯文》第 5 編第 2 號（1923 年 4 月），頁 78。

45　鹽谷溫：〈孔夫子と我が國體〉，《斯文》第 8 編第 5 號（1926 年 8 月），頁 3。

46　重野成齋：〈孔夫子と我大日本と〉，收入孔子祭典會編：《諸名家孔子觀》（東京：博文館，1910 年），頁 127-138。

47　詳參〈彙報〉，《東亞研究》第 4 卷第 12 號（1914 年 12 月）頁 41。

在明治四十三年（1910）六月，佐川市助便撰作〈孔子教に就て識者に諮る〉一文，其強調：孔子教不僅可行於東洋，還可與西洋之權利、經濟、衛生等文明文物融合調節，為明治新政府作出大貢獻。[48]山口察常（1882-1948）在〈孔子教の現代的意義〉文中說：「孔子教的教義，其根本精神本是萬古不易，而至於其運用設施則與時世共改變。」[49]

四　日本孔子教思想意涵的檢證

（一）具有服務明治新國家的性質

　　明治國家這一近代國民國家要形成的首要前提，便是得克服國內政治上多元性忠誠指向的分裂局面。所謂多元性忠誠指向，指的是早自鎌倉時代開始，東為幕府諸侯西為天皇的二元性政治權力分割對峙的情形便已形成。關原戰役之後，隨著德川幕府政權的建立，此種情形更形顯著。到了幕末，伴隨著已形深刻的外患而產生的危機，就是在圍繞如何可以有一個政治體制足以對應局勢的激烈論爭中，國內東西兩政治勢力的對立也更加極端化，而這種對立究竟應該以東方的大君來建立一個絕對主義性的全國統一政權，還是該擁戴西方的天皇才是？但是此項危機隨著一八六八年訴諸現實武力，僅耗時四個月便迫使江戶開城的鳥羽伏見戰爭的結束，在西方獲得壓倒性優勢後，日本國內分裂的二元性政治勢力，也因此有一個權力集中中央的新局面。

48　詳參佐川市助：〈孔子教に就て識者に諮る〉，《漢學》第 1 編第 8 號（1910 年 12 月），頁 21-34。

49　山口察常：〈孔子教の現代的意義〉，《斯文》第 8 編第 4 號（1926 年 7 月），頁 16。

　　但是，靠武力統一而實現權力得以集中中央一事，並不意味新國家「中央」價值的確立。原屬於東方勢力的舊幕府官僚或其臣屬，多的是對明治新政權不滿的人，在武力對決失敗後，彼等轉而從文化思想上來對抗明治新政府。例如舊幕臣的中村正直（1832-1891），隨將軍移往靜岡後，影響了東北三春藩的河野廣中（1849-1923），使其產生了思想上的革命之外，並驅使其往自由民權運動發展。留在舊名「江戶」的新都「東京」的舊幕臣，如福地源一郎（1841-1906）、栗本鋤雲（1822-1897）等則改以新聞這一新武器來向新政權挑戰。文藝界裡，舊會津藩士柴四朗（1853-1922，東海散士）將亡國悲哀轉為對愛爾蘭獨立運動，或波蘭亡國的同情，寫成了《佳人之奇遇》（東京：博文堂，1885-1897）一書五卷，而由此書在當時大為暢銷看來，顯然地在明治新政府這面大旗幟下，覆蓋的是更多更大的差異。結果便是舊危機消失的同時，含括攝收國內反勢力一事也就成了新政府刻不容緩的新課題。

　　在進行政治性、社會性中央權力的確立過程中含括攝收反對勢力的做法，明治政府採取的政策是：將多數的反對勢力周邊化，同時並使此股反動勢力在周邊進行含括攝收的「同化」工作。其所採取的具體方法便是：先對反方勢力的領導階層大開仕途。例如明治二年（1969）時將舊公卿、大名的稱呼一律廢除，賜與「華族」身分。甚至為幕府力戰到底的榎本武揚，也為新政府所採用，被置於黑田清隆（1840-1900）底下，從事北海道的開拓事業，爾後明治十三年（1880）轉任海軍卿，五年後調任遞信大臣要職。接著便是延納舊幕臣使之成為新政府的官僚，先是當參議兼海軍卿，後榮升為伯爵的勝海舟（1823-1899），便是一個最好的例子。至於對原是幕僚智囊集團的知識份子官僚，新政府也在當時知識份子熱衷獨立結社的氛圍下，未免其被「明六社」這樣的團體吸收，而多將其登用。

　　蓋明治政府在進行吸收反勢力時，其行為之所以得以正當化的重要原因，乃在於：將此行為的必要性與正當性，訴諸於幕末以來反對勢力所持續抱持的強烈使命感，亦即為求可與歐美列強對抗，維持獨立，實現富國強兵的至高無上之目的，大家必須同心協力的這個大義名分。這點正是明治新政府用以攝收反方勢力，所用的理論。爾後一八八九年大日本帝國憲法的制定，便是伊藤博文在視皇室為政治機軸的觀念下，在此幕末以來已成世俗化大義名分的理論上，加上一項對天皇忠誠的絕對價值感。元田永孚所擬的〈教育勅語〉，誠如本文前面所述，也是在為統合國內分化勢力的前提下，在朱子學人倫秩序的德目裡，強調以忠孝而團結民心為一，乃是日本國體之精華，故國民要能遂行各項德目，以扶翼天壤無窮的皇運。由此看來，孔子教提倡者說孔子教乃〈教育勅語〉之注腳的主張，這點正說明了孔子教的產生，也具有支持明治新政府同化異類份子，在思想上含括攝收反動勢力的服務政權的性質存在。

　　當明治十年（1877）「西南戰爭」結束，號稱明治十年天下太平之時，明治政府的軍隊並未贏得真正的勝利，日本國內仍是紛爭不已。因為受歐洲自由主義影響，由板垣退助（1837-1919）、後藤象二郎（1838-1897）、江藤新平（1834-1874）等於明治七年（1874）在其提出的〈民選議院設立建白書〉中，主張開設國會，除了組成自由黨、改進黨以外，以農民為主力，要求政府開設國會、降低稅率的運動各地蜂起，後來演變成全國性國民運動的自主民權運動，在明治十年代方興未艾。自由民權運動要到進入明治二十年代初期，一方面由於內部的對立，一方面由於政府的彈壓，特別是明治二十二年（1889）大日本帝國憲法的頒布，因為規定國家主權在天皇，國家大臣由天皇任命，對天皇負責，臣民的權力與自由只在一定的範圍內才被承認，這使得自由民權運動受到重挫，結果自由民權運動在明治二十三年

（1890）後便無疾而終。而就在這軍事性、政治性勢力集中於中央一事漸趨完成，國家、社會觀念價值尚有待一統於中央時，由元田永孚藉由《論語勒令》再次推舉儒家人倫秩序，說明日本自皇祖皇宗肇國以來，臣民便有克忠克孝，一心發揚國家光輝的傳統，故今也應該繼述祖考，即便是以身殉國。爾後提倡孔子教者也說這種特別凸顯忠君觀念的儒教，亦即孔子教，是使日本明治維新得以成功，國運得以昌隆的主要原因。並且強調孔子是一抱持萬世一系的極端尊王主義者，其精神與日本憲法不謀而和；而孟子等主張易姓放伐的革命思想，則有害於日本萬世一系天皇制的國家。從元田永孚到許多孔子教提倡者的這些說法可以說都是在明治二十三年自由民權運動敗北以後，為明治政府在整合一統思想游離、分歧，國家、社會價值觀念不一的廣大群眾時，提供其可說服民眾的理論根據。

（二）被創造的傳統：國民道德論與孔子教之間

在最熱衷西化的明治十年代後期到明治二十年代裡，漢學家主要是將注意力置於儒學道德是否能在變動的世局裡，扮演一舉足輕重的腳色。也就是說儒學道德是否能抵擋西洋文明的侵襲，普遍地成為當時漢學家所共同關心的儒學思想課題。換句話說，在明治時代的前二十年，儒家德育問題，是眾目關切的焦點。漢學家的此種反思，在元田永孚一系列的措施之下，得到具體的落實。

明治十一年（1876）元田永孚在〈教學大旨〉中，便批評當時以智育為教育中心的情形說：「尚智識才藝而已，馳於文明開化之末」，因而強調教學的本來意義應是在「基於祖宗之訓典，專明仁義忠孝，道德之學主孔孟」。元田永孚此種聲明和主張，兩年後果然得到具體的回應。明治十三年（1880）發布的〈教育令改正〉，就依照元田永孚此種儒學主義的道德教育基本方針，將「修身科」置於各科之上。又

兩年後的明治十五年（1882），同樣成於元田永孚之手，發布於各小學的〈幼學綱要〉，則明白指出「孝行」與「忠節」是「人倫之最大義」。到了明治二十三年〈教育勅語〉的公佈，元田永孚此種原來針對教育的改革，繼而擴展成為對天下國民的訴求。在〈教育勅語〉中，元田永孚解釋說：基於忠孝而民心得以結合為一一事，除了說是「教育之淵源」以外，還是「我國體之精華」，只要「孝於父母」的家庭德行到「朋友相信」的社會德行成立，則「可扶翼天壤無窮之皇運」。翌年的明治二十四年（1891）漢學者井上哲次郎便寫成《論語勅義》（東京，井上蘇吉、井上弘大郎印行）說：「勅語之主義，修孝悌忠信之德行，固國家之基礎，培養共同愛國之義心，備於不虞之變」，大開漢學者服務政治之風氣。

　　然而就在世人視〈教育勅語〉如倫理道德圭臬時，明治二十四年二月，卻發生了第一高等中學校基督教徒教師的內村鑑三（1861-1930），當學校在奉讀〈教育勅語〉時，不肯行最敬禮的「內村鑑三事件」。此舉非同小可，一時社會嘩然，紛紛批評內村鑑三「不敬」，是「無禮漢」、「不肖教師」、「不忠之臣」、「亂臣賊子」、「外教的奴隸」。基督教徒方面，如押川方義、植村正久、嚴本善治等人，聯名在《讀賣新聞》等報發出「敢て世の識者に告白す」一文的「共同聲明」，提出強迫對一影像或一張紙進行膜拜是無益於教育的強烈反駁。另一方面，金森通倫等採取溫和態度的基督教徒，則指出此種禮拜〈教育勅語〉的行為，「只是由君臣之義所生出的外在禮儀形式」。然而，同是基督教方面的日本正教會，卻又窩裡反的要那些為內村鑑三辯護的人不要躊躇，明確說出內村的行為乃是不敬的行為。從這點我們也不難看出〈教育勅語〉在當時所造成的影響，以及人們對〈教育勅語〉所提示的威權性倫理道德規範的信服情形。

　　如果連同是基督教立場的人都會發出非難之聲，那麼為〈教育勅

語〉做解說的井上哲次郎就更不可能保持緘默了。明治二十五年（1892）十一月五日，井上哲次郎在《教育時論》第二七〇號發表了〈宗教と教育に關係に就て井上哲次郎氏の談話〉一文，接著又發表了《教育と宗教の衝突》[50]一書，說明〈教育勅語〉的主旨是一由家到國，由忠到孝，最後達於共同愛國的國家內道德。故修己一身也是為了國家，孝於父母，友於朋友還是為了國家，為了國家可以提供我身，為了國君也可以死。而這樣一種倫常觀，是結合日本古來歷史，實行至今，今後更將繼續實行，這就是日本臣民所應成全的義務。井上哲次郎不僅將忠孝視為〈教育勅語〉的道德骨髓，還將實行〈教育勅語〉的主張，視為日本國民應盡的國民道德。

　　從「內村鑑三事件」所產生的效應，我們可以清楚地知道，到了明治二十年代，元田永孚所提出的一系列天皇至上的家族國家倫理觀，已內化成大多數人的共同信仰。亦即〈教育勅語〉的中心概念──忠孝，已被視為是倫理道德的基本，而其他所有的道德思想只要與之牴觸者，便會遭到排斥與攻擊。而且這種從君父之命的忠孝，是在君父之命是否合於道德這一問題點上，做了一個思想上的跳躍，也就是說君父命令的善惡與否是不被考量進來的。而〈教育勅語〉在國家威權下所提示出的倫理道德，充滿了政教結合的高度可能性。

　　明治二〇年代這種傾向保守主義的道德思想，隨著日俄戰爭的結束，進入明治四〇年代，在日本國內一片愛國情緒高漲的氣氛中，透過道德教育的國家統制，形成一股高唱「國民道德論」的思想風潮。作為思想指導者的井上哲次郎等學者，則將忠孝一致，或所謂的國體觀，加進國定修身科教科書中，並且在文部省主辦的講習會上，向小學校、中等學校、師範學校等教員指示修身教育的要旨，希望透過此

50　井上哲次郎：《教育と宗教の衝突》（東京：敬業社，1893 年）。

種方法來將所謂的國民道德普及於全國。井上哲次郎於明治四十五年（1912）出版的《國民道德概論》（東京：三省堂）一書，便是以總合家族制度的國家概念，來論述此時期的國民道德。而井上所謂的日本國民的道德，指的是在各個個別家族的共同血源——天皇——這個大家長的領導下，身為國家臣民的個人對自己家族家長的孝，通過對天皇盡忠，便可成就「忠孝一本」的日本所特有、固有的國民道德。

　　除了井上哲次郎以外，基於國體論而對基督教大加撻伐的加藤弘之（1836-1916），在明治四十年（1907）到明治四十二年（1909）三年間，陸續推出《吾國體と基督教》（東京：金港堂，1907年）、《迷想的宇宙觀》（東京：丙午出版社，1908年）、《基督教徒窮す》（東京：金港堂，1909年）的基督教批評三部作。[51]加藤弘之以為在國家這個大有機體裡，民族之父的天皇，統治撫育族子的臣民，這種「族父統治」便是世界萬國絕無，僅日本這個國家才有的特徵，也是日本無比的國體。所以除了皇祖皇宗以及天皇以外，無有至尊崇拜之物。後來甚至連主張基督教日本化的教徒海老名彈正（1856-1937）、小崎弘道（1856-1938），也在迎合國民道德論的流行趨勢下，或謂大日本帝國的國體乃是依據神的聖旨而有的，忠君愛國是日本國民道德的泉源[52]；或謂在基督教忠君與信仰不可相離，將來真正的忠臣，皇室的藩屏，是信仰基督教者。[53]

　　井上哲次郎等所倡導的國民道德的概念，具有以下兩個特徵。一

51　爾後加藤弘之將此三部作加上附錄〈齋藤隆夫氏の駁論に對する反駁〉一文，集結成《基督教の害毒》一書，於明治四十四年（1911）六月四日，由東京金港堂書籍株式會社出版。

52　詳參海老名彈正：《國民道德と基督教》（東京：北文館，1912年）。

53　詳參小崎弘道：《國家と基督教》（東京：警醒社，1913年）、《基督教と我國體》（東京：警醒社，1911年）。

是站在一種國民性的立場，將道德稱之為國民道德；一是將日本國民特有的道德，稱作國民道德。前者是站在指導者的立場，提示身為日本國民應該具有何種道德，諸如要效命天皇等。但是這樣的要求，其實是將個體與群體的關係，轉為個體對天皇個人的關係，亦即將國民對於其所組成的國家的責任，轉而聚集成對天皇的忠誠，而將之稱為國民道德。然後將此種忠誠，解釋成與歷史上自覺性產生的尊王思想屬於同一性質，視為是此種尊王思想的持續發展，並稱之為日本國民所特有的道德。而不管是前者或後者，在作為一種原理上都將國民道德與歷史的特殊性混同為一。

明治末期的國民道德論之所以產生，基本上是在漢學者趕赴明治近代化國民國家體制途中，漸漸往仍舊殘留在新國家內，江戶時代以來便培養出的封建國家道德習性方面發展，復受中日、日俄兩戰皆捷之刺激，故從一種國民所應盡之義務的觀點來力說道德，以求喚醒國民身為國民之自覺，爾後對封建體制之精神支柱的儒家道德的保存，與尊王思想的提倡，遂成為此種國民道德催促運動的具體內容。然筆者以為此種國民道德其實是一種被創造出來的傳統。因為在建設近代新國家——「大日本帝國」——的過程中，就如同被創造出來的傳統似的，那些被創造出的所謂「日本」或「日本人」這樣的概念，可說是一種投影在過去，進而追溯至「悠久」的往昔，而所創造出的日本歷史影像，目的是為了說服立場不同的人相信此傳統，以進行思想上的同化，國民道德論的產生基本上也可視為是一種同化行為。因為從社會學上的分析概念而言，所謂的同化指的是某個個人或團體，為取得其他個人或集團感情或態度，而從事一種經驗或傳統的共有，以求成為一同質性文化單位的過程。而就前文的描述看來，井上哲次郎等人的國民道德論，也具有同化的意義，而此種同化的要素，便是所謂「日本國體」或「日本國民道德」這類在某種目的下所創造出來的傳

統。[54]

　　孔子教提倡者說孔子是倡導萬世一系之主義，弘揚孔子教即在弘揚日本皇道，擁護孔子教即在擁護國體。[55]說日本現在要尊孔是因為孔子精神與日本神道的旨趣多有相同，孔子教義已成日本德教的根底、政治的要道[56]，所以今日的日本國民要服膺明治大帝的聖訓（〈教育勅語〉），率由孔子教，在建立神國的信念下致力[57]，甚至以孔子教為〈教育勅語〉之注解，說要拜頌〈教育勅語〉，發揮其意義，孔子之道是最適切的。[58]諸如這些說法，或許可以看成是當時的漢學者在試圖以儒家道德復興儒學、或是欲以其所學致用於世時，依附於當時的政權，創造出一種投影在過去的歷史傳統，例如將孔子教合理化成日本獨創之物等。所以我們或許可以說，明治三十年代開始提倡的國民道德論與孔子教，其實是一體兩面之物。

（三）孔子教與興亞與軍國主義之間

　　日本從幕末以來，與鄰近的清朝和朝鮮等亞洲諸國一樣，都受到了列強的侵害，而在東亞一片衰微的局面裡，日本蘊藏出了深具獨自風土性質的排他性攘夷思想，而藉由明治維新運動使日本在往近代化

54　關於文化的獨自性以及獨特的傳統這一概念的總體，乃是一導因於懷舊而被人們所捏造出的這一說法，可參考 Eric Hobsbawm,Terence Ranger 編的 "*The Invention of Tradition*"，University of Cambridge, England，1983 年。

55　詳參細田謙藏：〈孔子は天皇萬世一系主義を抱持せらるるの說〉，《斯文・孔子追遠紀念號》第 4 編第 5 號（1922 年 10 月），頁 96-102。

56　詳參山口察常：〈孔子教の現代的意義〉，《斯文》第 8 編第 4 號（1926 年 7 月），頁 12-19。

57　詳參岡田正之：〈明治大帝と孔子の教〉，《斯文》第 9 編第 1 號（1927 年 1 月），頁 1-11。

58　詳參飯島忠夫：〈孔子の道〉，《斯文》第 12 編第 9 號（1930 年 9 月），頁 1-12。

國家發展的路上，退去一層舊皮，在政治上起了一大變革。但是，問題並未因此而馬上得到完全的解決。進入了明治時代，首先面臨的便是改正不平等條約這類的多種國際性問題。在考慮摸索是該藉由「興亞」或「脫亞」的作法來解決問題時，結果政府做了「脫亞入歐」的抉擇，而對西歐的顯著關心主要可由以下兩方面看出，官界方面的代表是明治四年（1871）十一月開始，歷時一年十個月，岩倉具視使節團的赴西歐視察；至於民間方面典型的代表則是明治十八年（1885）三月十六日，揭載於《時事新報》上福澤諭吉所展開的「脫亞論」。前者主要是政府方面有計畫的對歐美各國進行和親、交涉改正不平等條約，調查歐美的法制與收集情報；後者則是在中法戰爭最激烈，漢城條約、天津條約前後訂定的時期裡，主張「與西洋之文明國共進退」「謝絕亞細亞東方之惡友」的同時，還要「國中朝野無別，一切萬事採西洋近時之文明」「在亞細亞全州之中，新出一機軸，所主義者，唯脫亞入歐之二字而已」[59]，福澤的理念恰與想獨自於東亞確立主導權的明治新政府意志相吻合，「脫亞」思想也就成了當時的主流思想。爾後，「興亞」的理念也就只能在第二次世界大戰時，才在「大東亞共榮圈」的口號下，被廣泛散播開來。

　　蓋明治時期「興亞」理念的發展，基本上是在「亞洲主義」的觀點上，大概每十年便產生一次變化，而每一次的變化都更往軍國主義的方向靠近。以下試就明治一〇年代的「興亞會」的創立；明治二〇年代樽井藤吉（1850-1922）的大東合邦論；明治三十年代近衛篤麿（1863-1904）的同人種同盟構想、岡倉天心（1862-1913）提出的「東洋的覺醒」；日俄戰爭後明治四十年代「亞洲主義」所產生的變化等各

59　慶應義塾編纂：《福澤諭吉全集》（東京：岩波書店，1960 年），第 10 卷，頁 239-240。

年代裡，日本對亞洲態度的轉變，來究明何以到了大正、昭和時，孔子教提倡者會為建設「大東亞共榮圈」提供理論的依據。

明治十三年（1880）二月以海軍中尉曾根俊虎（1847-1910）為主宰的「興亞會」，在多數具有相同意識的華族、官僚和少數海陸士官，以及何如璋（1838-1891）等中國公館方面的關係者的支持下成立，其發起理念乃是企圖以日清提攜來振興亞洲。在《興亞會報告》第二集〈欽差大臣何公使と曾根氏談話〉中，曾根俊虎在回答何如璋的「興亞之二字其主義基於何點」的問題時，曾根俊虎答道：「又興亞之二字，要挽回我亞細亞衰頹萎靡之大局之意也，輒欲挽回該全洲之衰頹時，非亞洲之諸邦合縱連橫，相共同心志，緩急相扶共苦樂，勢不可也」。何如璋則回答說：「嗚呼，今日時局，唯我亞洲最不振，然欲維持同州大局……這章程，甚詳密，請將這本留此，當細細留心，此會盛舉，同閣下，勤我國人協力同心也」。也就是說，「興亞會」創設的目的就在挽回亞洲的衰頹之勢，故同文同種的日本與清朝要相同心協力，以擋歐美。又在抵擋歐美侵略的同時，也要向歐美學習兵練、兵器、蒸汽、電機等技術，但在道德精神面，則無可以向歐美學習者。所以何如璋說「夫歐美諸國如今理學大開，其精巧精奇實雖驚人目，只可習者不過練兵之法、軍器之製、蒸氣、電線之用，道德、修身之學遠不及於我聖道」。[60]

「興亞會」的根本理念是在謀求亞洲諸國的共存共榮，而為實現此目的乃強調日清協力，但在曾根俊虎與何如璋的對話記錄中，對歐美的政治、社會、制度的具體學習方案則未有觸及，這或恐是因為「興亞會」終究不過只是流於一同好組織所致。因為在清朝末年，像何

60　黑木彬文、鱒澤彰夫解說：〈欽差大臣何公使と曾根氏談話〉，《興亞會報告》（東京：不二出版，1993 年），第 2 集，頁 7。

如璋這樣的中國知識人對日本的觀感，多將日本視為是在緩和列強壓力，進行合縱連橫對策時的有力夥伴，這點確實與「興亞會」的理念相符合。除此之外，「興亞會」裡多的是財、政界的名人，同時也不乏知識人、文人之聚會，提供了一個以漢詩文交流感情附庸風雅的場合，說不定還有收集情報的利用價值。「興亞會」就在這種文化人休閒娛樂性質濃厚，復加曾根俊虎人緣不佳，致使不少日本人對「興亞會」不懷好意的狀況下[61]，「興亞會」就這樣空有理想卻未見績效的在三年內短命夭折。

　　「興亞會」之後，明治二十六年（1893）八月樽井藤吉（1850-1922）的《大東合邦論》初版刊行。此時日本正值改正不平等條約，可否允許外國人雜居內地等議論鼎沸之際，關於這些現實問題，在國際上日本宜採取何種道路，都重新再被提出。樽井藤吉於《大東合邦論》中所提示的構想便是：既然日本也是東洋的一國，為了拒絕被殖民地化與歐化，就必須摸索出其在國際政治上如何才可占有獨自地位的方策來。而由於這點在當時同時也是中國和朝鮮所面臨的共通課題，所以樽井的書在日本雖未受到青睞，但在中國、朝鮮卻反而受到歡迎。

　　《大東合邦論》初稿成於明治十八年（1885）福澤諭吉「脫亞」論提出時，相對於福澤所提出的謝絕亞洲惡友的建議，樽井則認為福澤所謂的惡友中國，「數十百年後，必有其國漸開，而為東國之益友」[62]，何況中國與日本在地理上的關係形同唇齒，人種上又屬同種，

61　詳參大河內輝聲著，さねとうけい編譯：《大河內文書》（東京：平凡社，1964年），明治十一年（1878）三月八日，舊高崎藩主松平（大河內）輝聲與明治八年（1875）來日，十三年（1880）時成為輝聲家的詩文顧問的王治本，以及其同族王藩清，中國公使隨員沈文熒，還有日人石川鴻齋之間的問答可看出。

62　樽井藤吉：〈萬國情況〉，《覆刻大東合邦論》（東京：長陵書林，1975年）（以下簡稱《大東合邦論》），頁44。

因此相互聯合乃屬不可避免之關係。[63]所以樽井提出了另一項選擇——
聯合益友中、韓。除了上述理由以外，樽井還考慮到一旦日本想要擴
充國土，從地理環境條件來說，實無可以擴充之地，則即便日本將來
成為開明國家以後，相較歐洲各國所擁有的廣大殖民地，日本終究難
以「拓版圖養國力，以與歐美持平衡」[64]，結果終不免「優勝劣敗之天
數」。[65]所以樽井以為日本宜走之路，便是「與同感友國相和，以合其
力」為對策。[66]但因清朝本身便處在滿洲異族的支配下，不合樽井所謂
基於「同文同種」的合邦理念，所以樽井主張清朝必須瓦解其目前的
支配體制，恢復各個被支配民族的自主權。但樽井的此種主張絕不可
能為清朝政府接受[67]，所以樽井以為日、韓相合，成一聯邦國的作法，
才是日本應採的正確策略。[68]另一方面，對清朝而言，日韓合邦而成的
「大東」，則又可與之合縱，從人種競爭的觀點來看，則對雙方皆有
利。

　　起初樽井日、韓合邦的構想，本是基於和平自主的聯合之意，對
等合併，原本兩國之人民皆平等握有新國家的參政權。已成立憲國家
的日本，若能進一步與朝鮮成立合邦，這可稱得上是「盡善」之事。
樽井以為使積弊甚深的朝鮮政治，可以藉由與日本的立憲政治相結
合，而獲得改善的話，雙方國民也都有福可享。[69]樽井同時也提示了黃
色人種反擊西方世界的政策，他以為清朝可以南下與當地居民協力，

63　詳參樽井藤吉：〈漢土情況〉，《大東合邦論》，頁 66。

64　樽井藤吉：〈日本情況〉，《大東合邦論》，頁 94。

65　樽井藤吉：〈日本情況〉，《大東合邦論》，頁 94。

66　詳參樽井藤吉：〈日本情況〉，《大東合邦論》，頁 94。

67　詳參樽井藤吉：〈論清國宜與東國合縱〉，《大東合邦論》，頁 132-133。

68　詳參樽井藤吉：〈日本情況〉，《大東合邦論》，頁 94；〈論清國宜與東國合縱〉，
　　《大東合邦論》，頁 133。

69　詳參樽井藤吉：〈國政本原〉，《大東合邦論》，頁 114。

將印度支那與印度等國家由白人的勢力中解放出來，並且用「我東方」來拓殖南洋，使之文明化。如此一來，數十年後，可成一亞洲黃人國大聯邦。[70]令人遺憾的是樽井此種強調東亞三國屬於連帶關係的論調，即便當初他強調要「希望開明者，宜主協和以大其國」[71]，但是一旦著眼在擴充日本版圖這點以後，在日本國內，其理論日後因各種條件而逐漸演變轉化成為侵韓論。

明治一〇、二〇年代所主張的共榮或合邦，基本上都還是站在東亞一體的基礎點上，同時還承認中國在文明方面所佔有的優越性，所以「興亞會」要力挽狂瀾也要找同文同種的中國，樽井藤吉要以中國來拓殖南洋使之文明化。但是進入到明治三〇年代時，則產生了強調日本自身利益的同盟論。明治三十一年（1898）一月一日近衛篤麿在《太陽》雜誌所發表的〈同人種同盟、附支那問題研究の必要〉[72]中，其所感覺到的「主要以征服異色人種為目的」這種歐洲列國的侵略，大致上與福澤諭吉和樽井藤吉的想法無多大差異。但是近衛提出了令人耳目一新的觀點便是「列國對黃色人種，與其他之未開國大異其趣」。近衛以為這是因為其他未開化之國與黃色人種之文明落差未免過大所致。蓋白人所征服的未開之地，幾乎皆「同行無人之境」，是「導因於歐洲政略的列國自身的競爭」。但在對待黃色人種時，「一面在輕侮每個黃色人種國家的同時」，另一方面「特別是在中日甲午戰爭時，見識到日本人的伎倆，忽然領悟到欺侮黃色人種的困難，反有大畏之色」。近衛還以為黃色人種在「物質文明」雖遠不及歐洲列國，至於「體力的強弱，能力的優劣」則未可輕易斷定。

70　詳參樽井藤吉：〈論清國宜與東國合縱〉，《大東合邦論》，頁141。

71　詳參樽井藤吉：〈人世大勢 下〉，《大東合邦論》，頁22。

72　詳參近衛篤麿：《近衛篤麿日記‧附屬文書》（東京：鹿島研究所出版會，1968年），第一部，頁62-63。

　　近衛的此種論點與高山樗牛（1871-1902）在〈人種競爭として見たる極東問題〉[73]中所反省的：中日甲午戰爭實為兄弟鬩牆的看法一樣，基本上都反映出了對德國所提出的「黃禍論」的對應和反彈。近衛並且提出了人種戰爭的未來圖像，即東洋的前途終不免登上人種競爭的舞臺。近衛所持的理論根據是：當列強在瓜分中國時，這是一種黃白兩人種的競爭，在這競爭下，中國人與日本人都會被視為白色人種的仇敵，也就是說日本人絕不可能全然獨立於這場瓜分的活劇之外，他因此主張「總體黃人種之國，不可不大講同人種保護之策」。只是近衛同時也將北京政府的興廢，與支那人民存亡兩件事區分開來，因為近衛以為前者並不成為日本人憂喜的對象，但是後者卻攸關日本人自身的利害。近衛因此引證門羅的不干涉主義，主張東洋連帶的正統性。此外還提出了對日本資本主義社會而言，中國具有市場價值，故有必要認真地研究中國。近衛這種著重經濟效益的想法，爾後在其於明治三十二年後半視察完歐洲，回程路過中國南方，返抵日本後所做的報告會中更加強調。[74]近衛的同人種同盟論不僅充滿了現實考量的成分，也流露出中日甲午戰爭勝利後，日本人所重新拾回的自信，近衛不再像樽井藤吉一樣，以為白人在體力、智力、財力都要比黃色人種優秀。但是近衛的同人種同盟論，根本上還是在列強瓜分中國之際，日本尚無力參與時，出自弱國意識的一種中國保全方案。

　　到了三○年代後半，明治三○年代前期逐漸顯露的自信回復與利己思想，起了根本性的變化。關於這點，我們可以由岡倉天心在明治三十四年到明治三十五年（1901-1902），到印度旅行時在當地用英文

73　收入姊崎正治、笹川種郎編：〈文明史雜論〉，《樗牛全集》（東京：博文館，1925-1934年），第5卷，頁339-353。

74　詳參近衛篤麿：〈東亞同文會の大會〉，《近衛篤麿日記・附屬文書》，第二部，頁424-425。

所寫成的《東洋の目覺め》（*The Awaking of the East*）一書中，看到日本的亞洲觀念明顯的改變。與樽井藤吉和近衛篤麿不同的是，樽井和近衛可說都是全盤肯定西洋文明，所以樽井預測根據科學的進步，安樂世界在不久的將來就會到來。近衛則認為在文明的制度，特別是在教育這點上，日本是比中國先進的，所以他主張要「開導支那，以文明扶植之」。[75]相對與此，岡倉天心則以為中國與印度皆具有精神面的共通性，至於日本的文明，就歷史發展而言，則是統一中、印兩文明所發展而成的。天心在此種理解的基礎上，乃主張「一個亞洲」。[76]也就是說樽井等是從同人種這點來考慮東洋的生存之方策，天心則對「白禍」亦即西洋文明加以否定，所以他對破壞亞洲傳統文化的西洋近代文明，表示其激烈的反感。天心的此種反西洋文明的心態，還具有就西洋文明本身來反省、懷疑近代機械文明的性質在。而且天心的此種「一個亞洲」的觀點，使得聯合提攜的對象，從東亞擴大到連印度也含括進來。

　　岡倉天心因此指出了亞洲人的亞洲概念，或亞洲人彼此相互的印象，多是憑藉歐洲人的亞洲印象而成。[77]所以他說：「對歐洲的模仿與崇拜，成了我們的自然制度」。[78]顯然地天心關切的焦點乃是：在與歐洲文明接觸時，急速崩壞解體的諸如家族制度、倫理、宗教等亞洲的傳統文明。因此天心深感東洋覺醒的必要性，他以為在數學、天文

75　近衛篤麿：〈同人種同盟、附支那問題研究の必要〉，《近衛篤麿日記・附屬文書》，第一部，頁 62。

76　岡倉天心：〈理想の領域〉，收入隈元謙次郎等編：《岡倉天心全集》（東京：平凡社，1980 年），卷 1，頁 13。

77　岡倉天心：《東洋の覺醒》，收入隈元謙次郎等編：《岡倉天心全集》，卷 1，頁 145。

78　岡倉天心：《東洋の覺醒》，頁 142-143。

學、醫學、物理學等現代科學觀念的起源，全在東洋。天心這樣的議論，是在對處於支配地位的、以西洋為中心的文明發達史觀提出批判，並試圖提出另一種史觀，而這從另一方面來看，也是一種東洋自信回復的表示。他並且主張亞洲人為了民族、政治上的獨立，不可依持些微友好性的外國援助，要針對戰爭有組織地準備，激發民眾的愛國性熱情組織。在「汎亞同盟」的前提下，講求的是「求其再生的種子於自身內部」，如此一來，靠著那些被英雄精神所鼓舞的尖端份子所起的先導作用，再加上軍事方面的游擊戰，雙方配合下，想必可達成偉大的事業。[79]

比起主張同盟，天心是較重視亞洲各國民族性的自覺；比起關心彼此的連帶關係，天心是比較強調深植於傳統的自我革新。而且相較於近衛篤麿提倡的東洋門羅主義中，傾向保全中國領土的防衛性特質，天心的殖民地獨立計畫的理念，是非常具有積極性與攻擊性。所以他會為日俄戰爭辯護說：「日本是為得見全亞洲光輝的重生，為和平與和諧而戰」。[80]岡天倉心除了自己對日本的戰爭進行合理化以外，昭和十三年（1938）日語版的《東洋の覺醒》也出版問世，當時在東亞協同體之理念與反英美排外思想的風潮大為盛行的時代裡，本書大為有心人士所利用。

不管是「興亞會」和樽井藤吉基於同文同種所主張的連邦國之構想；或是近衛篤麿提倡的東洋門羅主義；甚或岡天倉心本於文化同一性，冀望日本可以為先導而來解放亞洲的「亞洲主義」，基本上都充滿了弱小國家極欲求自強、自保的緊張感。然而日俄戰爭勝利後，情況

79　詳參岡倉天心：《東洋の覺醒》，頁 163-165。

80　岡倉天心：《日本の覺醒》，收入隈元謙次郎等編：《岡倉天心全集》，卷 1，頁 254。

有了極大的轉變。誠如大正二年（1913）桑原騭藏（1871-1931）在〈黃禍論〉一文中所說的：「日俄戰爭後的三、四年間，此戰役的電影在亞洲各地，受到了空前的歡迎。放映者頻繁地播放此影片，印度人、緬甸人、暹羅人、安南人、支那人、南洋等人，在看了此影片以後，多年來的鬱憤得到了舒解。藉由電影看到俄國軍隊敗走的狼狽樣子，他們腦海裡的白人的威光也漸趨微薄，明白到白人並非不可敵，對白人的反抗心也因而抬頭。就這樣，亞洲是亞洲人的亞洲這一新思想，瀰漫了東洋的整個天地。」[81] 桑原騭藏同時還冷酷地說道：「彼等（支那人）比起征服他國，是一宜被他國征服的人種」[82]，接著便針對當時被任命為駐中國公使，美國威斯康辛大學教授萊因斯批評日本為「亞洲民族尤其好戰者」的說法，反駁道：「日本或許不如支那人那般和平也說不定，但絕不會不講理地去迫害白人，故白人實不必有這層的擔心。」[83] 桑原騭藏在辯護日本不會去侵害白人的時候，並不表示日本不會去侵略亞洲其他國家，而他這種所謂中國是一個宜於被他國征服的人種的說法，恰好又為日本的中國侵略提供了正當的理由。至於桑原騭藏說日俄戰爭一事對亞洲其他諸國的激勵之大一事，其實最受到鼓勵的就是日本本身。

　　日俄戰爭勝利對日本而言除了是一劑自信回復的強心劑之外，還使日本感到十足的優越感。大正十四年（1925）桑原騭藏在〈支那猥談四〉中再度強調：「日俄戰爭對亞洲人而言，實在是一破天荒的大事。亞洲之一小島國的日本，敢與比自己大幾十倍的白人大強國俄國開戰，並將之漂亮擊敗的事實，不僅是給全亞洲人，還給與了亞洲以

81　桑原騭藏：〈黃禍論〉，《桑原騭藏全集》（東京：岩波書店，1987 年），第 1 卷，頁 24。

82　桑原騭藏：〈黃禍論〉，頁 28。

83　桑原騭藏：〈黃禍論〉，頁 28。

外的有色種族莫大的感動。……總之，日本人喚起了亞洲人的亞洲思想，給了全亞洲人覺醒的機會。……與之相反的，支那的無智與淺慮，卻常給與白人干涉東亞揮舞其專橫之手的機會。例如中日甲午戰役最後，三國干涉還遼一事便是最好的例子。當時以認真的儒者、忠實的憂國者聞名於世的兩江總督張之洞，將應該割讓給日本的臺灣，反而給了英、俄諸國，欲以其援兵來壓抑日本。……現在民國的新式政治家……全然忘卻亞洲乃亞洲人之亞洲這一思想主義，不斷引進歐美人來處理東亞的問題的，實際上不就是支那的政治家嗎？」。[84]從桑原的文章中，我們可以瞭解到此時的亞洲主義、興亞大業，不僅是在武力，甚或文明上都不再以中國為領導，日本以東亞之首自居，視侵略中國為理所當然，為整合亞洲時的合理行為。桑原騭藏因此說：「其實日本對支那毫無侵略之行為。臺灣之割讓乃是理所當然，不成為一項問題」[85]，顯然地，日俄戰爭後的亞洲主義，在本質上起了根本的改變，亦即當初出自弱國自保，希望協力抗洋，而主張中日聯盟，以求共存榮的想法，經歷了日俄戰爭勝利的刺激，日本反以強國姿態自居，一意想成為東亞的領導者，不惜訴諸武力。此種情形在入昭和年代以後，變本加厲。桑原騭藏在昭和四年（1929）〈日支の共存共榮に就いて〉中，便提出了支那人應該要反省，不應該只是盲目排日，才有可能與日本共存共榮。[86]我們不僅看不到日本學者的反省，還見識到了其指鹿為馬，大言不慚的嘴臉。此種情形在進入昭和十年代以後，更形嚴重，而努力將此種論調合理化的，便是孔子教的倡導者。

　　孔子教藉由興亞的提倡而與軍國主義結合的發展途徑，首先是在

84　桑原騭藏：〈支那猥談　四〉，《桑原騭藏全集》，第 1 卷，頁 80-81。
85　桑原騭藏：〈支那猥談　五〉，《桑原騭藏全集》，第 1 卷，頁 81。
86　詳參桑原騭藏：〈日支の共存共榮に就いて〉，《桑原騭藏全集》，第 1 卷，頁 112-120。

一片強調復興日本精神的呼聲中，儒學者強調復興儒學等於是復興日本精神的共鳴下展開。內藤久寬於〈孔子教の復興に就いて〉中就說：「最近由復興日本精神的呼聲中，所謂復興日本精神之根幹者乃為孔子教的聲音，在有識者之間提出」[87]，而儒學者在考慮儒學如何可以對當時的日本社會提供具體的效用與貢獻時，他們首先強調儒學仍舊適用於現今的日本。所以小柳司氣太（1870-1940）在〈儒教の更生〉中才說：「儒教不只在過去對日本產生幫助，於現在若亦能有效地使用之，則可以成就卓越的效果」[88]，儒學者並且強調此日本精神亦即儒教，有助於國家的發展。至於所謂國家的發展，便是宇田尚在〈皇國の使命と新儒教精神の再建〉中所說的：「若以綜合統一精神、科學兩文明而成的新儒教精神為國家機構之中軸，則大亞洲主義實際確立一事，應非難事」[89]，這種主張後來到了太平洋戰爭爆發後，便演變為儒學不可不為政治服務之觀念。丸山正三郎（？-？）於〈支那學の課題〉中便說：「今後的學問，不得不為實現理想之建設性工具」。[90]

　　上述的國家發展，主要是想藉由聯合鄰近諸國的「興亞」大業，而求可與西洋對抗。對當時的孔子教提倡者而言，要「興亞」，儒家思想便是對東亞其他國家進行思想同化的利器。所以丸山正三郎接著又說：「故要把支那學或漢學從事科學性的重組。又，要自覺到在八紘一

87　內藤久寬：〈孔子教の復興に就て〉，《斯文》第 17 編第 10 號（1935 年 10 月），頁 1-2。

88　小柳司氣太：〈儒教の更生〉，《斯文》第 17 編第 6 號（1935 年 6 月），頁 43-44。

89　宇田尚：〈皇國の使命と新儒教精神の再建〉，《斯文》第 15 編第 9 號（1933 年 9 月），頁 36。

90　丸山正三郎：〈支那學の課題〉，《斯文》第 23 編第 12 號（1941 年 12 月），頁 18。

宇的大精神下，建設大東亞共榮圈。」[91]安藤樂水（？-？）於〈儒教
不振に關する一考察〉中則說：「要實現皇道、八紘一宇，或東亞新秩
序等，非儒教無以振興。」[92]飯島忠夫於〈漢文教育に就て〉中也說：
「日本所謂的漢學，是往作為扶翼皇國之道的政教而加以考究支那的
學術文化」。[93]其實這種佐政派的儒學論調，在太平洋戰爭爆發前，便
有儒學者提出。諸橋轍次（1883-1982）就說：「宣揚儒教終於成為皇
室的中心主義，這或許是因為寄予扶翼天壤無窮之皇運於其中所
致」。[94]

　　而當其一心一意想要弘布其天皇主義於天下，而不惜對亞洲諸國
動武時，孔子教提倡者又努力為此種侵略行為進行合理化的詮釋。早
在一九三二年孔子教提倡者井上哲次郎便說：「實行孔子之理想（王道
主義）者，不在支那而在日本。沒有一個國家像日本如此尊孔。這次
滿洲國雖以「大同」為年號，但是因為真正的王道是在我日本被實行，
所以滿洲應該要能學我日本的真精神，興隆理想的王道國家。」[95]這種
自信後來變本加厲地以為日本是唯一可能可以統合東西文化的國家。
宇田尚於〈日本儒教の更生と第三文化創造のために〉便說：「要綜合
東西文化，我等日本民族是作為此光榮的可能者，兼具一切條件而出
現的。……故我等在創造第三文化的過程時，即是將我皇室的大精神
光被於世界，除此之外無他。同時，此文化大業的成敗與否，則直接

91　丸山正三郎：〈支那學の課題〉，頁 18。

92　安藤樂水：〈儒教不振に關する一考察〉，《斯文》第 23 編第 10 號（1941 年 10
　　月），頁 22。

93　飯島忠夫：〈漢文教育に就て〉，《斯文》第 23 編第 7 號（1941 年 7 月），頁 11。

94　諸橋轍次：〈國學としての漢學〉，《斯文》第 17 編第 3 號（1935 年 3 月），頁
　　13。

95　井上哲次郎：〈王道主義に就いて〉，《斯文》第 14 編第 4 號（1932 年 4 月），頁
　　10。

決定了日本的將來，決定了全亞洲，不，甚至是決定了全世界人類明天之命運。……孔夫子所說的治國，即在指建設高度國防的國家，平天下即相當於確立大東亞共榮圈之教。」[96]在此過度膨脹的自信的驅使下，孔子教提倡者不再像當初福澤諭吉一樣，見中國落後而將之視為一應當遺棄遠離的惡友，但也不像樽井藤吉一樣，雖有心聯合中國，卻迫於現實的不可行而放棄，同時也不像近衛篤麿雖然考慮到了日本將來終究步入資本主義社會而視中國為一不可放棄的市場，但卻還不敢張揚之，因此曲折地主張中、日應該要合力抵抗外侮。

　　孔子教提倡者基本上是繼承了岡倉天心（1863-1913）在《日本の覺醒》中，為日本的戰爭行為辯護而說：「日本是為得見全亞洲的光輝而重生，為和平與和諧而戰」[97]的想法，將日本對亞洲其他國家的侵略，視為是他國在不知覺醒的固執狀態下，日本作為一亞洲的先進國家不得不行王道（孔子道）於天下的必行使命。鹽谷溫在〈孔子教と三民主義〉中就說：「三民主義是一種外來的思想，支那應還復本來的面貌，亦即復興孔子教，然今中國孔子教已亡，故教育中國人的擔子就落到日本人身上。」[98]其實鹽谷溫這種一廂情願的說法，約在十年前，服部宇之吉便為日本自己所謂的替天行道，找到了適切的行為理論依據。服部宇之吉在《東洋倫理綱要》外篇第五章〈孔子教〉中就說：「在完成自我發達以後，還要能使全部的人都能夠發達，這便是孔子教的本義。凡世界性宗教，皆將弘道傳教視為信徒之義務，但一般

96　宇田尚：〈日本儒教の更生と第三文化創造のために〉，《斯文》第 24 編第 5 號（1942 年 5 月），頁 6-13。

97　岡倉天心：《日本の覺醒》，頁 254。

98　鹽谷溫：〈孔子教と三民主義〉，《斯文》第 19 編第 10 號（1937 年 10 月），頁 9-10。

支那人卻不知聖人之教中有此弘道之義」[99]。無怪乎鹽谷溫會將弘布彼等之孔子教視為一弘道使命，實在是其來有自。鹽谷溫在〈日本の儒教〉中說「因為國體精華之中，傳有孔孟之教的真髓，將之廣弘於支那、滿洲，作成一東亞民族精神性的聯盟，融日、支、滿於一團，實日本儒教徒之大使命。」[100]安藤樂水則說：「滿洲國之建國精神——王道，從思想上而言，便是日本的王政復古，是針對三民主義思想上的一大革命。……其王道一躍而與日本的皇道成為一體。」[101]

孔子教提倡者後來更不惜為大東亞戰爭提供理論依據。原重治於〈必勝と孔子教〉中說：「大東亞戰爭的理念，便在建設大東亞共榮圈，宣揚日本精神，使世界獲得和平。」[102]宇田尚在〈大東亞戰爭と儒教〉中說：「故在日支兩國國民要協力使大東亞戰爭能夠獲勝這件事上，要將依據日本儒教的倫理，使其在思想上獲得強力的結合一事，成為根本條件。在此，便存在了為大東亞戰爭提供根據的儒教的重大性。」[103]其具體理論，便是重新塑造儒家思想中的「忠」和「大義名分」等觀念。亦即，不管是明治四十四年（1911）服部宇之吉的《孔子教》、明治四十五年（1912）井上哲次郎的《國民道德概論》，或是大正六年（1917）服部宇之吉的《孔子及孔子教》、大正十三年宇野哲人的《儒學史》等諸書中，都試圖將儒家思想中「忠」這一概念裡所包含的「君臣有義」這種強調相互義務的特質，以及「忠」、「孝」相衝

99　服部宇之吉：〈外篇・第五章 孔子教〉，《東洋倫理綱要》（東京：大日本漢文學會，1921 年四版），頁 292。

100 鹽谷溫：〈日本の儒教〉，《斯文》第 20 編第 6 號（1938 年 6 月），頁 32-33。

101 安藤樂水：〈儒教不振に關する一考察〉，《斯文》第 23 編第 10 號（1941 年 10月），頁 23。

102 原重治：〈必勝と孔子教〉，《斯文》第 25 編第 12 號（1943 年 12 月），頁 35。

103 宇田尚：〈大東亞戰爭と儒教〉，《斯文》第 25 編第 7 號（1943 年 7 月），頁 11。

突時的矛盾，努力加以消解。他們基於「君民同祖」的理論，企圖將每個個別的家庭都含括於天皇家族中，以塑造「家族國家觀」。因此本是個別家庭中的「孝」，便同時又可以是以天皇為大家長的綜合家庭的「忠」。並致力說明將自己奉獻給天皇，對天皇盡「忠」一事，乃是作為人民者的最大義務，是盡了最大的「義」，這也就是孔子所重視的「大義名分」的思想真義。而這種思想真義要在萬世一系的日本才得以完全發揮，這又是上天所賦予日本的天命。爾後的孔子教提倡者便在此種理論基礎上，試圖強調將天皇之道宣揚於八紘一宇乃為日本國民之使命。顯然地，此種論說已與超國家主義意識形態相結合。

　　福澤諭吉在《文明論之概略》[104]中，曾將文明區別為廣義與狹義兩種，狹義的文明指的是「衣食住的安樂」這類側重物質方面的；廣意的文明則涵蓋了「研智修德，升人間高尚之地位」這一精神面。[105] 而單指物質方面之狹義文明，因為適於做單線性的比較所以易於辨識，相對於此，側重精神方面的文明論，因為立足於個性化個體所表現出的各種立場，故有著傾向普遍主義意向的意味存在。而從日本的思想史來看，有志於普遍主義的文明精神漸次喪失，文明的重點逐漸轉到物質文明的改變過程，自明六社這類啟蒙思想家所組成以倡導文明開化的團體消滅之後，到明治憲法體制確立之間，變化特別顯著。而這種顯著的變化，簡單地說便是由「萬國公法」的文明，轉變為「富國強兵」的文明。從方法上而言，便是由近代以自然法式為規範中心的理論。這便是梁賢惠所說的由「產業文明國=善=永遠的幸福；非文明國=惡=永遠的滅亡」的論理，轉變為「強者=支配=掠奪；弱者=服

---

104 福澤諭吉：《文明論之概略》（東京：岩波書店，1962 年）。

105 福澤諭吉：《文明論之概略》，頁 57。

從=被剝奪」的論理。[106]

　　日本在經由文明開化、脫亞而達到西化成功以後，所謂「興亞」的觀點也不再像明治早期的「興亞」論一樣，只是囿於弱國自保，或是尚無力向外擴張勢力，在「興亞」的名義下，試圖藉由聯合東亞其他諸國以抵抗西洋的侵略。但是日俄戰爭後，隨著國力增強、民族自信心的回復，為求得一個支配東亞的正當理論，日本乃以強者支配的姿態出現，基於「同文同種」來強調東亞諸國彼此的連帶性，而將其侵略行為視為是「興亞」，認為尚未文明化（西化）的國家，諸如中國或韓國，就理應服從此種被日本剝奪的行為。日本自「東方主義」，亦即從西方國家強加在東方國家身上的所謂落後性、感官性、被動性等特質的這種論點所借用來的「文明」概念，主張其取得了亞洲的主導權，繼而藉由「興亞」名義主張解放東亞，而將此理論推向反「東方主義」的方向。所以當日本政府以「大東亞共榮圈」的口號進行其侵略亞洲的行為，而以「同文同種」來作為此種思想同化之可能的依據時，在強調東亞諸國同屬儒教文化圈，積極擁護此種帝國主義支配的重責大任，便由孔子教提倡者所扛起。所以鹿子木員信（1884-1949）只看見了英、美想完全支配大東亞，而不覺得日本也同樣在對東亞其他國家進行侵略支配，甚至還以為「東亞地區的排日侮日精神，究極之處，便是導因於英美的謀略，其目的便在破壞皇國之國體」，他同時還將孔子與希特勒連結在一起，企圖將日本的侵略解釋成一種必然的使命，他說：「然孔子之所求，希特勒之所尋，放眼現今，得仰望畏聽者，實我等日本民族也。」[107]在這場座談會上，井上司朗（1903-

---

106 梁賢惠：《尹致昊と金教臣——その親日と抗日の理論》（東京：新教出版社，1996 年），頁 89-90。

107 〈「大東亞建設と儒教」座談會〉，《斯文》第 26 編第 4 號（1944 年 4 月），頁 9-11。

1991）則說：「日本的武力，是為了大東亞的自存自榮，是為了保衛大東亞，是為了維護光榮而發揮的。」[108]高田真治（1893-1975）索性就說：「日本的皇道與孔子教一致，作為中國人，不可不大大歡迎之」。[109]北村佳逸（？-？）在《孔子教の戰爭理論》中乾脆預言說日本的戰爭行為是：「孔子之道，是道的擴大，是日本的勝利，是道德戰的凱歌。而以德征服他人（他國）乃是儒教的教示，故其必可報以大勝利。」[110]

五　中日韓孔教運動思想的異同

當脫離經典而來從事孔子學說的追索時，孔子的思想及其教義的詮釋，便產生了無限的可能性，甚或扭曲變形。以下本節便就中、日、韓三國在十九世紀末到二十世紀初，所產生的儒學復興運動──「孔教」或「孔子教」──的異同，以做為本稿的結語。

（一）中國孔教運動略說

當清末洋務派人士，如馮桂芬（1809-1874）、鄭觀應（1842-1922）等，提出所謂：「以中國之倫理綱常名教為原本，輔以諸國富強之本。」[111]「合而言之，則中學其本也，西學其末也。主以中學，輔以西學。」[112]的這種論調時，他們不僅提出了「中學」和「西學」的相

---

108 〈「大東亞建設と儒教」座談會〉，頁13。
109 〈「大東亞建設と儒教」座談會〉，頁14。
110 北村佳逸：《孔子教の戰爭理論》，頁288。
111 馮桂芬：〈采西學議〉，收入鄭大華點校：《采西學議：馮桂芬馬建忠集》（瀋陽：遼寧人民出版社，1994年），頁84。
112 夏東元編：《鄭觀應集》（上海：上海人民出版社，1982年），上冊，頁276。

對關係，同時也宣布了「中學」是不足，甚或是不適於現代社會的，所以即便「西學」是「末」是「輔」，也都有必要將之納入富強大計中。然而洋務派對傳統儒家的不滿，也不過就在這種溫和的要求中而來向傳統挑戰，對封建體制或是儒家思想體系這樣較深層部分的問題，迴避迴避也就過去了，他們目光的焦點，始終未從「洋務」移開。但是，維新變法一派的崛起，則使局面有了改善，此派代表人物便是康有為（1858-1927）。康有為除了希望透過光緒皇帝（1871-1908）來實行君主立憲的政治改革，另外還對「中學」，亦即儒學做了一番改造，那就是從「戊戌變法」以來到民國初年為止，引發多方爭議的孔教運動。

早在一八八五年，康有為就將儒學視為一種宗教，而與佛教、基督教、回教並列。他說：「今天下之教多矣，於中國有孔教，二帝、三皇所傳之教也。」[113]到了一八九一年時，他又說：「孔子為創教之聖」[114]，確立了孔子的教主地位。到了一八九五年六月三十日，康有為上書光緒帝要「立道學」一科[115]，書中除了提出具體方案以外，還包括派遣有才學者，前往外國傳布孔教。至於他正式地提出對孔教的看法，則是在光緒二十四年（1898）六月十九日上奏的〈請尊孔聖為國教立教部教會以孔子紀年而廢淫祀摺〉中才看到。[116]文中主張廢淫祀、立孔廟、組織孔教會、舉講生、設大講師、立大宗師、舉祭酒任孔教會長，並任其為教部尚書，建議採孔子紀年。

---

113 蔣貴麟編：〈性學篇〉，《萬木草堂遺稿外編上》（臺北：成文出版社，1974 年），頁 14-15。

114 姜義華、吳根樑編校：〈答朱蓉生書〉，《康有為全集》（上海：上海古籍出版社，1987 年），第 1 集，頁 1041。

115 詳參湯志鈞編：〈上清帝第四書〉，《康有為政論集》（北京：中華書局，1981 年），上冊，頁 159。

116 詳參湯志鈞編：〈請尊孔聖為國教立教部教會已孔子紀年而廢淫祀摺〉，《康有為政論集》，下冊，頁 279-284。

　　康有為所提倡的孔教，雖然已經過主觀的改造，但他強調尊重儒家傳統，毋庸置疑的，儒家思想始終是他思想中的一個重要淵源。而康有為孔教思想形成的背景，除了與其家學、師承有關之外，還與清末民初的世局有着密切的關系。當大多數人都認為要解決當時中國所面臨的政治、社會、經濟等問題時，要從政治結構下手，只要政治結構的問題能解決，則一切問題也都能解決。但是在康有為而言，情形就不是這樣。他體認到母國綿延不斷的傳統文化，是一國改良進步的原動力，亦即任何國家的心血，都必須從舊根源上去產生。因此，解決問題的關鍵，不在政治而在教化，歐美之所以強盛，就在於其於政治之外，還有基督教作為規範人心的根本。所以文明國家必有教，中國也應該有教，而在康有為而言，適合中國人心的教，不是基督教或佛教，而是在中國歷史文化中，持久延續不斷的「孔教」。

　　康有為的孔教思想，從戊戌變法或更早之前便已開始，辛亥革命成功後，他仍繼續宣揚孔教，並命弟子辦了《不忍》雜誌，康有為並於其中發表了〈中華救國論〉[117]、〈擬中華民國憲法草案發凡〉[118]、〈以孔教為國教配天議〉[119]，和爾後在一九一三年三月出版的《孔教會雜志》第一卷、第二卷首載的〈孔教會序一〉、〈孔教會序二〉等文中，皆討論到孔教問題，康有為的孔教思想也就在這一次次的討論中逐漸形成。至於康有為孔教思想的主張，基本上可分為以下數點：一、宗教為風俗之主，孔教可使社會風俗免於頹敗。二、國可藉宗教而興，而中國之國教乃是孔教。三、孔教之所以有必要定為國教，是因為有孔教所以中國才能長久大一統，行孔教人民自由而重德，行孔教人民

---

117 康有為：〈中華救國論〉，《不忍》，第 1 冊（1913 年 2 月），頁 1-58。

118 康有為：〈擬中華民國憲法草案發凡〉，《不忍》，第 3 冊（1913 年 4 月），頁 73-90。

119 康有為：〈以孔教為國教配天議〉，《不忍》，第 3 冊（1913 年 4 月），頁 1-21。

得平等，又孔教不離天道人倫，何況行孔教除了說與信教自由不相悖之外，孔教還較他教尤善。

康有為所提倡的孔教，到了民國初年，引發了多方的爭論，論爭的焦點多環繞在孔教是否是宗教？孔教是否適用於現代生活？孔教與政治牽扯不清這三方面。蓋從維新派的黃遵憲（1848-1905）、嚴復（1854-1921），到稍晚的梁啟超（1873-1929）、蔡元培（1868-1940），或是力反孔教的章太炎（1869-1936）、陳獨秀（1879-1942）、惲代英（1895-1931）等反方的反對理論，其實也都有其立論的依據，但也有其誤解之處，特別是孔教與政治的掛鉤這點，因為孔教會也有些成員只是出於維護傳統的動機，單純地尊孔，為的是在求可以挽救瀕臨崩潰的道德。其實即便是康有為自身，實行孔教與主張虛君共和政體，始終是他一貫的政教主張，對康有為而言，要解決民初軍政長期混亂的局面，虛君共和或許才是最好的解決之道，而年幼的溥儀則是虛君的最佳人選。康有為所關心的，或恐是大帝國由專制轉移到憲政的途徑。然而，即便康有為有著愛國愛民的情操，孔教運動因為他立論的荒謬，以及實行政策的不切實際而倍受批判之外，更因為他與一群毫無理想抱負的官僚政客結合而來實踐他的理想，所以在阻力四起又無法取信於民的情形下，終告破滅，而中國的浩劫才剛剛開始。

（二）韓國孔教運動略說

十六世紀中期以後，受到西洋文明的衝擊，朝鮮後期儒學界對西學產生了兩種截然不同的態度。一是以學習西方的科學技術為主；一是堅守傳統排斥西學西教。當西學自十七、十八世紀漸次東傳，此時傳統儒學多仍以保守姿態自我維持，追求教化，但因為受到西學的刺激，故也開始從事改革。而當儒學與西學產生相互作用時，遂使得儒學傳統的朝鮮社會，得到了一轉向近代社會的轉機。故自十九世紀後

半以來，在社會近代化轉變的過程中，儒家知識份子是如何來對應西學的這一問題，乃成為一個重要的研究課題。

在中國，自元代以後成為官學的朱子學，到了明代以後成為其反對勢力的陽明學，兩者基本上皆是主道德心性的學問，但在朝鮮後期多變的社會環境中，這兩派傳統學問，既缺乏對應現實的法門，復加積弊已久，故一部分知識人乃起而主張「實學」。「實學」當然包括對西方科技學術的關心與學習，而且也包含了對百科知識的多樣化攝取，而在此形而下物質知識的吸收過程中，傳統儒學也很難再一成不變，實際上傳統儒學也已或多或少地接受了某一部分的西學。儘管如此，實學觀卻仍只停留在知識層面的追求新知上，並未在現實的政策上產生實際的效益，結果朝鮮儒學只是往更保守閉鎖的途上發展。

進入了十九世紀，西洋除了追求商業利益的目的之外，還更進一步從事軍事上的侵略，面對此掠奪現象，儒者在堅守傳統理念之餘，更加抵抗西洋文明的入侵，但此種抵抗終因勢單力薄而告終。當傳統勢力的排洋體制一旦崩壞瓦解，多樣化的儒教評價也因而出現。值此時期，朝鮮儒學基本上出現了兩種類型的儒學團體，一是因襲地固守舊體制秩序，對西洋文明未發出任何聲音的沉默團體；一是全面否定舊傳統，積極地吸收西洋新知，高聲倡導近代化，以求國家富強的喧嚷團體。

在守舊和開化兩派之間，同時還產生了以批評態度來正視儒學缺失，並企圖加以改革儒學一派的出現。至於所謂儒學的改革，基本上是指從儒家固有的思想體系中，發掘出如西學般可以在現實中產生效益的思想、文物或是制度。在從事此項儒學新發現時，知識份子還特別意識到形成西洋文明根基的乃是基督教一事。故對基督教的宗教性組織和教會機能充滿興趣，彼等也因此進而欲將儒學加以宗教化，藉以重建具有新生活力的儒學。此種儒學的再構築，可說是為抵抗西洋

文明的入侵而產生的以儒學為東方傳統文化之精神主軸的現象，就整個構築過程而言，則是儒學一種自我發現的經歷。

到了十九世紀後半的朝鮮社會裡，來自西洋的壓迫持續加大，日本武力侵略的威脅亦與日俱增，一面被迫門戶開放的同時，以朱子學為思想基盤的道學派的「衛正斥邪論」之主張也漸次高漲，充滿了排他性的正統意識，視西洋、日本為異端。在外力壓迫下，傳統儒學的自我防衛性與保守性更加強化之外，另一方面，在儒學範圍中追求開放性的實學派反而趨於衰微，但是脫離儒學範圍，更積極地吸納西洋文明的開化派也於焉產生。蓋朝鮮社會在自我傳統中所累積的矛盾弊端，自己並無力改善，是受到外力的脅迫而使得舊體制崩壞，道學派在守舊論既喪失了思想理念上的統治地位，反而還成了妨礙開化發展的原因，受到了各界的指責。在這種思想氛圍裡，「甲午更張」是一契機，西洋近代的秩序成為一新志向，藉着改革社會制度，如「變服令」、「斷髮令」等強制改變服飾髮型的命令也跟著下達。

在日本帝國的侵略下，亦即朝鮮王國滅亡的前後，傳統儒林組成義兵抗戰，除了抗拒西洋式的近代制度之外，還固守舊制度，但儒學所主張的社會秩序，漸自外於時代潮流，往衰微一途前進。在傳統儒學崩壞的過程中，基督教勢力便在符合近代社會秩序的狀況下，為韓國人所接受，因此快速地發展開來。西洋式的近代教育制度也逐漸一般化，保守的儒林教育制度未被合法承認，儒學的崩壞加速進行。在這狀況下，少數的儒家知識份子，為求再建逐漸衰頹的儒學，以為必須在近代化的體制中重建儒學，韓國的孔教運動便是此種儒學內部自求革新、現代化下的產物。

在近代韓國的儒學改革運動中，首先出現的組織便是朴殷植（1859-1925）、張志淵（1864-1921）於一九〇九年九月成立的「大同教」，這是為了對抗李完用（1856-1926）、申箕善（1851-1909）等人

於一九〇八年一月以擴張儒學為口實，為求達到儒林親日化目的而成立的「大東學會」，所產生的愛國運動組織。而「大東學會」則於一九〇九年十月改名為「孔子教」。親日的「大東學會」或「孔子教」，其本來的目的就不在改革儒學，也不是在追求繼承儒學傳統，相對於此，「大同教」則是朴殷植以儒學改革為思想基柢而形成的組織。朴殷植在〈宗教說〉中，強調宗教的重要性，指出儒學是制度，是真實的宗教。他還在〈儒教求新論〉中，提倡以百姓為中心的自力、主動性地傳播儒學，明示簡潔、實踐性的儒學教義等積極的開化論調。朴殷植的此種立場，基本上是採取了陽明學的立場，而其強調大同思想這點，則明顯受到康有為的影響。朴殷植的「大同教」或許也可說是韓國孔教運動的第一種類型。

　　韓國孔子教運動的第二類型的代表人物，基本上可舉出在學術思想立場上持續繼承道學派傳統，行動實踐上則積極加入了中國孔教會的李承熙（1847-1916）為代表。李承熙亡命滿洲時，於一九三一年成立了北京孔教會之支會的「東三省韓人孔教會」這一組織。中國的孔教會在康有為的影響下成立，可說是一改革主義的組織，但是保守派的儒學者也有為數不少的人加入，相對於此，思想基礎始終不離性理學的李承熙雖然與康有為的改革主張沒有直接的關聯，但是也加入了孔教會的組織。李承熙於《孔教會雜誌》發表了〈孔教教科論〉、〈孔教進行論〉、〈聖祀冠服說〉等文，主動積極地摸索孔教會的體系組織，在當時那樣激烈變動的時代裡，李承熙在孔教會的活動，具有克服傳統儒學的保守封閉性，積極地再建構道學傳統，並使之活性化的意義，這也是李承熙「東三省韓人孔教會」的主要性格。

　　第三種類型的孔教運動便是聯結中國曲阜孔教會總部，於一九二三年成立了「培山書堂」，在韓國國內遵從康有為之理念，而來展開其自身孔教運動的李炳憲（1870-1940）。誠如前面所說的，朴殷植的「大

同教」運動，事實上也有受到康有為思想上的影響，而在滿洲的李承熙的「東三省韓人孔教會」，則直接與康有為有關聯，但是，確實在思想上深受康有為影響的則是李炳憲。李炳憲全盤性地接受康有為的儒學改革論的體系，不論是經學方面的今文學，或是公羊學的攝取，或是通過認識作為社會思想的大同思想，李炳憲並藉此完成了其儒學改革理論的體系化[120]，除了寫成《儒教復原論》（1919）一書之外[121]，還受到曲阜衍聖公府孔教會支部的承認，在韓國國內建立了「培山書堂」，書堂的制度或儀禮也都具有體現康有為孔教運動的性格。

　　如上所述的三種儒學改革，或是儒學再構成組織活動的類型，具有將儒學組織化或予以近代化、重建的重大意義，而且在將儒學宗教化這點上，意味深長。在此若將之與康有為於十九世紀末到二十世紀初的孔教運動相關聯的話，李承熙的「東三省韓人孔教會」與李炳憲的「培山書堂」，都是與中國的孔教會有連結的組織，就這點而言，兩者皆有其共通處，但是李承熙的道學背景，與李炳憲的今文《公羊》學的背景，則又是一個明顯的對照。

　　二十世紀初所展開的有關韓國學者的孔教運動中的代表類型裡，李炳憲和李承熙儘管立場有所差異，不論從儒學史或韓國思想史的角度來看都具有多種意義。一是儒學者試圖將儒學近代化的嘗試。孔教運動的從事者，從傳統儒學保守、閉鎖的僵化狀況中跳脫出，開發出指向近代化世界的儒學教理。所以李炳憲徹底地採取了康有為的公羊學立場，而提出了其改革理論；李承熙則透過內存於道學的普遍性，以通向世界來展開其孔教教理的傳布，然而不管是何者，都是韓國儒

---

120 李炳憲受康有為影響之大，由康有為弟子王良鳴在〈序儒教復原論〉中所說的「李子之書即吾師之旨」一語，亦可窺知。

121 李炳憲：《我歷抄》，〈己未五十歲條〉，收入韓國學文獻研究所編：《李炳憲全集（上）》（漢城：亞細亞文化社，1989 年）。

學史上劃時代的創舉。二是啟發出儒學的宗教性，發揮其宗教化的組織，開拓出儒學的新局面。孔教提倡者為西洋基督教所具有的對神的超越性認識，以及制度性組織所刺激，因此將儒學內在合理性、道德性，乃至超越性的神秘部分引發出來，而且在科學、哲學、宗教的領域中，克服了西洋文明中諸領域分裂的狀況，透過一種融合性的認識，將儒學在宗教面上的特性，全面予以開示出來。進一步還將儒學從依存於國家制度的傳統形態中脫離出來。彼等所試圖將儒學團體加以獨自組織化一事，可說是在現代社會中，創立了一種儒學可以以宗教性組織存立的基礎。至於第三點乃是孔教運動還展現出一種培養民族意識，與民族教育之基礎的實踐性特徵。韓國的孔教提倡者並非閉鎖地應用民族意識，而是朝一作為向世界普遍性開放的主體而來掌握民族意識，這點具有相當的價值。孔教提倡者克服了隸屬於中國的事大主義要素，將儒學置於民族文化傳統的位置來定位，並強化儒學在世界舞臺上能有何種貢獻的一面，而且還實踐了擺脫階級主義限制的普遍性教育。

　　雖然孔教提倡者對儒學的發展、改革不無貢獻，但是彼等孔教運動的侷限也顯而易見。例如李炳憲在說服傳統的保守儒林時過於激進，而在懷柔庶民大眾時又流於缺乏實際性。至於李承熙穩建的改革法，卻又跟不上急劇變動的社會，同時他們也都克服不了具備國內舞臺來推展其思想主張的致命傷。結果使得他們的孔教運動，一方面既然沒能培養出繼承其孔教理念的後繼者；另一方面，在實踐上又無法能植根於廣大群眾中，結果就這麼自韓國的思想舞臺上消聲匿跡。

（三）中、日、韓孔教運動的異同

　　中、日、韓三國由十九世紀末期開始出現的孔教或孔子教運動，其產生的原由與其基本的訴求，基本上是在社會變遷與學術遞嬗的過

渡期，傳統學術——儒學——知識份子力圖從事學問革新，謀求民族國家的新出路而產生的含攝學術思想、社會政治、民族文化、國家發展等多方面的總體思想、體制革新改造運動。面對西方基督教文明的衝擊，傳統知識份子深信儒家文化是對抗基督教文明的唯一利器，他們並且極力闡明現代西方國家民主的主張、科學的精神，早就存在儒家的典籍之中，因此復興儒學不僅可培養民族意識，只要在古典的思想基礎上再參考西方的政治教育體制，加進西洋的科學技術，此種改革後的新儒學——孔教或孔子教，基本上是不受時間與空間的限制，除了也適用於現代的東方社會以外，甚至還可以影響西方社會。

但是儘管其動機純正，理想高超，孔教運動的提倡者在思想立論或是行為實踐上，都暴露了某種程度的荒謬性與非理性。例如康有為為了要將孔子神格化，在《孔子改制考》中硬說孔子是黑帝降精為救民患而出生的。[122]李承熙在滿洲時，不管彼時中國的客觀環境已無國力去實施他所提出的教育改革構想，也不顧西學、中學的性質存在著截然不同，一意要在徹底貫徹朱子學道學理念的意圖下，倡導其孔教主張。既沒考慮到思想承繼上的合理與否，也忘了其主要目的是在救韓，卻始終沒建立起韓國國內的活動舞臺；李炳憲則一廂情願移植康有為的儒學改革構想，而忽略了在韓國國內學術環境的可行與否，而遭到韓國傳統儒林的排斥攻擊。至於日本方面，由元田永孚開始，明治一〇年代有井上哲次郎，二〇年代有服部宇有吉，三〇、四〇年代有宇野哲人、鹽谷溫等人為代表，大正以降到終戰更是不乏大批的漢學者，硬將不可能出現在儒家思想中的天皇國家觀念，強說是與孔子

---

122 詳參康有為：〈序文〉，《孔子改制考》，收入劉夢溪主編：《中國現代學術經典·康有為卷》（石家莊：河北教育出版社，1996 年），頁 341。在〈序文〉中，康有為說：「天既哀大地生人之多艱，黑帝乃降精而救民患，為神明，為聖王，為萬世作師，為萬民作保，為大地教主。」

精神一致。以上可視為中、日、韓三國孔教運動的共通之處。

至於中、日、韓三國孔教運動的相異之處，則大致可舉出以下數點。

一、中、日、韓的孔教運動都有復原儒學本來之面貌的意圖，但是中國方面的孔教運動可說是清末今古文發展下，辨偽學得到另一種形式的發展，筆者以為這種發展或許可以視為是另一種類型的回歸原典，只是此次的回歸對象是孔子本身，而不是經典。相較於此，日、韓兩國則是極力從事一種獨立於中國儒學之外的，本國儒學的構築。

二、中、韓兩國都希望藉由孔教的提倡以免於危亡，或以圖富強；日本則以一種身為亞洲地區之領導、先進的姿態，強調日本得以富強，是因其奉行孔子教之故。所以為保此富強，或使國力更上一層樓，孔子教有持續提倡的必要。然而如果是這樣，我們不禁要問：為何同樣以儒家思想為主流文化的中、韓卻危如累卵？日本的孔教提倡者因此解釋說：日本的孔子教，並非中國的儒學。此說法最主要的依據是：日本的孔子教無易姓放伐的革命主張，這就是日本何以可以在萬世一系天皇的領導下，亙古全民同心一致向外抗敵的主因，而像日本這樣的國家，正是孔子政治思想中的理想國度。

三、中、韓兩國的孔教運動，基本上來自政府的支援可說是微乎其微，甚至可說是沒有，例如韓國方面。但是在日本方面，當明治天皇不再是即位當年十四歲稚齡的少年，而需要一套理論來構築他天皇的權威時，熊本藩校時習館出身的元田永孚所提出的概念，剛好符合了明治天皇的需求，所以往後的整個儒學改革復興運動，就在明治天皇的大力支持下展開。

四、中、日、韓三國的孔教運動，都是希望透過教育來實現其理想，但是中、韓都是從教育制度來着手，日本則是明定當時學校的「修身」科目，其目的便在涵養儒家精神，特別是忠、孝觀念的養成。

　　五、日本、韓國的孔教運動，可說是性理學，特別是朱子學濃厚政治性格的再現。中國康有為的孔教運動，則是西漢今文學家重視微言大義與經世致用精神的再度闡揚。

　　六、中、韓的孔教運動都面臨了傳統勢力，或是新知識份子的制衡、排斥與抗拒，而曇花一現地就消失了。日本則由明治二〇年代開始，在天皇的扶持下，復加倡導者多是當時東京大學的教授群，故雖有像遠藤隆吉等學者的質疑與京都學派的反彈，但儼然成為一股學術主流，一直要到遭受戰敗的衝擊，才忽然自思想舞臺上消失，而儒學自身的發展也受到相當程度的挫折，例如戰後日本的儒學發展，幾乎喪失了其經世致用的性格。

　　日本由十九世紀末期開始便產生的孔子教運動，既不能單純地將之視為是一種新儒學的出現，因為政權雖可一夕改變，思想的遞嬗則需要長時間的發展；也不能簡單地說這祇是儒學宗教化的結果，因為早在這之前的日本社會佛教、神道便已存在，當初儒學不以宗教形態問世，不也高居思想主流的地位，在江戶時代盛行了近三百年，今天又何必非得一定要發揮儒學中的宗教性質，或是將儒學視為宗教才能復興儒學；當然更不能說它祇是為了服務明治新國家、助翼軍國主義的產物，因為不行軍國主義的中國、韓國，甚至是臺灣也都可以看到「孔教」、「孔子教」的提倡；而筆者也不願說這祇是江戶正統儒學過渡到現代所發展出的一支儒學異端，蓋所謂的正統與異端，常因政治、社會等客觀環境的變遷，而使得主流與非主流文化也有所更動，並非恆久不變的道理。

　　對於孔子教運動以及孔子教提倡者的再認識、再評價，或恐還須要更加深入，從更多元的角度來考察，這可能是一個不爭的事實。筆者為此文，除了是自身向來從事日本江戶《論語》學、近代《論語》學研究的一項延續以外，更希望藉之以發投石問路之效用，祈國內外

賢達共同來關心這個當初東亞所產生的時代課題。

　　本文初稿於一九九八年九月二十六日，以〈十九世紀末到二十世紀初中、日、韓的孔子教熱潮〉為題，發表於「第三屆東亞漢學國際會議」。

　　本文以〈日本的孔子教運動〉為題，原載《國際漢學論叢》第 1 輯（1999 年 7 月），頁 158-202。

第八章　儒學之反思、論述與重構
——近代日本中國學者的儒學反思意涵

一　前言：主體[1]的維護

　　明治政府成立以來，日本國內持續擾攘不安，新舊思想對立衝突，國外情勢詭譎多變。政局方面，明治十年（1877）「西南戰爭」爆

1　主體（subject）、主體性（subjectivity）一詞在笛卡爾（René Descartes）之後，基本上是指：對於思想的來源，思考者本身（主體）如何去作深入自我的反省，以期自我和其思考的對象，形成一種自我瞭解的關係而來再現其思考的對象——它。而此種觀念在啟蒙時期之後，則是特別針對過去他者強加於自己身上，或是自己將他者內在化而強加於自己身上的思考，作重新的批判和反思。

而在許多當前的文化研究理論中，往往會透過馬克思（Karl Marx）與阿圖塞（Louis Althusser）有關於意識形態的看法，來描寫所謂的主體，在意識形態中如何與主流的結構，特別是透過與語言、社會符碼和成規（刻板印象）的召喚，使個人與社會之間產生存在條件的關係，而進入特定的主體位置。蓋將想像視為真實的方式，其中有藉由教會、教育、媒體、工會等「意識形態國家機制」，而來召喚主體，使其成為馴服的市民。因此，在召喚的過程中，主體便是個體的自我意識；然而，個體也可能會對自己有某種看法，因而和成規（刻板印象）觀點有內在的競爭。

成規（刻板印象）可能形成個人主體性的一部分，但這還是能提供對抗性的另類自我感。此種反認同作用（counter-identification）結果可能指涉某個剩餘的自我核心，並且具有懷舊或本質論的面向。另一方面，抵抗性的反主體性（counter-subjectivity）又可能誘發某種移動狀態，從而與既定個體之主體認同的僵固、特定形成對比。（以上有關主體一詞意義之界定，係參考彼得・布魯克（Peter Brooker）著，王志弘、李根芳譯：〈subjectivity（主體性）〉，《文化理論詞彙》（臺北：巨流圖書公司，2003 年），頁 369-370。以及廖炳惠編著：〈subject／subjectivity 主體／主體性〉，《關鍵詞 200 文學與批評研究的通用辭彙編》（臺北：麥田出版社，2003 年），頁 250-251。

發，木戶孝允（1833-1877）過世、西鄉隆盛（1828-1877）戰亡，大
久保利通（1830-1878）遭暗殺，明治元勳驟時凋零。明治十四年
（1881）板垣退助（1837-1919）代西鄉隆盛而起，高唱民權，創立「自
由黨」，成為總理。明治十五年（1882）大隈重信（1838-1922）下野，
自組「改進黨」，日本海外一片響應自由民權說。自由民權說與明治開
國以來醉心競逐西洋的文明開化，兩者遂集天下眾人之關心。然而，
反對盲目提倡歐化的福地源一郎（1841-1906）等人，乃以伊藤博文
（1841-1909）為核心，組成「帝政黨」，支持主張國粹主義。文部省也
一改維新以來的西洋式知識之功利主義教育，深感有其不得不施行東
洋式道德教育之必要。明治十四年（1881）四月七日，福岡孝弟
（1835-1919）擔任文部卿以來，國粹主義之宣導更是較前積極。明治
十五年（1882）一月四日，天皇向軍人下賜〈五箇條勅諭〉，同年四
月，並設立「神宮皇學館」以研究皇學為目的。六月，日本全國神職
人員之團體組織「皇典講究所」亦宣告成立。

　　此時在教育方面，明治十二年（1879），加藤熙（1860-1926）的
「大同學館」與西村茂樹（1828-1902）的「講堂會」成立。明治天皇
於該年命元田永孚（1818-1891）撰寫《幼學綱要》，西村茂樹於「東

基於上述定義，本文所謂的「主體」，指的既是已然被日本這一國家內在化而加
入於日本文化傳統自身中的，對「儒學」這一他者的思考，同時也意味著「儒學」
這一主體是透過、藉由何種召喚過程，使得「中國學者」這一個人與社會之間產
生存在條件的關係，而進入特定的主體位置。而在重新批判、反思和召喚的過程
中，「儒學」這一主體既是「中國學者」這一個體的自我意識，但因個體（中國
學者）也會對自己有某種看法（諸如自己是「支那學者」而非「漢學者」），因而
和成規觀點有內在競爭而試圖區別往昔與現今的「主體」和「自我意識」之差別。
透過此種和往昔成規的區別、對抗性，不僅新的自我意識得以形成，另一方面，
因其抵抗性的反主體性作用，也誘發了主體產生某種程度的移動，甚至與往昔以
來既定個體之僵固、特定的主體認同，形成對比，雖然現今的主體或許仍殘留某
種與成規觀點相同本質的面向。

京學士會院」演講〈大學ノ中ニ聖學ノ一科ヲ設クベキ說〉（大學中宜設聖學一科說）。明治十三年（1880）「斯文會」成立。明治十年東京大學設立，文學部設有「和漢文學科」。也就是在明治十五年，三年前向政府申請未獲通過的「古典講習科」，終於在加藤弘之（1836-1916）於明治十四年十二月再次向文部省建議後，於該年獲准通過。翌年的明治十五年五月三十日，新設的「古典講習科」，附屬於東京大學文學部。[2]

　　然而就在社會、教育方面，一片崇尚道德教育之聲四起，使得漢學復興看似有望之際，明治十八年（1885）十二月，當伊藤博文組閣，命森有禮（1847-1889）任文部大臣後，一直到明治二十年為止，日本舉國反而進入倣歐最極端的「鹿鳴館」時期，社會再度醉心於西洋歐化的熱潮中，甚至興起所謂「國字改良」[3]論調。於是，明治十年代中期以來的漢學復興情勢再度受挫。也就是在此時，福澤諭吉（1835-1901）展開其激烈的儒學攻擊，然而值得注意的是：福澤諭吉雖然極欲將儒學自近代日本社會中拔除，但其卻冀望維持日本武士道精神中源自儒學精神的「儒魂」。[4]

　　與此反儒學風潮相違背的，西村茂樹因為有感於國家之盛衰治亂，主要導因於國民道德的盛衰，遂於明治十九年（1886），集朝野人

2　有關「古典講習科」，請參閱東京帝國大學編：〈第二卷・第二篇・第四章・第三節　附屬古典講習科の設置及廢止〉，《東京帝國大學五十年史》（東京：中外印刷株式會社，1932 年），上冊，頁 721-747；以及町田三郎：〈東京大學「古典講習科」の人々〉，《明治の漢學者たち》（東京：研文出版，1998 年），頁 128-150。該書中譯本為連清吉譯：《明治的漢學家》（臺北：臺灣學生書局，2002 年）。

3　有關日本自明治以來的「國字改良」問題，請參閱宇野精一：〈國語國字〉，《宇野精一著作集》（東京：明治書院，1990 年），第 6 卷，頁 1-200。

4　有關福澤諭吉的漢學觀，請參閱三浦叶：〈福澤諭吉とその漢學觀〉，《斯文》第 58 號（1969 年 10 月），頁 17-26。

士於神田一橋外的大學講義室，講說「日本道德論」。西村茂樹於明治
二十三年（1890）時，更向當時的榎本文部大臣建言必須以儒學精神
為日本德育之基礎，並制定以儒學精神為主的修身教科書，自小學階
段開始便灌輸學童此道德思想，同時將之與〈教育勅語〉結合，用來
教育學生。

隨著反歐化團體的創設，日本政府亦於明治二十二年（1889）二
月十一日頒布「帝國憲法」，明白規定國民對「國體」的基礎法條，欲
統合散亂之民心。於是明治二十三年（1890）十月三十日遂頒布〈教
育勅語〉，設法從教育上，指導民心歸趨的目標方向。

大學教育方面，專為培養漢學專修人材的「古典講習科」於明治
十六、十七（1883、1884）年各招生一次後，便於明治十八年（1885）
停止招募新生，明治二十年（1887）時進而將原本四年的休學年限改
為三年，最後於明治二十一年（1888）時廢止該科。然而即使如此，
明治十九年（1886）一月，由東京大學和、漢兩學科之教授，如內藤
恥叟（1827-1903）、市村瓚次郎（1864-1947）、小中村義象（池邊義
象，1861-1923）等人為首的「東洋學會」，亦於焉成立。其宗旨為：

> 蓋東洋之學術，其所由來最久，比之於西洋，雖互無美惡長短
> 之差，若觀其會通，得取捨之宜，豈不能成開物成務之
> 業？……故我輩相謀，設立東洋學會，專研究本邦及支那、印
> 度等之學術，參之於西洋諸邦，欲講明其美惡長短，取長捨
> 短，就美去惡，除固陋之僻習，達開明之隆域。[5]

5　〈東洋學會設立ノ主旨〉，轉引自三浦叶：〈第二部 漢學者の研究と活動・第三
　　章 明治二十年前後に於ける學會の成立〉，《明治の漢學》（東京：汲古書院，
　　1998 年），頁 244-245。

　　同年，西村茂樹在視察歐洲學術後返回日本，有感於歐洲是以科學性的研究來掌握日本、中國之時事態勢與問題，然日本當今之漢學研究者卻仍以傳統手法來從事研究，則日本人將來終不免必須向西洋學者請教日本、中國之事，一旦淪落至此實為可恥。於是，「東洋學會」的機關誌《東洋學會雜誌》，乃開始刊載應用西洋學問而來從事研究的論文。明治二十一年（1888），鳥尾得庵（1848-1905）自歐洲回國，組成「東洋哲學會」，目的在以西洋所謂的「oriental philosophy」之學問，而來伸張東洋古今固有之公道真理，以改變導正學者之研究方向。爾後明治二十七年（1894），井上圓了（1858-1919）為振興東洋學，又另創一「東洋哲學會」，並發行《東洋哲學》雜誌。顯然，隨著文明開化時代的來臨，傳統儒學式、漢學式的為學法，若從學問體系或研究方法而言，難免流於權威主義、經典主義，而若從其道德志向或從其重視賦詩、作文來看，實難客觀地去理解、評價儒學思想本身。故作為一講究涵塑教養、建構知識體系之大學教育中的一門學科，「漢學」也是一門需要「文明開化」的學問對象。西村茂樹與漢學先生們所擔憂的是：儒學作為一門近代日本國家的學問或一股精神，在文明開化時代當有其適切的形態得以被開示，但彼等並不是全面否定和、漢兩門學問之傳統精神。

　　事實上，官方學問教育體制中最早輸入西洋哲學，而以之來實行儒學之「文明開化」的學者，首推井上哲次郎（1856-1944）。明治十四年（1881），井上已在東京大學文學部的哲學科中開課講授「東洋哲學」，而此種隨著西洋學術的引進，強調應先學習西洋學問中之哲學、文學、倫理學、邏輯學等各領域之專門知識，然後再研習漢學；不以訓詁注釋為學問之最終目的的此種主張，到了明治三〇年代已蔚

為風潮。[6]故明治三十三年（1900）井上哲次郎的學生遠藤隆吉（1874-1946）出版了《支那哲學史》，明治三十九年（1906）狩野直喜開始於京都大學講授《中國哲學史》，大正三年（1914）宇野哲人則出版了《支那哲學史》，此一情形由此類「支那／中國哲學史」的相繼問世亦可見一斑。

然而，大多數當時所謂的「支那哲學」或「支那哲學史」，不過就是以西洋哲學式的思想系統，加之以西洋式的時代區分，無有批判地直接使用，並未對中國思想本身之內在性發展關係進行討論。其中所使用的諸如宇宙論、本體論、倫理說或道德修養論等系統用語，不過就是試圖在當時教育體制中的「和、漢學科」、「古典講習科」這棵學問老木上，移接「哲學」新花，以求「文明開化」，並非真正就中國思想之內容深入分析思考，以區隔出中國思想本身發展演化的時代劃分，以建構其思想體系。又因為彼等並非真正有志要從歷史發展去掌握中國思想本身，故其所謂哲學史的敘事對象亦不出傳統漢學之內容，充其量也就是儒家和諸子百家，而卻未觸及在「哲學」名下必然不可忽視的佛教和道教。結果終究不過是一披著西洋哲學外衣，而無中國思想之具體實在內容的「中國哲學史」。但是平心而論，中國思想若從分化明確的西洋哲學史來看，本來就不免有曖昧不明之處，而今硬要將此曖昧不明處分明化，豈不更加曖昧不明。

另一方面，「支那哲學」所以存在的理由，多依附於明治以後的國家政治權威之下，難有可能擴展其視野。結果只是舊酒裝新瓶，徒穿所謂「開化」之新衣。蓋漢學於明治初期，一度因無用論而被排斥

---

6 有關此事可參見杞憂生：〈漢學の流行〉，《東洋哲學》第 4 編第 2 號（1897 年 4 月），頁 108-109；心齊：〈漢學者に質す〉，《東洋哲學》第 5 編第 5 號（1898 年 5 月），頁259；心齊：〈漢學者養成法〉，《東洋哲學》第 6 編第 9 號（1899 年 9 月），頁 436-439。

於日本近代公共教育體制外，但卻在以洋學知識為中心而推展開來的開化政策中，隨著自由民權運動的日益激進，就在政府摸索形塑國家主義這一過程中，而有了轉圜的空間。由於現代國家形成時，政府需要國民一致的人倫道德性以為支持，故積極導入德國的普魯士國權論，並計畫復興儒學之倫理道德主義。此乃元田永孚之〈教學大旨〉、《幼學綱要》所以提出，並於兩年後的明治十四年（1881）將其主旨編入《改正教育令》的〈中學校教則大綱〉中，且以普及「仁義」、「忠孝」等所謂被「日本所醇化」的儒家道德為目的，再於明治十五年（1882）由天皇公布之。儒學於是成為天皇制國家的「國教」，而決定性的關鍵，便是以導正混亂的國民思想為目的的〈教育勅語〉之頒布。〈教育勅語〉中濃厚的「忠君」、「孝親」之儒學教諭，被明確訂定為「國體之精華」，賦予其國家教學之性質。於是，尊奉孔孟之教，便由實踐國民道德之大綱的〈教育勅語〉開始，而且在初等、高等教育中，這是一至高無上的國家性的要求。而此文教政策的前提，便在其護教式的立場，於是在學術研究上，也難脫此桎梏之束縛。

二　支那學的意義

與上述所謂將儒學之倫理道德，視為國民道德、義務而加以宣揚，進而要求力行實踐之，以佐皇國的這一思潮反其道而行的，最主要的另一個學術團體，便是京都大學的「支那學社」。在京都大學設立之前，日本研究中國學問的代表，我們可以說離得較近的是早京都大學二十多年成立的東京大學；離得稍遠的則是江戶漢學。而依照溝口雄三（1932-2010）的說法，江戶幕府推崇朱子學並使之成為官學，這其實是假中國學問以建構日本自身的學問體系，是一種以自我為中心，完全日本化的漢學。溝口雄三說：

人們讀《唐詩》或者《碧嚴錄》，是由於日本自身的文學意識或只是禪的世界的內部需要，而不是想借助他們來了解唐代或宋代的中國。……這種所謂拋開中國讀中國的作法由來已久。主要是在江戶時代，日本吸取中國文化的動機在很大的程度上是以日本內部的事情為基準，極其主觀地進行的。與此同時，中國文化也就在很大程度上被改造成為日本式的東西了。換言之，人們對古代或中世紀中國的興趣，在日本化了的中國這個意義上來說，來自他們對日本文化的興趣或日本的文化傳統。所以說，這種興趣的產生沒必要以近現代中國為媒介。[7]

若如溝口所言，則中國學問在江戶漢學者眼中，就成了一個被有目的任意取捨的對象，而非一個被認真研究、認識的客體。東京大學的漢學研究者，在近代由於是依據西歐近代學術而來建構其漢學研究，所以相對重視實證主義，其似乎已努力將中國學問還原成一學術研究客體。但因其以西洋為規範、準則，在努力追趕西洋學術的過程中，中國學問這一客體，似乎又成為推崇西洋學術、文化者所批判和蔑視的對象。而在揭舉儒學之倫理道德作為參與政治、社會實踐的過程中，中國學問則又再度成為一被恣意擷取、利用改造的對象。結果無論是江戶漢學或東京學派，可以說在某種程度上，都無法理性與感性兼顧，不廢一端地對中國學問，進行真正客觀理性的研究。而京都支那學派，則採取了把中國作為中國來理解的為學態度，在承認中國歷史發展的主體性這一基礎上，依據中國學問、文化發展的內在理路

---

7 請參閱溝口雄三著，李甦平、龔穎、徐滔譯：〈第二編・第五章 研究中國的方法〉，《日本人視野中的中國學》（北京：中國人民大學出版社，1996 年），頁 90-91。

而試圖認識、理解中國。故其在深厚的「漢學」基礎上，積極了解中國學術界，並重視對中國的實際考察，並與中國學者多有交流。而其實證主義的治學方法，又異於東京學派那種源於德國蘭克史學的實證主義。京都學派的實證主義，注重文獻收集與考證，但更多取法清朝考證學，並將清朝考證學發展到「二重證據法」，強調要能發現與原有文獻相印證的新文獻和新文物，故歷來重視對新史料和地下遺物的發現與利用。[8]也因為此種為學方法，京都學派主張中國哲學、中國文學、中國歷史不應分開研究，而此三位一體所構成的支那學，正相當於當時西歐學界的 Sinology。此種「支那學」相對於此前日本的「漢學」乃是應用儒學思想，以作為政治、倫理之實踐方法，或是以熟練習作漢詩文的作法為學問目的；歐洲 Sinology 的目的和京都支那學派的為學研究目的，顯然是在分析解明中國這個地域的文化現象整體。

蓋當 Sinology 傳到日本時，漢學仍是日本知識分子的基礎素養。到明治維新為止，日本的學問領域主要可分為漢學、國學、洋學，而所有學問基本上都含括在此三領域中。洋學主要有以醫學為中心的蘭學，以及興起於幕末，以兵學為主的英學。這些都是以修習技術為目的，甚至並未注重相關技術理論或思想部分。當時所謂的「和魂洋才」，洋才指涉的便是西洋技術層面的部分。

其實，明治十年（1877）東京大學設立，共設立了法、理、文、醫四科大學。其中除文科以外，其他三科都是「實學」所構成，這正好又可以看出明治政府西化政策落實到教育制度之一端。而此時文學部的第一科中有史學、哲學、政治學；第二科則設有「和漢文學科」。但是無論是史學或哲學，皆只有西洋而無東洋或中國；政治學也是完

8　有關京都學派的學風，可參閱錢婉約：〈日本中國學京都學派芻義〉，《北京大學學報》（哲學社會科學版）第 37 卷第 5 期（2000 年 9 月），頁 126-133。

全借用歐洲的學術系統。換句話說，東京大學文學部的第一科，其實就等同於江戶時代的洋學；第二科則如其名「和漢」，結果還是以前的國學與漢學。[9]

可見，東京大學文學部乍看之下似乎是採用歐洲的學制，其實，實質的內容則與江戶以來的學問概念、內容，並無太大差異。此種情形一直要到京都大學於明治三十三年（1900）成立，才各自設置了「東洋史」、「支那哲學」的講座，在此之前都還是以漢學、洋學來作學問概念上的區別。此種情形正好反映出教學制度的設定，常常無法及時因應研究領域、社會情勢的改變而適時、適度地改動調整。明治十八年（1885）東京大學文學部第二科中的漢學科雖然獨立出來，但也還是「漢學科」，一直要到明治三十七年（1904）根據文科大學學科規程改正，漢學科才三分為「支那哲學」、「支那史學」、「支那文學」等專攻領域，從此種發展結果看來還比京都大學晚了四年。[10]

三　儒學與論述

明治前半期的漢學復興活動，在經歷了明治一〇年代中期社會上國粹主義的提倡；教育上「斯文學會」和「古典講習科」的設置後，雖然期間也招致各種撻伐，但明治二十三年（1890）〈教育勅語〉的頒布，就如同在皇學、漢學、洋學的角力競逐中，宣示著漢學的勝出，漢學因此成為明治日本這一近代國家的精神最高指導原則。但是明治二十八年（1895）甲午戰爭勝利，卻又使得五年前的這項宣誓顯得窘

9　有關東京大學設置時的學科制度，可參閱東京大學百年史編集委員會編：《東京大學百年史・局部史（一）》（東京：財團法人東京大學出版會，1986年）。

10　詳參東京帝國大學編：〈第四卷・第五章・第二節　學科編成〉，《東京帝國大學五十年史》，下冊，頁385-410。

迫難堪。清朝的腐敗無能，經甲午一役，使得其徹底在日本人心中成為一完完全全的弱勢國家，在實質的政治、社會、經濟機制上，中國成為日本在國家發展過程中的自我警示之負面教材。而一般日本國民對中國的輕蔑鄙視，還包括了其先前決定奉為指導的中國文化、思想之一環的儒學思想精神。但此種對中國文化評價的大逆轉，並未使日本斷然離棄中國這一東亞的「惡友」。隨著進入明治二〇年代到三〇年代的第二次啟蒙期，部分知識分子已將目光由資本主義、自由民權，轉移至國家社會主義。而主張「興亞」的人士則仍承認中國文明的優越性，這恰與主張儒學思想倫理應為日本國家人倫道德之主要機軸的漢學復興人士，有所契合。例如明治二十九年（1896）一月，田岡嶺雲（1871-1912）發表於《青年文》雜誌上的〈漢學復興〉一文，再次重申了儒學乃東洋文明連帶關係的主要介質，更進一步主張日本國民須擔負發揮東洋文明之大任。

　　而雖然文化主權被奪取，中日主客易位，但中國仍是一個無法遺棄的「惡友」。實質中國的市場價值、政治利益之現實考量，使得中日的連帶關係落實到具體的事物上來。在明治三〇年代中期，與國家社會主義者的主戰論合流，經明治三十八年（1905）日俄戰爭勝利，日本不再躊躇，毅然決然以東亞文明之首自居。此後，去除「革命放伐」毒素的「醇化儒學」之「忠孝一致」、「忠孝一本」國民道德，與家族式的國家觀被大肆宣揚。明治四十一年（1908）〈戊申詔書〉[11]，明治四十二年（1909）政府改定國小學校之教科書，宣揚實踐此「醇化儒學」，並在各級學校舉辦講會，向教師揭示之，企圖普及此忠孝一致

11　日俄戰爭後，有鑑於人心流於浮華，桂太郎內閣乃於明治四十一年（1908）再次提出請求，請明治天皇為教化國民須賜詔書，勸說臣民上下一致，力求勤儉，是為〈戊申詔書〉。

之道德於日本各地。

　　而明治三〇年代到四〇年代，也是各漢學團體積極組成、蓬勃發展的時期。從明治三十二年（1899）「研經會」、明治四十年（1907）「孔子祭典會」、明治四十二年（1909）「東亞學術研究會」、明治四十三年（1910）「漢文學會」等，各漢學團體陸續成立，企圖於社會各階層起到一定之作用。當時遠藤隆吉於明治四十三年（1910）寫成的《漢學の革命》（東京：育英舍，1911 年）一書，大談漢學如何有利精神修養，力倡一般人之漢學，試圖以嶄新的視點喚起人們重新認識漢學這一中日傳統思想文化的長處。此種復興漢學的方法，預言了大正以後儒學作為一門實踐學問，與國家社會的密切關聯。而此種以儒學鼓吹日本固有之道德，發揮日本國體之精華，進而以資世界文明為宗旨的各學術團體，例如「研經會」、「孔子祭典會」、「孔子教會」等儒學研究團體，有志一同地在「東亞學術研究會」與「斯文學會」的領導下，於大正七年（1918）重新組合成一大團體——「財團法人斯文會」，儼然成為一大主流儒學團體。而隨著這股整合勢力的形成，社會上批判的聲浪也隨之出現，終至匯聚成一股反思儒學，重新論述儒學的思潮。

　　大正十年（1921）十一月，青木正兒（1887-1964）在《支那學》第二卷第三號中發表了〈吳虞の儒教破壞論〉一文，文中除了介紹吳虞的儒學、孔教批判外，也順道數落了當時積極於日本提倡「醇化之儒教」——孔子教——的服部宇之吉（1867-1939）。[12]青木正兒說：

12　有關服部宇之吉如何提倡孔子教，可參閱李慶：〈第三編・第七章・第二節　服部宇之吉〉，《日本漢學史 1：起源和確立》（上海：上海外語教育出版社，2002 年），頁 506-515。以及劉岳兵：〈第四章　服部宇之吉論：孔子教與儒家思想的現代意義〉，《日本近代儒學研究》（北京：商務印書館，2003 年），頁 192-233。

民國以來唯恐國民思想歐化的保守老人們，定孔子教為國教，企圖保存統一國民思想。此為民國元年左右以來之事。我國亦星火燎原，東京地方的某某老先生，似乎亦有雷同之舉。[13]

青木正兒又言：「現代支那之新人，任誰皆對被儒教所籠罩統一的舊道德，抱持反感。」[14]由此兩段引文，不難看出在明治時代後半期，亦即在明治政府依據〈教育勅語〉、〈戊申詔書〉以展開國民教化時期求學成長的青木正兒，對儒學思想的反彈。相對於青木正兒對儒學道德的排斥，隔年的大正十一年（1922）八月，小柳司氣太（1870-1940）於《斯文》第四編第四號發表的〈支那現代學界一斑〉一文中，說道：

我問道：「你（胡適）對儒教有何看法？」其回答道：「已無發展餘地。因為儒教不具備對應今日之新時代的勢力，故到底難容於世間，而吳虞等人亦認為儒教乃上一個世代的遺物，徒使支那之國疲弊。」其敘述實為一派胡言。[15]

誠如上述，東京漢學派和京都支那學派之間對儒學所抱持的正反兩極態度，誠如坂出祥伸（1934-）所說的：「可知其間有多大的差異。」[16]相對於新中國之新人類對儒學態度冷淡，東京漢學派對儒學的

13　迷陽山人：〈吳虞の儒教破壞論〉，《支那學》第 2 卷第 3 號（1921 年 11 月），頁 59。

14　迷陽山人：〈吳虞の儒教破壞論〉，《支那學》第 2 卷第 3 號（1921 年 11 月），頁 64。

15　小柳司氣太：〈支那現代學界一斑〉，《斯文》第 4 編第 4 號（1922 年 8 月），頁 47。

16　坂出祥伸：〈中國哲學研究の回顧と展望〉，《東西シノロジ——事情》（東京：東方書店，1994 年），頁 53。

推崇標榜，與日俱增，多年後嚇壞了留日中的魯迅（1881-1936）。魯迅萬萬沒想到已是中國模仿對象的近代先進日本，仍膜拜著儒學舊道德。魯迅於一九三五年六月號的《改造》中，以日文發表了〈現代支那に於ける孔子樣〉一文。[17]魯迅說：

> 為達到學取外國之政治、法律和學問、技術，我入學的地方，乃嘉納先生設立於東京的弘文院。……我記得這是某天發生的事。學監大久保先生集合大家，說：因為你們大家皆是孔子之徒，今天就去御茶水的孔子廟敬禮吧！我大吃一驚，心想我就是厭棄孔夫子及其信徒才來日本的，怎麼現在又要去膜拜孔子，頓時感到莫名其妙。而有此種感覺的，我以為不只我一人。[18]

魯迅在文章末尾附記的日期為「四月二十九日」。其實，一九三五年四月，剛好是「湯島聖堂」，亦即魯迅所說的位於御茶水的孔廟，在關東大地震時付諸祝融後，再建完成的月份。日本政府以此為契機，令當時正在訪日的「滿州國」皇帝溥儀（1906-1967）參拜聖堂，另外又招聘國民政府代表、滿州國代表，以及臺灣、朝鮮兩殖民地的的儒者代表，和孔子後代孔昭潤（？-？）、顏回的後代顏振鴻（1895-1960）等，同來參加盛大舉行的「儒道大會」。[19]

17　一個月後的一九三五年七月，亦光將之譯為中文，題為〈孔夫子在現代中國〉，刊載於《雜文》第 2 號，日後魯迅將之修改，題為〈在現代中國的孔夫子〉，收入《且介亭雜文二集》。現為忠實反映魯迅在當下時空情境中的感受，筆者乃就初出日文稿將之譯為中文。

18　竹內好譯：《魯迅文集 6》（東京：筑摩書房，1991 年），頁 172。

19　詳細情形，可參閱《斯文》第 17 編第 5 號的《湯島聖堂復興紀念號》（1935 年 5

相對於中國自嚴復（1854-1921）以來到胡適（1891-1962）、陳獨秀（1879-1942）、吳虞（1872-1949）、易白沙（1886-1921）等人對儒學之批判不遺餘力，湯島聖堂所舉行的儒道大會，儼然一派儒學聖人之道之宗主國，羨煞不少中國之國粹主義者。狩野直喜（1868-1947）就說清末一些提學使等自日本視察歸國後的奏摺報告中，多大同小異寫道：

> 近世崛起之國，德以日本稱最矣。德之教育，重在保帝國之統一。日本之教育，所切實表彰者，萬世一系之皇統而已。……日本之尊王倒幕，論者以為漢學之功，其所謂漢學即中國聖賢之學也。……日本講孔子之學，有會有書。其徒如雲，其書如阜，孔教至為昌盛。我中國尊崇孔子數千年，不能過之，可恥可痛。[20]

狩野批評此種護翼皇統、強調尊孔忠君的聖賢之學——漢學，是一國粹主義，其不以為然的態度，與其學生時代在東京大學求學時不滿主流之井上哲次郎的價值認同，立場始終未有改變。[21]而此種立場在其面對康有為（1858-1927）之孔教時，亦無正面評價。狩野說：

> 然今日為這般時世，主張公羊學並依據之而企圖以儒教統一人

月），以及《斯文》第 17 編第 6 號的《儒道大會紀念號》（1935 年 6 月）。

20　狩野直喜：〈支那近世の國粹主義〉，《支那學文藪》（東京：みすず書房，1973 年），頁 184。

21　詳參狩野直喜：〈解題〉，《支那文學史》（東京：みすず書房，1980 年），頁 467。

心，吾同情之，然其果能否，吾頗有疑問。[22]

狩野此說乃其於大正三年（1914）二月，在京都經濟會所作之演講中
的結論。主張儒學道德須因時、因地制宜的狩野直喜[23]，或許是價值觀
的不同，自有其立場。其看著孔教、孔子教維護者的種種舉止，狩野
作出的回應，則是冷靜地為文討論「儒」的意義為何。[24]

　　如前所述，明治三〇年代中期以來，日本兩大學術團體對於儒學
看法的懸殊落差，以及這兩股力量對儒學的拉、拒而產生的論述場
域，終因狩野的首次發聲，而展開了近代日本學者自一九二〇年以還
到終戰為止，持續對「儒」或「儒教」進行探究、反思。其間主要相
關文獻如下：

大正九年 （1920）1 月	狩野直喜〈儒の意義上〉，刊於《藝文》第 十一年第一號。
大正九年 （1920）7 月	狩野直喜〈儒の意義下〉，刊於《藝文》第 十一年第七號。
大正十三年 （1924）7 月	宇野哲人《儒學史》（大阪：寶文館），〈序 論〉。
大正十四年 （1925）	津田左右吉〈儒教成立史の一側面〉，原刊 於《文學雜誌》，後收入《津田左右吉全集》 第十六卷（東京：岩波書店，1965 年 1 月）。

22　狩野直喜：〈支那人心の新傾向〉，《支那學文藪》，頁 356。
23　詳參狩野直喜：〈孝の話〉，《讀書籑餘》（東京：みすず書房，1980 年），頁
　　272。
24　狩野直喜：〈儒の意義〉一文，於大正九年（1920）一月和七月，前後兩次刊載
　　於《藝文》第 11 年第 1 號和第 7 號，後收入《支那學文藪》一書。

昭和四年 （1929）10 月	諸橋轍次《儒學の目的と宋儒慶曆至慶元百六十年間の活動》（東京：大修館書店），〈第一編　儒學の目的・第一章　儒の經〉。
昭和五年 （1930）12 月	北村澤吉《儒學概論》（東京：關書院），〈第一篇　儒道の源流〉。
昭和七年 （1932）	津田左右吉《儒教の實踐道德》，原刊於《滿鮮地理歷史研究報告 13》，後於昭和十三年（1938）由岩波書店刊行，爾後再收入《津田左右吉全集》第十八卷（東京：岩波書店，1965 年 3 月）。
昭和十年 （1935）8 月	津田左右吉《儒教の起源》，原收入《岩波講座東洋思潮》，後收入《津田左右吉全集》（東京：岩波書店，1966 年 1 月），第二十八卷。
昭和十三年 （1938）11 月	津田左右吉《支那思想と日本》（東京：岩波書店），戰後於一九四七年重新印刷，改名為《シナ思想と日本》。後收入《津田左右吉全集》（東京：岩波書店，1965 年 5 月），第二十卷。
昭和十年 （1935）12 月	安井小太郎〈儒解〉，刊於《斯文》第十八編第一號。
昭和十四年 （1939）11 月	武內義雄《儒教の精神》，原收入《岩波講座倫理學》第九卷，後收入《武內義雄全集・儒教篇三》第四卷（東京：角川書店，1979 年 8 月），〈はしがき〉，〈一、儒教以前〉。

昭和十六年 （1941）9 月	武內義雄《儒教の倫理》，原收入《岩波講座倫理學》第九卷，後收入《武內義雄全集‧儒教篇一》第二卷（東京：角川書店，1978年6月），〈敘說〉。
昭和十八年 （1943）4 月	加藤常賢《禮の起原と其發達》（東京：中文館書店），〈禮と儒教との關係〉。
昭和十八年 （1943）8 月	重澤俊郎《周漢思想研究》（東京：弘文堂書房），〈周末の社會及び文化の特質〉。
昭和十八年 （1943）7 月	竹內好〈現代支那文學精神について〉，原收於《國際文化》第二十六號，後收入《竹內好全集》（東京：筑摩書店，1981 年 10月），第十四集。

　　上述文獻就問題意識而言，基本上可視為是一連續倣效的結果，一連串的承繼論述，當然有其相當程度的雷同處，例如就某些固定文獻來判定「儒」之定義、身分、職稱，或儒家學派之形成。但其彼此間的相異出入處則或多或少移動了儒學本身，使近代日本儒學不斷在形構過程中有所進展。日本學者論「儒」，並非只是在儒學史發展上，進行史源式的資料源起之探索與提問，此提問本身既是一傳統學術承繼上的源頭追溯，又因追問者本身的個別闡發而益趨繁複、深化、肥大化，甚至難解。然而，卻也因此而展現了儒學在日本文化發展流變中，是如何被重新詮釋，而得以清楚看見其學術脈絡（context）之發展。透過彼等的討論，我們可以觀察到儒學如何被近代日本所論述，以及透過這些論述，近代日本漢學如何被形構。進而藉由這兩種觀察，我們可以瞭解到以下三個問題：

一、論述者的自我認知。

二、論述者自身與儒學的關聯。

三、日本這個近代國家與儒學的關聯。

蓋近代日本第二次有意識地反思儒學而論述儒學，其主要動機基本上可化約為以下三種：

一、反孔教和孔子教者，如狩野直喜、青木正兒。

二、反反儒學者，如宇野哲人、武內義雄。

三、排斥儒學者，如津田左右吉。

所謂反孔教、反反儒學，及排斥儒學等的判斷，可說是彼等自我定位後吾人可作出的身分認知。繼而根據此種認知，我們又可以認識到其自身與儒學的關聯。例如狩野直喜的反孔教，或恐與其主張：中國學問之研究的基礎乃在「古典」，「若排除此古典，則支那學科中之任何一物，皆無法研究」[25]此種不離經而言詮的治學態度，以及本文前述其所謂：儒學之道德無法原原本本適用於任何一時空，當有所增刪的此番見解有關。由此，我們可以看出狩野直喜是將儒學當作一外在客觀存在的對象，故若要將自己置身在這一個中國儒學文化的脈絡中的話，就必須要有具體的方法。所以狩野主張要在去除「日本式」氣質的前提下，去「貼近中國」，才有可能真正理解中國的一切。[26]就這層意義而言，日本還是日本，中國是中國，但藉由儒學（或者說中國的文明與文化），日本與中國可以有所關聯，儒學或中國的文化因而成為日本參與中國的重要媒介。

除了狩野直喜之外，武內義雄（1886-1966）作為另一員「支那學」之大將，其在堅實的文獻考證基礎上，不容誤解儒學者以似是而非的

25　狩野直喜：〈支那學研究の目的に就て〉，《支那學文藪》，頁 432。

26　狩野直喜：〈解說〉，《支那文學史》，頁 464。

理由來反對或誣蔑儒學。武內義雄說：

> 也有批評說到儒家之道德只在要求在下者的義務，實不公平。
> 此乃因許多書籍是為教諭在下者而寫成，其絕無主張在下者之
> 責任義務而忽略在上者之責任義務的道理，此由〈禮運〉之十
> 義，可充分證明之。[27]

針對武內此種指摘，本田濟（1920-2009）在為該書做說明時曾
說：「此話或恐是意識到某人而所作的反彈。」[28]筆者以為本田濟所說
的某人，既然武內不說，後人也很難具體指出一定非誰莫屬，然如果
往前追溯，舉凡明治一〇年代後期以來，抨擊儒學反對儒學之人士，
每每以此攻擊儒學為迂腐之思想。如福澤諭吉於明治十八年（1885）
十二月出版了《品行論》一書，批判儒學只在御下民而不警長上。事
實上，即使力倡儒學道德，甚至制定了修身教科書的西村茂樹，也說
儒道缺點之一便是利於尊屬者；而不利於卑屬者。[29]武內基於堅實之考
證，在確實具體之證據的支持下，使他自信地反駁反儒者（或者說不
是真正瞭解儒學者）而成為一真正支持儒學之人士。

武內的從容來自於他堅信自己是在儒學的傳統之中，而且是在日
本儒學的傳統之中，但此日本儒學傳統又因其有著與中國儒學傳統重
疊的部分，故又可看成是一支在中國本家以外發展出的中國傳統支

27　武內義雄：〈儒教の實踐道德〉，《武內義雄全集‧儒教篇三》（東京：角川書店，
　　1979 年），第 4 卷，頁 81。

28　詳參〈解說〉，武內義雄：《武內義雄全集‧儒教篇三》，第 4 卷，頁 442。

29　有關福澤諭吉和西村茂樹的儒學觀，請參閱三浦叶：〈第一部 明治の漢學論‧第
　　三章 明治前期の漢學觀〉，《明治の漢學》（東京：汲古書院，1998 年），頁 28-
　　41。

流。武內說：

> 儒教乃起於支那之教，然自早便傳至日本，於我國民精神之昂
> 揚，多所貢獻。雖說如此，日本與支那國情亦違、歷史亦異，
> 日本之儒教與支那之儒教不會全然相同。兩者之間共同點雖
> 多，特異點亦不少。因此本書首記支那儒教之梗概以示其精神
> 之所在，次試圖說明其傳入我國如何日本化。……此書後半日
> 本儒教之記述，乃此次新起筆之作，為著者最初之嘗試。……
> 本書起稿之際，可參考之前輩之名著有：故岡田劍西博士之
> 《近代奈良朝の漢文學》、故西村碩園先生之《日本宋學史》與
> 《懷德堂考》、故內藤湖南先生之《近世文學史論》和《日本文
> 化史研究》、井上巽軒博士之《日本朱子學派の哲學》、《日本
> 古學派の哲學》及《日本陽明學派の哲學》等。[30]

武內義雄又說：

> 儒教者，距今二千五百年前孔子所倡之教，爾來至今日為止，
> 不只利導教化支那之民心，自早便傳入日本，於我國民道德之
> 宣揚，成就厥大貢獻。儒教實已為日本與支那之精神性結合之
> 楔子，於高唱日、支合作與提升東洋文化之今日，探究儒教可
> 謂刻不容緩之要緊事。然若要說儒教原本為何種教誨，可以說
> 其乃以孔子為開山祖師之教示，以六經為聖典，並據此以明仁
> 義之道者？如此，若以孔子為其開祖，則說明儒教亦應當自孔

30　武內義雄：〈はしがき〉，《武內義雄全集・儒教篇三》，第 4 卷，頁 6。

子起筆。[31]

　　武內對儒學的論述，有種不容置疑的堅信，其堅信儒學做為日本的一項傳統，是不證自明的，而其自己在傳統的脈絡中也是不證自明的。然而武內的此種確信，同時也向我們揭示日本這一國家在對儒學進行受容時，因為是在日本內部固有的精神（或者說文化）來接受儒學這一外來的精神文明，故當儒學因為日本的固有性而成為「日本化」的儒學時，此「日本化」的儒學不僅是一具有日本色彩、特色的日本文化傳統，其同時也有可能是超越「原來的」、「真正的」中國儒學。武內說：

> 支那道德之根本為孝。……後國家組織完備，忠孝遂為並稱。然在支那，忠孝乃全然對立之兩種德目，有時忠孝難兩全之情形亦不少。闡說此兩者完全一致之「忠孝不二」，或者「忠孝一本」者，乃我日本國民道德之特色，於日本此乃一發達思想。[32]

　　武內的此種儒學論述，使得日本這個近代國家，由於擁有儒學傳統，而在文明傳統上擁有足以與中國抗衡的高度位置。甚至因為所謂「日本化」儒學的優越性，而使得「日本的」儒學可能取代「原本的」、「真正的」、「中國的」儒學。

　　武內義雄這類日本近代知識份子，在津田左右吉（1873-1961）看

31　武內義雄：〈一　儒教以前〉，《武內義雄全集‧儒教篇第三》，第 4 卷，頁 7。

32　武內義雄：〈十一　儒教の實踐道德——五倫〉，《武內義雄全集‧儒教篇第三》，第 4 卷，頁 85。

來，其藉由論述來移動儒學或換置「原本的」、「真正的」（或者說中國的）儒學，其實是依賴一個想像而成的身分，而來維繫其自身主體的存在。而這種想像的身分認同（identity-as-imaginary），無論武內義雄多麼「確認」（recognition），但是津田左右吉卻必須將之理解為「誤認」（misrecognition）。

在津田左右吉的自我認知中，其從不吝於表明他是一位排斥儒學之人，而且不是只在特定的某種面向去論述儒學的優劣與否，畢竟這是福澤諭吉這類還相信「士道」乃出自「儒魂」的人們所玩的兩手策略。對津田而言，儒學或是中國文化，甚至是中國該如何被評價，完全取決於日本這個有機體。設若在日本這一有機體的內部生活中從來就沒有的，則作為一外來文化的儒學，從來就不可能成為一文化受容的對象，因為其不曾在日本「真正」存在過，因此儒學根本也就和日本人毫無瓜葛，是一完完全全無關的他者。若如是，則又怎麼可能有所謂「日本化」的儒學呢。津田說：

> 由於歷史乃生活之開展，故就某一生活方有某一歷史，未共同生活，兩相隔離的兩個民族，無有同一歷史之道理。故無某一歷史之處，則無某一文化。……此日本之民族生活，其歷史性發展與支那無關，是與支那全然分離而發展至今，所謂日本與支那個別分屬不同世界一事，由此可知。[33]

在津田左右吉的理解中，儒學是進不到日本生活中的，對日本這一國家而言，儒學只以一種文字、語言的形式存在，但未在日本人的

33　津田左右吉：〈東洋文化とは何か〉，《シナ思想と日本》（東京：岩波書店，1972年），頁 147、156。

現實生活中產生效用。津田又說：

> 從支那民族特殊的生活中所形成的儒學等思想，即便將之當作知識而來學習，其乃游離開日本人之生活的。儒教之書籍和儒者之講說，對日本人之現實道德生活並無多大效用。……在實際生活中，與支那人大不相同的日本人，所以無法接受產生自支那人生活中的儒教道德思想，乃理所當然。[34]

津田進一步具體舉例說：

> 在我國，儒學作為知識，儒學被學習，亦被講說。然作為其教之具體性表現的實踐性規範的禮，則未曾被日本所學習。如孝之教雖為人知，然喪祭之禮卻未嘗依儒家之經典記載而被施行（江戶時代之少數儒者另當別論），而作為日常生活之行動規範的禮，更是如此。[35]

　　若真如津田所言，儒學與日本這個國家的關聯，在過去若只是一非實際具體參與日本民眾生活、非可實踐的「桌上」學問，那麼在津田所處的那個近代日本，針對政府有意識地透過政策來力求人民實踐「忠孝一致」這一儒學道德，津田又該作如何解釋呢？津田說：

> 現在日本人依忠、孝之語所表現者，與儒家之說並不一致，或

34　津田左右：〈第二篇　シナ思想の研究〉，《津田左右吉全集》（東京：岩波書店，1966 年），第 28 卷，頁 426。

35　津田左右：〈第一篇　儒教の實踐道德〉，《津田左右吉全集》，第 16 卷，頁 127。

者正好相反。只因為儒家之術語被使用，便被文字相同所炫惑，……若說必須由現實生活本身當中去創造新道德的話，儒教無疑是與現代我國民生活甚為無緣的。當然，儒家言說中，可以發現吾人應當玩味者，與對現代亦有意義者，然這些在佛教或基督教的經典中；希臘、羅馬乃至歐洲近世哲人之著作中，亦同樣存在，絕非僅限於儒家經典中。[36]

津田將儒學降為日本本國以外的諸多外國文化之一，對近代日本而言，儒學不再是一特殊的、優先的學習對象。按津田的說法，儒學在日本始終不過就是一形式、文字，那麼日本文化傳統不就成了一自始至終純粹而且是無異質的存在。在與儒學全然斷絕關聯後，日本亦可以完全去中國化，而且在相對全無異質的情境中，何來所謂「日本化」？不過始終就是一完完全全的日本。

津田左右吉此種由經驗主義出發，定義文化之思想必須與生活有著密切關聯，而後才在日本思想中來定位儒學這一中國思想的作法，日後在某種意義與程度上，可說是由竹內好加以繼承之。未免論述失焦，有關此事本文在此不多贅述。

而有關近代日本學者對儒學的論述，由一九二〇年代以來到終戰為止，主要有上述三種類型。由彼等的儒學論述中，吾人可以看出其思考意識或多或少都存在著對傳統或當下的儒學（或者說漢學）抱持質疑，遂產生一種反撥傳統或現況的動機。彼等藉由彼此對儒學的拉、拒所產生的論述場域，透過有系統地對儒學這一對象進行陳述，而來認知其自身所處的世界，並使其產生意義，使人、我之間可能產生某種自我瞭解的意識，而造成彼我之間的互動，進而形成一種隱晦

36　津田左右：〈第一篇　儒教の實踐道德〉，頁128、130。

難見的新權力結構，以達到建構不同主體性之目的。簡而言之，筆者
以為此種儒學論述基本上是在創造一種新傳統，一種新儒學（或者說
新漢學）和儒學（或漢學）研究的傳統。

四　建構新漢學

　　蓋提及所謂的儒學史，其定義基本可有以下兩種定義：一、儒學
於歷史軌跡上發展的過程。則儒學史乃存在於過往時空中。二、把此
過程記錄下來的儒學史著作。則儒學史以敘事體（narratives）的形式
具體呈現吾人眼前。若就上述兩種定義而言，則吾人對儒學史的認識
可以有以下兩種：

　　一、設若儒學史是一過往的儒學歷史發展軌跡，則我們在認識儒
學史時，儒學史多以儒學史常識的方式，存在於一般社會大眾的意識
中。如一般學生大概會知道孔子、孟子是中國偉大的儒者，知道有
《論語》、《孟子》這些重要的儒學作品。這都是一些儒學史知識，即
使不做任何儒學史的調查研究工作，學生心中亦可以有一份儒學正典
（Confucianism canon）的 清 單，此 可 稱 為 一 集 體 意 識（collective
awareness）。

　　二、一般人在認識儒學史時所具有的集體意識，究竟從何而來？
其或許是來自儒學史的描述，因為儒學史常識的傳遞、擴散，皆根源
於口傳，或是成文的敘事體。

　　由此看來，敘事體乃儒學史被撰寫時的關鍵要素，然而敘事體對
儒學史之影響究竟為何？當然，基本上「客觀事實」應該才是儒學史
的基礎、骨幹、才是第一義。然而同一段儒學史，當其寄存於不同的
敘事體時，其便會在不同的時空中保有不同的風貌。亦即敘事體有著
支配性的地位，其可藉由種種操作方式，重新解構、建構儒學史。因

為撰寫方法的選擇，如何描述的考慮，直接牽涉到如何選取描述對象這一「客觀事實」。反過來說，對敘事體的省察，除了可以讓我們對儒學史本體的認識有更確切的掌握，對儒學史的發展過程有更清楚的理解之外，亦可進一步釐清敘事者的思考意識與撰述動機和目的。

而當吾人在審查敘事體時，又可以有以下兩個關注點：

一、儒學史著作與非儒學因素（extra confucianism factors）

照理說，儒學史就應該是儒學史，但儒學史會不會也有被寫成政治運動史、國威宣揚史的危機呢？儒學史的撰寫是不是必然與政治勢力有所關聯？抑或必須擺脫政治干擾？若敘事體採取前者的立場，則讀者應不難由其所撰著的「儒學史」中，發現作者是如何左支右絀地試圖借言說來朦混虛應；然若敘事體努力維持後者立場，則讀者亦可由其中去思考作者對儒學的傳統認識究竟為何？以及堅持此種立場的積極性意義或目的何在？（諸如是否有傳統的再生與否定？）

二、教科書的儒學史

由於儒學史也擔負起傳授知識的功能，儒學於日本的歷史存在，被視為是學子所必須掌握的知識，特別是「日本儒學史」。當此歷史存在必須於另一時空中透過語言文字來重現時，教材性功能的儒學史敘事體，必須具備幾項特徵：（一）陳述事實真相，無有杜撰。（二）敘事者（narrator）的權威性。（如安井小太郎（1858-1938）為昌平黌儒官安井息軒（1799-1876）之後代的身分。）（三）敘事體擔負著指導與嘉惠後人之意識型態指導者的責任。

若如是，則教科書式的儒學史敘事體亦存在著幾種危機：

1. 必須堅定傳達的聲音與善意的謊言之間有無區隔？

2. 敘事者的撰述理念是否會因擔憂學子「誤入歧途」而有所改動？（主觀願望與客觀環境之間的落差）亦即在客觀環境下，主觀願望是否只是一遙不可企的理想？

3. 教材式的儒學史敘事體是否會藉由「平穩公允」的假面，而隨著政治運動，一次次地編造儒學史的神話？

4. 教材式的儒學史敘事體是否會以思想文化的霸權之姿，一統輿論，進而箝制思想。

另外，當敘事者以儒學為敘事體之主角而來撰寫儒學史時，（如宇野哲人《支那哲學史 近世儒學》、諸橋轍次《儒學の目的と宋儒慶曆至慶元百六十年間の活動》）其積極意義為：

一、將儒學史從社會政治史的簡單比附中獨立出來。

二、將儒學史自身發展的階段完整性當作研究的主要對象。

三、將某段時期的儒學視為一個「整體」，一個「過程」。

然而，此種儒學史敘事體的上下年限的意義，若要與其間的歷史過程有所關聯，亦即整個敘事體必須結構井然有序，脈絡清晰可見，則敘事者必須有「史識」，有一套「理論的模式」，方足以解釋事件與事件，現象與現象間的傳承或因果關聯，以看出始、終之間的發展演化。其實，「史識」與「理論模式」的重視，意味著線索的追尋、關係的推敲、內容的組合，到系統的建構。其間必有推斷（speculation）的成分，而此「推斷」正足以見此「理論模式」的優劣。[37]

如上說來，此種儒學史敘事體似乎最可脫離政治的羈絆，其似乎也在努力擺脫政治干擾，力求方法論的自覺與辨析，但其是否真能無視當代的社會意識與冀望？

在上述諸多考量之上，吾人可具體來討論近代日本中國學者是如何透過撰寫「儒學史」，而反映出彼等在此種論「儒」或論「儒教」的行為結果背後，有何自覺或期待？也就是說近代日本中國學者們乃透

---

37 關於對儒學史的省思，筆者係參考、援用陳國球：〈導言：文學史的探索〉，《中國文學史的省思》（臺北：書林出版公司，1994 年，頁 1-14）一文中之觀點。

過其本身所欲求的目標，以扭曲的方式投射到另外一個空間中，藉此來形成對自我的凝視，此舉可說是一種自己在凝視自己的自我觀看，透過欲求的凝視，來反身看到自身。沒有對儒學的凝視，則彼等無從得知其自身欲求的所在；但若沒有所謂建構新儒學的欲求的話，恐怕彼等亦無法產生觀看「儒」或「儒教」的動機。當然，透過欲求而從事的扭曲折射或自我凝視，有時亦不免對自我產生一些想像，而此種想像又如何反過來建構一個理想的自我，使得這個自我形成一個扭曲或壓抑的圖像。

　　而這一重新被建構出的「理想」自我，因為與既定的傳統與地理環境下被賦予認定的身分（given）不同，其乃透過文化建構、敘事體和時間的累積，而產生時空脈絡中對應關係下的「敘述認同」（ipse identity）。故其必須透過主體的敘述以再現自我，而且得在不斷地流動的建構與斡旋（mediation）過程中方能形成。又因其是與時俱移的，故其不但具備多元且獨特的節奏和韻律，其也經常會在文化的規範與預期形塑下，產生種種不同的形變。

　　而上述此種「敘述認同」的積極企圖，則是讓所有在國土疆界之內的國民，都在同時地、及時地閱讀、想像、記憶的過程中，設定大家皆屬同一個社群，透過想像與形構共同的生活和行為規範，形成國家與公民的觀念，並因而產生強烈的歸屬感與同胞愛，以達成鞏固民族國家既有體制這一積極目的。

　　吾人若將狩野直喜的《中國哲學史》（明治三十九年，1906）、宇野哲人的《儒學史》（大正十三年，1924）、《支那哲學史：近世儒學》（昭和二十九年，1954）、武內義雄的《支那思想史》（昭和十一年，1936）以及安井小太郎的《本邦儒學史》（明治二十七年，1894）和《日本儒學史》（昭和十四年，1939）等書加以研究比較，則可發現雖然其成書時期不同，論述之內容重點、角度方法亦各有差異，但其中所透

露出的成書企圖，則可明顯區分為二：一是藉由凸顯「忠孝」的儒學實踐，以闡明「和漢殊異」；一是藉由新為學法的提示，以闡明儒學於當代日本的「今昔殊異」，而無論是「和漢殊異」或「今昔殊異」，此「差異」的析出，皆有助於認同日本這一政治實體和新漢學這一學問實體，進而確立其政治民族、文化學問上的主體性。以下便就上述諸書以及相關著述而來闡明此兩項主要論述。

（一）「和、漢殊異」的儒學實踐倫理

自幕末以來，完成明治維新大業的日本新政府，在鴉片戰爭以後，常將淪為半殖民地的清朝帝國的衰敗，作為一富國強兵的負面教材。而為了深究中國的衰落原因，正確評價儒學正負兩面效用的訴求，亦成為近代日本教育研究上不可迴避的課題。前文所述有關明治開國以來福澤諭吉等人所主張的儒學無用論，與自西村茂樹、元田永孚到加藤弘之的儒學道德效用之重申，皆是在此前提背景下的對儒學拉、拒之間而產生的論述。而在重新審視與定義，甚而定位儒學的過程中，當時的漢學先生多將國家式的日本道德，界定為武士道與忠、孝倫理。而自儒學思想中抽取出的忠、孝兩元素，亦與所謂的「國體論」結合，形成日本獨特的儒學倫理。

蓋「國體」一詞在近代日本是一約束人民的觀念，是一種貫徹過去、現在、未來，意味著以天皇為總攬統治權的獨特國格，此語亦帶有不可侵犯的性質，使國民心生敬畏。而國體觀念劃時期地被提出，當在幕末外敵環伺的憂患危機時代。水戶藩士會澤正志齋（1781-1863），於一八二五年寫成的《新論》一書中說道：

> 謹按，神州者太陽之所出，元氣之所始，天日之嗣，世御宸極，終古不易。

固大地之元首，而萬國之綱紀也。……而今西荒蠻夷，以脛足
之賤，奔走於四海，蹂躪諸國，眇視跛履，敢欲凌駕上國，何
其驕也。[38]

此段敘述中所謂的「太陽之所出」、「元氣之所始」、「萬國之綱紀」等
語，皆在創造一種日本獨特的價值，而「天日之嗣」、「世御宸極」則
意味著：日神之子孫的天皇，承繼此綿延不絕的皇統。這無非也是在
賦予日本一種無與倫比的價值。會澤正志齋是在深刻的國家存亡危機
中，提出日本獨一無二的價值。

《新論》一書是由〈國體〉、〈形勢〉、〈虜情〉、〈守禦〉、〈長計〉
等五個主題而構成的經世論。其中〈國體〉又分為上、中、下三章，
會澤正志齋於其中雖未明言「國體」之定義為何，但其開宗明義便說：

帝王之所恃，以保四海而久安長治。天下不動搖者，非畏服萬
民把持一世之謂，而億兆一心，皆親其上而不忍離之實，誠可
恃也。[39]

若如其所說，則「國體」論的機軸，亦即一、天皇一系之支配；二、
天皇與億兆萬民之親近；三、億兆萬民自發而不得不之奉公心，此乃
構成此日本國家之三大要素。

而隨著明治維新，國體論亦成為明治國家思想之基調。一八六八
年，亦即明治元年農曆八月七日頒布的〈奧羽處分の詔〉中，可見到

38　會澤正志齋：《新論》，收入《日本思想大系 53》（東京：岩波書店，1973 年），
　　頁 381。

39　會澤正志齋：《新論》，頁 382。

所謂：「政權一途，非人心一定，何以持國體。」此乃國體一語首次出現在詔敕當中。國體顯然被用來伸張朝廷的正統性。然到了一八八九年二月十一日所頒布的《大日本帝國憲法》中，第一條便是：「大日本帝國者，萬世一系之天皇統治之。」而且國民則被定為「臣民」。〈教育勅語〉則承此帝國憲法之精神，以養成、教化此「臣民」之內在精神為宗旨。〈教育勅語〉所謂：「我皇祖皇宗肇國宏遠，樹德深厚。臣民克忠克孝，億兆一心，世世濟厥之美，此我國體之精華。」儼然成為國體論之經典，並巧妙地將「忠孝」揉合進國體論中。透過學校教育和各式典禮，〈教育勅語〉作為萬民之最高典範，要求人民必須將之加以記誦。而鼓吹、解釋、形構此時期之國體論者有二人，一是透過憲法論而主張徹底君主主權的穗積八束（1860-1912）；一是透過解釋〈教育勅語〉，於一八九一年寫成《勅語衍義》來宣揚孝悌忠信、共同愛國之必然的井上哲次郎。

蓋井上哲次郎於《勅語衍義》中的主張大致如下：東西方文化的差異乃在道德與學術，然才識遠不及道德重要。因此為了矯枉世人競逐西洋之末的弊端，必須基於國民性、歷史性的固有思想來從事教育改革。而國民所必須遵守的國法，便在規定國家與臣民的關係，以及天皇與臣民相互之間的關係。而且國民不僅具有法律上的權利義務；亦有道德上的權利義務，又其第一要務乃在忠君愛國。而國民具體之義務乃在奉戴同一君主、遵守同一法律、組織同一國民、臣民相互要求忠良。至於「服從君意」更是臣民之美德，與「自由精神」互為穩定國家之要素，因此斷不可去此國故（服從君意）。何況即使東西文化有別、風俗有異，為求國家進步，無不稱揚孝悌忠信，遑論忠孝彝倫乃日本皇祖皇宗之遺訓。國民遵之，則為彰顯祖先遺風，故宜不偏所

學，以免誤入僅重智育、荒廢德育之教育迷途。[40]

　　井上哲次郎在衍說〈教育勅語〉之訓示時，把原本未必存在於東
洋思想或儒學思想中的元素，透過轉用自西方哲學家思想或譬喻性解
釋等方法，企圖將東洋思想、儒學思想並列於與西洋哲學思想等同的
位置，努力尋求兩者的重疊、相似部分，試圖藉由融合東西，以求固
有學問的再興。若從學術研究觀點而言，井上融合東西文化、哲學、
思想的作法，顯然是一單純的折衷，無有交鋒與批判，甚至有混淆中
西哲學、思想之嫌。但是，在近代日本漢學研究發展的進程上，井上
企圖藉由儒學道德之實踐，強調日本民族之傳統，以反對近代日本之
全面西化的作法，亦提供了儒學在當代的發展生存空間。[41]井上哲次郎
此種從國家主義立場來解讀〈教育勅語〉的作法，除了大開漢學者服
務政治之風氣外，其援用儒學之道德倫理為其建構日本固有之特殊道
德精神元素的手法，在日後的「孔子教」倡導者身上，則已將中國原
本的儒學和日本特有的儒學──「孔子教」，作了明確的區隔。[42]井上

40　有關井上哲次郎《勅語衍義》中之具體論述，以及其論述所以產生的思想氣圍，
　　請參閱本書第一章〈緒論──日本儒學之社會實踐〉。

41　在研究有關日本近代思想史或哲學史時，井上哲次郎常被提及，有關其生平事
　　蹟、思想主張、學問內容以及學術定位如何，可參閱大島康正：〈井上哲次郎〉，
　　朝日ジャーナル編輯部編：《日本の思想家2》（東京：朝日新聞社，1963年，頁
　　94-110）、渡邊和靖：〈井上哲次郎と体系への志向〉，《明治思想史──儒學的傳
　　統と近代認識論》（東京：ぺりかん社，1978年）、大島晃：〈井上哲次郎の「性
　　善惡論」の立場──《東洋哲學》研究の端緒〉，《ソフィア》第42卷第4號（1994
　　年1月），頁51-68、昭和女子大學近代文學研究室編：《近代文學研究叢書54》
　　中所收〈井上哲次郎〉（東京：昭和女子大學近代文化研究所，1983年），頁173-
　　310、大島晃：〈井上哲次郎の《東洋哲學》と《日本陽明學派之哲學》〉，《陽明學》
　　第9號（1997年3月），頁28-43、町田三郎：〈井上哲次郎と漢學三部作〉，《明
　　治の漢學者たち》（東京：研文出版，1998年），頁231-246。

42　有關日本孔子教的發展情形，請詳參本書第七章〈儒學之新生抑或變異──近代
　　日本之孔子教運動〉、陳瑋芬：〈「天命」與「國體」：近代日本孔教論者的天命

哲次郎將忠孝巧妙地融會編派進國體論中，使得日本這一近代國家，因為具有所謂國民為一家之赤子，而天皇為家長、為民之父母的「君臣一家論」，以及所謂日本民族皆忠孝以扶翼萬世一系之皇統的「皇統扶翼論」，而擁有了「萬邦無以比擬」的國體。

井上哲次郎此種無視中國原本的儒學標準價值，根據日本當時國情之所須而恣意選擇儒學倫理道德要素，以建構屬於日本的獨特道德倫理，進而確立其自身之新學說的作法，在其與內村鑑三（1861-1930）為了宗教問題而相爭不下時，也企圖壓抑信仰自由，絕對化神、儒相合的國家宗教。其學生遠藤隆吉也堅稱《論語》中孔子重「孝」多於「忠」，遠藤隆吉說：

> 從支那全體的道德思想而言，忠君比孝親來得薄弱。《論語》多言孝而少言忠。原本在封建制度下，食君之祿者為臣，不食君之祿者為民。故忠可就臣而言，不可就民而言。而且因忠字不限對於君而已，是一被汎用之語言，故未必拘泥於忠字。[43]

當然，吾人很難由此便判斷井上或遠藤等人所倡導之東洋哲學，或支那哲學為何物？[44]然其效力政權的成分則十分明顯。此也正是日後狩野

說〉，收入張寶三、楊儒賓編：《日本漢學研究初探》（臺北：喜馬拉雅基金會，2003 年），頁 87-129、子安宣邦：〈兩樣的孔教──孔教國教化論與日本的反應〉，收入成功大學中文系編：《儒學與社會實踐第三屆臺灣儒學研究國際學術研討會論文集》（臺南：成功大學中國文學系，2003 年），頁 183-205。

43　遠藤隆吉：《孝經及東西洋の孝道》（東京：巢園學舍出版部，1936 年），頁 140。

44　明治十四年（1871）井上哲次郎便於東京帝國大學的哲學科講授「東洋哲學」。遠藤隆吉則於明治三十三年（1900）出版《支那哲學史》。

直喜所說的「有目的」的學問，而非為學問而從事的學問。[45]

　　在此種高舉日本「獨特」之倫理道德的風氣下，有關日本「獨自的」儒學發展史之撰著亦相繼出現，如島田篁村（1838-1898）於《斯文學會雜誌》第五號和第十三號，前後分兩次刊載了〈本朝儒學源流考〉一文。另外，自明治二十七年（1894）十一月的《東洋哲學》第一編第九號開始，到明治二十八年（1895）一月的《東洋哲學》第一編第十一號為止，亦連載了作者不詳的〈日本儒學派略系〉一文。安井小太郎則於明治二十七年（1894）四月開始，於《支那學》雜誌上發表了〈本邦儒學史〉。文中，安井小太郎在論說日本儒學之前，也談論「儒」字之意義，認定孔子為儒學之祖，概略論述了周初至隋唐的儒學變革。這種作法除了確認了日本儒學的始源，同時也將日本儒學放進中國「原本的」、「真正的」儒學脈絡上來思考。之後安井小太郎再進一步談江戶儒學是如何脫離「中國」的朱子學，其主張江戶儒學藉由山鹿素行（1622-1685）、伊藤仁齋（1627-1705）、荻生徂徠（1666-1728）等代表性儒者之出現，得以完全自中國儒學中「獨立」出來，發展出日本「獨自」的儒學，「真正的」日本儒學。也因為如此，安井小太郎將江戶時代元祿年間（1688-1703）視為日本儒學前後分期的分界年代。

　　其實，明治以前日本亦有所謂「日本漢學史」、「漢文學史」或「儒學史」的類似著作，但以歷史發展觀來研究，或名之為「漢文學史」、「儒學史」的著述，則有待明治以後。特別是明治二〇年代以後，隨著國文學史研究的興起與對西洋文學史撰作手法的傚作，「日本漢文學史」及「日本儒學史」的著作亦相繼問世。[46]然雖說如此，筆者以為明

45　狩野直喜：〈支那研究に就て〉，《支那學文藪》，頁286。

46　有關明治年間日本漢學史相關書的出版情形，可參閱三浦叶：〈日本漢學史の研

治漢學在經歷了明治初年及明治二〇年代的兩次批判時期後，當其再次被認同時，區隔其與「原來的」、「中國的」儒學有何差異？以確立其「日本的」、「獨特的」價值，也就等同確立了日本儒學自身的主體性。

進入昭和時期，國體論則發揮了其對思想的強制規約效用。昭和前一年的一九二五年，日本政府制定施行了〈治安維持法〉，第一條明言道：「以變革國體又否認私有財產制度為目的，組織結社又知情加入者，處十年以下之懲役又禁固。」這是以法律條文維護國體的首例。三年後，政府以所謂的「緊急勅令」將此條文中的「變革國體」與「否認私有財產」區分開來，但卻對「變革國體」者，明令最高可處以死刑。

在此種危懼恐怖的氛圍中，一九二四年出版的宇野哲人（1875-1974）的《儒學史》一書，則以儒學為國體之經典——〈教育勅語〉——的基礎教諭。宇野哲人說：

> 儒教者，自不待言，為二千四百餘年前，魯之孔子之所說。其後，數經變遷，至今，謂倫理道德之教。[47]

至於此倫理道德之妙用為何？宇野如下說道：

> 彼等思考我國民開國以來，僅三十餘年，為如斯偉大之發達，

究〉，《斯文》第 53、54 合併號、三浦叶：〈第二部 漢學者の研究と活動・第五章 明治年間に於ける日本漢學史の研究〉，《明治の漢學》，頁 255-282，以及林慶彰、連清吉、金培懿編：〈第一編 總論〉，《日本儒學研究書目（上）》（臺北：臺灣學生書局，1998 年），頁 1-23。

47　宇野哲人：〈序論〉，《儒學史》（東京：寶文館，1924 年），上卷，頁 3。

以搏如斯大捷，奇蹟也。研究其原因，由於武士道及〈教育勅語〉之效果。……雖〈教育勅語〉炳如日月，實示我國民道德之標準，然若考察我思想界，舊來道德既已失其權威，……然將來可以支配我國民思想之教理，必是基於過去我國民思想史者不可。……神、儒、佛三教之研究必要不可缺者，自不待言，若特自予之立足點而言，儒教於方方面面，最足以為我國民性之基礎。[48]

宇野顯然將日本國運之昌隆，多數歸功於以忠孝倫理為基幹的〈教育勅語〉。然在肯定儒學效用之外，宇野亦必須得強調此儒學乃「日本的」、「特異的」儒學。宇野如下說道：

起於支那之儒學，及移植之於我日本，乃添加日本之色彩。就某一點而言，日本之儒教，有最得孔子之真意者。亦即，孔子重大義名分思想，此於古來為易姓革命之風的支那，未能將之充分發達而止，於我國始為完全之發達如是。……故吾撰此書，實為明儒教之精神也。藉由此書，進而研究於我日本而得以大成之儒教，且拔西洋之粹而試圖調和之，所以於儒學為一新紀元也。[49]

《儒學史》出版三年後，宇野的另一著作《支那哲學概論》（東京：雄文堂，1927 年）出版時，出版者於該書刊行之際如下說道：

48　宇野哲人：〈序論〉，《儒學史》，上卷，頁 2-3。
49　宇野哲人：〈序論〉，《儒學史》，上卷，頁 8。

> 支那哲學者，東洋道德、東洋哲學之淵源，其哲學仍舊凌駕歐
> 美之道德、哲學一事，歐美諸國之學者亦確認之。……於防遏
> 左傾式物質文明之餘弊，無有如支那哲學思想之切實適當者。[50]

由此看來，截至明治中期為止所謂的：儒學無用、劣於西學的一般論
點，到昭和初年時顯然有了大翻轉。

　　而昭和四年（1929）十月出版的諸橋轍次（1883-1982）之《儒學
の目的と宋儒慶曆至慶元百六十年間の活動》一書，我們僅由書名便
可以看出其對儒學社會實踐面向的重視。諸橋言：

> 本論文究竟以闡明儒學之目的為主眼。然值欲闡明此目的之
> 時，不獨求知於當年儒家之言說，寧於當年儒家之踐履行事上
> 求之者，是為當初之素懷，且所以依先賢之榜樣也。於此意
> 義，本論文乃是以闡明儒學目的為中心問題之儒學史也。[51]

　　然即便諸橋轍次有意識的選取某一時期的儒學為一「整體」，而
來研究其發展的階段完整性，但就在其努力擺脫政治干擾，力求方法
論的自覺與辨析時，其果真能夠無視於當代社會的意識與冀求？弔詭
的是，其恰恰反映出其所處的時空氛圍。

　　昭和六年（1931）「九一八事變」後，隨著戰時體制化的推進，國
體論也成為精神上動員日本國民的關鍵詞。自昭和十二年（1937）開
始到昭和十九年（1944），亦即終戰的前一年為止，當時收音機播放的

50　宇野哲人：〈刊行に際して〉，《支那哲學概論》（東京：雄文堂，1927 年），頁 1。

51　諸橋轍次：〈序說〉，《儒學の目的と宋儒慶曆至慶元百六十年間の活動》（東京：
　　大修館書店，1929 年），頁 6。

戰時生活用語中，在重要精神象徵語彙的前十三名中，以及有關天皇的重要精神象徵語彙中，「國體」一詞分居前者的第五名，以及後者的第三名。[52]其間，文部省於一九三七年刊行《國體の本義》一書，發布於全國學校、教化團體和公家機關，書中強調日本之「肇國」事實中，有光輝國體之大本者。又日本乃是一大家族國家，臣民自然之心的表現，便是絕對服從天皇。

在此時代氛圍下，武內義雄於昭和十四年（1939）寫成的〈日本の儒教〉[53]一文，則以「忠孝一本」、「至誠本位」、「五倫中特重君臣、父子二倫」等所謂日本儒學之三大特色，而貫串說明整個江戶的儒學。武內的論述概略如下：

一、明經博士之學業

（一）去《穀梁》、《公羊》，去革命思想，因其與日本之精神，亦即擁戴萬世一系之國體不容。

（二）特重忠孝，以其與日本肇國精神一致，並為日本教學之精神。

二、大義名分論之展開

北畠親房（1293-1354）以日本為中心來思考，藉儒、佛思想說明日本國體所以異於萬邦，又何以皇位所以尊嚴，遠追孔子作《春秋》之心，近學司馬溫公（1019-1086）著《資治通鑑》之形式，基於日本國之歷史而辨皇位之正閏，論神器之所存，亦即皇位之所存等等，以

52　有關戰時日本精神象徵語彙的前後排序，請參閱竹山昭子：〈戰時下のラジオ講演〉，《年報・近代日本研究》12（東京：山川出版社，1990 年），頁 249-251。

53　收入《儒教の精神》（東京：岩波書店，1939 年）。《儒教の精神》前半為中國部分，後半為日本部分。前半中國的部分乃基於一九二八年的〈儒教思潮〉一文添削而成。後再加進〈日本の儒教〉這部分以成《儒教の精神》一書，現收入《武內義雄全集・儒教篇三》，第 4 卷。

明大義名分。

三、朱子學之展開

（一）山崎闇齋（1619-1682）崇奉朱子，然並不因此崇拜支
那，忘卻日本。其反對自稱「東夷」，主張日本亦為
「中國」（葦原之中國）。而且闇齋主張若孔孟師生來襲
日本，當擒孔孟以報國恩之日本主義。

（二）水戶藩校「弘道館」之〈弘道館館記〉中有：「奉神州
之道，知西土之教，忠孝無二，文武不歧。」此實為闇
齋之基本主張。此忠孝一致說乃日本道德之特徵，水
戶學之精神，亦是日本國民道德與支那儒學區別之所
在。

（三）懷德堂之經說雖本於朱子學派之註解，然卻以古學派
之態度修正之，其學術結果是注重實踐道德之教的四
書。而且懷德堂朱子學之主張，基本上認為五經乃大
抵起於孔孟之教以前。武內以為此亦可視為日本儒學
的特色之一，亦即重四書而輕五經的這一傳統。

（四）大阪町儒富永仲基（1715-1746）以為印度國民好「幻」；
支那國民好「文」；日本國民好「質」，故隨時地之不
同，立教亦宜有異，然其使人為善者則一同。故神、
儒、佛三教中若捨土地之特質與時代之傾向，則只歸
趨於「誠」。「誠」之道乃《論語》之「忠信」；《孟子》、
《中庸》之「誠」；朱子之「窮理盡性」，陽明之「致良
知」。更遑論儒教之精神重點本就存於此，而日本之精
神亦歸趨於此一「誠」。

四、陽明學之起伏

（一）日本之陽明學最初是與神道連結在一起。

（二）但日本之陽明學幾經發展，至吉田松陰（1830-1859）
　　　時，則與朱子學與水戶學有志一同，皆主張「君臣一
　　　體，忠孝一致」。此乃朱陸異同，歸而為一，協力共創
　　　明治維新大業。

武內在此進一步補充說明道：

又仁齋以為《論語》之精神與孔子家法，乃在忠信二字，並且
在其居室掛上「誠脩」二字，可見仁齋重「忠信」，亦即「誠」。[54]

武內義雄以為此乃所謂從孔子之教誨中看出了日本精神。三年後
的昭和十七年（1942），武內又再發表〈日本の儒教〉[55]一文。武內於
該文中首先將日本儒學從中國儒學的附庸地位中獨立出來，其言：

羅山之朱子學乃透過明永樂年間所敕撰的《四書大全》而來，
而《大全》往往有誤解朱子本意者。於是山崎闇齋起於東京，
對抗羅山之朱子學，立別派之朱子學。闇齋排斥永樂之《四書
大全》，主張直接本於朱子之《文集》，以把握朱子之精神，故
應讀《四書集註》。但《朱子文集》百卷乃集錄朱子一生之詩
文，因其早晚前後而有思想之變遷進化，闇齋卻一概不論。而
熟讀研究《朱子文集》之結果，其中以《玉山講義》為朱子哲
學之代表；以〈白鹿洞書院學規〉為其實踐道德之代表；解〈敬
齋箴〉為教實踐工夫者，故而表彰此三者。據此三篇，闇齋以

54　武內義雄：〈日本の儒教〉，《武內義雄全集・儒教篇三》，第 4 卷，頁 433。

55　該文首先發表於雜誌《理想》五月號，日後先收入《易と中庸の研究》（1943 年 6
　　月），其後再收入《武內義雄全集・儒教篇三》，第 4 卷，頁 415-437。

為：宇宙之根本原理為一唯一之「理」，此理展現於人間，即
仁、義、禮、智、信之五性，顯現此五性之代表性行為，即父
子之親、君臣之義、夫婦之別、長幼之序、朋友之信等五倫。
故持「敬」以砥礪五倫之實踐，必須發揚天賦之五性以求合於
理，此乃朱子之精神。闇齋以上述三篇來闡明朱子學之精神的
同時，並且百尺竿頭更進一步，其說道：「蓋宇宙唯一理，則
神聖之生，雖日出處、日沒處之異，然其道自有妙契者存焉。
是我人所當敬以致思也。」[56]闇齋主張唐土聖賢之道與我惟神之
道一致，其以為朱子之學說畢竟為說明我惟神之道者。亦即羅
山之朱子學只不過是將朱子介紹至我國，而闇齋則進一步，視
朱子學為說明我惟神之道者。誠然，闇齋以為儒教乃是與我國
道相同之物，但其不過就是從朱子學之範疇來說明我國之道。
然繼而出現之伊藤仁齋，則又更進一步，開創我國獨特之儒
教。[57]

武內繼而就仁齋來說明日本儒學的特色為：

仁齋本於《論語》倡忠信主義。要之，此乃支那近世之儒教本
於四書而組織成之學說，朱子之持敬主義、陽明之致良知，為
其代表性學說。仁齋自四書斥《學》、《庸》二書，本於《論》、
《孟》以倡忠信主義，擺脫支那而揭舉日本獨自之儒教。……
仁齋之學說乃根據嚴密的經典批判而揭舉一家之儒教。此為其

---

56 日本古典學會編：〈洪範全書序〉，《垂加草》，《山崎闇齋全集》第 1 卷（東京：
    ぺりかん社，1978 年），卷第 10，頁 74。
57 武內義雄：〈日本の儒教〉，頁 418-419。

努力自支那後世的解釋中脫離出來，回返孔子而創造出的學
問，其結果乃是自《論語》中發現我國民道德之精神。……而
仁齋之忠信主義，即從此「誠」心行事無他。因而仁齋之儒教
乃從《論語》中發現我國民道德之基本精神，證明立足於我國
民道德與孔子之教之基調相同者之道德論說。[58]

之後，武內接著就「懷德堂」朱子學，而來說明「日本式」的儒
學如何發展。其言：

懷德堂以《論語》、《中庸》為典據以構成新儒教，於此轉仁齋
之忠信主義為誠主義之教。此所謂忠信或誠之文字，當然出自
支那經典之文字，然相較於此，支那近世之儒教，毋寧說持敬
或致良知之語較受重視，故成為形式稍異之教。其間所以強調
忠信主義、誠主義而成日本獨立之儒教，或恐可理解為是自儒
教中強調闡明與日本固有道德一致之部分。[59]

戰後，即使昭和天皇於戰敗的停戰詔書中仍云：「朕於茲得護持
國體」，但國體一語於戰後，儼然已成一歷史上的「死語」。此事由昭
和二十九年（1954）出版的宇野哲人的《支那哲學史　近世儒學》一
書，亦可得到應證。宇野哲人於該書最後的〈儒學史結論〉中說：

58　武內義雄：〈日本の儒教〉，頁 422-423。
59　武內義雄：〈日本の儒教〉，頁 426。武內義雄此種江戶儒學的思想乃是由「敬」
　　轉「忠信」再轉為「誠」的看法，戰後相良亨於《近世の儒教思想——「誠」と「敬」
　　について》（東京：塙書房，1966 年）一書中有更進一步的詳細說明。該書日後
　　收入《相良亨著作集・日本の儒教Ⅰ》（東京：ぺりかん社，1992 年）。

儒教者，以孔子為開祖一事，無庸置何異議。爾來，二千四百
余年，時雖不無消長，夫子之精神，現尚有支配人心者。而所
謂以儒者自任者，前後輩出，雖皆自稱得孔子之真意，若自今
日通覽之，可發現因時代而其學風有各自之特色。……大體而
言，可謂孔孟為原始儒教，爾來，有漢唐訓詁之學，宋明義理
之學，及清朝考證學之三變也。[60]

亦即，戰前書中所謂〈教育勅語〉、「忠孝」、「國民道德」之語，一概
消失無蹤。而三十年前宇野於《儒學史・序論》中的聲明，或恐亦是
一「因時代而其學風有其各自之特色」的證明。

（二）「今昔殊異」的新漢學為學法

1 何謂支那學

狩野直喜於《中國哲學史》書中說：

我國自古以來至今日為止所稱的漢學，意謂著漢土之學術，雖
與支那學屬同一物，然漢學之名稱非學術性之名，又其意義漠然
而難予漢學一定義。不僅如此，此語在我國和中國之用法亦異。
中國人所謂漢學者自有一定之定義，指經學一派之兩漢訓詁
學，即相對於宋明理學而言，而清朝之考證學亦漢學之流派。
故為避免誤解，吾以為作為學問稱支那學較妥當。現於西洋亦
將有關中國事物之研究，取名稱為「Sinologie」（sinology），其

60　宇野哲人：〈儒學史結論〉，《支那哲學史：近世儒學》，頁 429。

　　研究者稱為「Sinologue」（sinologist），此正是支那學、支那學
者之義。[61]

上述的說明中，狩野所謂的「支那學」這一新學問，乃是一與「漢學」
有所區隔，取法於西歐，以中國事物為研究對象的學問。

　　大正十三年（1923）六月，狩野於第三高等學校的「支那學會」
演講時，則對支那學所研究的對象內容，如下具體說道：

　　　所謂漢學一語與支那學，聽起來雖如同一義，然於內容多少又
　　有廣狹之差。亦即若言支那學，即 sinology，即以支那為學問
　　研究之對象，興起於支那之文化──由人文科學方面到自然科
　　學方面，人文方面有支那之哲學、宗教、歷史、文學、語言、
　　美術、法制等。自然科學方面有天文、曆算、醫藥、動植物
　　等。就此等各方面，有各種方面之研究，且非一人之所能，其
　　對象乃支那──古代支那、現代支那，有時因人而所取不同，
　　然亦不脫「支那」之範圍。因此，我國往昔曰漢學，其專研經、
　　史、文等者；然今日所謂支那學者，則範圍不同。今日我帝國
　　大學內，雖亦有支那哲學、支那文學、支那史、東洋史等學
　　科，然支那學所處理者，非只限於此。唯於茲宜注意者，支那
　　學之範圍廣泛，昔人所從事而來者，僅限於經、史、文之漢
　　學，內容雖有廣狹，然支那學之基礎乃「古典」，若排除此「古
　　典」，則前舉支那學科中之任何一物，皆無法研究也。……因
　　此，今日我輩在研究支那學之某物，例如支那哲學、文學、歷

61　狩野直喜：〈第一章 中國哲學史の範圍及び其の特質〉，《中國哲學史》（東京：
　　岩波書店，1953 年），頁 11。

史、藝術乃至天文地理時，若只研究一事，非可謂知。如欲知
支那之文學，必須知思想；於理解藝術（繪畫、雕刻）時，必
須知文學。此等學問並非個別獨立，是印蓋有支那製之印章而
相互關聯的。因此，今日我輩在掌握研究此等問題時，第一要
從古典中找出自己所要之物，必須以現今科學式的方法來研究
之。[62]

在這段針對支那學的說明中，支那學的研究對象被具體指出，而且即
便選取其中某一研究對象、範疇，其並不表示可以切斷此對象、範疇
與其他對象、範疇的關聯，其研究對象、範疇終究是一整合性的內
容，必須包攝進相關對象、範疇以作為研究內容。最後，其研究方法
也必須是現代科學化的。

　　而由於狩野直喜觀察到歷來的日本漢學並未貼近中國原本的價
值，只是以日本式的氣質，原原本本地選取其所要的研究對象，故導
致忽略了貫穿於中國文學和哲學基底的是一股「主知」的思潮，於是
在理解中國的事物時，容易流於理性、感性分離，哲學、文學分離。
另外狩野還意識到須將中國文明與其他文明作比較研究。[63]狩野的這兩
項洞察，吾人不妨將之視為支那學研究的提醒與建議。至於支那學的
研究方法，具體而言到底如何才稱得上科學？狩野在〈中國古典の研
究法〉一文中，具體提出兩大方法，一是「本文研究」；一是「教義研
究」。本文研究又分：一、本文批評。意即「茲有一經典在此，相傳為
某人所作，又即便不知作者，但說是某時代之作。然而是否果真如

62　狩野直喜：〈支那學研究の目的に就て〉，《支那學文藪》，頁 432-434。

63　詳參吉川幸次郎：〈解說〉，狩野直喜：《支那文學史》，頁 464-467。

此？或許為後人所依托，本文研究便在解決此等問題。」[64]二、訓詁。意即「可見於古典中的文字釋義。」[65]三、校勘。「校勘（又稱校讎）者，參稽數種本文以正文字之異同。」[66]而教義研究又分：一、歷史性研究。歷史性研究者為何？「例如舉儒教為例而論，自古昔至今日，對古典之解釋為何？亦即研究其教義如何變遷。畢竟，六經自孔孟至後世儒家，並非全被包含在同一種儒教之中。」[67]二、比較性研究。亦即「將中國的某種哲學思想，與他國的作比較。」[68]

2　狩野直喜於日本漢學界的開創

　　吉川幸次郎（1904-1980）於《支那學文藪》的〈解說〉中曾說狩野直喜：「是以日本儒學之改革者、創始者之姿出現。」[69]而在《支那文學史》的〈解說〉中，吉川幸次郎則明確指出狩野直喜在明治漢學

64　狩野直喜：〈第一編　總論・第二章　中國古典の研究法〉，《中國哲學史》，頁14。

65　狩野直喜：〈第一編　總論・第二章　中國古典の研究法〉，《中國哲學史》，頁17。

66　狩野直喜：〈第一編　總論・第二章　中國古典の研究法〉，《中國哲學史》，頁19。

67　狩野直喜：〈第一編　總論・第二章　中國古典の研究法〉，《中國哲學史》，頁23。

68　狩野直喜：〈第一編　總論・第二章　中國古典の研究法〉，《中國哲學史》，頁23。

69　有關狩野直喜之學風，可參閱狩野直禎：〈狩野直喜〉，收入江上波夫編：《東洋學の系譜》第 1 集（東京：大修館書店，1993 年），頁 97-107、張實三：〈狩野直喜與《續修四庫全書提要》之關係〉，《唐代經學及日本近代京都學派中國學研究論集》（臺北：里仁書局，1998 年），頁 83-134，以及高田時雄：〈狩野直喜〉，礪波護、藤井讓治編：《京大東洋學の百年》（京都：京都大學學術出版會，2002 年），頁 3-36、劉岳兵：〈狩野直喜論：中國古典解釋學的現代復興〉，《日本近代儒學研究》，頁 234-302。

界的創舉及各領域的開拓有：

一、主張中國文學與哲學不分家，並於明治四十一年（1908）九月，於京都帝國大學文學科開設為一般學生講授的「中國文學史」之普通講義。此可謂日本漢學界之首創。[70]

相對於狩野直喜於清末便有此授課，中國方面除了林傳甲（1877-1922）在京師大學堂的中國文學史講義外，中國人自著的中國文學史著作，要在辛亥革命以後才出現，何況林傳甲本人也說他想撰作一本像古城貞吉（1866-1949）一樣的中國文學史。而西洋方面則有一九〇一年英國人 H. A. Giles（1845-1935）的《Chinese Literature》和德國人 Wllh.Grube（？-？）的《Geschichte der chinesischen Literatur》等書於一九〇九年出版。

---

[70] 古城貞吉於明治三十年（1897）出版的《支那文學史》（東京：經濟雜誌社，1897年）可說是日本方面採系統性通史體裁來論述中國文學史的最早著作。而誠如三浦叶於〈第二部 漢學者の研究と活動・第七章 明治年間に於ける中國文學史の研究〉一文（收入《明治の漢學》，頁 291-310）中所說的，在明治三十年（1897）五月古城貞吉的《支那文學史》問世以前，明治日本學界亦有不少中國文學史之重要相關著作，甚至亦有同樣名為「支那文學史」之中國文學史專著。例如藤田豐八自明治二十八年（1895）至明治三十年（1897）於東京專門學校邦語文學科的講義錄《支那文學史》便是其中之一。但是，因為古城貞吉《支那文學史》一書，作為一部文學「通史」已幾近完成，而且該書由經濟雜誌社於明治三十年（1897）發行初版後，再由富山房以「訂正再版」，再度發行改訂版，日後更以「訂正補增」的改訂增補版發行了四版、五版，足見該書廣為時人所閱讀接受。故學界一般以古城貞吉之《支那文學史》為日本學界最早之中國文學通史專著。之後笹川種郎的《支那文學史》（東京：博文館，1898 年）和久保天隨的《支那文學史》（東京：人文社，1903 年）亦相繼出版。而據吉川幸次郎的說法，狩野直喜是因對此二人之著作有所不滿，故而講授此「中國文學史」講義（見《狩野直喜：〈解說〉，支那文學史》，頁 462）。而有關日本自明治時代以還至二十世紀結束為止，日本國內所出版的「中國文學史」相關書籍文獻，詳參和田英信：〈明治期刊行の中國文學史—その背景そ中した〉，收入川合康三編：《中國の文學史觀》（東京：創文社，2002 年），頁 157-179。

　　事實上狩野直喜所謂文學、哲學不分家的觀點，亦見於當時同是京都大學同僚的高瀨武次郎（1869-1950）身上，其在撰寫《支那文學史》[71]時，就特重先秦諸子。當然就如和田英信所說的，這與高瀨武次郎乃專攻中國哲學一事不無關係。[72]然而除了高瀨武次郎之外，即便在古城貞吉的《支那文學史》或兒島獻吉郎（1866-1931）的《支那大文學史古代篇》（東京：富山房，明治四十二年〔1909 年〕）一書中，皆可看出其偏重先秦諸子的現象。故狩野直喜所謂文學與哲學是一關係密切的存在發展這種觀點，似乎是獲得當時學者普遍的認同。

　　二、狩野乃是日本漢學界研究中國小說史、戲曲史之創始人。蓋在大正五年（1916）九月到大正六年（1917）六月，狩野於京都帝國大學文科大學特殊講義，便是講授「支那小說史」；在大正六年（1917）九月到大正七年（1918）六月的特殊講義，則是講授「支那戲曲史」。[73]除此之外，狩野有關小說戲曲的研究，如〈水滸傳と支那戲曲〉、〈讀曲瑣言〉、〈琵琶行を材料としたる支那戲曲に就いて〉、〈元曲の由來と白仁甫の梧桐雨〉、〈支那俗文學史研究の材料〉、〈支那小說紅樓夢に就て〉等文，後皆收入《支那學文藪》（東京：みすず書房，1973 年）中。狩野於小說戲曲的研究，皆較鹽谷溫與青木正兒早。[74]狩野對中國

71　據和田英信先生之研究，該書乃高瀨武次郎於哲學館漢學專修科之講義錄，刊行
　　年當在明治三十二年（1899）到明治三十八年（1905）之間，參見和田英信：〈高
　　瀨武次郎『支那文學史』（明治 32～38 年？）〉，收入川合康三編〈資料篇 日本
　　で刊行された中國文學史—明治から平成まで—〉，《中國の文學史觀》（東京：
　　創文社，2002 年），頁 56-61。

72　詳參和田英信：〈高瀨武次郎『支那文學史』（明治 32～38 年？）〉，收入川合康
　　三編：〈資料篇 日本で刊行された中國文學史—明治から平成まで—〉，頁 60。

73　狩野直喜撰，吉川幸次郎補注：〈第一講〉，《漢文研究法》（東京：みすず書房，
　　1979 年），頁 7。

74　鹽谷溫：《支那文學概論講話》（東京：大日本雄辯會）於一九一九年五月出版。
　　青木正兒：《支那近世戲曲史》（東京：弘文堂）於一九三〇年出版，後收入《青

俗文學的注意，應與其留學歐洲有關。狩野於明治四十五（1912）年
到大正二年（1913）留歐期間，在巴黎時與 Pual Pelliot 交遊，至倫敦
時又進行資料文獻調查，後還將此調查結果抄錄成三小冊，回國後寫
成〈續狗尾錄〉一文，介紹歐洲的 sinology。[75]可見史坦因（Marc
Aurel Stein, 1862-1943）與伯希和（Paul Pelliot, 1878-1945）所發現的
中國小說、戲曲之關鍵資料，應對狩野在開拓新漢學領域上有所啟
迪。狩野自己也說「西洋人等早注意到這方面（小說戲曲），並有各種
翻譯。」[76]其實狩野一再強調日本學者應該「彼等西洋人之著述，必得
參考。」[77]

三、狩野直喜特重「禮」之經學研究。

狩野說：

> 三禮之學，與其他經學如《易》、《詩》、《書》等大異其趣。後
> 者於某種程度上，可以以道理推之；然前者若不知實物，亦即
> 支那人所謂的名物度數則不可。……禮學非理論性之物。……
> 要之，於經學之內，枯燥而且非常困難，特別是對日本人等而
> 言又更加困難，故歷來此方面之研究甚少。……對專攻支那文
> 學者而言，禮學雖無直接關係，然於知曉先秦文學上，有必要
> 在某種程度上具備禮之知識。[78]

木正兒全集》（東京：春秋社，1972 年），第 2 卷。另外《元人雜劇序說》（東京：
弘文堂），於一九三七年出版，後收入《青木正兒全集》（東京：春秋社，1973
年），第 4 卷。

75 此事可參見〈續狗尾錄〉，《支那學文藪》一文，頁 191-204。

76 例如 Premare（1666-1731）就翻譯了《趙氏孤兒》，見狩野直喜：〈第一講〉，《漢
文研究法》，頁 7。

77 狩野直喜：〈第一講〉，《漢文研究法》，頁 8。

78 狩野直喜：〈第三章 經書の文〉，《支那文學史》，頁 88。

也許是對禮的重視和研究，這讓狩野後來也成為「臺灣舊慣調查會」之一員。甚至根據吉川幸次郎的說法是：「臺灣舊慣調查會」之報告之一的《清國行政法》一書，乃是狩野直喜在留學歸國之後，等待京都文科大學開設的期間，與加藤繁（1880-1946）先生協力完成的業績，但狩野直喜並未署名。[79]

而無論是強調經學與文學的關係，或是禮學與文學的關係，還是前述所謂哲學與文學間的關聯，甚至是進一步細分各經與文學之間關係上的差異，這些主張均反映出狩野直喜乃將「支那學」視為一整合性的學科。

四、六朝文學研究之整備始於狩野直喜。吉川幸次郎以為日本六朝文學的研究，乃「藉由狩野先生此講義（《支那文學史》）而首次獲得整備之敘述，如今毋寧說是流行題目之一。」[80]

吉川此說是否中肯？若參照川合康三所編的《中國の文學史觀》一書，則在狩野直喜於明治四十一年（1908）九月講授此《支那文學史》之前，便有藤田豐八（1869-1929）《支那文學史》[81]以及古城貞吉《支那文學史》[82]，其他還有藤田豐八、笹川臨風（1870-1949）、白河鯉洋（1874-1919）、岡田嶺雲、大町桂月（1869-1925）等人合著《支那文學大綱》[83]、笹川臨風《支那文學史》[84]、高瀨武次郎《支那文學

79　詳參吉川幸次郎：〈解說〉，狩野直喜：《支那文學史》，頁 470。

80　吉川幸次郎：〈解說〉，狩野直喜：《支那文學史》，頁 471。

81　此書乃藤田豐八自明治二十八年（1895）至明治三十年（1897）於東京專門學校邦語文學科的講義。

82　古城貞吉：《支那文學史》（東京：經濟雜誌社，1897 年）。

83　藤田豐八、笹川臨風、白河鯉洋、岡田嶺雲、大町桂月合著：《支那文學大綱》（東京：大日本圖書株式會社，於明治三十年至明治三十七年（1904）間成書）。

84　笹川種郎：《支那文學史》（東京：博文館，1898）。後收入《帝國百科全書》，第9 編。

史》[85]、久保天隨（1875-1934）《支那文學史》[86]、久保天隨《支那文學史》[87]等書。其中藤田豐八的《支那文學史》與藤田豐八、笹川臨風等人所著的《支那文學大綱》，卻皆無收錄六朝文學，而古城貞吉的《支那文學史》和笹川臨風《支那文學史》二書，雖皆有論及六朝文學，卻顯得簡略。至於高瀨武次郎的《支那文學史》中，則不僅詳細列舉魏晉六朝各文人，鉅細靡遺程度似乎不下狩野直喜之論述，甚至還附有隋朝文學。故吉川幸次郎所謂的「整備的敘述」，或許要有進一步研究比較，才可得出一客觀公評。不過三浦叶（1911-2002）也說道高瀨武次郎有關魏晉六朝文學的敘述乃是：

> 所舉出之人物，雖多為魏晉六朝時代之人，列舉有八十名之多，但其內容只是錄其略傳及其詩文而已之粗略作品，果皆為必須揭舉之文學者與否，亦有疑問，或更應精選之。[88]

另外值得注意的是：久保天隨的兩本著述中皆有論及魏晉六朝文學，久保天隨並在《支那文學史》一書開頭第一講便說明其著書意圖如下：

> 文學史者，乃就國民有秩序地論究文學之發達者。……至此，有關支那文學史，雖有二、三之著述出，然為淺薄學者之某一

---

85 此書乃高瀨武次郎於哲學館漢學專修科的講義，刊行年或恐在明治三十三年（1899）至明治三十八年（1905）。

86 久保天隨：《支那文學史》（東京：人文社，1903 年）。

87 久保天隨：《支那文學史》（東京：早稻田大學，1904 年）。

88 三浦叶：〈第二部 漢學者の研究と活動・第七章 明治年間に於ける中國文學史の研究〉，《明治の漢學》，頁 308。

　　時代性之代替品，連紙屑之價值亦無。有人不知文學及文學史
為何物，只是無意義的羅列記述學者（未必是文學者）之小傳
與著書之解題，以此為滿足。有人為免前者之過失，代之以致
力敷衍，對於歷代之文士詩客之全集等，無有觸及，全以抄
本，盡至極方便之作為，無視於公平鑑賞與精確批判。其粗糙
程度，實不足稱道，確為學會之鼠賊。於此，予乃敢自僭，編
出真正之支那文學史。[89]

誠如三浦叶先生於《明治の漢學》中所說的，久保天隨的話語，乃是
「對古城貞吉、藤田豐八、笹川種郎（臨風）等人著書的痛烈貶斥。」[90]
　　而久保天隨《支那文學史》出版兩個月後的明治三十七年（1904）
一月，大町桂月先生於《太陽》十卷一號中發表了〈天隨の支那文學
史を評す〉為名的書評，文中說道：

　　歷來，日本及支那撰寫文學史者，達十多人以上，全皆不解文
學為何，亦不解文學史為何。或有以歷史家為文學家者，或有
以能文章者為文學者，或有以古典學者為文學者，或有以語學
者為文學者，或混同文學與史傳，或混同哲學與文學。曾有作
一部文學史者，不過列記作者之傳與著書之梗概，不問思想而
只有探索外型者，不詳發達、變遷之跡以究文學生命之有機
體，不過將每個作品逐一臚列而已。寫文學史者，不可不先研
究文學及文學史為何。[91]

89　轉引自川合康三編：《中國の文學史觀》，頁68。
90　三浦叶：〈第二部　漢學者の研究と活動・第七章　明治年間に於ける中國文學史
　　の研究〉，《明治の漢學》，頁306。
91　川合康三編：《中國の文學史觀》，頁69。

大町桂月的此番評論，立場與久保天隨相同，主張文學史當考慮其時代性與發展過程。但此種立場似乎也讓我們清楚為何吉川幸次郎會說狩野直喜的「中國文學史」講義，乃是對笹川種郎和久保天隨二人不滿而有的產物。[92]因為狩野所提倡的新漢學——「支那學」，乃：

> 所謂支那學，即以支那為學問研究之對象，……今日我輩在研究支那學內之某物，例如支那哲學、文學、歷史、藝術乃至天文地理時，若只研究一事，非可謂知。如欲知支那之文學，必須知思想；於理解藝術（繪畫、雕刻）時，必須知文學。此等學問並非個別獨立，是印蓋有支那製的印章而相互關聯的。因此，今日我輩在掌握研究此等問題時，第一要從古典中找出自己所要之物，必須以現今科學式的方法來研究之。[93]

顯然，相較於久保天隨欲將「文學」獨立出來看待，狩野則認為中國的所有學問乃是一相互關聯的有機體，故新的研究方法也必須是一種整合各學科的整合性研究。

久保天隨因為對古城貞吉、笹川種郎不滿所進行的改革，在狩野直喜時又更進一步獲得改進的可能。其進步的確實與否，尚待進一步從文學史撰寫的角度來加以探究，然彼等企圖建構一更客觀、科學，更名符其實的文學史著作，則是一不爭的事實。

五、現代中國語應用自如。明治三十二年（1899）日本文部省命狩野直喜與服部宇之吉至清朝留學。服部當時已是東京大學的助教授，狩野則是在將來京都大學的文科大學開設時，預定任命為教授的

92　詳參吉川幸次郎：〈解說〉，狩野直喜：《支那文學史》，頁462。
93　狩野直喜：〈支那學研究の目的に就て〉，《支那學文藪》，頁432-434。

第一人選。狩野於明治三十三年（1900）四月自日本出發至中國，卻於六月時遭逢義和團之亂，與服部同困於北京籠城。八月各國聯軍攻破北京城，狩野亦於該月返回日本。後又於翌年的明治三十四年（1901）前往清國留學二年。留學期間，因為常出入上海的「The North China Branch of the Royal Asiatic Society」，故而關注到歐洲的 Sinology，並努力將之介紹至日本。而狩野從歐洲人之研究所獲得的啟發有二，一是：中國古典乃是一外國語言的文獻，必須從文獻學的立場來加以探討。二是：對歷來中國學者和江戶儒者所棄而不顧的戲曲、小說寄予關心，進而研究以道教為代表的民間風俗習慣。[94]

　　或許因為有上述的認識，復加有留學經驗，狩野的現代中國語會話能力似乎也相當應用自如。據青木正兒的回憶，狩野在講解語出《左傳》〈宣公二年〉的「于思于思，棄甲復來」這句中國古文時，乃是以中國語發音，而使聽講者的學生們如墜五里煙霧中。[95]其實大正二年（1922）日本政府以義和團事變賠償金所組成的「對支那文化事業調查委員會」中，狩野和服部宇之吉皆為其委員，除了說有賴其學問專攻之外，恐怕亦看中兩人語言上的方便。

　　其實，現代中國語的修得，亦有利於俗文學的研究。而從另一個角度來說，這也繼承了江戶儒者荻生徂徠所主張的古文辭路數。荻生徂徠所主張的「古文辭」學的方法，基本上可從《譯文筌蹄初編》[96]和《學則》[97]二書得知。徂徠在《譯文筌蹄初編》〈題言〉中，提示了日

94　詳參狩野直禎：〈狩野直喜〉，收入江上波夫編：《東洋學の系譜》（東京：大修館書店，1993 年），頁 101-103。

95　詳參吉川幸次郎：〈解說〉，狩野直喜：《支那文學史》，頁 464。

96　收入戶川芳郎、神田信夫編：《荻生徂徠全集》（東京：みすず書房，1974 年），第 2 卷。

97　收入《日本思想大系 36 荻生徂徠》，東京：岩波書店，1973 年。

本人閱讀漢籍的方法，而且其方法還不只一種。然而《譯文筌蹄初編》〈題言〉中所揭示的所謂從「去和訓」、「譯文」、「崎陽之學」，到以「一雙眼看書」等各種方法，無論何者，其實都是在試圖解決閱讀漢籍時，因民族和空間之不同所產生的差異。

另外在筆者看來，《學則》第一則是有兩個主張，一是去訓讀，二是直觀「漢字」的閱讀法，這基本上可以說是接續了《譯文筌蹄》〈題言・六〉所說的「心目雙照」，或是《學則》中所說的「心與目謀」，後來都必須超越知識、技術這一層面，進入到感觀世界去體得一種「漢字」感覺，而且此種經由學習而體得的感覺，最終要宛然如一種天生的能力，最後才有可能以「目」聽中國之言。[98]

江戶時代這種看／讀・聽／說系統儼然二分的中文學習現象，事實上即便到了近代日本也仍舊沒有改變。所以大正十年（1921）一月，青木正兒在雜誌《支那學》第一卷第五號中，發表了〈本邦支那學革新の第一步〉一文，文中說道：

> 兩百多年前，亦即在從前的正德年間（1711-1715），徂徠業已道破漢字的教授方法，首先不得不始自支那語。……此種主張今日看來，當然是一不足為貴的論調，但在那個時代，實在是一天馬行空的論調。是的，徂徠的主張在現在，是一平凡的說法，然而過去的兩百年，卻仍未見其說被加以實現，這又是何等奇怪。……上述徂徠的主張，很慚愧地，在現代，仍不失為我國革新支那學研究方法的第一步。[99]

---

98 有關荻生徂徠古文辭的主張，請參閱拙作：〈荻生徂徠的言語觀──何謂「古文辭」〉，收入笠征教授華甲紀念論文集編輯委員會編：《笠征教授華甲紀念論文集》（臺北：臺灣學生書局，2001 年），頁 153-186。

99 青木正兒：〈本邦支那學革新の第一步〉，《支那學》第 1 卷第 5 號（1921 年 1

其實，我們今天由十二卷《支那學》雜誌所揭載的論文看來，絕大多數的「支那學」家，都積極地想去改良漢學，特別是江戶以來那些沿襲已久，但在「支那學」家眼中，卻是漢學近代化的障礙，他們都呼籲要盡快捨棄。其中，「訓讀」這一漢文閱讀法，常是被關注的焦點。

青木正兒呼籲要：「無論如何，由上而下以中文發音來閱讀，乃當下之急務。」[100]青木正兒所持的理由是：

一、在讀書時，用訓讀很費事，無法和支那人一樣快速閱讀。

二、訓讀有害於瞭解支那固有的文法。

三、訓讀會產生不正確的文義理解。[101]

明治以來，日本學者除了自西洋攝取人文科學的研究法以外，並對江戶以來兩極化的中國學習法提出疑問，捨棄訓讀，直接以「支那音」閱讀漢文典籍的呼聲，在近代也由青木正兒首先提出。青木正兒的此種批判，我們可以說這是近代日本學者對徂徠的再評價與發現，而狩野直喜在某種程度上則可說是將之身體力行。

3 武內義雄對狩野直喜為學法的繼承

傳承在某種意義上來說，就是在建構。狩野所提倡的新漢學──支那學，在其弟子武內義雄和吉川幸次郎身上，皆可發現有所承繼，有所開創。在藉由比較狩野直喜與武內義雄的學問有何關聯連之前，首先可從武內所主張的具體研究方法中來看。武內說：

月），頁 1-2。

100 青木正兒：〈本邦支那學革新の第一步〉，《支那學》第 1 卷第 5 號（1921 年 1 月），頁 15。

101 青木正兒：〈本邦支那學革新の第一步〉，《支那學》第 1 卷第 5 號（1921 年 1 月），頁 9-11。

其（Leibnitz 1646-1716）乃採用支那思想，亦即東洋想法以改造西洋思想的先覺者。大拙翁（鈴木大拙）所說的以東洋式的思考打破歐美思想的困局一事，乃是將十八世紀已然施行的前人足跡，今天再次重新實行。而此事乃吾等從事東洋學者之使命、責任。……我深切期望年輕學者們於完成此輝煌事業上無有躁進，切實穩固其基礎向前邁進。針對此事，首務之急，不可不由正確解讀支那文獻開始。為求得以正確理解文獻，首先不可不由通小學始。因所有文獻皆以文字寫成，通曉文字較任何事而言當為急務。而此通曉文字是為通小學，小學即文字之學問也。……文字之意義隨時代變化，古來文獻中所出現的用例，較其原義，被使用者多是其轉化意義。因而讀書時，必須不拘泥原義，而把握其轉化義。又把握此轉化義之關鍵在歸納，歸納同時代文獻之用例，以把握正確之轉化義。善用此方法之最卓越者，乃高郵王氏之學問。……然此研究方法，非獨王氏專擅，我國先儒中亦可見其例，如徂徠先生乃其中之一人。……所謂古文辭者雖為作文章之標準，然就其研究法看來，畢竟在歸納同時代同種類之文獻。徂徠之《論語徵》、《弁道》、《弁名》等皆此古文辭，亦即歸納古文辭而得到之結論，與高郵王氏之學如出一轍。以是王氏之結論與徂徠之研究，往往有合符節之處。如王引之之《經義述聞》中，有考證「物」字有「法則」之意，而徂徠《弁名・下》中亦有所謂：「物者教之條件也」。說「法則」、說「條件」，其語雖異，畢竟是道德法則，又意味著聖人之教條，結論為同。……格物者，讀六經以解聖人之教條，如此方可致知。此乃徂徠先生之研究畢竟由歸納法來，為與王氏之研究法一致之一例。……閱讀古典之際，在歸納古典之用例而求歸納結果，如同讀朱子書之際，當

收集朱子《文集》、《語錄》之用例而把握其意義；讀原典之際，
當歸納原典之用例以研究之，吾深切期望藉由歸納各時代之用
例，東洋文獻得以被正確解讀。而在得出正確而無可動搖之結
論時，終於可以提供打破歐美思想困局之資料。別徒求先出風
頭，而採取以歐美思想來說明東洋文獻之安易作法，始終立足
於歸納式的研究，成就不朽之成果，此乃吾對關西大學之東洋
文學科之期待。[102]

　　武內義雄此種以正確解讀文獻為東洋學之基礎的主張，等同本文
前述狩野直喜所謂的「本文批評」。而其所謂歸納「轉化義」之法，則
與狩野所謂教義之變遷的「歷史性研究」相同。至於狩野所說的「比
較性研究」，武內則將之發展為研究出東洋學問中顛撲不破的結論（或
說真理），即可資西方思想借鏡。武內在此似乎預言了西方思想的侷
限，終得靠東洋的價值來紓困。

　　以下再就具體例證，說明狩野與武內兩師生在新漢學建構上的承
繼與發展。

　　一、狩野以為：中國重外在形式之儒教；日本重內在修養之儒
教。[103]因為德川時代的儒教，學的並非中國的制度，與中國文明無關；
而是儒教的精神。[104]此乃因為中國為科舉而學，此亦中日儒學差異的
主因。[105]再有一原因是中日家族關係的不同。[106]武內義雄則舉富永仲

---

102 武內義雄：〈東洋學の使命〉，《武內義雄全集・儒教篇三》，第 4 卷，頁 372-
　　376。
103 狩野直喜：〈清國雜感〉，《讀書纂餘》，頁 365。
104 狩野直喜：〈論語研究の方法に就て〉，《支那學文藪》，頁 107。
105 狩野直喜：〈支那人の通俗道德及び宗教思想〉，《讀書纂餘》，頁 198。
106 狩野直喜：〈清國雜感〉，《讀書纂餘》，頁 365。

基之說，以為中日文化之差異，乃在中國好「文」；日本好「質」[107]，兩人說法可謂一致。

二、狩野對江戶儒者之評價，特別看重仁齋、徂徠。[108]另外則推崇標舉中井履軒（1732-1817）。[109]狩野除了說履軒為學有一己之創見外，還強調其與清儒之見解一致。針對狩野此種評價，日後武內義雄則是針對徂徠之為學法同高郵王氏父子，且結論多不謀而合一事，特別予以評價。至於武內雖也極度推崇中井履軒，然相對於狩野強調履軒之學未受清朝考證學影響，武內則更強調中井履軒將仁齋重視「忠信」的儒學觀點，轉為重「誠」的主張，實使「日本化」的儒學有了更進一步的發展。另外狩野也與武內一樣稱讚山井鼎受清儒肯定，更宣揚山井鼎（1690-1728）之校勘為學方法。[110]惟狩野在此之上更呼籲要向外國人介紹日本與日本學術，以振興國譽。[111]

三、兩人雖皆強調中日儒學有異，也試圖積極提倡新為學法，但是狩野仍以儒學道德為其對學子之期待，例如其於大正十三年（1923）四月二十日出席慶祝《學友會誌》出版之「御大典紀念號」的大會上就說：「尚廉恥、重禮讓、養剛健不屈之氣象，排一切柔儒浮靡之陋習，常以理想為大，勿汲汲於目前之得失。」[112]狩野以此來勉勵學生與眾人。此舉與武內義雄始終強調日本固有之精神的「忠信」，頗有異曲同工之妙，惟狩野似乎少掉了許多政治味。[113]

---

107 武內義雄：〈儒教の精神〉，《武內義雄全集・儒教篇三》，第 4 卷，頁 5-135。

108 狩野直喜：〈古今學變札記〉，《讀書籑餘》，頁 369。

109 狩野直喜：〈履軒先生の經學〉，《讀書籑餘》，頁 407。

110 詳參〈論語研究の方法に就て〉，《支那學文藪》，頁 119，及〈山井鼎と七經孟子考文補遺〉一文，《支那學文藪》，頁 120-139。

111 狩野直喜：〈漫遊視察談〉，《支那學文藪》，頁 344。

112 狩野直喜：〈現今の大學生に對する希望〉，《讀書籑餘》，頁 469。

113 此由狩野直喜在向大正、昭和兩天皇進講儒學時，仍能直諫天皇一事，亦可得到

　　四、狩野說宜利用日本古寫本來互校文字異同以研究《論語》，武內則是在山井鼎《七經孟子考文》的基礎上，善用日本古抄本來校勘典籍，成就其《論語》研究。其中，例如兩人同時舉了〈學而篇〉中「有子曰：孝弟也者，其為仁之本與」的例子，而來說明日本古抄本多無「為」字，進而究明由於「為」字之有無，所導致的經義上差異的懸殊。[114]

　　五、狩野因為主張從六經、孔子教諭、諸子之學中，便可看出中國學問共同之特色，而此中國哲學之特色，正是與西洋哲學相異之處。[115]所以，狩野反對「只以純粹理論來解釋中國的學問」[116]強調：「中國之哲學思想基本上與西洋或印度思想相異，所以若以其有一言半句相類似者，而直接將之比較相結合時，將招致大謬誤。」[117]狩野於是撰寫《中國哲學史》一書，從孔子以前的中國思想到清代的學術思想，就各個時代、各個學者，檢討其對某部經典、某個問題，何以看法解釋不一之理由，以及經典解釋不同所造成的學說差異為何？或是學者之學說依據的經典不同，所造成的學說差異情形又如何。

　　　證明。詳參丸谷才一、木村尚三郎、山崎正和：〈衣食足りて、礼樂の再発現〉，《文藝春秋》62 卷 13 號（1984 年 12 月），頁 308-310。

114 詳參狩野直喜：〈論語研究の方法に就いて〉，《支那學文藪》，頁 111-112。武內義雄：《論語》，《武內義雄全集・儒教篇一》（東京：角川書店，1978 年），第 2 卷，頁 139。

115 詳參狩野直喜：〈第一編　總論〉，《中國哲學史》（東京：岩波書店，1971 年 6 月），頁 7。

116 狩野直喜：〈第一編　總論〉，《中國哲學史》，頁 4。

117 狩野直喜：〈第一篇　總論〉，《中國哲學史》，頁 24。吉川幸次郎日後曾說：「狩野直喜在東大求學時，東京大學最主流的教授為井上哲次郎。井上哲次郎的講義（授課內容）雖號稱為東、西融合，但卻只是觸及中國思想的表面，狩野感到其學簡單又粗略。」參見吉川幸次郎：〈解說〉，狩野直喜：《支那文學史》，頁 467。

　　然而武內義雄的《中國思想史》[118]一書，則誠如其自己在該書序文中所說的：

　　　　維新以後，此類著作出現數種，其中多數詳於學者之傳記與著
　　　　書之解題，然於探尋思想推移之跡則有不便之感。吾於此書之
　　　　中，認為應特別闡明思想變遷之過程，結果在盡可能簡化傳記
　　　　與解題的同時，歷來被此類著作置之度外的經學的變遷與佛教
　　　　的影響亦有所論及。[119]

武內義雄是從一種歷史觀點，而來闡明思想本身的推移發展樣貌，在
此種企圖下，其所追求的乃是對思想本身進行歷史性的考察，可說樹
立了日本學界的中國思想史學。蓋武內舉出中國思想中既有的觀念和
用語，並深入分析解明其意義內容，接著仔細推敲順著時代的推移而
出現的新用語、新概念之新意義，另外就同一用語的意涵演變亦進行
說明。武內此種研究手法，又比同樣重視文獻學方法的狩野直喜更確
實地往前邁進一步。武內此書也在三年後的民國二十八年（1939），由
江馥泉（江俠庵？-？）先生翻譯成《中國哲學思想史》一書，由商
務印書館出版。蓋武內為了闡明思想變遷之過程，故而注意到了「經
學的變遷」與「佛教的影響」。其對經學的變遷所作的研究，後來則寫
成了《中國經學史》一書。[120]由此，吾人似乎亦可看出武內的中國哲

---

118 本書原本是為岩波書店所刊行的岩波講座「哲學」而寫成的專書，戰前出版時原
　　書名為《支那哲學史》，於昭和十一年（1936）五月，作為「岩波全書」第七十三
　　冊問世。戰後經過修正增補，改版時則以《中國思想史》一名問世。
119 武內義雄：《武內義雄全集・思想史篇一》（東京：角川書店，1978 年），第 8 卷，
　　頁 8。
120 該書乃武內義雄於東北大學文學部授課時的講義。由昭和二年（1927）四月開始

學史、中國思想史之史觀。

武內於《中國經學史》〈序論〉中說：

> 儒教乃支那文化之中心，支那哲學思想以儒教為代表。……儒
> 教由儒教之經典所決定，其經典解釋以及其看待經典態度的變
> 遷，表示出其間思想之變遷。[121]

> 藉由瞭解經學之變遷，亦可窺探出思想之變遷。……事實上，
> 欲理解支那思想文化之變遷，與其藉由哲學史，毋寧是在眺望
> 經學史之形態時，更能瞭解真相。明治維新以來，在說明支那
> 文化這一問題上，亦學西洋式的形式，雖出現了哲學史形式的
> 著述和書籍，卻幾乎無經學史之著述。[122]

武內此種所謂沒有抽離掉經學史的中國思想史研究的這一看法，
恰與狩野直喜於《中國哲學史》〈第一編總論〉中所提示的：中國古典
的研究方法首重「本文研究」（又分文本批評、訓詁、校勘三者）和「教
義研究」二者，同時又另立一章說明目錄學之重要性的，此種重視資
料文獻之琢磨的觀點，亦即無經學史便無思想史的主張不謀而合。由
此看來，狩野和武內似乎都在某種程度上對所謂的「中國哲學」或「中
國哲學史」抱有疑惑。其實狩野和武內此種以經學史來論儒學史或中

著述，之後又於昭和十七年（1942）到昭和十九年（1944）講授，時代只論述至
東漢末。至於東漢以後至清朝的經學史之講授，乃自終戰後的昭和二十年（1945）
十月開始，但並未收入本書中。

121 武內義雄：〈序論〉，《中國經學史》，《武內義雄全集‧思想篇一》，第 8 卷，頁
328。

122 武內義雄：〈序論〉，《中國經學史》，頁 331。

國思想史的論述立場，在前文提及的安井小太郎之《本邦儒學史》的撰寫，亦可看出其一致性。[123]

六、狩野直喜於昭和六年（1931）十月的《懷德》十號，發表了〈孝の話〉一文，其中狩野直喜雖也認為：「若由日本之國體來思考，則所謂忠孝一致者，此乃我國道德之根本，終究不可不將之加諸於法制上。」[124]但狩野最後則強調：「我並不是說要原原本本施行支那之制度，但現今的日本還是應該多少添加進一些孝道，否則我國之所謂良美風俗者，亦將亡滅。」[125]筆者以為狩野此番論點，一定程度意謂著：儒學倫理亦須隨時地而有所改良。而此種觀點武內亦有所承繼。武內義雄曾說：「儒教就其經典方面，抑或在其理想人格者之聖人方面，皆與時俱移，無有一定。」[126]武內此種認定，也是宣告了儒學與漢學須隨時調整的必然性與必要性。

4 武內義雄學問對江戶儒學的承繼與開創

除了師承狩野直喜之為學法外，武內亦在江戶儒者的既有成就上加以開創。這也讓武內的學術傳統，可以上溯到江戶儒學這一「日本化」的儒學。

江戶以還，隨著朱子學的興盛，《中庸》亦受到日本學者相當的尊重。而此種情形即使進入大正、昭和初期的近代日本亦沒有太大的改變。武內義雄的疑經態度，使其在《中庸》研究上有些重大發現。而武內義雄的《中庸》研究，乃立足於仁齋的《中庸》研究之基礎上

---

123 關於中國哲學不可脫離經典而來立論這一觀點，武內義雄於〈日本の儒教〉一文中亦有論及，詳見該文頁 415。

124 狩野直喜：〈孝の話〉，《讀書籑餘》，頁 272。

125 狩野直喜：〈孝の話〉，《讀書籑餘》，頁 272。

126 武內義雄：〈敘說〉，《儒教の倫理》，《武內義雄全集・儒教篇一》，第 2 卷，頁 9。

而來推進之。武內義雄從梁朝沈約之說，以為《中庸》與《禮記》中相繼收錄的〈坊記〉、〈表記〉、〈緇衣〉等三篇，乃是自漢以來至北宋時期為止，當時仍存在的《子思子》之殘本。因為北宋以來雖有懷疑《中庸》之說出現，但武內則特別表彰伊藤仁齋所謂：《中庸》乃《中庸》本書和後儒增添而成書的這一論斷。並在仁齋之說上加以修正，武內解說道：朱子《中庸章句》的第二章到第二十章開頭為《中庸》本書，而首章及第二十章的「五達道」以下，則是存於漢代的《中庸說》的錯簡，為敷衍《中庸》之物。武內以為〈坊記〉、〈表記〉、〈緇衣〉三篇乃子思門人等集錄子思語錄而成；《中庸》本書則是子思祖述孔子之政治道德，於形式上，則具體以孝道來闡說「中」，語錄則分別說以仁、忠、敬、禮，此為《中庸》本書到《中庸說》的一種過渡，《中庸說》繼承之而展開所謂的「誠」的哲學。另外，論及《中庸說》之成書，武內論證當在秦始皇時。

　　武內義雄此種二分《中庸》為《中庸》本書和《中庸說》的論點，在當時普遍獲得認同而成為學界定論，如馮友蘭（1895-1990）先生亦持相同看法。《易と中庸の研究》一書雖是年昭和十八年（1943）六月出版，但武內於數年前已於東北帝國大學講授此課程，此種個人見解與馮友蘭之看法不謀而合這點，此應可視為是武內義雄基於江戶儒學的傳統而更進一步加以開創，進而與「本家的」（中國的）學者達到了同一水平。[127]

---

127 針對武內義雄的《中庸》研究，本田濟以為：「以《易》中「中」之術語頻出的原故，而直接斷定其與《中庸》有關，不免會令人感到有些危懼。」詳見本田濟：〈解說〉，《武內義雄全集・儒教篇三》，第 4 卷，頁 440。近來淺野裕一先生亦就郭店楚簡等出土資料，對武內義雄以來日本古代中國思想史研究成果提出檢討。相關資料可參閱氏著：〈戰國楚簡《周易》について〉，《中國研究集刊》第 29 號（2001 年 12 月），頁 3122-3130、〈郭店楚簡〈緇衣〉の思想史的意義〉，《集刊東

　　除了仁齋以外，武內義雄亦於伊藤東涯（1670-1736）所謂：《易》
〈十翼〉為孟子以後之作；以及大阪商人學者山片蟠桃（1748-1821）
所謂《易》分四段的基礎上，進一步推進《易經》研究。[128]並於荻生
徂徠以歸納法解古語的基礎上，強調為學必須先治小學，並進而掌握
文字語詞於歷代發展而成的「轉化義」。[129]再立足於山井鼎（1681-
1728）《七經孟子考文》的研究基礎上，善用日本古抄本來校勘典籍，
成就其《論語》研究。[130]

5 吉川幸次郎對狩野直喜為學法的繼承

　　小川環樹（1910-1993）於〈吉川博士の學問の特色〉[131]文中說：

　　　據聞博士（吉川幸次郎）之師狩野君山先生，嘗自稱為「考證
　　　學者」。吉川博士乃善紹先師之學，而光大之人也。[132]

然而所謂「考證學者」，究竟是從事何種學問呢？吉川幸次郎自己如下

　　　洋學》第 83 號（2001 年 11 月），頁 1-20。以及其於二〇〇三年十二月二十九日
　　　於中央研究院中國文哲研究所演講之〈戰國楚簡與古代中國思想之再檢討〉一文。
　　　該文後收入竹田健二：《平成十二年～平成十五年度科學研究費補助金 基盤研究
　　　（B）（一）研究成果報告書 戰國楚系文字資料の研究》，島根：島根縣大學教育
　　　學部，2004 年，頁 135-142。

128 參考武內義雄：《武內義雄全集・儒教三》，第 4 卷，頁 117-118，以及《易と中
　　　庸の研究》，《武內義雄全集・儒教二》，第 3 卷，頁 118-121。

129 詳參武內義雄：〈東洋學の使命〉，《武內義雄全集・儒教篇三》，第 4 卷，頁 373-
　　　376。

130 可參考武內義雄：《論語》，《武內義雄全集・儒教篇一》，第 2 卷，頁 132-134。

131 該文先是發表於一九八一年一月的《東方學》第六十一輯，日後於一九八七年一
　　　月再度刊載於《談往閒語》（東京：筑摩書店），後收入《小川環樹著作集》（東京：
　　　筑摩書店，1997 年），第 5 卷。

132 小川環樹：〈吉川博士の學問の特色〉，《小川環樹著作集》，第 5 卷，頁 319。

說道：

> 「正義」（指《五經正義》）之所志，在解決「經」與「經」之
> 間的矛盾。然而作為此種前提，「正義」必須對「經」的每一
> 個語言，加上極為精細的檢討。亦即，首先對於每一個語言，
> 必須調查其慣用例，探索其應該是在何種意義方向上；而具有
> 此種意義的語言背後，則應該設想其是在何種事實情況下才具
> 有此種語意；進而設想說此話語者的心理，究竟是何種心理？
> 上述諸事，須一一仔細檢討。其結果為：於其中可以看出以語
> 言為資料的人類學之成立。畢竟，支那的訓詁學，在這層意義
> 上，我以為其具有做為人類學的性質。而《五經正義》所代表
> 的中世之「經學」，我以為其甚為顯著地展現出此種支那訓詁
> 學的特質。[133]

吉川幸次郎又說：

> 清朝學問之特徵，是以朱子和陽明所提倡之解釋，反省其多有
> 不妥當之部分，並以此為動機，抱持所謂：「經」者道理之依
> 歸，然為到達此「經」所示之道理，則不得不抱持就其語言之
> 所示而來讀「經」這一態度。……榮盛於六朝時代，作為人類
> 學的訓詁學之態度，其於清朝之學問中，再次活潑的作用。而
> 且六朝「正義」之學問，議論往往有所謂流於奇矯之弊害；但
> 清朝之訓詁學，只是受到宋學者教導其「理」之存在而已，故

---

133 吉川幸次郎：《支那人の古典とその生活》（東京：岩波書店，1944 年），後收入
　　《吉川幸次郎全集》（東京：筑摩書房，1968 年），第 2 卷，頁 321。

還能常保普遍妥當之方向。至少戴震、段玉裁此等最優秀之人
便如此。清朝之學問，只因在次序上是支那最晚出之學問，然
我以為其畢竟是過去支那的學問中，最為進步者。[134]

　　前段引文中所提的滙集語詞用例以斷定字義的作法，既同於武內
義雄，也與狩野直喜主張明辨同一語彙之語意變遷這一主張，互為一
體兩面。而吉川所謂探索語言背後之事實，進而探討說話者之心理的
訴求，無非就是狩野所說的「貼近中國原本之價值」[135]。至於後段引
文中吉川幸次郎對清朝考證學的推崇，與狩野、武內一樣，乃是取法
漢、唐、清代，以訓詁文獻學為其為學研究之基本方法，故也重實
證，實事求是。吉川便在此文獻訓詁的基礎上，透過文學而來從事中
國精神史之研究。以下舉例說明吉川幸次郎是如何藉由嚴謹的細部考
證以具體捕捉到詩語的意象。

　　吉川幸次郎在解讀王昌齡（698-756）〈芙蓉樓送辛漸〉詩中第二
句的「平明送客楚山孤」最初二字的「平明」時，因為考證出《荀子》
中所引「平明」一詞，和《新序》所引「平旦」同義，而《左傳・昭
公五年》注中，杜預注「平旦」乃寅時，亦即雞鳴後，日出之前的時
刻。吉川由此導出所謂：「平明者，天地示其蘇生之姿予人，乃潔淨之
時間。」吉川基於上述字義考證認為：由於「平明」一語帶有「潔淨」
的語感，所以便使得全詩透露著一股「清冽」的感覺。[136]吉川藉用考

134　吉川幸次郎：《支那人の古典とその生活》，《吉川幸次郎全集》，第 2 卷，頁 332-
　　 333。

135　吉川幸次郎：〈解說〉，狩野直喜：《支那文學史》，頁 464。

136　藉由訓詁考證以掌握詩句之具體意象的作法，例證繁多，請參閱吉川幸次郎：《唐
　　 代の詩と散文》（東京：弘文堂書房，1948 年）。另外有關吉川幸次郎之生平事蹟
　　 及學風，可參閱興膳宏：〈吉川幸次郎〉，礪波護、藤井讓治編：《京大東洋學の

證的支持，使得抽象的詩語言意象，不再只是流於虛象的形容詞描述，而是從具體景象的描繪中，取得生活經驗上的共通感覺。

五　結語：失落的主體

　　前述近代日本中國學者透過儒學論述、撰寫儒學史以及建構新為學法等嘗試，所企圖建構的所謂「日本儒學」的主體性，在彼等努力之後是否已然確立？蓋江戶時代的近世「日本儒學」[137]與近代日本的斷絕，若從表面上來看，當然與新教育制度的設置，「昌平黌」被廢置；「廢藩置縣」的行政改革，「藩校」亦被廢止等原因有很大的關係。另外，碩學鴻儒在明治初年漸次凋零也不無影響。然而真正使近代日本離棄近世「日本儒學」的主因，恐怕導因於明治漢學者們自明治初年至明治中期，致力企圖收復漢學勢力版圖所造成的事與願違的憾事。漢學先生們所倡導的「儒學道德」，亦即「忠」優於「孝」的此種相當日本式的臣民道德觀，基本上是近世「日本儒學」中相對邊緣的水戶學派或是本居宣長、平田篤胤等國學者的主張。問題在於漢學者們為了在倫理道德領域中確保自身的存在，主動放棄了近世「日本儒學」所發展而來的種種社會、政治、經濟、乃至哲學、文學、藝術等各方面的議題。這同時也侷限了近代日本在評價近世「日本儒學」時的視野。結果近代日本漢學者對近世「日本儒學」的觀察，恐怕多是

　　百年》，頁 251-288；連清吉：《杜甫千年之後的異國知己》，臺北：臺灣學生書局，2015 年。

137 服部宇之吉曾說：「所謂日本儒學史一語有二義。一是儒學於日本的歷史；另一個是日本的儒學歷史。」（見安井小太郎：〈序〉，《日本儒學史》，東京：富山房，1939 年，頁 1）。筆者此處所謂的「日本儒學」，乃服部宇之吉所說的第二義，即日本的儒學歷史。

片面的。

　　支那學者狩野直喜，雖然遠離近代日本的「漢學」研究，取法西歐的「支那學」（或者說「中國學」），並立足於清朝考證學。但誠如「支那」一詞所顯示的，其研究對象基本上是被限定在中國，就這層意義而言，近世「日本儒學」是一被排斥於「支那學」之外的非主要研究對象。事實上明治日本對近世「日本儒學」的相對欠缺關心，吾人只要從明治三〇年代以來，大部頭「漢」籍叢書如《漢籍國字解全書》、《校注漢文叢書》、《漢文叢書》、《和譯漢文叢書》、《漢文大成》到《漢文大系》的陸續出現；而有關近世「日本儒學」的叢書，在明治年間，則只有內藤恥叟校訂的《日本文庫》（東京：博文館，明治二十四、二十五年〔1891、1892〕）十二冊，以及井上哲次郎、蟹江義丸（1872-1904）合編的《日本倫理彙編》（東京：育成會，明治三十四至三十六年〔1901-1903〕）十冊兩種而已，便可得到印證。即使大正、昭和之交，近世「日本儒學」之相關叢書開始陸續出現，江戶儒者的全集也前後出版，然而這些多是政府基於某種非學術研究，諸如發揚本國精神，彰顯先賢、傳承傳統等相對「非學術」動機意圖下問世，結果「日本儒學」始終未能成為一真正的研究對象。

　　繼狩野直喜之後，武內義雄作為一「支那學」之繼承者，其初試啼聲對近世「日本儒學」進行思考研究的結果，便是《日本の儒教》一書的問世。[138]武內義雄在其「支那學」研究的基礎上判定日本近世的儒學，雖以朱子學開始，然伊藤仁齋出現後，其否定四書中《大學》、《中庸》，而以《論語》和孔子家法乃在「忠信」二字，江戶日

---

138 收入《儒教の精神》（東京：岩波書店，1939 年），前半為中國部分，後半為日本部分。前半中國的部分乃基於一九二八年的〈儒學思潮〉一文添削而成。後再加進《日本の儒教》以成《儒教の精神》一書，現收入《武內義雄全集・儒教篇三》，第 4 卷。

本儒學至此確立「忠信主義」。到了大阪懷德堂朱子學，則再度肯定《中庸》而提出「誠主義」。武內義雄根據其觀察出的江戶儒學發展，得到所謂此乃因日本人具有較高的德行這種結論。[139]相較於明治以來，漢學先生多以山崎闇齋或水戶學派的藤田幽谷（1774-1826）、會澤正志齋來倡導尊皇的國家主義，武內卻選擇了古學派到懷德堂朱子學，縱使這中間與其師承、為學不無關係，然真可說是有其學術眼光獨到之處，可惜其最終還是以所謂「日本固有」之道德作結論，結果武內曇花一現的對近世「日本儒學」的關懷，終因政治意識形態的干擾，或說是因其積極想強調「日本化」儒學的優越性，結果使得近世「日本儒學」，成為一利用素材；而非研究對象。

　　至於津田左右吉出現的大正時期，正是近代日本開始開拓所謂「日本思想」這一研究領域的時期。而為了這嶄新的研究領域，新方法的提出乃當務之急。故研究方法的確立，其重要性似乎遠勝於研究內容的選取。事實上不只津田左右吉，同時代的村岡典嗣（1884-1946）、和辻哲郎（1889-1960），都不是原原本本地應用西歐的哲學而來研究「日本思想」，就如同津田左右吉是從「文學」去看日本人特有的生活與氛圍[140]；村岡典嗣則是透過「宗教」；和辻哲郎則藉由「美術」來討論所謂的「日本思想」。因此我們也可以知道當津田在批判儒學未曾存在過日本人的生活中時，其有相當程度是將問題意識放在方法論上的。特別是津田所說的「國民」，似乎便已清楚限定在是以近代

---

139 武內義雄認為中國儒學乃是由所謂實踐道德，而後往往依據經典解釋而來的哲學發展，其中古代中國的儒學乃以《易》和《中庸》為核心而展開，宋明則以四書為核心而建立其哲學思想。

140 詳參津田左右吉從一九一六年到一九二一年，其一系列以〈文學に現はれる我が國民思想の研究〉為題的研究，後收入《津田左右吉全集 別卷》第二卷至第五卷。

日本人為其對象。也就是說近代日本人所共同具有的、所可能理解的，就是津田所謂的「國民思想」，而其他的就被摒斥在外。津田此種主張的前提，便是只有「自古以來」便存在的日本思想，才有可能是「近代」日本人也都瞭解的。如此一來，不只是儒學，連佛教、基督教也都被排除在外。事實上，日本自大正到終戰為止有關「日本思想」的研究，在解說日本一切與西歐近代有關聯的事物、現象時，基本上多將問題焦點放在所謂是：日本社會「自古以來」的某種時代性變遷。結果導致「日本思想」必須是日本「固有」的。則儒學這一與亞洲有所關聯，而且是外來的思想，豈非變成了是一與日本思想本質無關的、在研究對象之外的事物。[141]

如上所述，近代日本中國學者透過對儒學進行論述，而重新凝視、反思儒學，企圖重新建構新漢學的過程中，即便彼等或許確立了其當初所欲追求的某種主體性，然而非常弔詭的是，結果彼等居然也在一定程度上失落了近世「日本儒學」這個主體。

本文係筆者執行行政院國家科學委員會計畫「竹添光鴻《論語會箋》解經法之研究」（NSC92-2420-H-224-005-）之部分研究成果，初稿於二〇〇三年十一月八日，發表於臺灣大學日本文學系主辦之「第二屆日本漢學國際學術研討會」。

原收入臺灣大學日本文學系主編：《第二屆日本漢學國際學術研討會論文集》（臺北：臺灣大學日本文學系，2004 年）；後載於《國際漢學論叢》第 2 輯（2005 年 2 月），頁 117-173。

---

141 有關明治維新以來，近世「日本漢學」研究遭閒置一事，相關研究可參考澤井啟一〈第一章〈日本〉という閉止域「日本儒學」研究をめぐって〉，《〈記号〉としての儒學》（東京：光芒社，2000 年），頁 17-47。

第九章　結論

　　透過本書之考察研究，吾人可以得知自古以來至近代終戰為止，日本儒學不僅以各種形態介入政治、道德、教育層面，亦不斷參與建構大和民族之自我認同，乃至輔翼宣揚日本軍國主義！日本儒學在社會實踐方面的嘗試摸索，其間經歷「援用儒學」、「改造儒學」、「曲解儒學」到「反思儒學」，而最終走向純粹學術研究，一言以蔽之的「日本儒學」，彷彿一位千面郎君。本書試圖從各個面向而來剖析日本儒學之社會實踐的可能樣相，全書共九章，除了第一章緒論與本章結論之外，其他七章內容中，第二章試圖考察儒學在日本如何介入《憲法十七條》的頒訂，使得脫離「中國」文本上下語境脈絡的儒典語詞、文句，在日本的歷史文化、政治社會脈絡中被化用為日式儒學道德觀。亦即，本章藉由考察《憲法十七條》對儒典的採借、化用例證，不僅可以描繪出儒典於異地日本的傳播實況，亦可闡明儒家「經典」究竟是透過何種途徑而獲得其在日本傳播的異地權威性。

　　第三章則藉由考察熊澤蕃山《女子訓》對《詩經》〈周南〉、〈召南〉的援引情形，試圖說明儒家禮教觀如何提供江戶時代日本女德養成的理論根據，進而將之與鮮儒李瀷《詩經疾書》中的〈二南〉解釋作比較，藉以闡明江戶日本與朝鮮韓國，兩國在儒家禮教觀影響下的「女德」教育之異同。第四章是透過豬飼敬所《操觚正名》一書中，其批駁徂徠古文辭學派學者一味擬漢模唐，導致日本國族自我立場、主體性喪失。豬飼敬所故而以「徵經考證」法以破「古文辭」法，試圖導正江戶儒者風氣，正名撥亂。本章主要在探討儒學如何支援日本儒者形構其所謂「尊皇敬幕」之思想，乃至一路往「華夷變態」論調發展。

　　第五章、第六章乃藉由江戶時代的兩座孔廟——「湯島聖堂」與「多久聖廟」，而來觀察近世日本之江戶幕府與地方政權，如何於江戶時代初期、中期階段，藉由興建孔廟一事，而來發展儒學、振興儒學。第七章、第八章基本上聚焦於戰前東京大學與京都大學兩大學術陣營，首先第七章探討儒學在政治力、軍事力過渡干擾左右之下，前者為了護翼軍國主義，如何藉由改造儒學而導致儒學之變異發展。與此相對的，第八章則梳理近代日本學者如何藉由連續傚效反思儒學這一問題意識，透過一連串的承繼論述，根據某些特定文獻而來界定「儒」之定義、身分、職稱，乃至儒家學派之形成。此種儒學反思並非僅止於在儒學發展史上，進行資料文獻層面的始源、史源性的探索，其同時還是近代日本漢學在承繼江戶傳統漢學的基礎上，進一步從事近代轉型過程中的學術源頭追溯。換言之，近代日本漢學研究正是在此種追溯傳統儒學發展源起與發展脈絡的需求中，重新被論述與建構。

　　以下且就本書第二章至第八章各章之主要研究視角、問題意識，以及研究所得，擇要總結說明如下：

第二章　儒典採借與和魂形構——
以《憲法十七條》之用典、化典所作之考察

　　歷來針對所謂由聖德太子於隋唐時期所制定的《憲法十七條》之研究，多有從考察其採借、援用儒典等漢籍之情形，而來闡述論證聖德太子之儒學思想。然一言以蔽之的所謂「出典」、「用典」，歷來研究者並未提供一個確切定義，以說明其判斷某條《憲法十七條》之語句出自某本漢籍的準據究竟為何。筆者有鑒於此，遂主張以錢鍾書（1910-1998）《談藝錄》中論及有關王荊公用韓昌黎詩典之法，亦即以所謂：「語典」、「意典」、「勢典」，作為斷定《憲法十七條》採借漢籍之判準。又筆者以為「語典」者，乃詞彙之所從出也；「意典」者，乃理心之所

貫通也；「勢典」者，乃句式之所仿效也。本章以此為準據，主要以《憲法十七條》中首條憲法為例，考察《憲法十七條》採借、援引《論語》等漢籍之情形、方法，試圖客觀說明其用典情形。指出：「語典」、「勢典」同，則「意典」多同；而「勢典」同則「意典」、「語典」或有改易；又「意典」同則「語典」、「勢典」或有改易。唯《憲法十七條》對儒典等漢籍之採借，亦有「語典」、「勢典」同但「意典」卻有出入者，甚或「語典」、「勢典」截然相異，但「意典」符合者，筆者主張此種情形或可將之視為「化典」。

本章後半更進一步釐清此種具有複雜結構的漢籍語句之採借法，其實是為了形塑所謂天皇獨尊、萬世一系之特殊日本「國體」，收束日本臣民之忠誠以指向於擬血源關係之父祖的天皇，強調「背公忘私」、「忠孝一致」的道德價值，達成在外來文化對顯下，主動覺察所謂日本之所以為日本的「和魂漢才」意識，以確立日本的主體認識與自我定位，而聖德太子恰好就是「和魂漢才」的典型代表。只是當醞釀一千二百餘年的「大和魂」全然與「漢才」合而為一，且相當於「和魂漢才」之總體時，「和魂漢才」於是成為一種兼具中日雙重文化結構的複雜儒學式價值意識，其在近代日本被稱為「東洋精神」。而當此「和魂漢才」歷經近代化而成為明治日本舉國之「全民思想運動」的「大和魂」／「東洋精神」，進一步與「洋才」結合後，此原始出於採借儒學、師法漢土，如今已然變異，且以「東洋精神」文化代表國自居的「和魂洋才」，終於不得不與中國本土儒學交鋒，淪為支撐軍國主義之口號。

最後本章則從《憲法十七條》採借儒典的作法，說明儒典的異地權威化其實與經典之所以成立的條件有關，並從歷來對聖德太子的兩極評價，說明日本儒學／漢文學與生俱來的宿命性雙重性格，就在其既中國又日本、既日本又中國的特性。因此筆者提醒：吾人在研究日本或者東亞儒學／漢文學時，必須對此雙重性格嚴肅以待，因設若有人只選擇從

日本，或是選擇只從中國，乃至選擇只從韓國或越南此種單一立場，而來看待、研究日本儒學、日本漢文學；韓國儒學、韓國漢文學；越南儒學、越南漢文學，則其終將失之東隅（或者說西隅、南隅亦可）。亦即，日本漢學、東亞漢學或者說國際漢學之於吾人而言，其使得吾人在研究中國傳統文化時，注意到他者景觀與差異發現對研究的重要性。畢竟所謂「中國的」、「漢文化的」等詞彙所意指的，恐怕並非是由中國自己所決定的，而是在與「非中國的」、「非漢文化的」國家及文化等「他者」的對話與相互作用之間所產生的。

第三章　《詩經·二南》與日本女德——以熊澤蕃山《女子訓》所作之考察兼論鮮儒之二南闡釋

　　本章以熊澤蕃山《女子訓》為考察對象，探討其如何援引《詩經》〈周南〉、〈召南〉以為女訓？試圖形塑何種儒家禮教觀下的女德教育？並以時代相近的朝鮮儒者李瀷（1681-1763）《詩經疾書》中對〈二南〉的解釋為比較對象，說明十七世紀中葉以還到十八世紀前葉，東亞儒者如何以「詩教」作為朝鮮、江戶時代之女教讀本，在女教與淫詩之間，彼等如何藉由「以禮注詩」而來闡釋《詩經》經義？目的在標榜何種女性形象？形塑何種女德？進而就鮮末實學大儒丁茶山（1762-1836）《詩經講義》對〈二南〉之闡釋，再次證明截至十九世紀九〇年代以前，東亞世界以「詩教」作為朝鮮，乃至明治日本在儒家禮教觀下之女教實相。據本章之考察研究，以「淫詩」完遂「禮教」功效的要件，在朱子而言是在「心性」；而不在「形體」。

　　但是，熊澤蕃山卻在遵循《詩集傳》之注詩內容以解詩的同時，將朱子的讀詩工夫，由「心法」轉向「形體」。如果說朱子的讀詩法是要讀者向「內」心下工夫的；則蕃山的讀詩法就是要讀者向「外」形做工

夫的。最後，本章則試圖說明截至江戶時代為止，日本傳統理想的女性形象，就如同熊澤蕃山以《詩經》為教本的女德教育一樣，或許一度曾是儒家式的「月兒」娘，但自明治十八年（1885）福澤諭吉於《日本婦人論》中明言批判：儒教主義的女德教育，陷於妨礙女子耳目口鼻功能，勢必妨礙女子身心發展。福澤更進一步主張與儒教倫理迥異的日本新時代女性倫理，且福澤對日本近世以還日漸高揚，受到熊澤蕃山、貝原益軒等儒者推崇的儒教式女教教育，主動展開積極批判，而福澤的批判遂成為日本女教近代轉化的先驅宣言，日後陸續為以平塚雷鳥為代表的「青鞜社」明治時代新女性團體，以及大正時代《讀賣新聞》婦女版專欄作家松井靜代等人所繼承，日本近代新女性們開始拒斥淑德謹敬的女德教育，並將之歸咎於儒家男尊女卑的女德教育。以為此種女教乃是病態的「月兒」娘女性，有違日本自古以來原始的神道式「太陽」神女性推崇。

而明治時代以還的日本新女性，無論是女醫師院長、四處走唱表演的女優、大膽求情並主動求愛的女作家，乃至跑江湖賣藝的女魔術師，彼等無一符合《詩經》〈二南〉女教，不再是柔弱的月兒娘，卻都是不折不扣的近代日本的時代「新女性」。從發展結果而言，近代日本婦女確實必須揚棄東亞傳統以「詩教」為女德教育的過往價值束縛，方可回復其大和民族女性「元始」的「太陽神」生命特質。同時在此種復歸大和女性既有之「太陽神」生命特質基礎上，女性不僅必須成為「她」自己，同時更須進一步肯定並實踐「她」自己就是大和民族與國族歷史文化的創造者。而相較於日本女教的近代轉化，即使時入十九世紀中葉，朝鮮時代一路從李瀷到丁茶山，鮮儒之《詩經》詮解，不僅否定「男女私情」，斷然拒絕「淫詩說」，更不認為《詩經》詩旨是在嚴防男女行為踰矩，維護禮教人倫；而是務必將詩旨解為求賢若渴，諷諫國君等等，此類所謂必須是有益於治道的說法。

因此，關於朝鮮女性究竟是以何種型態走出儒家禮教規範的女德制約？又是如何展開其「知汝自身」的近代轉化發展？恐怕是吾人在思考東亞《詩經》學中之女教問題的歷史發展變化，以及吾人在思考朝鮮儒學之現代化問題時，不可迴避的課題之一。

第四章　用夏變夷與華夷變態——
以豬飼敬所《操觚正名》所作之考察

本章藉由考察豬飼敬所《操觚正名》，針對其為何須要正名？為誰辨正？針對何人而辨？又所辨者何？如何辨正？所據文獻與所持理由為何？乃至其中蘊涵何種思想等一連串問題，進行探討。首先介紹敬所其人生平、學風與著述，繼而指出《操觚正名》之撰作動機，主要在批駁徂徠古文辭學派學者一味擬漢模唐，乃至剽竊杜撰，欲藉之指出「用夏變夷」這一思維之謬誤所在。本章進而說明豬飼敬所藉由逐一詳舉古文辭學者誤用之語詞條目，精審辨正其誤謬，剖析古文辭學者諸多所謂「援經擬古」之作法，其實不求經籍本義，根本是種「假擬古」！多屬於私改、杜撰、藻飾，結果造成日本國族自我立場、主體性喪失。豬飼敬所因此藉「操觚正名」以導正風氣，正名撥亂。

而豬飼敬所極力辨正之內容可分為：一、誤稱日本國名，二、私改日本各地地名，三、誤稱官職，四、稱人有誤，五、自稱有誤等五大類。徂徠古文辭學派之詩文，經過豬飼敬所考察其出典、追溯其原意，逐一考索破解後，古文辭學者著作中每個所謂擬漢、擬古的語詞，結果若不是被證明幾乎皆非出自權威性經書，要不就是被指出彼等所謂「古文辭」之語詞、字義，其實已遭轉換、嫁接、改易甚或杜撰！亦即，豬飼敬所證實了古文辭學者所謂的古文辭，設若其確實為「古」，然其所援引之「古辭」，恐怕不在六經；而在明末後七子之李、王。或者即便其「辭」出自經籍，然其「意」恐怕亦不復原貌，甚至淪為誤用！豬飼

敬所因而抨擊徂徠乃至其古文辭法「溺於王李，真所謂醉生夢死者。」

　　本章同時進一步說明：豬飼敬所所採用之辨正方法，是以「徵經考證」法以破「古文辭」法，已見江戶古注學派之折衷考證學風，故豬飼敬所之學堪稱別開幕末考證學派之先河。最後指出《操觚正名》一書所欲傳達之思想內涵，堪稱是反徂徠學、尊皇敬幕、華夷變態之統合。而豬飼敬所所以辨正徂徠學派「古文辭」之謬誤，與其撰書之主要目的及核心精神，則在尊內、尊皇，主張以「和」為主／內，以「漢」為客／外，並強調日本乃真正之「中國」。至於尊內之法，就在名當、禮正，則足以辨位、辨道；不夷、不華則可尊內、尊皇。如此則不致喪失日本萬世一系，君臣大倫明如日月，無有行湯武口實以革命，萬國不及之「真龍」國體！而尊皇所體現出的「大義名分」人倫大義，同時代表著日本此一「真龍」國體的優越國族政治文化的「華化」化身，且此一足稱「中國」之「真龍國體」主體性的持續維護，正足以使日本以之對抗中華，從文化立言而重訂華夷判準，進而翻轉華夷秩序，提出所謂日本乃中華之華夷變態論調。

第五章　孔廟設置與儒學發展——
　　　　由「湯島聖堂」之沿革談江戶前期儒學之實相

　　據《本朝文粹》記載，日本信史上皇朝學校之創建乃在大化之世（645-649）。又據《續日本記》之記載，天智天皇承五經之學，創設學校，至天武天皇時，始置大學於京師；諸國則置國學，而其制度之整備，實有待文武天皇大寶之世（701-703）。而大寶元年（701）二月始祭孔子，文武天皇親臨祭祀，行釋奠之禮。而據《大寶令》〈釋奠〉條項，爾後每年春秋二仲皆行釋奠。又大學寮屬於式部省，掌管簡試學生及釋奠之事，至於孔廟，則是大學和國學的附屬設施。然至平安時代（794-1185）末期，上述機構設施全被廢棄，甚至到了戰國時代（約

1467-1567），春秋二仲之釋奠亦遭廢絕。

慶長年間（1596-1614），林羅山獲得德川家康允許而欲興建學校於京都，然因大阪之役，建校宿願未果。寬永九年（1632）冬，時任尾張藩大納言，亦即德川家康第九子德川義直（1601-1650），協助林羅山於忍岡宅邸內興建孔廟。設置於林家忍岡別宅邸內的孔廟「先聖堂」，經歷了創建、漸興、到隆盛三時期，由於受到江戶幕府初代將軍德川家康到德川綱吉（1646-1709）等五代將軍的推廣儒學、推崇孔廟，故自三代將軍德川家光（1604-1651）開始，以江戶幕府已由武斷政治轉為文治政治，不僅社會、政治的客觀環境有利於儒學的推廣，林家三代自林羅山經林鵝峰（1618-1680）而至林鳳岡（1644-1732），又皆奮力圖治，不僅修葺擴建孔廟規模，以考求典章制度，使得釋奠儀節逐漸完備，更在諸多努力下，終於使得一宇私人孔廟的「先聖堂」，於將軍德川綱吉時代，蛻變成為幕府公家之機構「湯島聖堂」。「先聖堂」因此由林家私塾門生的崇敬中心，一躍成為江戶日本全國儒者之精神象徵。

而自「先聖堂」到「湯島聖堂」的發展沿革過程中，吾人可以窺知江戶前期儒學的幾點內在實相，一、江戶前期儒學的發展傳播，中國流亡日本的歸化人陳元贇（1587-1671）、朱舜水（1600-1682）之親臨現場指導效用，功不可沒。二、由於羅山、鵝峰父子纂修《本朝通鑑》，江戶初期儒壇圍繞「太伯說」所展開的論爭，凸顯了「國體」觀為江戶時代日本儒學中一項重要精神元素。三、「公」、「私」之分，以及層層而上的，各種層級分明之「公」領域，使得天皇、國家、朝廷這一代表集團共同體或集團首長的最高「公」領域，凌駕於一切之上，而儒學於江戶前期的發展，亦受到其牽制。四、排佛毀釋，主張儒釋有違、神儒一致，是眾多江戶前期日本儒學者在提倡儒學時的操作路線。五、林家三代所從事的諸如侍讀、外國事務、法制起草等家職，確立落實了日本儒者於江戶前期日本社會中的職份。

第六章 孔廟設置與儒學振興——
由「多久聖廟」之興設談江戶地方儒學之推動

孔廟於日本或稱「聖堂」，如本書第五章之研究對象「湯島聖堂」；或稱「聖廟」，如本章之研究對象「多久聖廟」。而祭孔一事於日本，據《大寶令》〈釋奠〉條項之記載，乃始於大寶元年（701）二月，由文武天皇親臨祭孔，至平安時代（794-1185）大學寮內之孔廟皆效唐制。德川家康創建江戶幕府後，自慶應（1865-1867）以還之兩百七十多年間，儒學經幕府特意提倡，興盛之餘，官學、藩學與鄉校之學校建置亦隨之發達。而孔廟作為學校建築之一環，為數亦日有所增，其中以江戶之「湯島聖堂」、名古屋之「明倫堂」孔子廟、足立學校之「孔子廟」、岡山閑谷學校之「聖廟」、多久之「聖廟」、以及水戶之「孔子廟」等最負盛名。本章主要在探討多久聖廟建設之經緯，以及其與江戶元祿（1688-1730）至享保（1716-1735）年間，幕府當局和佐賀藩、多久邑之儒學振興舉措有何相互關聯。

藉由本章之考察論證，吾人除可得知江戶時代自貞享（1684-1687）年間以來，江戶日本在推動儒學時，事實上地方政府甚至比幕府當局更為積極、更形先進，乃至進而由地方影響中央之外，我們藉由所謂多久邑「興設聖廟」一事，亦可瞭解儒學究竟如何透過具體設施而普及至江戶日本之山里—多久，以及隨著聖廟之興建，儒學日後又是如何藉由三百年來「釋菜」等祭儀之持續舉行，漸次內化為多久地區之傳統人文精神。

第七章 儒學之新生抑或變異——近代日本之孔子教運動

江戶幕府末年，尊攘派儒者於開國、鎖國或國體論中所提出的論點，諸如：一、排斥易姓革命，褒揚萬世一系的天皇。二、闡明國家意

識形態。三、日本優越感的塑造。四、發揚東方道德，兼攝西方技術。五、發揮儒家道德可抵外侮、可興國勢，繼而可布此大義於四海等，其實正是後來明治時代到二次大戰終戰為止，日本孔子教運動倡導者所高舉的口號與訴求。進入明治時代，日本政府必須將天皇的絕對權威，以及以天皇為頂點的君民和合之絕對性，當作國家的最高制度，並將之加以文明化，使其產生「君民一體」之作用，因此作為此種理論根據，〈教育勅語〉便應運而生，而〈教育勅語〉的問世更引發了儒教復興運動，「孔子教」於焉登場。本章主要以刊載於《漢學》、《東亞研究》、《斯文》等雜誌之孔子教相關論述為考察對象，分析近代日本所提倡之孔子教，指出其思想意涵具有八項特點：一、孔子教並非宗教；二、孔子教乃日本化以後的儒教；三、孔子教堪稱是〈教育勅語〉的注解；四、孔子教是日本國民道德、精神之依據；五、藉由孔子教否定儒家易姓放伐之革命思想；六、孔子教可以輔翼日本國體，隆盛日本國運；七、以孔子教強調日本的優越性；八、孔子教具有時間上的恆常性與空間上的普遍性。

　　自不待言地，此種「孔子教」思想當然具有服務明治新國家的特質，而為了建構國民道德與孔子教之間的關聯，近代日本所謂的孔子教堪稱是一個被創造出來的傳統。而且，在創造此一「孔子教」傳統的過程中，論者更在亞洲主義的觀點基礎上，將所謂的「孔子教」與近代日本國家大約每十年便產生一次變化的「興亞」主義相結合，而每一次的變化發展都更向軍國主義傾斜，終致相互結合。進入大正、昭和時期，「孔子教」提倡者已公然為「大東亞共榮圈」提供理論依據，強調軍國主義的日本武力，是為了大東亞的自存自榮，是為了保衛大東亞，是為了維護光榮而不得不的發揮。且此種發揮正是日本皇道之展現，而此日本皇道與「孔子教」一致，是孔子之道的擴大，是中國人應該大大歡迎的道德戰。由此可知，「孔子教」作為近代日本所創生出的新儒學，其

變異程度已然成為一種畸形儒學。

　　本章進而比較中、日、韓三國於近代皆不約而同所提倡的孔教，指出其共同特點乃是：一、孔子教或孔教所以產生的理由與主要訴求，皆是為謀求民族、國家之新出路而產生的含攝學術思想、社會政治、民族文化、國家發展等多方面的，堪稱是總體思想與體制革新的改造運動。二、當時東亞的傳統知識分子堅信儒家思想文化乃是對抗西方基督教文明的唯一利器，甚至相信其亦可以影響西方社會。三、孔教提倡者都暴露了某種程度的荒謬性與非理性。然而，日本「孔子教」較之於中國之孔教，其與韓國孔教運動一樣，皆戮力建構一種獨立於中國儒學之外的「本國」儒學之構築。而相較於中、韓兩國都希望藉由提倡孔教以免於危亡之境，日本「孔子教」則強調其國族得以興盛富強，就在其歷來即實行「孔子教」。且相較於中、韓兩國，近代日本以「孔子教」為名的儒教改革復興運動，在日本不僅獲得明治天皇執政當局的大力護持，以東京帝國大學教授群為核心成員的許多學院教授，亦是日本「孔子教」的倡導擁護者。又中、韓兩國當時皆試圖從教育制度來實現其孔教理想，但日本則透過當時學校的「修身」科目，試圖涵養學生人民之忠孝觀念。

　　總言之，本章探討了日本明治時代以還至日本敗戰為止，一路發展而下的「孔子教」思想意涵，除論述日本孔子教運動，亦旁涉考察了中、韓兩國的孔教運動，而研究視域不侷限於當時學術界，亦旁及當時之國際情勢與政治要事。

第八章　儒學之反思、論述與重構——
　　　　近代日本中國學者的儒學反思意涵

　　日本自明治三〇年代中期以還，東京帝國大學與京都帝國大學兩大學術團體對於儒學的看法落差懸殊，而因為這兩股力量對儒學的拉

扯、推拒所產生的論述場域，在狩野直喜的首次發聲後，展開了近代日本學者自一九二〇年以來到終戰為止，持續對「儒」或「儒教」進行探究、反思。這些對「儒」或對「儒學」的論述文獻，就問題意識而言，基本上可視為是一連續傚效的結果，一連串的承繼論述，當然有其相當程度的雷同處，例如就某些固定文獻來判定「儒」之定義、身分、職稱，或儒家學派之形成。但其彼此之間的相異出入處，則或多或少移動了儒學本身，迫使近代日本儒學不斷在形構過程中有所進展。日本學者論「儒」，並非只是在儒學史發展上，進行史源式的資料源起之探索與提問，此提問本身既是一傳統學術承繼上的源頭追溯，又因追問者本身的個別闡發而益趨繁複、深化、肥大化，甚至難解。卻也因此而展現了儒學在日本文化發展流變中，是如何被重新詮釋，而得以清楚看見其學術脈絡（context）之發展。透過彼等之儒學反思與討論，我們可以觀察到儒學如何被近代日本所論述，以及透過此等論述，近代日本漢學究竟如何被形構，以及其所造成之影響與形成之結果。

　　本書所收各章論文，由於撰作時間不一，某些論文初稿或寫於筆者仍在修習博士課程階段，或寫於筆者甫就職任教不久之後，礙於學力與經歷，此等少作皆難免有力猶未逮之處。例如本書第七章〈儒學之新生抑或變異──近代日本之孔子教運動〉，該文寫於筆者修讀博士課程三年級的一九九八年，當年年初獲得日本長崎大學多文化社會學部教授連清吉老師推薦，有機會於該年九月人生初次前往韓國，參加江原大學所舉辦之「第三屆東亞漢學國際會議」。當時一心只考慮到自己應該要能研究一個中、日、韓與會學者，全體都可參與對話討論的議題，卻完全沒考慮到以自己當時的能力，是否足夠掌握這一橫跨東亞三國，關於傳統學問之近代轉型所牽涉到的諸多複雜問題，故本章在討論某些問題時難免有未能深入細究之處，但文中仍有筆者努力的思索與觀察。

　　另如本書緒論，乃筆者留學返臺後於雲林科技大學漢學資料整理研究所初任教職時，因為在碩士班開授「日本漢學」、「日本儒學」等課程，不免於課堂上論及儒學或儒學一詞在當代日本社會中的尷尬處境。遂將授課所思所得，於任教一年後的二〇〇二年撰成初稿〈儒學的社會實踐與制度化──以日本為例〉，並於該年十一月於雲林科技大學人文科學學院所主辦之「二〇〇二年漢學研究國際學術研討會」進行口頭發表。此章從論文風格而言，屬於縱觀概述性質，研究的問題意識尚稱聚焦，然深入度則未必理想，但卻有助於讀者快速掌握理解日本儒學於各時代參與社會實踐的縱貫發展面貌，同時也開啟了日後筆者從各個面向而來思考、研究有關日本儒學之「社會實踐」問題。

　　所謂初生之犢不畏虎！昔日之我是也。如今想來，頗有不知天高地厚之感，然誠如林師慶彰時常勉勵筆者時所說的：

> 每個學者在任何一個階段所寫的論文，都是他當時的真實學問狀態。不必以為恥，但可以為戒，應以此鞭策自己，於學術旅途中繼續前進！

　　本書闕漏不免，尚祈學界博學同好斧正。筆者謹希望讀者們能從本書中汲取些許收穫，更衷心期盼藉由筆者之不揣譾陋，各方賢達能共同關心儒學於東亞的發展歷史、演變乃至變貌，並藉之思考儒學於當今世界所能提供之可能助益為何。

後記

　　本書出版過程中，適逢筆者受邀至京都大學人文科學研究所訪問研究，幾番校訂作業，自二〇一七年十月至該年年底期間，皆於每日返回京都大學國際交流會館修學院本館宿舍後，藉由免費傳訊應用程式「LINE」，與學生許瑋婷進行逐頁對校確認，之後再交付萬卷樓編輯邱詩倫小姐處理，過程相對繁雜細瑣，多虧有兩人的協助與體諒。特別是瑋婷當時也開始著手撰寫碩論《劇場發展與文化政策：九〇年代臺南市劇場發展研究》，卻仍悉心投入本書校對工作，不改其從大學時代擔任筆者國科會專題研究計畫助理開始，就一貫維持的認真負責態度，其心令人感佩！其後詩倫因生涯規劃，從萬卷樓離職準備留學，本書編輯作業遂轉交另一位編輯呂玉姍協助處理。玉姍曾修習過筆者在母校東吳大學中國文學研究所開設的「日本漢學專題研究」、「日本儒學史專題研究」兩門課程，其認真篤實的學習研究態度以及高水準的日語能力，當時即令筆者印象深刻。玉姍此次接手本書編輯工作，最是恰當不過，謹慎負責自不待言。正因為有瑋婷盡心盡力協助校對，以及詩倫、玉姍前後負責專業編輯工作，復加萬卷樓張副總編晏瑞一路全力支持，本書才得以順利出版。

　　同仁黃明理教授，素來溫暖對待筆者，日常時有關懷，非常時有支持，理事明達，真誠懇切，筆者銘感於心。明理本次再度慷慨惠賜墨寶，為本書書名題字，字如其人，妥貼穩當，古樸質實，最見真意。另一同仁徐國能教授，與筆者往來於公於私，事莫過於誠，言莫過於實，誠實相待，總無虛假。國能曾鼓勵筆者：你要相信在這世界上的某個角落，會有那麼一個人，因為你的書而決定走上你曾經走過

的路，然而他卻因此成為了他自己。國能一定不知道他的安慰讓我重新相信：寂寞學術路，天涯有知音。學生湯敏多年前曾為筆者繪製鳳紋二枚，筆者選定其中一枚做為日本儒學相關專書封面圖飾，以記筆者多年教授臺灣師範大學美術系大一國文之美好。誠如上述，幾多真心凝聚，幾多真情沈澱，本書方能問世。真情可貴，真心難得，筆者誠摯言謝，又能值得幾多？同仁情義、師生情誼，我心長記。

徵引書目

一 中文著作

（一）古籍

〔周〕左丘明撰，〔晉〕杜預注，〔唐〕孔穎達疏：《春秋左傳注疏》，收入〔清〕阮元：《十三經注疏附校勘記》第 6 冊（臺北：藝文印書館，1989 年）。

〔周〕左丘明傳，〔晉〕杜預注，〔唐〕孔穎達正義，浦衛忠等整理：《春秋左傳正義》，《十三經注疏整理本》第 17 冊（北京：北京大學出版社，2000 年）。

〔周〕鄧析：《鄧析子（及其他兩種）》（北京：中華書局，1991 年）。

〔秦〕商鞅撰，〔清〕嚴萬里校：《商君書》（上海：上海古籍出版社，1993 年）。

〔漢〕孔安國傳，〔唐〕孔穎達疏：《尚書注疏》，收入〔清〕阮元：《十三經注疏附校勘記》第 1 冊（臺北：藝文印書館，1989 年）。

〔漢〕毛亨傳，鄭玄箋，〔唐〕孔穎達疏：《毛詩正義》，收入〔清〕阮元：《十三經注疏附校勘記》第 2 冊（臺北：藝文印書館，1989 年）。

〔漢〕司馬遷撰，〔南北朝〕裴駰集解，〔唐〕司馬貞索隱，張守節正義，楊家駱主編：《新校本史記三家注并附編二種》（臺北：鼎文書局，2002 年）。

〔漢〕班固撰，〔唐〕顏師古注，楊家駱編：《新校本漢書集注并附編

二種》（臺北：鼎文書局，1981 年）。

〔漢〕荀悅撰，張烈點校：《漢紀》（北京：中華書局，2002 年）。

〔漢〕董仲舒：《春秋繁露》（上海：上海古籍出版社，1989 年《諸子
百家叢書》本）。

〔漢〕鄭玄注，〔唐〕孔穎達正義：《禮記正義》，收入〔清〕阮元：《十
三經注疏附校勘記》第 5 冊（臺北：藝文印書館，1989 年）。

〔漢〕鄭玄注，〔唐〕賈公彥疏：《周禮注疏》，收入〔清〕阮元：《十
三經注疏附校勘記》第 3 冊（臺北：藝文印書館，1989 年）。

〔魏〕何晏注，〔宋〕邢昺疏，朱漢民整理：《論語注疏》，收入《十三
經注疏整理本》第 23 冊（北京：北京大學出版社，2000 年）。

〔晉〕范甯集解，〔唐〕楊士勛疏，夏先培整理：《春秋穀梁傳注疏》，
收入《十三經注疏整理本》第 22 冊（北京：北京大學出版社，
2000 年）。

〔梁〕周興嗣撰，汪嘯尹纂集：《千字文釋義》（北京：中國書店，
1991 年）。

〔梁〕蕭統編：《文選》（韓國特別市：正文社，1983 年）。

〔隋〕巢元方：《諸病源候總論》，收入紀昀等總纂：《景印文淵閣四庫
全書》第 734 冊（臺北：臺灣商務印書館，1984 年）。

〔唐〕王燾：《外臺秘要方》，收入紀昀等總纂：《景印文淵閣四庫全書》
第 736、737 冊（臺北：臺灣商務印書館，1984 年）。

〔唐〕李隆基注，〔宋〕邢昺疏、鄧洪波整理：《孝經注疏》，收入《十
三經注疏整理本》第 42 冊（北京：北京大學出版社，2000 年）。

〔宋〕司馬光：《資治通鑑》（臺北：臺灣中華書局，1965 年《四部備
要》本）。

〔宋〕朱熹撰，岡田武彥、荒木見悟主編：《晦庵先生朱文公文集
（下）》（京都：中文出版社，1972 年）。

〔宋〕朱熹：《詩集傳》，收入朱傑人等主編：《朱子全書》第 1 冊（上海：上海古籍出版社，2010 年）。

〔宋〕朱熹：《四書章句集註》，收入《新編諸子集成》（北京：中華書局，1983 年）。

〔宋〕唐慎微：《證類本草》，收入紀昀等總纂：《景印文淵閣四庫全書》第 740 冊（臺北：臺灣商務印書館，1984 年）。

〔宋〕黎靖德編：《朱子語類・二》第 23 卷，收入王星賢點校：《理學叢書》（北京：中華書局，1986 年）。

〔宋〕黎靖德編：《朱子語類・六》第 80 卷，收入王星賢點校：《理學叢書》（北京：中華書局，1986 年）。

〔明〕宋濂等：《元史》（北京：中華書局，1976 年）。

〔明〕朱舜水撰，朱謙之整理：《朱舜水集》，（北京：中華書局，1981 年）。

〔清〕王先謙：《荀子集解》，收入服部宇之吉編：《漢文大系》第 15 冊（臺北：新文豐出版公司，1984 年）。

〔清〕阮元：《尚書注疏校勘記》，《十三經注疏附校勘記》（臺北：藝文印書館，1955 年）。

〔清〕孫詒讓：《墨子閒詁》，收入服部宇之吉編：《漢文大系》第 14 冊（臺北：新文豐出版公司，1978 年）。

陳啟天：《增訂韓非子校釋》（臺北：臺灣商務印書館，1982 年）。

安井息軒：《管子纂詁》，收入服部宇之吉編：《漢文大系》第 21 冊（臺北：新文豐出版公司，1984 年）。

孫通海、王海燕責任編輯：《全唐詩》（北京：中華書局，1999 年）。

王利器：《文子疏義》（北京：中華書局，2000 年）。

徐元浩著，王樹民、沈長雲點校：《國語集解》（北京：中華書局，2002 年）。

黎翔鳳著，梁運華整理：《管子校注》（北京：中華書局，2004 年）。

（二）近人著作

1 專書

蔣貴麟編：《萬木草堂遺稿外編（上）》（臺北：成文出版社，1974
　　　年）。

湯志鈞編：《康有為政論集》（北京：中華書局，1981 年）。

夏東元編：《鄭觀應集》上冊（上海：上海人民出版社，1982 年）。

錢鍾書：《談藝錄》（香港：中華書局香港分局，1986 年）。

姜義華、吳根樑編校：《康有為全集》第 1 集（上海：上海古籍出版
　　　社，1987 年）。

新渡戶稻造著，張俊彥譯：《武士道》（北京：商務印書館，1992 年）。

王家驊：《儒家思想與日本文化》（臺北：淑馨出版社，1994 年）。

陳國球：《中國文學史省思》（臺北：書林出版公司，1994 年）。

鄭大華點校：《采西學議——議馮桂芬馬建忠集》（瀋陽：遼寧人民出
　　　版社，1994 年）。

康有為：《孔子改制考》，收入劉夢溪主編：《中國現代學術經典・康
　　　有為卷》（石家莊：河北教育出版社，1996 年）。

林慶彰、連清吉、金培懿編：《日本儒學研究目錄》（臺北：臺灣學生
　　　書局，1998 年）。

高文漢：《中日古代文學比較研究》（濟南：山東教育出版社，1999
　　　年）。

李　慶：《日本漢學史 1：起源和確立》（上海：上海外語教育出版社，
　　　2002 年）。

劉岳兵：《日本近代儒學研究》（北京：商務印書館，2003 年）。

李卓主：《日本家訓研究》（天津：天津人民出版社，2006 年）。

鹿野正直著，許佩賢譯：《日本近代思想》（臺北：五南圖書出版公司，2008 年）。

金秀炅：《韓國朝鮮時期詩經學研究》（臺北：萬卷樓圖書公司，2012 年）。

EZ Japan 編輯部：《日本年度新鮮事 100 選：Nippon 所藏日語嚴選講座》（臺北：EZ 叢書館，2014 年）。

連清吉：《杜甫千年之後的異國知已》（臺北：臺灣學生書局，2015 年）。

2 學位論文

金基喆：《朝鮮正祖大王與丁若鏞問答詩經之研究》（臺北：國立臺灣師範大學國文研究所博士論文，1991 年）。

3 專書期刊論文

康有為：〈中華救國論〉，《不忍》第 1 冊（1913 年 2 月）。

康有為：〈以孔教為國教配天議〉，《不忍》第 3 冊（1913 年 4 月）。

康有為：〈擬中華民國憲法草案發凡〉，《不忍》第 3 冊（1913 年 4 月）。

王家驊：〈日本發現五世紀鐵劍銘文〉，《歷史研究》第 8 期（1979 年 8 月）。

李佑成：〈韓國實學研究的現況與東北亞三國的連帶意識〉，《中國文化研究》秋之卷（總第 9 期）（1995 年 8 月）。

李鍾虎：〈以星湖派為中心的韓國實學思想與退溪學〉，《東岳論叢》第 6 期（1998 年 11 月）。

金培懿：〈江戶寬政以降學術態勢與安井息軒之學風〉，《國際儒學》

第 6 輯（1998 年 11 月）。

金培懿：〈日本的孔子教運動〉，收入林慶彰主編：《國際漢學論叢》
　　　　第 1 輯（1999 年 7 月）。

錢婉約：〈日本中國學京都學派芻義〉，《北京大學學報》（哲學社會科
　　　　學版）第 37 卷第 5 期（2000 年 9 月）。

金培懿：〈荻生徂徠的言語觀──何謂「古文辭」〉，收入笠征教授華
　　　　甲紀念論文集編輯委員會編：《笠征教授華甲紀念論文集》
　　　　（臺北：臺灣學生書局，2001 年）。

彭永捷、牛京輝：〈儒學的宗教化與現代化─柳承國教授訪談錄〉，《東
　　　　亞文化研究》第 1 輯（2001 年 12 月）。

子安宣邦：〈兩樣的孔教──孔教國教化論與日本的反應〉，收入成功
　　　　大學中文系編：《儒學與社會實踐第三屆臺灣儒學研究國際
　　　　學術研討會論文集》（臺南：國立大學成功大學中國文學系，
　　　　2003 年）。

金培懿：〈日本多久聖廟與儒學〉，《漢學論壇》第 3 輯（雲林：國立
　　　　雲林科技大學，2003 年）。

金培懿：〈儒學的社會實踐與制度化──以日本為例〉，《二〇〇二漢
　　　　學研究國際學術研討會論文集》（雲林：國立雲林科技大學，
　　　　2003 年）。

陳瑋芬：〈「天命」與「國體」：近代日本孔教論者的天命說〉，收入張
　　　　寶三、楊儒賓編：《日本漢學研究初探》（臺北：喜馬拉雅基
　　　　金會，2003 年）。

白承錫：〈論《詩經疾書》的學術文獻價值〉，《中國語文學》第 58 輯
　　　　（2011 年 12 月）。

二　外文著作

（一）古籍

1　日文

多久家文書〈茂文公譜〉，《水江事略》第 10 卷（佐賀縣多久市鄉土
　　　　資料館藏）。

平　氏　撰：《聖德太子傳曆》（京都：板木屋勝兵衛，1628 年）。

齋藤拙堂：《拙堂文話》（大坂：近江屋平助，1830 年）。

栗本丹洲：《皇和魚譜》（江戶：金花堂須原屋佐助，1838 年）。

梁川星巖：《星巖集》（大阪：河內屋茂兵衛，1856 年）。

作者不詳：〈宕陰塩谷先生行述〉，《宕陰存稿補遺》（九州大學「逍遙
　　　　文庫」藏明治五年〔1872〕手抄本）。

鹽谷宕陰：〈六藝論五〉，《宕陰存稿補遺》（九州大學「逍遙文庫」藏
　　　　明治五年〔1872〕手抄本）。

木平讓編：《敬宇中村先生演說集》（東京：松井忠兵衛，1888 年）。

橫井小楠：《小楠遺稿》（東京：民友社，1889 年）。

那波魯堂：《學問源流》，《少年必讀日本文庫》第 6 編（東京：博文
　　　　館，1891 年）。

橫井小楠：《文武一途之說》（東京：民友社，1899 年）。

藤原惺窩：〈千代もと草〉，收入井上哲次郎、蟹江義丸編：《日本倫
　　　　理彙編 朱子學派の部（上）》第 7 卷（東京：育成會，
　　　　1901 年）。

山鹿素行：《配所殘筆》，收入井上哲次郎、蟹江義丸編：《日本倫理
　　　　彙編 古學派の部（上）》第 4 卷（東京：育成會，1901

年）。

新井白石：《折たく柴の記》卷上，收入圖書刊行會編：《新井白石全集》第 3 卷（東京：圖書刊行會，1906 年）。

菅原道真：《菅家遺戒》，收入黑川真道編：《日本教育文庫 家訓篇》（東京：同文館，1910 年）。

犬 冢 遜：《昌平志》，收入黑川真道編：《日本教育文庫 學校篇》（東京：同文館，1911 年）。

豬飼敬所：《於多滿幾》，收入國書刊行會編：《史籍雜纂》第 3 冊（東京：國書刊行會，1911 年）。

室 鳩 巢：《駿臺雜話》，收入井上哲次郎、蟹江義丸編：《日本倫理彙編 朱子學派の部（上）》第 7 卷（東京：育成會，1911 年）。

山鹿素行著，山鹿旗之進編：《謫居童問》（東京：博文館，1913 年）。

水戶彰考館員纂集：《朱舜水記事纂錄》（東京：吉川弘文館，1914 年）。

山本北山：《作詩志彀》，收入《日本詩話叢書》第 8 卷（東京：文會堂書店，1922 年）。

狩谷掖齋：《文教溫故批考》，收入正宗敦夫編：《狩谷掖齋全集 8》（東京：日本古典全集刊行會，1928 年）。

山路愛山：《山路愛山選集》第 3 卷（東京：萬里閣書房，1928 年）。

豬飼敬所：《操觚正名》，收入《續日本儒林叢書 2 解說部》（東京：鳳出版，1930 年）。

德川光圀：〈梅里先生碑並銘〉，收入高須方次郎編：《水戶義公・烈公集》第 4 編（東京：日東書院，1933 年）。

吉田松陰：《講孟餘話》，收入山口縣教育會編：《吉田松陰全集》第 2 卷（東京：岩波書店，1934 年）。

《弘仁格式》，收入魚澄惣五郎編：《古記錄・古文書抄》（東京：同朋
　　　　舍，1936 年）。

平賀源內：《瘲陰隱逸傳》，收入長阪金雄編：《校訂風來六々部集》
　　　　（東京：雄山閣，1940 年）。

熊澤蕃山：《大學或問》，收入正宗郭夫編：《蕃山全集》第 3 冊（東
　　　　京：蕃山全集刊行會，1940 年）。

清少納言著，池田龜鑑等校注：《枕草子》，《日本古典文學大系 19》
　　　　（東京：岩波書店，1960 年）。

紫式部著，山岸德平校注：《源氏物語二》，《日本古典文學大系 15》
　　　　（東京：岩波書店，1961 年）。

小島憲之校注：《懷風藻》，《日本古典文學大系 69》（東京：岩波書
　　　　店，1964 年）。

菅原道真著，川口久雄校注：《菅家文草》，《日本古典文學大系 72》
　　　　（東京：岩波書店，1966 年）。

林　守　勝：〈羅山先生行狀〉，收入國書刊行會編：《續續群書類從 第
　　　　三》（東京：續群書類從完成會，1970 年）。

橫山小楠等著，佐藤昌介等校：《日本思想大系 55 渡邊華山・高野長
　　　　英・佐久間象山・橫山小楠・橋本左內》（東京：岩波書
　　　　店，1971 年）。

吉川幸次郎等校注：《荻生徂徠》，《日本思想大系 36 荻生徂徠》（東
　　　　京：岩波書店，1973 年）。

貝原益軒：《和爾雅》，收入益軒會編：《益軒全集》第 7 卷（東京：
　　　　國書刊行會，1973 年）。

荻生徂徠：《學則》，收入《日本思想大系 36 荻生徂徠》（東京：岩波
　　　　書店，1973 年）。

荻生徂徠：《蘐園隨筆・五筆》，《荻生徂徠全集》（東京：みすず書

房，1973 年）。

會澤正志齋：《新論》，收入今井宇三郎、瀨谷義彥、尾藤正英校注：
　　　《日本思想大系 53 水戶學》（東京：岩波書店，1973 年）。

安積淡泊：《大日本史贊藪》，收入松本三之介、小倉芳彥校注：《日
　　　本思想大系 48 近世史論集》（東京：岩波書店，1974
　　　年）。

荻生徂徠：《譯文筌蹄初編》，收入戶川芳郎、神田信夫編：《荻生徂
　　　徠全集》第 2 卷（東京：みすず書房，1974 年）。

聖德太子著，家永三郎、築島裕校注：《聖德太子集》，《日本思想大
　　　系 2》（東京：岩波書店，1975 年）。

淺井了意：《本朝女鑑》，收入黑川真道編：《日本教育文庫・孝義篇
　　　下》（東京：日本圖書センター，1977 年）。

黑澤弘忠：《本朝列女傳》，收入黑川真道編：《日本教育文庫・孝義
　　　篇下》（東京：日本圖書センター，1977 年）。

山崎闇齋：《垂加草》，收入日本古典學會編：《新編山崎闇齋全集》
　　　第 1 卷（東京：ぺりかん社，1978 年）。

中井竹山：《閑距餘筆》，收入關儀一郎編：《日本儒林叢書 4 論弁部》
　　　（東京：鳳出版，1978 年）。

太宰春臺：《斥非》，收入關儀一郎編：《日本儒林叢書 4 論弁部》（東
　　　京：鳳出版，1978 年）。

平瑜：《非物氏》，《日本儒林叢書 4 論弁部》（東京：鳳出版，1978
　　　年）。

安井息軒：《睡餘漫筆（上）》，收入關儀一郎編：《日本儒林叢書 隨
　　　筆部第 2》第 2 卷（東京：鳳出版，1978 年）。

吉田松陰：《女訓》，收入黑川真道編：《日本教育文庫・女訓篇》（東
　　　京：誠進社，1978 年）。

作者不詳：《めのとのさうし》，收入黑川真道編：《日本教育文庫‧女訓篇》（東京：誠進社，1978 年）。

作者不詳：《小夜のねざめ》，收入黑川真道編：《日本教育文庫‧女訓篇》（東京：誠進社，1978 年）。

作者不詳：《北條幻庵覺書》，收入黑川真道編：《日本教育文庫‧女訓篇》（東京：誠進社，1978 年）。

作者不詳：《身のかたみ》，收入黑川真道編：《日本教育文庫‧女訓篇》（東京：誠進社，1978 年）。

作者不詳：《乳母の文》，收入黑川真道編：《日本教育文庫‧女訓篇》（東京：誠進社，1978 年）。

作者不詳：《婦女嘉言》，收入黑川真道編：《日本教育文庫‧女訓篇》（東京：誠進社，1978 年）。

安井息軒：《論語集說》，收入福部宇之吉：《漢文大系》第 1 冊（臺北：新文豐出版公司，1978 年）。

熊澤蕃山：《女子訓》，收入黑川真道編：《日本教育文庫‧女訓篇》（東京：誠進社，1978 年）。

龜井昭陽：《家學小言》，《日本儒林叢書 6 解說部第 2》（東京：鳳出版，1978 年）。

龜井昭陽：《讀辨道》，《日本儒林叢書 4 論弁部》（東京：鳳出版，1978 年）。

藤原惺窩：《千代もとぐさ》，收入黑川真道編：《日本教育文庫‧女訓篇》（東京：誠進社，1978 年）。

蟹 養 齋：《非徂徠學》，《日本儒林叢書 4 論弁部》（東京：鳳出版，1978 年）。

林羅山撰，京都史蹟會編：《林羅山文集》（東京：ぺりかん社，1979 年）。

荻生徂徠：《徂徠集》，收入平石直昭編輯、解說：《近世儒家文集集成》第 3 卷（東京：ぺりかん社，1985 年）。

荻生徂徠：《徂徠集拾遺》，收入平石直昭編輯、解說：《近世儒家文集集成》第 3 卷（東京：ぺりかん社，1985 年）。

太宰春臺：《春臺先生紫芝園後稿》，小島康敬編輯、解說：《近世儒家文集集成》第 6 卷（東京：ぺりかん社，1986 年）。

中井竹山：《逸史》，收入高橋章則編：《近世儒家資料集成》第 3 卷（東京：ぺりかん社，1989 年）。

秀村選三、細川章校定：《丹邱邑誌》，收入深江順房：《多久古文書の村》（東京：文獻出版，1993 年）。

倉野憲司、武田祐吉校注：《古事記》，《日本古典文學大系 1》（東京：岩波書店，1993 年）。

《日本書紀》，收入黑板勝美編：《新訂增補國史大系》第 1 卷（東京：吉川弘文館，2004 年）。

《令集解》，收入黑板勝美編：《新訂增補國史大系》第 23、24 卷（東京：吉川弘文館，2004 年）。

2 韓國

丁茶山：《詩經講義》，收入《韓國經學資料集成》第 9 冊（首爾：成均館大學校出版部，1995 年）。

丁茶山：《詩經講義補遺》，收入《韓國經學資料集成》第 9 冊（首爾：成均館大學校出版部，1995 年）。

李瀷著，白承錫校註：《詩經疾書校註》（南京：江蘇教育出版社，1999 年）。

（二）近人著作

1 專書

（1）日文

井上哲次郎：《教育と宗教の衝突》（東京：敬業社，1893 年）。

古城貞吉：《支那文學史》（東京：經濟雜誌社，1897 年）。

笹川種郎：《支那文學史》（東京：博文館，1898 年）。

福澤諭吉：《女大學評論（附・新女大學）》（東京：時事新報社，
　　　　　1899 年）。

久保天隨：《支那文學史》（東京：人文社，1903 年）。

文部省編：《日本教育史資料》（東京：富山房，1904 年文部省御藏
　　　　　版）。

久保天隨：《近世儒學史》（東京：博文館，1907 年）。

遠藤隆吉：《東洋倫理學》（東京：弘道館，1909 年）。

西村天囚：《日本宋學史》（東京：梁仁堂書店，1909 年）。

孔子祭典會編：《諸名家孔子觀》（東京：博文館，1910 年）。

三宅米吉編：《聖堂略志》，收入斯文會編：《諸名家の孔子觀》（東京：
　　　　　博文館，1910 年）。

加藤弘之：《基督教の害毒》（東京：金港堂書籍株式會社，1911 年）。

小崎弘道：《基督教と我國體》（東京：警醒社，1911 年）。

海老名彈正：《國民道德と基督教》（東京：北文館，1912 年）。

小崎弘道：《國家と基督教》（東京：警醒社，1913 年）。

鹽　谷　溫：《支那文學概論講話》（東京：大日本雄辯會，1919 年）。

服部宇之吉：《東洋倫理綱要》（東京：大日本漢文學會，1921 年）。

相　良　亨：《近世の儒教思想──「誠」と「敬」について》，收入佐

藤正英編：《相良亨著作集・日本の儒教 I》（東京：ペリかん社，1922 年）。

宇野哲人：《儒學史（上）》（東京：寶文館，1924 年）。

宇野哲人：《支那哲學概論》（東京：雄文堂，1927 年）。

斯　文　會：《斯文六十年史・創立五十年記念》（東京：斯文會，1929年）。

諸橋轍次：《儒學の目的と宋儒慶曆至慶元百六十年間の活動》（東京：大修館書店，1929 年）。

福澤諭吉：《日本婦人論》（東京：時事通信社，1930 年）。

東京帝國大學編：《東京帝國大學五十年史》（東京：中外印刷株式會社，1932 年）。

津田左右吉：《上代日本の社會及び思想》（東京：岩波書店，1933年）。

北村佳逸：《孔子教の戰爭理論》（東京：南郊社，1935 年）。

遠藤隆吉：《孝經及東西洋の孝道》（東京：巢園學舍出版部，1936年）。

重野紹一郎著，薩藩史研究會編：《重野博士史學論文集》（東京：雄山閣株式會社，1938 年）。

牧野謙次郎：《日本漢學史》（東京：世界堂書店，1938 年）。

安井小太郎：《日本儒學史》（東京：富山房，1939 年）。

井上哲次郎：《勅語衍義》，收入國民精神文化 究所編：《教育勅語渙發資料集》第 3 卷（東京：國民精神文化 究所，1939年）。

德川公繼宗七十年祝賀記念會編：《德川公繼宗七十年祝賀記念 近世日本の儒學》（東京：岩波書店，1939 年）。

五十嵐祐宏：《憲法十七條序說》（東京：藤井書店，1943 年）。

柿村重松著，山岸德平校：《上代日本漢文學史》（東京：日本書院，
　　　　　1947 年）。

吉川幸次郎：《唐代の詩と散文》（東京：弘文堂書房，1948 年）。

狩野直喜：《中國哲學史》（東京：岩波書店，1953 年）。

宇野哲人著，宇野先生八十壽賀紀念會編：《支那哲學史 近世儒學》
　　　　　（東京：寶文館，1954 年）。

丸山二郎：《日本書紀研究》（東京：吉川弘文館，1955 年）。

芳賀幸四郎：《中世禪林の學問および文學に關する研究》（東京：日
　　　　　本學術振興會，1956 年）。

福澤諭吉著，慶應義塾編：《福澤諭吉全集》（東京：岩波書店，1958
　　　　　年）。

小松原濤：《陳元贇の研究》（京都：雄山閣，1962 年）。

福澤諭吉：《文明論之概略》（東京：岩波書店，1962 年）。

朝日ジャーナル編輯部編：《日本の思想家 2》（東京：朝日新聞社，
　　　　　1963 年）。

大河內輝聲著，さねとうけい編譯：《大河內文書》（東京：平凡社，
　　　　　1964 年）。

阿部吉雄：《日本朱子學と朝鮮》（東京：東京大學出版會，1965 年）。

夏目漱石：《吾輩は貓である》（東京：角川書店，1966 年）。

中村幸彥：《戲作論》（東京：角川書店，1966 年）。

津田左右吉：《津田左右吉全集》（東京；岩波書店，1966 年）。

吉川幸次郎：《支那人の古典とその生活》，收入《吉川幸次郎全集》
　　　　　第 2 卷（東京：筑摩書房，1968 年）。

近衛篤麿：《近衛篤麿日記》（東京：鹿島研究所出版會，1968 年）。

足利衍述：《鎌倉室町時代之儒教》（東京：有明書房，1970 年復刻
　　　　　版）。

橋川文三、後藤總一郎編：《明治の群像──4・權力の素顏》（東京：三一書房，1970 年）。

植手通有等校注：《日本思想大系 55 渡邊崋山・高野長英・佐久間象山・橫井小楠・橋本左內》（東京：岩波書店，1971 年）。

石井進等校注：《日本思想大系 21 中世政治社會思想・上》（東京：岩波書店，1972 年）。

青木正兒：《支那近世戲曲史》，收入《青木正兒全集》第 2 卷（東京：春秋社，1972 年）。

津田左右吉：《シナ思想と日本》（東京：岩波書店，1972 年）。

狩野直喜：《支那學文藪》（東京：みすず書房，1973 年）。

青木正兒：《元人雜劇序說》，收入《青木正兒全集》第 4 卷（東京：春秋社，1973 年）。

森 銑 三：《森銑三著作集》（東京：中央公論社，1973 年）。

樽井藤吉：《覆刻大東合邦論》（東京：長陵書林，1975 年）。

內藤湖南：《日本文化史研究》（東京：講談社，1976 年）。

衣笠安喜：《近世儒學思想史の研究》（東京：法政大學出版局，1976 年）。

斯文會編：《日本漢學年表》（東京：大修館書館，1977 年）。

津田左右吉：《日本上代史研究》（東京：岩波書店，1977 年）。

渡邊和靖：《明治思想史──儒學的傳統と近代認識論》（東京：ぺりかん社，1978 年）。

武內義雄：《武內義雄全集・思想史篇一》第 8 卷（東京：角川書店，1978 年）。

武內義雄：《武內義雄全集・儒教篇一》第 2 卷（東京：角川書店，1978 年）。

武內義雄：《武內義雄全集・儒教篇二》第 3 卷（東京：角川書店，

1979 年）。

武內義雄：《武內義雄全集・儒教篇三》第 4 卷（東京：角川書店，
　　　　1979 年）。

狩野直喜著，吉川幸次郎補注：《漢文研究法》（東京：みすず書房，
　　　　1979 年）。

隈元謙次郎等編：《岡倉天心全集》第 1 卷（東京：平凡社，1980 年）。

源了圓：《近世初期實學思想の研究》（東京：創文社，1980 年）。

狩野直喜：《支那文學史》（東京：みすず書房，1980 年）。

狩野直喜：《讀書籑餘》（東京：みすず書房，1980 年）。

渡部正一：《日本古代・中世の思想と文化》（東京：大明堂，1980
　　　　年）。

岩橋遵成：《徂徠研究》（東京：名著刊行會，1982 年）。

岡倉天心著，佐波彰一、橋川文三、桶谷秀昭譯：《東洋の理想：
　　　　他》，收入《東洋文庫 422》（東京：平凡社，1983 年）。

竹 內 好：《近代の超克》（東京：筑摩書房，1983 年）。

柴田篤、邊土名朝邦：《中村惕齋・室鳩巢》（東京：明德出版社，
　　　　1983 年）。

神田喜一郎：《墨林閒話》，收入《神田喜一郎全集》第 9 卷（東京：
　　　　同朋社，1984 年）。

東京大學百年史編集委員會編：《東京大學百年史・局部史（一）》（東
　　　　京：財團法人東京大學出版會，1986 年）。

桑原騭藏：《桑原騭藏全集》第 1 卷（東京：岩波書店，1987 年）。

山路愛山：《獨立評論》（東京：みすず書房，1988 年復刻獨立評論社
　　　　刊本）。

松本三之介、山室信一校注：《學問と知識人》，收入加藤周一等編：
　　　　《日本近代思想大系 10》（東京：岩波書店，1988 年）。

榊原芳野：《文藝類纂》（東京：雄松堂，1988 年）。

鈴木三八男：《聖堂物語》（東京：斯文會，1989 年）。

鈴木三八男：《聖堂夜話》（東京：斯文會，1989 年）。

鈴木三八男：《日本の孔子廟と孔子像》（東京：斯文會，1989 年）。

宇野精一：《宇野精一著作集》第 6 卷（東京：明治書院，1990 年）。

山住正己：《教育勅語》（東京：朝日新聞社，1991 年）。

文化財建造物保存技術協會編：《重要文化財・多久聖廟保存修理工事
　　　　報告書》（佐賀：多久市，1991 年）。

竹內好譯：《魯迅文集 6》（東京：筑摩書房，1991 年）。

荒木見悟：《丹邱邑誌漢文資料講解》（東京：文獻出版，1993 年）。

江上波夫編：《東洋學の系譜》（東京：大修館書店，1993 年）。

司馬遼太郎：《この国の形》一（東京：文藝春秋，1993 年）。

黑木彬文、澤彰夫解說：《興亞會報告》第 2 集（東京：不二出版，
　　　　1993 年）。

坂出祥伸：《東西シノロジー事情》（東京：東方書店，1994 年）。

小島康敬：《徂徠學と反徂徠》（東京：ぺりかん社，1994 年）。

ドナルド・キーン（Donald Keene）著，德岡孝夫譯：《日本文學
　　　　史 近世篇三》（東京：中央公論新社，2011 年）。

黃俊傑、町田三郎、柴田篤編：《東亞文化的探索──傳統文化的發
　　　　展》（臺北：正中書局，1996 年）。

岡田正之：《日本漢文學史》（東京：吉川弘文館，1996 年）。

溝口雄三著，李甦平、龔穎、徐滔譯：《日本人視野中的中國學》（北
　　　　京：中國人民大學出版社，1996 年）。

梁賢惠：《尹致昊と金教臣─その親日と抗日の理論》（東京：新教出
　　　　版社，1996 年）。

和島芳男：《中世の儒學》（東京：吉川弘文館，1996 年新裝版）。

小川環樹：《小川環樹著作集》第 5 卷（東京：筑摩書店，1997 年）。

曾我部靜雄：《日中律令論》（東京：吉川弘文館，1997 年）。

三浦叶：《明治の漢學》（東京：汲古書院，1998 年）。

町田三郎：《明治の漢學者たち》（東京：研文出版，1998 年）。

沈慶昊：《朝鮮時代漢文學與詩經論》（首爾：一志社，1999 年）。

山本博文：《サラリーマン武士道－江戶のカネ・女・出世》（東京：講談社現代新書，2001 年）。

川合康三編：《中國の文學史觀》（東京：創文社，2002 年）。

礪波護、藤井讓治編：《京大東洋學の百年》（京都：京都大學學術出版會，2002 年）。

牛窪惠：《草食系男子「お孃マン」が日本を変える》（東京：講談社現代新書，2008 年）。

原田曜平：《女子力男子》（東京：寶島社，2015 年）。

（2）韓文

李炳憲：《我歷抄》，收入韓國學文獻研究所所編：《李炳憲全集（上）》（漢城：亞細亞文化社，1989 年）。

（3）英文

Ikai, Keisho. Otamanki. Shisekizatusan Compilation of Historical Book. Tokyo: Kokushokankokai, 1911.

Yamamoto, Hokuzan. Sakushishiko. Distinguishing the Poetry. Nihonshiwasosho Japanese Poetics Series. Tokyo: Bunkaitoshoten, 1922.

Ikai, Keisho. Sokoseimei. Correcting the Name. Zokunihonjyurinsosho Japanese Confucianism Series II. Tokyo: Hoshuppan, 1930.

Dasai, Jyundai. Sekihi. Condemning the Mistake. Nihonjyurinsosho Japanese Confucianism Series. Tokyo: Hoshuppan, 1978.

Kamei, Shoyo. Dokubento Reading. "Distingguishing the Tao". Nihonjyurinsosho Japanese Confucianism Series. Tokyo: Hoshuppan, 1978.

Kamei, Shoyo. Kagakushogen. Something about Learning of Family. Nihonjyurinsosho Japanese Confucianism Series. Tokyo: Hoshuppan, 1978.

Kani, Yosai. Hisoraigaku. Condemning the School of Sorai. Nihonjyurinsosho Japanese Confucianism Series. Tokyo: Hoshuppan, 1978.

Nakai, Chikuzan. Kankuyohitu. Note of Leisure. Nihonjyurinsosho Japanese Confucianism Series. Tokyo: Hoshuppan, 1978.

Eric Hobsbawm,Terence Ranger. The Invention of Tradition. England: University of Cambridge, 1983.

Ogyu, Sorai. Soraishu. Corpus of Sorai Ogyu. Kinseijyukabunshushusei Corpus of Modern Japanese Confucians. Tokyo: Pelikansha, 1985.

Nakai, Chikuzan. Isshi. Unofficial History. Kinseijyukashiryoshusei Information of Modern Japanese Confucians. Tokyo: Pelikansha, 1989.

2　學位論文

崔錫起：《星湖 李瀷의 詩經學》（首爾：成均館大學博士學位論文，1993 年）。

金興圭：《朝鮮後期의 詩經論과 詩意識》（首爾：高麗大學校民族

文化研究所，1995年）。

金秀炅：《茶山 詩經學에 있어서의 興에 대한 研究》（首爾：高麗
　　　大學國文系碩士論文，2003年）。

3　專書期刊論文

〈漢學の流行〉，《東洋哲學》第 4 編第 2 號（1897 年 4 月）。

〈漢學者に質す〉，《東洋哲學》第 5 編第 5 號（1898 年 5 月）。

〈漢學者養成法〉，《東洋哲學》第 6 編第 9 號（1899 年 9 月）。

山形東根：〈孔子教獎勵の聲〉，《東京經濟雜誌》第 57 卷第 1445 號
　　　（1908 年 6 月）。

佐川市助：〈孔子教に就て識者に諮る〉，《漢學》第 1 編第 8 號（1910
　　　年 12 月）。

東亞學術研究會編：〈東亞學術研究會設立主意書〉，《漢學》第 2 編
　　　第 1 號（1911 年 1 月）。

〈時評——明治四十三年の東亞學術界〉，《漢學》第 2 編第 1 號（1911
　　　年 1 月）。

東亞學術研究會主編：〈彙報〉，《漢學》第 2 編第 6 號（1911 年 6 月）。

小柳司氣太：〈儒教と現今の思想界〉，《漢學》第 2 編第 7 號（1911
　　　年 7 月）。

平塚雷鳥：〈元始女性は太陽であった〉，《青鞜》第 1 卷第 1 號（1911
　　　年 9 月）。

野 星 恒：〈漢土革命論〉，《東亞研究》第 2 卷第 1 號（1912 年 1 月）。

飛 耳 生：〈禹城春秋〉，《東亞研究》第 2 卷第 9 號（1912 年 9 月）。

飛 耳 生：〈禹城春秋〉，《東亞研究》第 3 卷第 2 號（1913 年 2 月）。

飛 耳 生：〈禹城春秋〉，《東亞研究》第 3 卷第 10 號（1913 年 10 月）。

服部宇之吉：〈孔子教に關する支那人の誣妄を辨ず〉，《東亞研究》

第 3 卷第 10 號（1913 年 10 月）。

飛　耳　生：〈禹城春秋〉，《東亞研究》第 3 卷第 12 號（1913 年 12 月）。

〈彙報〉，《東亞研究》第 4 卷第 12 號（1914 年 12 月）。

岡田正之：〈憲法十七條に就いて（第一回）〉，《史學雜誌》第 27 編
　　　　　第 6 號（1916 年 6 月）。

岡田正之：〈憲法十七條に就いて（第二回完結）〉，《史學雜誌》第
　　　　　27 編第 10 號（1916 年 10 月）。

〈斯文會趣意書〉，《斯文》第 1 編第 2 號（1919 年 4 月）。

服部宇之吉：〈儒教とデモクラシ〉，《斯文》第 1 編第 4 號（1919 年
　　　　　8 月）。

青木正兒：〈胡適を中心に渦いてゐる文學革命〉，連載於《支那學》
　　　　　第 1 卷第 1 號（1920 年 9 月）；第 2 號（1920 年 10 月）；
　　　　　第 3 號（1920 年 11 月）。

青木正兒：〈本邦支那學革新の第一步〉，《支那學》第 1 卷第 5 號
　　　　　（1921 年 1 月）。

迷陽山人：〈吳虞の儒教破壞論〉，《支那學》第 2 卷第 3 號（1921 年
　　　　　11 月）。

小島祐馬：〈儒家と革命思想〉，連載於《支那學》第 2 卷第 3 號（1921
　　　　　年 11 月）；第 4 號（1921 年 12 月）。

服部宇之吉：〈孔子教の特徵〉，《斯文》第 4 編第 3 號（1922 年 6 月）。

小柳司氣太：〈支那現代學界一斑〉，《斯文》第 4 編第 4 號（1922 年
　　　　　8 月）。

細田謙藏：〈孔子は天皇萬世一系主義を抱持せらるるの說〉，《斯文・
　　　　　孔子追遠紀念號》第 4 編第 5 號（1922 年 10 月）。

山　田　準：〈孔學管窺〉，《斯文・孔子追遠紀念號》第 4 編第 5 號
　　　　　（1922 年 10 月）。

秋月胤繼：〈孔子教の本領〉，《斯文・孔子追遠紀念號》第 4 編第 5 號（1922 年 10 月）。

神谷初之助：〈孔子と儒教〉，《斯文・孔子追遠紀念號》第 4 編第 5 號（1922 年 10 月）。

宇野哲人：〈一貫の道〉，《斯文》第 5 編第 2 號（1923 年 4 月）。

湯淺廉孫：〈儒教の內面的思想〉，《支那學》第 3 卷第 7 號（1923 年 12 月）。

藝 文 社：〈松崎慊堂、豬飼敬所其の他漢學派の學者に關する研究資料〉，《藝文》第 15 編第 6 刊（1924 年 6 月）。

高山樗牛：〈人種競爭として見たる極東問題〉，收入姊崎正治、笹川種郎編：〈文明史雜論〉，《樗牛全集》第 5 卷（東京：博文館，1925-1934 年）。

山口察常：〈孔子教の現代的意義〉，《斯文》第 8 編第 4 號（1926 年 7 月）。

〈斯文學會開設告文〉，《斯文》第 8 編第 4 號（1926 年 7 月）。

鹽 谷 溫：〈孔夫子と我が國體〉，《斯文》第 8 編第 5 號（1926 年 8 月）。

岡田正之：〈明治大帝と孔子の教〉，《斯文》第 9 編第 1 號（1927 年 1 月）。

水野鍊太郎：〈孔夫子の道〉，《斯文》第 9 編第 12 號（1927 年 12 月）。

阪谷芳郎：〈孔子祭典に就いて〉，《斯文》第 10 編第 1 號（1928 年 1 月）。

山本邦彥：〈斯文會沿革摘錄〉，《斯文》第 11 編第 6 號（1929 年 6 月）。

今村完道：〈孔子の盛德に就いて〉，《斯文》第 11 編第 11 號（1929 年 11 月）。

飯島忠夫：〈孔子の道〉，《斯文》第 12 編第 9 號（1930 年 9 月）。

井上哲次郎：〈王道主義に就いて〉，《斯文》第 14 編第 4 號（1932 年
　　　　4 月）。

近　藤　杢：〈津藩に於ける豬飼敬所先生〉，《斯文》第 15 編第 2 號
　　　　（1933 年 2 月）。

宇　田　尚：〈皇國の使命と新儒教精神の再建〉，《斯文》第 15 編第 9
　　　　號（1933 年 9 月）。

瀧川政次郎：〈十七條憲法と大化改新〉，《史學雜誌》第 45 編第 8 號
　　　　（1934 年 8 月）。

諸橋轍次：〈國學としての漢學〉，《斯文》第 17 編第 3 號（1935 年 3
　　　　月）。

斯文會編：《湯島聖堂復興紀念號》，《斯文》第 17 編第 5 號（1935 年
　　　　5 月）。

小柳司氣太：〈儒教の更生〉，《斯文》第 17 編第 6 號（1935 年 6 月）。

斯文會編：《儒道大會紀念號》，《斯文》第 17 編第 6 號（1935 年 6
　　　　月）。

內藤久寬：〈孔子教の復興に就て〉，《斯文》第 17 編第 10 號（1935
　　　　年 10 月）。

鹽　谷　溫：〈孔子教と三民主義〉，《斯文》第 19 編第 10 號（1937 年
　　　　10 月）。

鹽　谷　溫：〈日本の儒教〉，《斯文》第 20 編第 6 號（1938 年 6 月）。

飯島忠夫：〈漢文教育に就て〉，《斯文》第 23 編第 7 號（1941 年 7
　　　　月）。

竹內照夫：〈支那學論〉，《斯文》第 23 編第 8 號（1941 年 8 月）。

松本彥次郎：〈十七條憲法の綜合的研究〉，《史潮》第 11 年第 2 號
　　　　（1941 年 9 月）。

安藤樂水：〈儒教不振に關する一考察〉，《斯文》第 23 編第 10 號
　　　　（1941 年 10 月）。

丸山正三郎：〈支那學の課題〉，《斯文》第 23 編第 12 號（1941 年 12
　　　　月）。

太田兵三郎：〈日本漢學の立場〉，《斯文》第 24 編第 3 號（1942 年 3
　　　　月）。

宇　田　尚：〈日本儒教の更生と第三文化創造のために〉，《斯文》第
　　　　24 編第 5 號（1942 年 5 月）。

宇　田　尚：〈大東亞戰爭と儒教〉《斯文》第 25 編第 7 號（1943 年 7
　　　　月）。

原　重　治：〈必勝と孔子教〉《斯文》第 25 編第 12 號（1943 年 12 月）。

〈「大東亞建設と儒教」座談會〉，《斯文》第 26 編第 4 號（1944 年 4
　　　　月）。

三　浦　叶：〈日本漢學史の研究〉，《斯文》，第 53、54 合併號（1968
　　　　年 10 月）。

三　浦　叶：〈福澤諭吉とその漢學觀〉，《斯文》第 58 號（1969 年 10
　　　　月）。

崔　信　浩：〈丁茶山의 文學觀―그의 書簡을 通해 본 思想의 斷
　　　　面―〉，《韓國漢文學研究》第 1 輯（1976 年 1 月）。

昭和女子大學近代文學研究室編：〈井上哲次郎〉，《韓國漢文學研究
　　　　54》（東京：昭和女子大學近代文化研究所，1983 年）。

丸谷才一、木村尚三郎、山崎正和：〈衣食足りて、禮樂の再發現〉，
　　　　《文藝春秋》（1984 年 12 月）。

竹山昭子：〈戰時下のラジオ講演〉，收入近代日本研究會編：《年報・
　　　　近代日本研究》12（東京：山川出版社，1990 年）。

大　島　晃：〈井上哲次郎の「性善惡論」の立場――《東洋哲學》研

究の端緒〉，《ソフィア》第 42 卷第 4 號（1994 年 1 月）。

翠川文子：〈孔子像を訪ねて〉，收入庄野壽人編：《江河萬里流る─
　　　　　甦る孔子と龜陽文庫》（福岡：龜陽文庫・能古博物館，
　　　　　1994 年）。

佐藤一樹：〈漢文におはる近代アイデンティティの模索──漢文科
　　　　　をめぐる明治、大正論議〉，《中國文化：研究と教育》第
　　　　　53 號（1995 年）。

柴　田　篤：〈「白鹿洞書院揭示」と江戶儒學〉，收入《中村璋八博士
　　　　　古稀紀念東洋學論集》（東京：汲古書店，1996 年）。

大　島　晃：〈井上哲次郎の《東洋哲學》と《日本陽明學派之哲學》〉，
　　　　　《陽明學》第 9 號（1997 年 3 月）。

淺野裕一：〈戰國楚簡《周易》について〉，《中國研究集刊》第 29 號
　　　　　（2001 年 12 月）。

淺野裕一：〈郭店楚簡〈緇衣〉の思想史的意義〉，《集刊東洋學》第
　　　　　83 號（2001 年 5 月）。

柴　田　篤：〈「白鹿洞書院揭示」と李退溪〉，《哲學年報》第 61 輯
　　　　　（2002 年 3 月）。

盧　鳴　東：〈「詩教」與「禮教」：朝鮮李瀷《詩經疾書》中「以禮注詩」
　　　　　的思想內涵〉，《東洋禮學》第 9 輯（2002 年 12 月）。

盧　鳴　東：〈從朱熹「淫詩說」看朝鮮李瀷的「讀詩正法」〉，《東亞人
　　　　　文學》第 5 輯（2004 年 6 月）。

淺野裕一：〈戰國楚簡與古代中國思想之再檢討〉，收入竹田健二：《平
　　　　　成十二年～平成十五年度科學研究費補助金 基盤研究（Ｂ）
　　　　　（一）研究成果報告書 戰國楚系文字資料の研究》（島根：
　　　　　島根大學教育學部，2004 年）。

李　昤　昊：〈茶山과 石泉의 詩經學과 易經學에 관한 일고찰〉，《東

洋哲學研究》第 76 輯（2013 年 11 月）。

三　網路資訊

〈博報堂、"ソロ活動系男子(通称：ソロ男(だん)"の研究活動及び マ
　ーケティング活動支援を開始)：www.hakuhodo.co.jp/
archives/newsrelease/18193（查詢日期：2015 年 5 月 15 日）。

漢學研究叢書・日韓儒學研究叢刊　0401003

日本儒學之社會實踐

作　　　者　金培懿
責任編輯　呂玉姍

發　行　人　陳滿銘
總　經　理　梁錦興
總　編　輯　陳滿銘
副總編輯　張晏瑞
編　輯　所　萬卷樓圖書股份有限公司
排　　　版　菩薩蠻電腦科技有限公司
印　　　刷　倚樂企業有限公司
封面設計　百通科技股份有限公司

發　　　行　萬卷樓圖書股份有限公司
　　　　　　臺北市羅斯福路二段 41 號 6 樓之 3
　　　　　　電話 (02)23216565
　　　　　　傳真 (02)23218698
　　　　　　電郵 SERVICE@WANJUAN.COM.TW
香港經銷　香港聯合書刊物流有限公司
　　　　　　電話 (852)21502100
　　　　　　傳真 (852)23560735

ISBN 978-957-739-902-1
2018 年 12 月初版
定價：新臺幣 520 元

如何購買本書：

1. 劃撥購書，請透過以下郵政劃撥帳號：
　　帳號：15624015
　　戶名：萬卷樓圖書股份有限公司
2. 轉帳購書，請透過以下帳戶
　　合作金庫銀行　古亭分行
　　戶名：萬卷樓圖書股份有限公司
　　帳號：0877717092596
3. 網路購書，請透過萬卷樓網站
　　網址　WWW.WANJUAN.COM.TW

大量購書，請直接聯繫我們，將有專人為
您服務。客服：(02)23216565 分機 10

如有缺頁、破損或裝訂錯誤，請寄回更換

國家圖書館出版品預行編目資料

日本儒學之社會實踐 / 金培懿著. -- 初版. --
臺北市：萬卷樓, 2018.12

　　面；　公分
ISBN 978-957-739-902-1(平裝)
1.日本儒學　2.文集

131.307　　　　　　　　　　103025311